Die Euro-Krise

Ursachen, Verlauf, makroökonomische und europarechtliche Aspekte und Lösungen

von

Prof. Dr. sc. oec. Norbert Schuppan
Hochschule Wismar

Oldenbourg Verlag München

Lektorat: Dr. Stefan Giesen
Herstellung: Tina Bonertz
Titelbild: thinkstockphotos.de
Einbandgestaltung: hauser lacour

Bibliografische Information der Deutschen Nationalbibliothek
Die Deutsche Nationalbibliothek verzeichnet diese Publikation in der Deutschen Nationalbib-
liografie; detaillierte bibliografische Daten sind im Internet über http://dnb.dnb.de abrufbar.

Library of Congress Cataloging-in-Publication Data
A CIP catalog record for this book has been applied for at the Library of Congress.

© 2014 Oldenbourg Wissenschaftsverlag GmbH
Rosenheimer Straße 143, 81671 München, Deutschland
www.degruyter.com/oldenbourg
Ein Unternehmen von De Gruyter

Gedruckt in Deutschland

Dieses Papier ist alterungsbeständig nach DIN/ISO 9706.

ISBN   978-3-486-71791-4
eISBN 978-3-486-78100-7

Prolog

Bei der Betrachtung der wirtschafts- und finanzpolitischen Entwicklung seit ihrer Gründung und des derzeitigen Zustandes der Europäische Währungsunion stellen sich natürlich drängend Fragen nach den Ursachen der Krise, danach, welche unmittelbaren Folgen sich ergeben und wie in Zukunft Krisen dieser Tragweite verhindern werden können.

Es ist sicher notwendig, den Prozess darzustellen, unter welchen Prämissen der Währungsunion es zur Einbeziehung wirtschaftlich heterogener Länder kommt, deren wirtschafts- und finanzpolitischen Entwicklungen divergierend verlaufen, ohne dass die EU korrigierend eingreift und damit eine latente Krise der Währungsunion zulässt und aufgrund dieser Unterlassung bei einem externen Schocks (globale Finanzkrise) die latente in eine akute Krise der Währungsunion übergeht.

Neben der Darstellung der Entstehung der Eurokrise müssen Fragen nach den tieferen Ursachen, den inneren Zusammenhängen und den sich anschließenden generellen Veränderungen der Europäischen Union, der Währungsunion und der Mitgliedsländer gestellt werden.

Dem aktuellen Erkenntnisstand entsprechend einen Beitrag zur Beantwortung dieser Fragen zu geben, ist das Anliegen dieses Buches. Dabei ist dieses Buch aufgrund seines betont deskriptiven Charakters vor allem für die Lehre im Gesamtspektrum wirtschaftswissenschaftlicher Studiengänge, in den Rechtswissenschaften und in den Politikwissenschaften sowie für Entscheidungsträger in der Wirtschaft und in den öffentlichen Verwaltungen der Gebietskörperschaften auf allen Ebenen besonders geeignet.

Im ersten Kapitel wird die Eurozone zunächst unter dem Gesichtspunkt optimaler Währungsräume betrachtet. Es ist festzuhalten, dass die Europäische Währungsunion unter Verzicht auf einen effektiven Auswahlprozess der Länder, die anhand mikro- und makroökonomischer Kriterien für einen gemeinsamen optimaler Währungsräume geeignet sind, gegründet wurde. Der Verzicht auf die Kriterien optimaler Währungsräume wird nicht ausgeglichen durch die europarechtliche Fixierung von Konvergenzkriterien. Die Konvergenzkriterien sind inhaltlich zu eng angelegt und hinsichtlich ihrer rechtlichen Durchsetzung nicht zwingend.

Das Kapitel zwei beinhaltet die Analyse und den Ausweis der divergierenden makroökonomischen Entwicklung der unterschiedlichen Ländergruppen innerhalb der Europäischen Währungsunion von der Gründungsphase bis zur globalen Finanzkrise. Es wird deutlich, dass sich die Europäische Währungsunion aufgrund der zunehmenden makroökonomischen Divergenzen in der Entwicklung ihrer Mitgliedsländer zum Zeitpunkt des Beginns der globalen Finanzkrise bereits in einer latenten Krise befand. Vor diesem Hintergrund werden die Grenzen der Einflussnahme der Europäischen Zentralbank herausgearbeitet. Daneben erfolgt eine detaillierte Darstellung der Entwicklung der Risiken des globalen Finanz- und Bankensystems.

Im Kapitel drei wird eine Interpretation der globalen Wirtschafts- und Finanzkrise als auslösendes Moment (Schock) der Eurokrise vorgenommen. Dabei werden die Vertiefung der Divergenzen, die zu einer Staatsschuldenkrise führt und der Ausbruch der Eurokrise beleuchtet.

Das Kapitel vier ist der Darstellung der Instrumente zur Stabilisierung der Eurozone gewidmet. Ausgangspunkte stellen die Zielstellungen und die Systematisierung des breiten Spektrums der Instrumente nach verschiedenen Kriterien dar. Der Unterscheidung in wirtschafts- und finanzpolitische sowie geld- und finanzsystempolitische Instrument wird hier in den Mittelpunkt gestellt. Auf der Grundlage dieser Unterscheidung werden die Instrumente im Detail dargestellt und kommentiert.

Das fünfte Kapitel umfasst die grundlegenden Wirtschafts-, finanz- und rechtspolitische Konsequenzen für die Europäische Union, die Europäische Währungsunion und ihre Mitgliedsländer. Den inhaltlichen Schwerpunkt bilden hier die Notwendigkeit, der Grundaufbau, die Einordnung und die Befugnisse der EWU als Institution in der Zukunft. Danach wird eine wirtschafts-, finanz-, finanzsystempolitische Union entstehen müssen, die sich auf den Wegen der Ausbreitung auf andere Politikfelder und der sukzessiven Abgabe nationaler Souveränitätsrechte asymptotisch einer politischen Union annähert.

Im Anschluss an die Kapitel sind jeweils Essentials und Interdependenzen angefügt. Sie sollen der Übersichtlichkeit dem leichteren Verständnis dienen.

Der Zeitpunkt der Veröffentlichung des Buches lässt die Darstellung der Ursachen des Verlaufs und der makroökonomische und europarechtliche Zusammenhänge, die einer geschlossenen Kausalkette folgend zu der Eurokrise geführt haben zu. Da der Prozess jedoch keinesfalls abgeschlossen ist und wichtige Komponenten der Lösung in den nächsten Jahren zu erwarten sind, sei hier darauf verwiesen, dass die hier verwendeten Informationen bis zur Mitte des Jahres 2013 zeitlich eingeordnet sind.

Inhaltsverzeichnis

Prolog		V
Abbildungsverzeichnis		IX
Tabellenverzeichnis		XIII

**1   Die Gründung der Europäischen Währungsunion –
die EWU ein optimaler Währungsraum?   1**

1.1   Vor- und Nachteile von Währungsräumen 1

1.2   Zur Theorie optimaler Währungsräume 4
1.2.1 Grundzüge der Theorie 4
1.2.2 Mikroökonomisch orientierte Kriterien 7
1.2.3 Makroökonomisch orientierte Kriterien 9
1.2.4 Resümee zu optimalen Währungsräumen 15

1.3   Die Vorbereitung und Gründung der Europäischen Währungsunion 17
1.3.1 Wirtschaftshistorischer Hintergrund 17
1.3.2 Gründung der EWU – Konvergenzkriterien und Stabilitäts- und Wachstumspakt .. 18
1.3.3 Defizite bei der Einordnung der EWU in die EU sowie europarechtliche Defizite... 24

Essentials und Interdependenzen 32

**2   Die Entwicklung der EWU und der makroökonomischen Divergenzen ihrer
Mitgliedsländer bis zur globalen Wirtschafts- und Finanzkrise 2008/09   35**

2.1   Die Entwicklung struktureller makroökonomischer Divergenzen 35
2.1.1 Das Scoreboard-Kennzahlensystem – Grundlage der Analyse 35
2.1.2 Analyse, strukturell divergierender wirtschaftlicher Entwicklungen der EWU-
Länder 40

2.2   Die Inkonsistenz der Europäischen Geld- und Währungspolitik – der eingeschränkte
Entscheidungsrahmen der Europäischen Zentralbank 54
2.2.1 Grundlagen geldpolitischer Entscheidungen und Instrumente der Zentralbanken... 54
2.2.2 Geldpolitische Entscheidungen der EZB im Vorfeld
der globalen Wirtschafts- und Finanzkrise 58

2.3   Tendenzen im Europäischen Finanz- und Bankensystem – die Risiken 69
2.3.1 Globaler Rahmen des europäischen Finanz- und Bankensystems 69
2.3.2 Entwicklungstendenzen des europäischen Finanzsystems 78

Essentials und Interdependenzen 91

**3   Die globale Wirtschafts- und Finanzkrise –
        auslösendes Moment der Eurokrise   95**

3.1   Die Vertiefung divergierender Entwicklungen in der EWU
        durch die globale Wirtschafts- und Finanzkrise..95
3.1.1   Finanzsystementwicklung/Finanzpolitik 95
3.1.2   Finanzsystementwicklung/Geldpolitik 98
3.1.3   Realwirtschaft..100

3.2   Die Staatsschuldenkrise – Ausdruck der divergierenden
        makroökonomischen Entwicklungen in der EWU 104
3.2.1   Allgemeine Entwicklungstendenzen der Staatsverschuldung...................104
3.2.2   Staatsschuldenkrise – Resultierende makroökonomischer Komponenten
        in den C-Ländern 107

3.3   Ausbruch der Eurokrise...114
3.3.1   Grundlegende Rendite-Risiko-Betrachtungen zu Staatsanleihen 114
3.3.2   Die Entwicklungen an den Finanzmärkten ihre direkten Folgen............117

Essentials und Interdependenzen 123

**4   Konzipierung und Einsatz von Instrumenten
        zur Stabilisierung der Euro-Zone   125**

4.1   Zielstellung und Prämissen der Entscheidungen zu den Instrumenten.................125
4.1.1   Das Zeitfenster der Entscheidungen 125
4.1.2   Präferenzen und Entscheidungsalternativen 127

4.2   Inhaltliche Struktur und Volumina der Instrumente................................129
4.2.1   Systematisierung..129
4.2.2   Wirtschafts- und finanzpolitische Instrumente 132
4.2.3   Die inaktiven Wirtschafts- und finanzpolitischen Instrumente.................161
4.2.4   Geld- und finanzsystempolitische Instrumente......................................163

4.3   Effekte der Reformen unter Nutzung der Instrumente
        zur Stabilisierung der Eurozone..178

Essentials und Interdependenzen 188

**5   Wirtschafts-, finanz- und rechtspolitische Konsequenzen
        für das politische System der EU   191**

5.1   Zur Notwendigkeit einer institutionalisierten EWU 191

5.2   Grundaufbau, Einordnung und Befugnisse der EWU als Institution
        in der Zukunft..196

Essentials und Interdependenzen 199

Epilog   201

Literatur   203

Sachverzeichnis   207

Abbildungsverzeichnis

Abb. 1:   Übersicht zu den Kriterien optimaler Währungsräume 5
Abb. 2:   Prinzipdarstellung des Finanzsystems 13
Abb. 3:   Übersicht zum Drei-Säulen-Modell der EU 20
Abb. 4:   Entwicklung der nominalen Lohnstückkosten nach Ländergruppen
            (2005=100 %) 42
Abb. 5:   Entwicklung realer effektiver Wechselkurse nach Ländergruppen 43
Abb. 6:   Entwicklung der Exportmarktanteile nach Ländergruppen ....
            (im Einzelländerausweis)ˈ 44
Abb. 7:   Entwicklung der Leistungsbilanzen nach Ländergruppen 45
Abb. 8:   Entwicklung des Nettoauslandsvermögens nach Ländergruppen ....
            (in % vom BIP) 46
Abb. 9:   Entwicklung des Kreditstroms des privaten Sektors nach Ländergruppen ....
            (in % des BIP) 47
Abb. 10:   Entwicklung der Immobilienpreise der A-Länder (2007=Index 100) 48
Abb. 11:   Entwicklung der Immobilienpreise der C-Länder (2007=Index 100) 48
Abb. 12:   Entwicklung der Schulden des privaten Sektors nach Ländergruppen ....
            (in % des BIP) 49
Abb. 13:   Entwicklung der Arbeitslosenquote nach Ländergruppen 50
Abb. 14:   Reales Wachstum der EWU nach Ländergruppen (in Prozent) 51
Abb. 15:   Entwicklung der öffentlichen Verschuldung nach Ländergruppen 52
Abb. 16:   Entwicklung der Wachstumsraten der A-Länder 60
Abb. 17:   Entwicklung der Wachstumsraten der C-Länder ....
            (Deutschland als Vergleichsmaßstab) 61
Abb. 18:   Entwicklung der Lohnstückkosten Ländergruppe A 62
Abb. 19:   Entwicklung der Lohnstückkosten Ländergruppe C 62
Abb. 20:   Preisniveauentwicklung nach Ländergruppen anhand HVPI 64
Abb. 21:   Preisniveauentwicklung ausgewählter Länder anhand HVPI........................... 65
Abb. 22:   Entwicklung von Hauptrefinanzierungssatz und Geldmenge M3 67
Abb. 23:   Zinsvergleich Eurozone und USA... 68
Abb. 24:   Kapitalbedarf europäischer Banken in Abhängigkeit von harten
            Kernkapitalquoten 72
Abb. 25:   Entwicklung des Schattenbankensystems im Rahmen des globalen
            Finanzsystems anhand des verwalteten Vermögens (in 1000 Mrd. $)............... 73
Abb. 26:   Kumulierte weltweite Verluste durch Steuerhinterziehung nach
            Wirtschaftsregionen... 76
Abb. 27:   Kumulierte Verluste durch Steuerhinterziehung nach ausgewählten Staaten ....
            (in Mrd. $)... 76
Abb. 28:   Vermögen in privaten Konten mit besonderen Vergünstigungen für Ausländer. 77

Abb. 29:   Entwicklung der Bankkredite an den privaten Sektor 1998–2007 ....
           Vergleich Euro-Währungsraum, USA und Japan 79
Abb. 30:   Abschreibungen/Verluste und Kapitalaufstockungen bei Finanzinstituten
           im Ländervergleich 85
Abb. 31:   Beispiel von Bankforderungen ausgewählter Länder gegenüber
           griechischen Schuldnern 87
Abb. 32:   Aggregierte Bilanzsumme in Relation zum BIP der EU-Länder 2008 (in %) ... 89
Abb. 33:   System der Finanzmarktstabilisierung in Deutschland 97
Abb. 34:   Entwicklung des Wirtschaftswachstums Industrieländer/Regionen
           (Wachstumsraten in % vom BIP) 101
Abb. 35:   Entwicklung von Defizitquoten der Wirtschaftsregionen
           der Industrieländer (in % vom BIP) 105
Abb. 36:   Entwicklung von Defizitquoten und Schuldenstand der Euro-Zone und
           ausgewählter EU-Staaten (in % vom BIP) 106
Abb. 37:   Entwicklung des Schuldenstandes der C-Länder 107
Abb. 38:   Entwicklung des Schuldenstandes der C-Länder 108
Abb. 39:   Entwicklung der Verschuldung des privaten Sektors der C-Länder ....
           (Deutschlands und Frankreichs als Vergleichswert in % vom BIP) 109
Abb. 40:   Entwicklung der Leistungsbilanzen der C-Länder 109
Abb. 41:   Entwicklung der Arbeitslosenquoten der C-Länder 110
Abb. 42:   Übersicht zu den wichtigsten Strategien der Risikobewältigung 116
Abb. 43:   Langfristige Entwicklung der Renditen 10-jähriger Staatsanleihen von ....
           C-Ländern (in %) 120
Abb. 44:   Entwicklung des griechischen Staatsdefizits 2001–2009 – Vergleich ....
           gemeldeter und tatsächlicher Daten 121
Abb. 45:   Zinsspreads 10-jähriger Staatsanleihen zur Rendite deutscher Staatsanleihen 122
Abb. 46:   Renditen und Ratings für ausgewählte Euroländer (Tageswerte) 133
Abb. 47:   Die Europäische Finanzstabilisierungsfazilität – Anteile der Euroländer ....
           nach Beitragsschlüssel in Prozent 141
Abb. 48:   Maßnahmen zur Stabilisierung der Euro-Zone – EFSF 143
Abb. 49:   Übersicht über die Struktur der Finanzhilfen für Irland 146
Abb. 50:   Übersicht über die Struktur der Finanzhilfen für Portugal 148
Abb. 51:   Übersicht zu den finanziellen Komponenten des zweiten Hilfs- und
           Anpassungsprogramm für Griechenland 150
Abb. 52:   Übersicht über die Finanzvolumina der Programmländer (Stand 5/2013) 153
Abb. 53:   Übersicht zur Ausschöpfung der EFSF in Mrd. € (Stand 5/2013) 154
Abb. 54:   Beispiel Belegung des ESM-Ausleihevolumens in Mrd. € (Stand 5/2013) 156
Abb. 55:   Aufbau finanzieller Ungleichgewichte-Ansteckungsspirale
           zwischen Staat und Banken 164
Abb. 56:   Bestand der von der EZB im Rahmen des SMP aufgekauften Staatsanleihen. 166
Abb. 57:   Entwicklung der Bilanzsumme des Eurosystems in Mrd. € (in Mrd. €) 169
Abb. 58:   Übersicht zur europäischen Aufsichtsstruktur seit 2011 174
Abb. 59:   Kapitalmaßnahmen und Garantien der EU-Länder 2008–2011 176
Abb. 60:   Entwicklung der preislichen Wettbewerbsfähigkeit der Krisenländer ....
           gegenüber den übrigen Euro-Ländern 1999–2012* 180
Abb. 61:   Entwicklung der Verschuldung und der Defizite in den Krisenländern ....
           (in % vom BIP) 182

Abb. 62:   Verschuldung des privaten Sektors der Krisenländer (in % vom BIP).............183
Abb. 63:   Entwicklung der Zwillingsdefizite für die Krisenländer im Zeitraum 2009 ....
            bis 2012 im Ist sowie 2013 bis 2014 in der Prognose.....................................185
Abb. 64:   Entwicklung der Wachstumstempi der Krisenstaaten und Deutschlands ....
            (1999–2014 in % vom BIP) 186
Abb. 65:   Anteile der NPL an der Gesamtsumme vergebener Kredite
            in den Krisenländer und der EWU (2007–2012 in %) 187

Tabellenverzeichnis

Tab. 1:   Übersicht zum Stand der Konvergenz vor Einführung des Euro 1998 30
Tab. 2:   Übersicht über das Scoreboard-System – Teil I – Externe Indikatoren 37
Tab. 3:   Übersicht über das Scoreboard-System – Teil II – Interne Indikatoren 38
Tab. 4:   Übersicht zu den Optionen geldpolitischer Operationen der Zentralbanken –
            dargestellt am Beispiel des Eurosystems 57
Tab. 5:   Veränderung der Verbraucherpreise (HVPI) von A- und C-Ländern
            nach abgegrenzten Zeithorizonten (in %) 66
Tab. 6:   Entwicklung der Bankkredite an den privaten Sektor 1998–2007
            Vergleich Euro-Währungsraum, USA und Japan 79
Tab. 7:   Entwicklung der Wachstumsraten bei Kreditvergaben
            an private Haushalte (2005–2007) 80
Tab. 8:   Veränderung der NPL ausgewählter Länder 2008–2011 82
Tab. 9:   Entwicklung der Staatsverschuldung – Vergleich USA, EWU,
            Japan und UK (in % vom BIP) 105
Tab. 10:   Übersicht über Instrumente zur Stabilisierung der Eurozone 132
Tab. 11:   ESM-Ausleihevolumen nach Zusagen und Auszahlungen
            in Mrd. € (Stand 5/2013) 156

1 Die Gründung der Europäischen Währungsunion – die EWU ein optimaler Währungsraum?

1.1 Vor- und Nachteile von Währungsräumen

Allgemein ist ein Währungsraum durch den nationalen oder supranationalen Geltungsbereich einer Währung als gesetzliches Zahlungsmittel bestimmt. Die Einführung eines supranationalen Geltungsbereiches über mehrere Länder führt zu einer Währungsunion mit einer gemeinsamen Geld- und Währungspolitik. Die teilnehmenden Länder geben ihre Souveränität im Hinblick auf die Geld- und Währungspolitik an die Währungsunion und ihre Zentralbank ab. Damit sind für die an einer Währungsunion teilnehmenden Länder tief greifende makroökonomische Konsequenzen, die sowohl Vorteile als auch Nachteile implizieren, verbunden.

Vor dem Hintergrund des vor allem politisch induzierten europäischen Einigungsprozesses sowie der rechts- und wirtschaftspolitischen Ausgestaltung der Europäischen Union und der EWU stellen sich im Hinblick auf die Eurozone aus makroökonomischer Sicht folgende Fragen:

1. Welche Kosten/Nutzen-Relation bzw. welches Verhältnis von Vor- und Nachteilen ergibt sich aus einer Währungsunion für die teilnehmenden Länder?
2. Inwieweit erfüllt die Eurozone in ihrer Länderstruktur die Kriterien eines optimalen Währungsraums?
3. Welche wirtschaftspolitischen Rahmenbedingungen sind notwendig, um zumindest eine weitgehende Annäherung an Kriterien des optimalen Währungsraums zu erreichen?

Es schließt sich in der weiteren Folge an:

4. In welcher Weise ist die notwendige wirtschafts- und finanzpolitische Konvergenz der an der Währungsunion teilnehmenden Länder zu erreichen?

Die makroökonomischen Konsequenzen für die Mitglieder einer Währungsunion sind breit gefächert und schließen sowohl Vor- und Nachteile bzw. Nutzenkomponente und Kostenkomponenten ein.

Die Nutzenkomponenten bzw. die ökonomischen Vorteile aus einer Währungsunion ergeben sich insbesondere aus folgenden Sachverhalten.

- Schaffung eines größeren Währungsraums und entsprechend höherer Volumina der Liquidität mit positiven Auswirkungen auf die Stabilität des Wechselkurses der Gemeinschaftswährung im Rahmen des globalen Währungssystems,
- Wegfall flexibler Wechselkurse und damit der Wechselkursrisiken in Bezug auf die an der Währungsunion teilnehmenden Länder. Dabei bestehen die Wechselkursrisiken insbesondere in der Volatilität der Wechselkurse. Die Wechselkursschwankungen haben sowohl negative Auswirkungen auf den Handel und damit auf die Realwirtschaft als

auch auf die Finanzmärkte. Blanchard/Illing weisen mit Recht darauf hin, dass Wechsel-kursschwankungen durch die Geldpolitik nur bedingt kontrollierbar sind.[1] Aus den ge-nannten Gründen ist der Ausschluss des Wechselkursrisikos durch die Gründung einer Währungsunion von besonderer Bedeutung,

- Eliminierung der währungsbedingten Transaktionskosten, vor allem der Kosten für die Informationsbeschaffung zum Stand und zur Entwicklung der Wechselkurse, Kurssiche-rungsgeschäften, Aufwendungen zum Umtausch der Währungen, Verringerung der Transportkosten, Vereinfachung des Waren- und Leistungsverkehrs usw. im grenzüber-schreitenden Wirtschafts- und Zahlungsverkehr.[2] Mit der Eliminierung der währungsbe-dingten Transaktionskosten schlagen die Vorteile einer Währungsunion realwirtschaft-lich insbesondere bis auf die Ebene der Unternehmen durch.

Den Vorteilen bzw. dem Nutzen einer Währungsunion stehen Nachteile bzw. Kosten gegen-über.

Die Kostenkomponenten bzw. Nachteile resultieren allgemein aus dem mit einer Währungs-union einhergehenden zwangsläufigen Verzicht auf nationale wirtschafts-, finanz- und geld-politische Stabilitätspolitiken. Die Nachteile konzentrieren sich vor allem auf folgende Schwerpunkte:

- Geldpolitik
  „Die Geldpolitik der Zentralbanken bezieht sich speziell auf den Geldmarkt und dient der Erreichung definierter Zielstellungen. Generell beinhaltet die Geldpolitik eine Zins-und Geldmengensteuerung. Der theoretische und praktische Hintergrund besteht in der negativen Korrelation zwischen nachgefragter Geldmenge und dem Zinsniveau. Das be-deutet, dass bei steigenden bzw. fallenden Zinsen die nachgefragte Geldmenge (umge-kehrt) fällt oder steigt."[3, 4]

Im Rahmen einer Währungsunion verzichten die teilnehmenden Länder auf eine unab-hängige nationale Geldpolitik. Damit verzichten die Länder zugleich auf die eigenstän-dige nationale Festlegung

- der Zielstellungen ihrer jeweiligen nationalen Notenbank, z.B. Preisniveaustabilität, Wachstums- und Beschäftigungsziele, Ziele im Hinblick auf Wechselkurse,
- einer spezifische Gestaltung der Instrumente, wie beispielsweise die Offenmarkt-politik in ihren Komponenten, Hauptrefinanzierungsgeschäfte, längerfristige Refi-nanzierungsgeschäfte, Operationen der Feinsteuerung usw.

sowie

- der spezifischen Finanzierungsbedingungen der nationalen Volkswirtschaft insbe-sondere über die Steuerung der Geldmenge, die Geldmengenpolitik und der Fixie-rung des Zinsniveaus im Sinne der Zinspolitik in Abhängigkeit von der jeweiligen wirtschafts- und finanzpolitischen Entwicklung des Landes und der Zielstellung der Notenbank.

---

[1] Vgl. Blanchard, O.; Illing, G.: Makroökonomie. Pearson Studium. München. 2004, S. 622.

[2] Die Vorteile einer Währungsunion wurden vor allem im zeitlichen Vorfeld der Gründung der EWU in der Literatur ausführlich diskutiert. Vgl. hierzu auch Heinemann, F.: Die Theorie der optimalen Währungsräume und die politische Reformfähigkeit – ein vernachlässigtes Kriterium. Zentrum für Europäische Wirtschaftsfor-schung, Mannheim, 1998, S. 2. In: ftp://ftp.zew.de/pub/zew-docs/dp/dp0298.pdf. Abgerufen am 01.02. 2013.

[3] Schuppan, N.: Globale Rezession – Ursachen Zusammenhänge Folgen. Callidus Verlag. Wismar 2011, S. 7.

[4] Vgl. Blanchard, O.; Illing, G.: A. a. O., S.108 ff.

In der Konsequenz geben die an einer Währungsunion teilnehmenden Länder und deren Notenbanken ihre Souveränität über die nationale Geldpolitik an die Zentralbank der Währungsunion ab. Diese legt für den gesamten Währungsraum die gültigen Zielstellungen der Geldpolitik, z. B. die Preisniveaustabilität fest. Auf der Grundlage der geldpolitischen Zielstellungen gestaltet die Zentralbank ihre Geldmengenpolitik anhand gesamtwirtschaftlicher Parameter, wie Inflation und Wachstum sowie die Zinspolitik anhand abgeleiteter Parameter zu Finanzierungsbedingungen der Konsumenten und Unternehmen jeweils des Währungsraumes. Geldmengen- und Zinspolitik hängen dementsprechend von gesamtwirtschaftlichen Parametern des gesamten Währungsraumes ab.[5]
Eine auf die einzelnen Länder ausgerichtete Geldpolitik unterbleibt zwangsläufig. Dies wird dann zu einem geldpolitischen Problem, wenn die gesamtwirtschaftlichen Parameter der beteiligten Länder differieren oder divergieren.

- Wechselkurssystem/Währungspolitik
Wechselkurssysteme, auch Währungssysteme stellen ein breites Spektrum von Formen dar, in denen die Kurse von Währungen in Relation zueinander stehen bzw. gestellt werden. Das Spektrum differenzierter Wechselkurssysteme reicht von einem System flexibler Wechselkurse über verschiedene Abstufungen fixierter Wechselkurse, z. B. fixierte Kurse mit quantifizierten Schwankungsbreiten wie der Wechselkursmechanismus des Europäische Währungssystem (EWS) oder das Bretton-Woods-System[6] bis hin zu festen Wechselkursen und schließlich einer Währungsunion, in der die teilnehmenden Länder durch eine gemeinsame Währung verbunden sind.[7]
Im Rahmen einer Währungsunion mit gemeinsamer Geldpolitik verzichten die beteiligten Länder irreversibel auf die Vorteile flexibler Wechselkurse bzw. flexibler Komponenten innerhalb der unterschiedlichen Abstufungen der Wechselkurssysteme. Die Vorteile flexibler Wechselkurse ergeben sich generell daraus, dass sich die Wechselkurse der Währungsgebiete durch Angebot und Nachfrage am globalen Devisenmarkt herausbilden. Vorteilhaft wirken sich dabei vor allem zwei Effekte aus.
Zum einen stellen flexible, marktbasierte Wechselkurse automatische Stabilisatoren dar. Sie reagieren sensibel auf Veränderung der Nachfrage nach Exporten des jeweiligen Landes. Sinkt beispielsweise die Wettbewerbsfähigkeit eines Landes und führt in der Folge zu Verringerungen des Außenhandelsbeitrages bzw. zu Handelsbilanzdefiziten, so sinkt die Transaktionsnachfrage der Währung. Gleichzeitig sinken die Inlandszinsen. Es kommt zu Abwertungstendenzen der Währung des Landes. In der Folge zieht die Ex-

---

[5] Vgl. Klump, R.: Wirtschaftspolitik Instrumente, Ziel und Institutionen. Pearson Studium. München 2006, S. 118 f.

[6] Das Europäische Währungssystem beinhaltete die geld- und währungspolitische Zusammenarbeit von Ländern der EU im Vorfeld der EWU im Zeitraum von 1979 bis 1998. In diesem Rahmen wurde ein Wechselkursmechanismus unter Nutzung einer Europäischen Währungseinheit, dem European Currency Unit – ECU fixiert. Der ECU diente innerhalb des EWS vor allem als Bezugsmittel zu den Wechselkursen der europäischen Länder. Die Wechselkurse der einzelnen Länder konnten den Festlegungen des EWS entsprechend nur eingeschränkt in Bandbreiten, etwa 2,25 % schwanken. Andernfalls waren die nationalen Notenbanken verpflichtet, an den Devisenmärkten zu intervenieren. Das EWS kann als währungspolitischer Vorläufer der EWU betrachtet werden. In dem 1944 gegründeten Bretton-Woods-System wurden die Wechselkurse der teilnehmenden Länder jeweils zur Leitwährung US-Dollar fixiert. Die Cross-Rates zwischen den Ländern ergaben sich aus ihrem jeweiligen Wechselkurs zum US-Dollar.

[7] Vgl. Krugman, R.; Obstfeld, M.: Internationale Wirtschaft – Theorie und Politik der Außenwirtschaft. Pearson Studium. München 2009, S. 675 ff.

portnachfrage an. Auf diese Weise werden interne und externe Gleichgewichte wieder regeneriert.[8]

Zum anderen besitzen die Länder Möglichkeiten und Instrumente, die Wechselkurse im Rahmen einer gezielten aktiven Wechselkurspolitik zu beeinflussen. Unter den Bedingungen flexibler Wechselkurse ist es beispielsweise einem Land mit sinkender Wettbewerbsfähigkeit und daher sinkender Nachfrage nach Exporten oder vor dem Hintergrund rezessiver Entwicklungen möglich, über die Anwendung der Instrumente der Geldpolitik, insbesondere der Zinspolitik, die Nachfrage nach der eigenen Währung zu senken und damit Abwertungstendenzen zu induzieren. Auch in diesem Fall würde die Exportnachfrage angeregt und rezessiven Entwicklungen begegnet werden. Kurzfristig können durcheine aktive Wechselkurspolitik Ungleichgewichte, insbesondere im Außenhandel, beseitigt werden. Mittel- und langfristig ist hingegen eine aktive Wechselkurspolitik aus verschiedenen Gründen ungeeignet. Sie behebt beispielsweise nicht die Ursachen der mangelnden Wettbewerbsfähigkeit oder rezessiver Entwicklungen. Die Ursachen liegen häufig vielmehr in einem zu hohen inländische Preis- und Kostenniveau in Relation zum ausländischen Preis- und Kostenniveau.[9] Das bedeutet, dass Ungleichgewichte mittel- und langfristig nicht etwa durch aktive Wechselkurspolitik sondern auf dem Wege der Anpassung des Preis/Kosten-Niveaus beseitigt werden können.

Es ist im bisherigen deutlich geworden, dass eine gemeinsame Währung für die beteiligten Länder signifikante Vor- und Nachteile impliziert. Die Gründung einer Währungsunion bedarf deshalb einer Abwägung zwischen Vorteilen bzw. Nutzenkomponenten und Nachteilen bzw. Kosten für die jeweils beteiligten Länder – vor dem Hintergrund ihrer spezifischen wirtschafts-, finanz- und geldpolitischen Verfassung. Es muss also geprüft werden, unter welchen internen länderspezifischen und externen weltwirtschaftlichen Rahmenbedingungen die Vorteile einer Währungsunion ihre Nachteile übertreffen. Damit rückt die Frage zu optimalen Währungsräumen in den Mittelpunkt.

1.2   Zur Theorie optimaler Währungsräume

1.2.1   Grundzüge der Theorie

Die Theorie optimaler Währungsräume (Optimum-Currency-Area bzw. kurz OCA-Theorie) geht wirtschaftshistorisch auf Robert Mundell zurück, wurde in der Folgezeit kontinuierlich erweitert und erlangte im Zuge der Vorbereitung und Umsetzung der EWU besondere Relevanz.[10] Die Theorie optimaler Währungsräume bezieht sich generell auf supranationale Geltungsbereiche von Währungen und geht inhaltlich der Frage nach, unter welchen Bedingungen eine Währungsunion für die teilnehmenden Länder Vor- oder Nachteile bzw. Nutzen oder Kosten induziert.

Methodisch ist die Theorie dadurch charakterisiert, dass sie mit Blick auf die Gründung von Währungsräumen Kriterien von Nutzens- und Kostenkomponenten des Währungsraumes

---

[8] Vgl. Krugman, R.; Obstfeld, M.: A. a. O., S.601 ff.
[9] Vgl. Blanchard, O.; Illing, G.: A. a. O., S.601 f.
[10] Mudell, R.: A Theory of Optimum Currency Areas. In: The American Economics Review, Vol. 51, Nr.4, 1961, ISSN 0002–8282, S. 657–665.

entwickelt und diese in Bezug zu signifikanten Änderungen von gesamtwirtschaftlichen Bedingungen, „Schocks", gesetzt werden.

Danach kann die Theorie optimaler Währungsräume zunächst nach jeweils angewandten Kriterien differenziert werden. Die Differenzierungsmöglichkeit ergibt sich aus der Unterscheidung der Kriterien in mikroökonomisch und makroökonomisch orientierte Theoriekomponenten. Eine scharfe Trennung zwischen mikroökonomischen und makroökonomischen Komponenten ist problematisch. Es wird hier von folgender Unterscheidung ausgegangen. Die mikroökonomischen Kriterien stellen den Wechselkurs als Anpassungsinstrument auf Entwicklungen von Angebot und Nachfrage in den Mittelpunkt. Die makroökonomischen Kriterien sind darauf angelegt zu prüfen, inwieweit Länder/Wirtschaftsregionen aufgrund ihrer volkswirtschaftlichen Parameter und ihrer Wirtschafts- und Finanzpolitik für eine Währungsunion unter Verzicht auf Wechselkurse und nationale Geldpolitik geeignet sind.

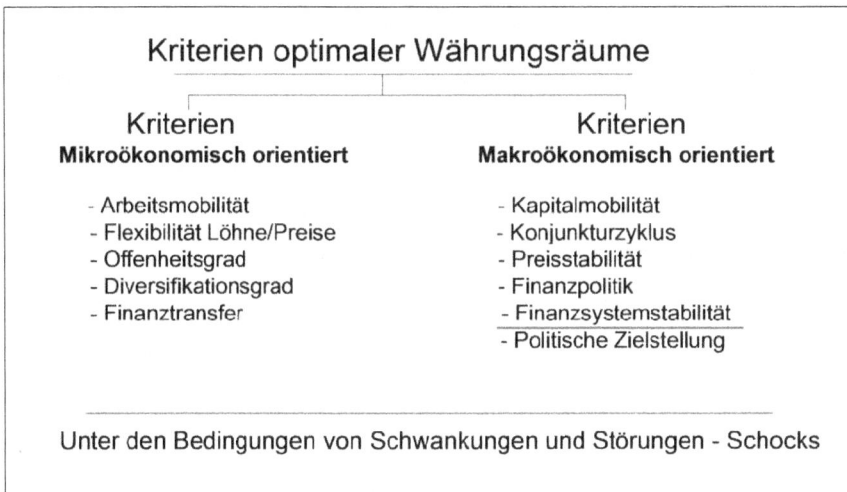

Kriterien optimaler Währungsräume

Kriterien **Mikroökonomisch orientiert**	Kriterien **Makroökonomisch orientiert**
- Arbeitsmobilität - Flexibilität Löhne/Preise - Offenheitsgrad - Diversifikationsgrad - Finanztransfer	- Kapitalmobilität - Konjunkturzyklus - Preisstabilität - Finanzpolitik - Finanzsystemstabilität - Politische Zielstellung

Unter den Bedingungen von Schwankungen und Störungen - Schocks

---

Abb. 1:   Übersicht zu den Kriterien optimaler Währungsräume[11]

Die „Finanzsystemstabilität" wird hier als neues makroökonomisch orientiertes Kriterium eingeführt und in 1.2.3 einer näheren Betrachtung unterzogen.

Kosten-Nutzen-Komponenten bzw. Vor- und Nachteile werden bei den an einer Währungsunion beteiligten Ländern dann deutlich, wenn gesamtwirtschaftliche Schwankungen und Störungen zu Schocks führen. Die Schocks sind unterschiedlicher Art. Die Arten möglicher Schocks zeigen differenzierte Wirkungen auf die Kosten-Nutzen-Komponenten in den Ländern der Währungsunion. Sie bedürfen deshalb vorab der näheren Erläuterung. Gesamtwirtschaftliche Schocks können im Hinblick auf die an einer Währungsunion teilnehmenden Länder zumindest nach folgenden Merkmalen unterschieden werden.

---

[11]   Vgl. Peters, H.: Theorie optimaler Währungsräume vor dem Hintergrund der EU-Erweiterung. Westfälische Universität Münster, Institut für Ökonomische Bildung, Diskussionspapier, Nr. 4/06, S 3 f. In: http://hdl.handle.net/10419/25564. Abgerufen am 15.02.2013.

- nach der Reaktion der jeweiligen Länder auf Schocks in
  - symmetrisch
  - asymmetrisch

Verhalten sich die unterschiedlichen Volkswirtschaften auf gleiche Schocks etwa in gleicher Weise, so liegen symmetrische Schocks vor. Symmetrische Schocks würden zu vergleichbaren Reaktionen der nationalen Notenbanken, wie der Zentralbank der Währungsunion hinsichtlich Geld- und Wechselkurspolitik führen. Diese Schocks induzieren insofern keine Kosten bzw. Nachteile einer Währungsunion. Internen symmetrischen Schocks kann in Bezug auf andere Wirtschaftsregionen durch Änderungen der Wechselkurse des Währungsraumes im Rahmen des Weltwährungssystems mit dem Ziel der Regenerierung der Stabilität begegnet werden.

Verhalten sich die Volkswirtschaften auf gleiche Schocks hingegen deutlich unterschiedlich oder/und wirken sich wirtschaftliche Schocks nur auf bestimmte Länder aus, so handelt es sich um asymmetrische Schocks. Zur Regenerierung der Stabilität sind in diesem Fall Wechselkursänderungen ausgeschlossen. Länderspezifisch bedingte Asymmetrien sind durch alternative Anpassungsinstrumente, insbesondere über Faktorpreisanpassungen möglich.[12]

- nach der Dauerhaftigkeit der Schocks in
  - temporär
  - permanent

Temporäre Schocks sind durch vorübergehende Schwankungen, z. B. der Rohstoffpreise (symmetrisch) oder der Beschäftigung in einer Volkswirtschaft (asymmetrisch) hervorgerufen. Temporäre Schocks sind relativ unkompliziert kompensierbar. So können beispielsweise die negativen Auswirkungen vorübergehend signifikant sinkender Beschäftigung, insbesondere sinkende Einkommen, dadurch kompensiert werden, dass sich Leistungsbilanzdefizite erhöhen – bei gleichzeitig steigendem Kapitalimport. Damit steigt tendenziell die Verschuldung der gesamtwirtschaftlichen Sektoren im Ausland. Das eröffnet die Möglichkeit, die Inlandsnachfrage zu stabilisieren und so einen temporären Beschäftigungsschock vorübergehend zu kompensieren.[13]

Permanente Schocks sind in der Regel das Ergebnis mittel- und langfristiger disproportionaler gesamtwirtschaftlicher Entwicklungen. Typische Beispiele disproportionaler Entwicklungen sind Fehlentwicklungen im Hinblick auf die Relation der Verwendungspositionen des Bruttoinlandsprodukts, Konsum, Staatsverbrauch, Investitionen und Außenhandelsbeitrag, die Verteilung von industriellem Sektor und Dienstleistungssektor, chronisch auflaufende Leistungsbilanzdefizite usw. Durch permanente Schocks ausgelöste Instabilitäten bedürfen im Allgemeinen sowohl einer Wechselkursänderung als auch einer Faktorpreisanpassung. Handelt es sich um symmetrische Schocks was bei mehreren Ländern unwahrscheinlich ist, kann dem durch Änderungen der Wechselkurse des Währungsraumes im Rahmen des Weltwährungssystems mit dem Ziel der Regenerierung der Stabilität begegnet werden. Sind die permanenten Schocks hingegen länderspezifisch bedingt und damit asymmetrisch, so bleibt nur der Weg einer durchgreifenden signifikanten Faktorpreisanpassung zur Regenerierung der Stabilität.

---

[12]   Vgl. Peters, H.: Theorie optimaler Währungsräume vor dem Hintergrund der EU-Erweiterung. A. a. O., S. 10.

[13]   Vgl. Heinemann, F.: Die Theorie der optimalen Währungsräume und die politische Reformfähigkeit – ein vernachlässigtes Kriterium. A. a. O., S. 7.

- nach dem Bezug der Schocks auf die Marktkräfte
  - angebotsseitig
  - nachfrageseitig

  Angebots- und Nachfrageschocks beziehen sich hier hinsichtlich ihrer Wirkungen generell auf das aggregierte Angebot und die aggregierte Nachfrage. Bei einem permanenten Anstieg der Nachfrage, einem positiven Nachfrageschock, erhöht sich kurzfristig auf der einen Seite das Angebot und auf der anderen Seite das Preisniveau sowohl kurzfristig als auch langfristig. Ein positiver Angebotsschock hingegen induziert eine kurzfristige Steigerung der Beschäftigung bei gleichzeitiger Begrenzung des Preisniveaus.[14]

Anhand der in Abb. 1 dargestellten Kriterien optimaler Währungsräume werden im Folgenden die Kosten bzw. Nachteile den Nutzen bzw. den Vorteilen einer Währungsunion unter den Bedingungen von Schocks gegenübergestellt.

1.2.2   Mikroökonomisch orientierte Kriterien

Arbeitsmobilität

Die Arbeitsmobilität stellt das ursprünglich betrachtete Kriterium optimaler Währungsräume dar. R. Mundell sieht in der Arbeitsmobilität den entscheidenden Weg der ökonomischen Reaktion auf asymmetrische Schocks unter Ausschluss flexibler Wechselkurse. Der Ausgangspunkt der Überlegung besteht darin, dass generell bei regional unterschiedlichen Nachfrageentwicklungen bzw. bei Nachfrageschocks eine hohe Arbeitsmobilität regionale Arbeitslosigkeit verhindert. Durch die Migration von Regionen mit niedriger Nachfrage in Regionen mit einem hohen Nachfrageniveau wird regionale Arbeitslosigkeit vermieden. Die Schlussfolgerung besteht darin, dass innerhalb einer Währungsunion dann niedrige Kosten bzw. Nachteile aus dem Verzicht auf ein flexibles Wechselkurssystem entstehen, wenn die Arbeitsmobilität hoch ist.[15] Darüber hinaus steigen die Arbeitslosigkeit und damit die Kosten eines Währungsraums an, wenn das reale Lohnniveau konstant bleibt und die Arbeitsproduktivität sinkt. Das bedeutet, dass auch unter den Bedingungen relativ fallender Arbeitsproduktivität und starrer Faktorpreise für Arbeit die Arbeitsmobilität gegeben sein muss, wenn die Kosten/Nachteile einer Währungsunion begrenzt werden sollen.[16] Die Arbeitsmobilität sollte als Kriterium optimaler Währungsräume insbesondere über kurze und mittlere Fristen akzeptiert werden. Permanente Migrationsprozesse beschädigen langfristig die Innovationsfähigkeiten der durch die Migration benachteiligten Regionen/Länder.

Zusammenfassend kann festgehalten werden, dass bei gegebenem Nutzen die Kosten bzw. Nachteile einer Währungsunion mit zunehmender Arbeitsmobilität abnehmen.

Flexibilität Löhne und Preise

Unter den Bedingungen asymmetrischer Schocks ist eine Währungsunion dann ohne Kosten bzw. Nachteile realisierbar, wenn Löhne und Preise zeitnah einer entsprechend notwendigen Anpassungen an veränderten Angebots- und Nachfrage-Relationen unterliegen. Kurzfristig

---

[14]   Vgl. Peters, H.: Theorie optimaler Währungsräume vor dem Hintergrund der EU-Erweiterung. A. a. O., S. 10.

[15]   Vgl. Mundell, R.: A Theory of Optimum Currency Areas, A. a. O., S. 509 ff.

[16]   Vgl. Heinemann, F.: Die Theorie der optimalen Währungsräume und die politische Reformfähigkeit – ein vernachlässigtes Kriterium. A. a. O., S. 7.

flexible Löhne und Preise machen vielmehr Wechselkurse als Anpassungsinstrument über-
flüssig. Die Vorteile von Wechselkursänderungen ergeben sich erst dadurch, dass eine Infle-
xibilität von Löhnen und Preisen zumindest im Kurzfristbereich unterstellt wird. Flexible
Löhne und Preise sind zur Kompensation von Schocks besser geeignet als Wechselkursänderungen, weil sie zu zeitnahen Anpassungen führen, während Wechselkurse zeitverzögert sind.
Darüber hinaus ist die Wirkung von Wechselkursen im Hinblick auf permanente Schocks
begrenzt.

Zusammenfassend kann festgehalten werden, dass die Kosten bzw. Nachteile einer Währungsunion mit steigender Flexibilität von Löhnen und Preisen sinken während der Nutzen
zunimmt.[17]

Offenheitsgrad

Der Offenheitsgrad als Kriterium optimaler Währungsräume geht auf McKinnen zurück.[18]
Dabei wird der Offenheitsgrad einer Volkswirtschaft definiert als Relation der Volumina
handelbarer und nicht handelbarer Güter. Praktisch ergibt sich damit der Offenheitsgrad aus
den Export- und Importquoten.

Unter den Bedingungen asymmetrischer Nachfrageschocks kommt es im jeweiligen Exportland
bei flexiblen Wechselkursen zu Abwertungstendenzen. Die Abwertung induziert steigende Preise im Inland und gefährdet die Preisstabilität. Die so gefährdete Preisstabilität ist
umso intensiver, je höher der Offenheitsgrad der Volkswirtschaft ist. Vor diesem Hintergrund
sind feste Wechselkurse für offene Volkswirtschaften geeignet. Nachfrageschocks sind durch
finanzpolitische, insbesondere durch fiskalpolitische Reaktionen zumindest kurzfristig kompensierbar.

Bei niedrigem Offenheitsgrad sind die Preise primär durch nicht handelbare Güter bestimmt
mit entsprechend stabilisierender Wirkung auf das inländische Preisniveau. Im Hinblick auf
Handelsbilanzungleichgewichte erfolgen Anpassungsreaktionen durch die flexiblen Wechselkurse.[19]

Zusammenfassend kann interpretiert werden, dass mit steigendem Offenheitsgrad und damit
gleichbedeutend mit wachsender Handelsverflechtung von Volkswirtschaften die Kosten
bzw. Nachteile einer Währungsunion abnehmen und der Nutzen ansteigt.

Diversifikationsgrad

Der Diversifikationsgrad als Kriterium wurde durch Kenen begründet. Den Diversifikationsgrad erklärt Kenen insbesondere als Diversifikation der Produktion.[20] Damit ist inhaltlich vor
allem die Verteilung bzw. Streuung der in Volkswirtschaften hervorgebrachten Produkte auf
Industriesektoren und Branchen angesprochen.

Asymmetrische Nachfrageschocks beziehen sich naturgemäß auf einzelne Produkte/Produkt-
gruppen/Branchen. Asymmetrische Nachfrageschocks haben bei breit diversifizierten Volks-

---

[17]   Vgl. Peters, H.: Theorie optimaler Währungsräume vor dem Hintergrund der EU-Erweiterung. A. a. O., S. 7.
[18]   Vgl. McKinnen, R.: Optimal Currency Areas. In: American Economic Review, 53. Jg. 1963, S. 717 ff.
[19]   Vgl. Peters, H.: Theorie optimaler Währungsräume vor dem Hintergrund der EU-Erweiterung. A. a. O., S. 7 f.
[20]   Vgl. Kenen, P: The Theory of Optimum Currency Areas. An Eclectic View. In: Mundell, R.; Swoboda, A.;
        Alexander, K.: Monetary Problems of the International Economy. The University of Chicago, S. 41–60.

wirtschaften eine niedrigere Eintrittswahrscheinlichkeit und Wirkungsintensität als bei Volkswirtschaften mit einem geringen Diversifikationsgrad.

Dementsprechend ist der Anpassungsbedarf bei hohem Diversifikationsgrad über flexible Wechselkurse geringer als bei niedrigem Diversifikationsgrad.

Es kann gefolgert werden, dass mit steigender Diversifikation von Produktionsstrukturen der beteiligten Volkswirtschaften bei gegebenen Nutzen die Kosten bzw. Nachteile einer Währungsunion unter den Bedingungen asymmetrischer Nachfrageschocks sinken.[21]

Finanztransfer

Der Finanztransfer als Kriterium von Währungsräumen bezieht sich insbesondere auf die Wirkung asymmetrischer, temporärer Nachfrageschocks.[22] Derartige Schocks wirken sich unterschiedlich auf die beteiligten Länder/Wirtschaftsregionen aus. Bei den durch die Nachfrageschwäche betroffenen Ländern/Wirtschaftsregionen sinken tendenziell Beschäftigung und Einkommensniveau sowie in der Folge Steuereinnahmen des Staates. In den übrigen Ländern treten vielfach entgegen gesetzte Tendenzen auf – also Erhöhung der Beschäftigung bei wachsendem Einkommensniveau mit gegebenenfalls steigendem Inflationsdruck und erhöhten Steuereinnahmen.

Vor diesem Hintergrund können unter Ausschluss flexibler Wechselkurse im Rahmen einer Währungsunion zeitlich begrenzte Finanztransfers als Stabilisierungsinstrumente ökonomisch sinnvoll sein. Sie begrenzen in einer Wirtschaftsregion die negativen Auswirkungen des Schocks auf Beschäftigung, Einkommensniveau und Steuereinnahmen und verhindern in der anderen Wirtschaftsregion Überhitzungen der Konjunktur und Inflationsdruck.[23]

Finanztransfers sollten, um keine falschen Anreize zu schaffen, ausschließlich kurzfristig angelegt und hinsichtlich ihrer Volumina eng begrenzt sein. Das bedeutet, dass sie nur jene Zeiträume, in denen entweder temporäre Nachfrageschocks intensiv wirken oder in denen die Zeiträume zur Realisation anderer Stabilisierungsmechanismen, wie die Anpassung der Löhne und Preise bei permanenten Nachfrageschocks überbrückt werden müssen, umfassen sollten.

Ein System von Finanztransfers ist bei einer größeren Anzahl von Ländern/Wirtschaftsregionen sinnvoll durch Regularien der Bildung und Verwendung eines entsprechenden Fonds der Währungsunion zu umzusetzen.

1.2.3   Makroökonomisch orientierte Kriterien

Kapitalmobilität

Die Kapitalmobilität als makroökonomisches Kriterium von Währungsräumen ist von nahezu klassischer Ambivalenz.

Auf der einen Seite wird die Kapitalmobilität im Sinne einer hohen Finanzmarktintegration als Phänomen betrachtet, das die Notwendigkeit von Anpassungsreaktionen über Wechsel-

---

[21]   Vgl. Peters, H.: A. a. O., S. 8.

[22]   Es geht hier nicht etwa um Transferzahlungen zwischen den Ländern einer bestehenden Währungsunion vor dem Hintergrund unsolider Wirtschafts-, Finanz- und Sozialpolitik einzelner Mitgliedsländer.

[23]   Vgl. Heinemann, F.: A. a. O., S. 9.

kurse mindert. Diese Auffassung wurde als eine der modernen Betrachtungen zu Kriterien optimaler Währungsräume entwickelt. Die Argumentation baut sich wie folgt auf.

Insbesondere temporäre Störungen/Schocks, beispielsweise in Gestalt unausgeglichener Zahlungsbilanzsalden zwischen den Ländern einer Währungsunion, können durch Kapitalbewegungen zwischen den Ländern mit positiver Zahlungsbilanz in jene mit negativer Zahlungsbilanz, und damit in jeweils umgekehrter Richtung der Export/Import-Bewegungen, ausgeglichen werden.

Über die Kapitalbilanz wird somit der Ausgleich der Leistungsbilanzsalden durch Kapitalströme hergestellt.[24] Zudem wird angeführt, dass bei hoher Finanzmarktintegration Vorteile sowohl auf der Investitionsseite als auch auf der Finanzierungsseite gegeben sind. Darüber hinaus wird argumentiert, dass sich die Differenzen der langfristigen Zinsen innerhalb eines Währungsraums verringern. Schließlich ergibt sich die Schlussfolgerung, dass unter den Bedingungen hoher Kapitalmarktmobilität sowie hoher Finanzmarktintegration feste Wechselkurse von Vorteil sind.[25]

Auf der anderen Seite müssen die Kapitalmobilität und die Finanzmarktintegration vor dem analytischen Hintergrund des seit 2007 laufenden Krisenmodus der Industrieländer generell und der Eurokrise speziell differenzierter betrachtet werden.

Die Kapitalmobilität und Finanzmarktintegration können nur unter den Bedingungen temporärer Schocks dem Ausgleich von Leistungsbilanzungleichgewichten in einem kürzestmöglichen Zeitraum so lange nützen bis zeitnahe Anpassungsreaktionen, beispielsweise über Löhne und Preise ihre Wirkung entfalten. Jede Überschreitung dieses Zeitraums verzögert die Beseitigung der Ursachen der Ungleichgewichte und birgt die Gefahr, dass sich die Ungleichgewichte aufbauen und verstetigen. Die Folgen sind u. a. ein Ansteigen der Auslandsverschuldung und eine radikale Absenkung des Lohn- und Preisniveaus spätestens dann, wenn eben die Finanzmärkte dies durch Ansteigen des Zinsniveaus erzwingen. Senkung der Nachfrage der privaten Haushalte und des Staates, zunehmende Arbeitslosigkeit und schließlich rezessive Tendenzen sind die zwangsläufige Folge.

Kapitalmobilität und Finanzmarktintegration sind weitgehend global gegeben und nicht etwa auf eine Währungsunion beschränkt. Sie stellen eine allgemeine Bedingung für eine prosperierende weltwirtschaftliche Entwicklung dar. Als Kriterium optimaler Währungsräume muss die Kapitalmobilität ausschließlich als kurzfristiger Ausgleichsmechanismus auf temporäre Schocks beschränkt bleiben. Die empirisch bestätigte Neigung, Kapitalmobilität als Ausgleichsmechanismus für disproportionierte volkswirtschaftliche Entwicklungen, beispielsweise für Leistungsdefizite zu nutzen, zieht mittel- und langfristig negative ökonomische Fehlentwicklungen nach sich.

---

[24] Vgl. Konrad, I.: Zur Integration ausgewählter mittel- und osteuropäischer Länder in die währungspolitische Ordnung Europas. Peter Lang Verlag, Frankfurt a. M. 2002. Zitiert in: Peters, H.: A. a. O.

[25] Vgl. Mongelli, F.: "New" view on the optimum currency area theory: what is EMU telling us. In: ECB Working Paper Series. www.ecb.int. Zitiert in: Peters, H.: A. a. O., S. 10 f.

Konjunkturzyklen

Bei den Konjunkturzyklen geht es vor allem um synchronisierte Konjunkturzyklen. Diese sind als Kriterium optimaler Währungsräume aus zwei Gründen von großer Bedeutung.

1. Eine gemeinsame Geldpolitik im Sinne der Zins- und Geldmengenpolitik innerhalb einer Währungsunion kann nur auf die gesamte Währungsunion bezogen sein. Bei hohem Wirtschaftswachstum sollte die Geldpolitik generell restriktiv angelegt sein, um konjunkturelle Überhitzungen und erhöhten Inflationsdruck zu vermeiden. Bei schwacher konjunktureller Entwicklung bedarf es einer expansiven Geldpolitik.
   Eine gemeinsame Geldpolitik kann nicht auf asynchrone Konjunkturverläufe der einzelnen Länder reagieren. Das bedeutet, dass bei differierenden Konjunkturzyklen der einzelnen Länder die Geldpolitik für Länder mit starker konjunktureller Entwicklung tendenziell zu expansiv ist während sie sich für Länder mit schwacher Konjunkturentwicklung tendenziell zu restriktiv darstellt. Je differenzierter die Konjunkturzyklen der an einer Währungsunion beteiligten Länder auseinanderklaffen, desto unangemessener ist tendenziell die Geldpolitik und desto größer sind entsprechend die Kosten bzw. die Nachteile des Währungsraums.[26]

2. Eine Wechselkurspolitik ist im Rahmen einer Währungsunion ausgeschlossen. Kommt es im Gefolge asynchroner Konjunkturverläufe der Länder eines Währungsraums zu Ungleichgewichten im Außenhandel mit deutlichen Leistungsbilanzdefiziten und -überschüssen, so ist dies durch Wechselkursänderungen nicht kompensierbar. Insofern sinkt die Wahrscheinlichkeit von Außenhandelsungleichgewichten mit steigender Übereinstimmung der konjunkturellen Entwicklung im Währungsraum. Die Kosten bzw. Nachteile nehmen ab.[27]

Preisstabilität

Auch unter den Bedingungen einer Währungsunion und damit einer einheitlichen Geldpolitik existiert eine Reihe von Ursachen differierender Inflationsraten zwischen den Ländern einer Währungsunion. Neben den vor allem nachfrageinduzierten, konjunkturellen Gründen sind auf der Angebotsseite insbesondere tarifpolitische sowie fiskalpolitische Gründe von Bedeutung. Differierende Inflationsraten innerhalb einer Währungsunion führen zwangsläufig zu unterschiedlichen gesamtwirtschaftlichen Konsequenzen in den einzelnen Ländern. So ziehen hohe Inflationsraten auf der einen Seite u. a. Kaufkraftverluste bei privaten Haushalten mit festen Einkommen, Entwertung von Geldvermögen sowie auf der anderen Seite Entlastungen von Schuldnern, beispielsweise verschuldeter Staaten sowie fiskalische Effekte nach sich. Neben den dargestellten vor allem binnenwirtschaftlichen Auswirkungen ergeben sich außenwirtschaftliche Konsequenzen. Wenn die hohen Inflationsraten mit der Erhöhung der Preise für die Produktionsfaktoren, insbesondere der Löhne einhergehen ohne entsprechende Produktivitätssteigerungen kommt es zu einem inländischen Preisniveau, das die internationale Wettbewerbsfähigkeit des Landes untergräbt. Die Folgen sind strukturelle Ungleichgewichte im Außenhandel mit der Tendenz zu negativen Leistungsbilanzen. Damit steigen in

---

[26] Vgl. Rose, A.; Engel, C.: Currency Unions and International Integration. Journal of Money, Credit and Banking. 34. Jahrgang, 2002. S. 804 ff. In: http://www.ssc.wisc.edu/~cengel/PublishedPapers/Rose-Engel.pdf. Abgerufen am 30.04.2012.

[27] Vgl. Konrad, I.: Zur Integration ausgewählter mittel- und osteuropäischer Länder in die währungspolitische Ordnung Europas. Frankfurt a. M. Peter Lang Verlag 2002. Zitiert in: Peters, H.: A. a. O., S. 11.

der Endkonsequenz die Kosten bzw. Nachteile eines Währungsraums an. So kommt Konrad zu der Schlussfolgerung, dass die Kosten einer Währungsunion mit der Reduzierung der Inflationsdifferenzen zurückgehen.[28]

Finanzpolitik

Eine nachhaltige nationale Finanzpolitik stellt ein Kriterium optimaler Währungsräume dar.[29] Aufgrund des Ausschlusses einer nationalen Geld- und Währungspolitik kommt der nationalen Finanzpolitik als Instrument der Reaktion auf alle Arten von Schocks, symmetrischen und asymmetrischen, temporären und permanenten sowie angebots- und nachfrageseitigen Schocks, eine große Bedeutung zu. So wird es über die Nutzung der Instrumente nationalen öffentlicher Finanzpolitik im Sinne der Einnahmen- und Ausgabenpolitik möglich, wirtschaftlichen Schocks zu begegnen. Im Rahmen der Einnahmenpolitik kann das gesamte steuerpolitische Instrumentarium zur Reaktion auf Schocks genutzt werden. Innerhalb der Ausgabenpolitik ist es möglich auf Schocks durch gezielte antizyklische konjunkturpolitische Maßnahmen zu reagieren und schließlich eröffnet die Budgetpolitik die Chance, durch eine expansive bzw. kontraktive Budgetpolitik den Konsequenzen von Schocks entgegen zu wirken.

Voraussetzung der Nutzung der öffentlichen Finanzpolitik als Anpassungsinstrumentarium zur Reaktion auf die verschiedenen Arten von Schocks sind entsprechende finanzpolitische Gestaltungsmöglichkeiten. Diese sind nur dann gegeben, wenn sie nicht durch hohe Verschuldungen der öffentlichen Haushalte eingeschränkt werden. Die Quantifizierung der Verschuldung öffentlicher Haushalte wird allgemein anhand der Gesamtverschuldung und der Nettoneuverschuldung jeweils in Relation zum BIP vorgenommen.

Zusammenfassend kann formuliert werden, dass die Kosten bzw. Nachteile einer Währungsunion mit sinkender Verschuldung öffentlicher Haushalte sinken.[30]

Finanzsystemstabilität – ein weiteres unverzichtbares Kriterium

Die Einordnung der Finanzsystemstabilität in das Gesamtsystem von Kriterien optimaler Währungsräume ergibt sich sowohl aus der wirtschaftlichen Logik optimaler Währungsräume als auch aus den generellen Erfahrungen der Finanz- und Bankenkrise in den Industrieländern mit Beginn seit 2008 und speziell aus der Eurokrise/Staatsschuldenkrise seit 2010.

Die Funktionen des Finanzsystems bestehen allgemein in der Vermittlung und Durchleitung finanzieller Mittel von der Angebotsseite zur Nachfrageseite. Um diesen Funktionen gerecht werden zu können bedarf es der Intermediäre, der Banken und Versicherungen, der Finanzmärkte sowie der Finanzinfrastruktur im Sinne z. B. der Zahlungsabwicklungssysteme.

---

[28]   Vgl. Konrad. I.: A. a. O., S. 12 ff.

[29]   Vgl. hierzu auch Dieckenheuer, G.: Internationale Wirtschaftsbeziehungen. 5. vollständig überarbeitete Auflage, Oldenbourg Verlag. München 2001.

[30]   Vgl. Konrad, I.: A. a. O., S. 130.

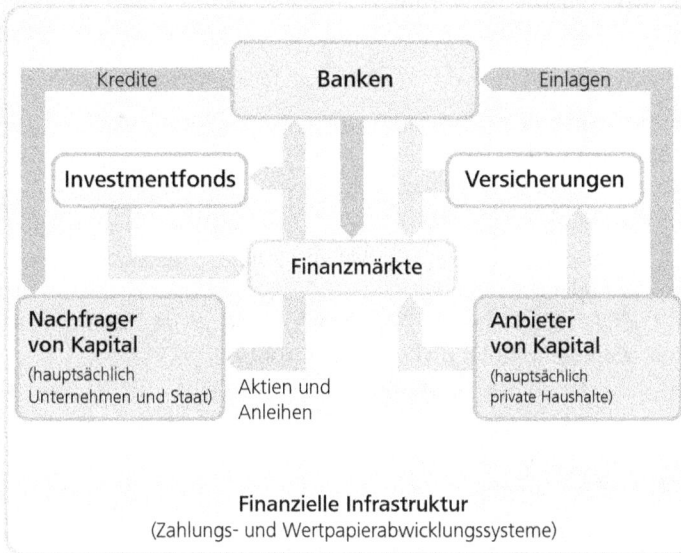

Abb. 2:   Prinzipdarstellung des Finanzsystems[31]

Im Rahmen der Finanzsystemstabilität kommt dem Bankensystem eine besondere Bedeutung zu. Diese Bedeutung ist vor allem folgender Kausalkette geschuldet. Bei eintretenden Schocks entstehen bei Banken auf der Aktivseite der Bankbilanz hohe Abschreibungsvolumina. Die Abschreibungen reduzieren auf der Passivseite das Eigenkapital und führen bei entsprechend hohem Abschreibungsbedarf zur Insolvenzgefährdung der Bank wegen Überschuldung.

Da die Banken vielfach in Größenordnungen von 90–95 % fremdkapitalfinanziert sind würden die entsprechenden Gläubiger in hohem Maße belastet. Da die Banken z. B. über den Interbankenhandel untereinander stark fremdkapitalseitig verflochten sind, würde die Insolvenz einer großen Bank einem Dominoeffekt folgend Insolvenzen weiterer Banken induzieren. Damit wäre das gesamte globale Bankensystem mit unabsehbaren Folgen gefährdet.

Um diese Gefährdungen auszuschließen, sind die Länder gezwungen, insbesondere auf dem Wege staatlicher Beteiligungen Banken zu rekapitalisieren. Die Rekapitalisierungen erfolgen aus den Staatshaushalten.

Damit werden die Staatshaushalte in hohem Ausmaß bis zur drohenden Staatsinsolvenz in Anspruch genommen. Bankensystemrisiken gehen über in Staatsschuldenrisiken.

Die Bankensystemrisiken ergeben sich inhaltlich zum einen aus der Stellung des Bankensystems innerhalb der jeweiligen Volkswirtschaft. Zur Quantifizierung können Kennzahlen wie,

- Anteil der Bankbilanzsummen des Bankensystems am BIP,
- Struktur des Banken- und Finanzsystems

---

[31]   Bundesbank. Das Banken- und Finanzsystem. S. 83 In:
http://www.bundesbank.de/Redaktion/DE/Downloads/Veroeffentlichungen/Buch_Broschuere_Flyer/geld_und
_geldpolitik_schuelerbuch.pdf?__blob=publicationFi le. Abgerufen am 11.08 2013.

- Bankendichte als Anzahl von Bankstellen pro 1000 Einwohner usw.

herangezogen werden.

Zum anderen sind Bankensystemrisiken bestimmt durch interne Risikokomponenten, wie

- Anteil systemrelevanter Banken am Bankensektor,
- Kernkapitalquoten im Bankensystem,
- Risikoaktiva, insbesondere aus dem Immobilienbereich usw.

Die Finanz- und Bankensystemstabilität kann als Kriterium optimaler Währungsräume in folgender Charakterisierung beschrieben werden. Je höher die Finanzsystemstabilität und je niedriger die Risiken in den beteiligten Ländern sind, desto geringer sind Kosten bzw. Nachteile einer Währungsunion. Gleichzeitig steigt der Nutzen insbesondere im Zusammenhang mit anderen Kriterien, wie der Kapitalmobilität und der Finanzpolitik.[32]

Politische Zielsetzung

Die politische Zielstellung ist ein erstrangiges Kriterium optimaler Währungsräume. Peters formuliert mit Verweis auf Konrad wie folgt:

> „Um eine Gemeinschaftswährung überhaupt einführen zu können, bedarf es eines starken Willens zur Integration. Politik treibt die Bereitschaft an, politische Verpflichtungen einzugehen, nachhaltige Politik auf unterschiedlichen Gebieten durchzuführen sowie eine verbesserte institutionelle Verbindung herzustellen."[33]

Vor dem Hintergrund der Erfahrungen aus der EWU müssen diese inhaltlich richtigen Aussagen noch deutlich erweitert werden. Diese Erweiterung kann sinnvoll aus dem allgemeinen mehrdimensionalen Politikverständnis in den Dimensionen

- Policy – Inhalte
- Politics – Prozesse
- Polity – Strukturen[34]

abgeleitet und mit Blick auf die Gründung und Entwicklung einer Währungsunion wie folgt transformiert werden:

1. Ökonomischer Inhalt (Policy)
    Sowohl aus der Sicht der Theorie optimaler Währungsräume als auch aus der praktischen Sicht der Entwicklung der EWU muss die Schlussfolgerung gezogen werden, dass eine isolierte Währungsunion ohne wirtschafts-, finanzsystem- und sozialpolitische Entsprechung bzw. Flankierung unmöglich ist.
    Die theoretische Begründung dieser Erkenntnis ergibt sich auf der einen Seite daraus, dass allgemein die Kriterien eines optimalen Währungsraums einer Umsetzung sowohl in den einzelnen Ländern als auch über den gesamten Währungsraum bedürfen. Damit sind zwangsläufig neben der Währungspolitik weitere Politikfelder angesprochen.
    Auf der anderen Seite muss empirisch festgehalten werden, dass in einer Währungsunion auftretende Schocks in der Regel asymmetrisch sind. Das gilt insbesondere dann,

---

[32] Diese Aussagen gelten auch vor dem Hintergrund internationaler Bankenregulierungen, wie Basel III, Abwicklung von Banken sowie einer verbesserten Bankenaufsicht und Einlagensicherung usw. Vgl. hierzu auch Abschnitt 5.2.3.

[33] Peters, H.: A. a. O., S. 13.

[34] Vgl. Rohe, K.: Politik – Begriffe und Wirklichkeiten. Kohlhammer Verlag. Stuttgart, 1994, S. 61 ff.

wenn eine größere Anzahl von Ländern beteiligt ist und diese nicht den Kriterien optimaler Währungsräume entsprechen. Symmetrische Schocks sind dann eher der Sonder-
fall.

Zur Erhaltung bzw. Herstellung der Stabilität müssen bei länderspezifisch bedingten
Asymmetrien unter Ausschluss von Wechselkursänderungen die alternativen Anpassungsinstrumente, insbesondere Faktoranpassungen über die Löhne sowie Preisentwicklungen usw. in vollem Umfang und zeitnah ihre Wirkung, sowohl differenziert in den
einzelnen Ländern als auch koordiniert und gesteuert im Rahmen des Währungsraums,
entfalten.

Beide Seiten bedingen, eine Währungsunion in eine inhaltlich untersetzte Wirtschafts-,
Finanz-, Finanzsystem (/Banken-) und Sozialunion einzubinden. Eine so fokussierte
Union mündet auf dem Weg der sukzessiven Verlagerung von Komponenten weiterer
Politikfelder langfristig in eine Union, die sich asymptotisch einer politischen Union an-
nähert.

2. Prozess der politischen Willensbildung (Politics)
   Der Prozess der politischen Willensbildung in den Ländern beinhaltet auf der Grundlage
   umfassender Informationsbereitstellung insbesondere die Vermittlung und Herbeiführung eines Konsenses der wichtigen politischen Parteien sowie der Interessengruppen,
   den Unternehmerverbänden und Gewerkschaften zum Eintritt in eine Währungsunion
   und zur Entwicklung des jeweiligen Landes im Rahmen eines Währungsraumes.[35]

3. Rechtliche und institutionelle Festschreibung (Polity)
   Ein Währungsraum bedarf einer juristischen Einordnung in zentrale Rechtsdokumente
   sowohl auf der Ebene der beteiligten Länder als auch auf der Ebene der Währungsunion.
   Das bedeutet, dass eine Währungsunion aufgrund ihrer enormen politischen Tragweite
   auf beiden Ebenen verfassungsrechtlich bzw. primärrechtlich verankert sein muss.

Im Hinblick auf das Kriterium der politischen Zielsetzung kann zusammengefasst werden:

Je klarer die Entwicklungsperspektive einer Währungsunion zu einer Wirtschafts-, Finanz-,
Finanzsystem-(/Banken-) und Sozialunion formuliert ist, je überzeugender ein gesellschaftli-
cher Konsens in den einzelnen Mitgliedsstaaten zu einer solchen Union hergestellt ist und je
zentraler diese Union in der Rechtsprechung auf der Ebene der Mitgliedsländer und der
Union festgeschrieben und institutionell verankert ist, desto höher stellt sich der Nutzen der
Währungsunion dar und desto niedriger fallen die Kosten aus.

1.2.4   Resümee zu optimalen Währungsräumen

Die Theorie optimaler Währungsräume stellt inhaltlich ein mehrdimensionales System zur
Beurteilung von Kosten bzw. Vorteilen auf der einen Seite und Nutzen bzw. Nachteilen von
Währungsräumen auf der anderen Seite unter Ausschluss

- nationaler Geldpolitiken,
- flexibler Wechselkurse der teilnehmenden Länder untereinander

dar.

---

[35] Ein mangelnder Konsens im Parteiengefüge führt z. B. unter den Bedingungen asymmetrischer Schocks dazu,
dass Parlamentswahlen in einzelnen Ländern die Währungsunion in ihrer Existenz in Frage stellen kann. So
geschehen in Italien mit den Wahlen zum Abgeordnetenhaus und dem Senat im Februar 2013.

Die verschieden Dimensionen ergeben sich aus der Zuordnung der unterschiedlichen Be-
urteilungskriterien zu den differenzierten wirtschaftlichen Schockarten bezogen jeweils auf
die an einer Währungsunion teilnehmenden Länder.

Die Tiefe der Beurteilung und damit zugleich ihre Nutzungsmöglichkeiten hängen maßgeblich von der

- Breite des Spektrums verwendeter Kriterien und der
- Untergliederung der Kriterien in jeweils spezifische charakteristische Kennzahlen bzw.
  Kennzahlensysteme

ab.

Unter den Voraussetzungen der Verwendung eines breiten Spektrums von Kriterien und deren tiefe Untersetzung in differenzierte Kennzahlen bzw. Kennzahlensysteme eröffnen der
Theorie optimaler Währungsräume in der Umsetzung folgende Nutzungsmöglichkeiten.

1. Sie stellt methodische Grundlagen zur differenzierten Bewertung von Kosten/Nutzen-
    Relationen im Zusammenhang mit der Gründung und Entwicklung von Währungsräu-
    men bereit. Methodische Schwerpunkte sind dabei die Fixierung des Analysegegenstan-
    des anhand der Kriterieninhalte, die Bewertung der Analyseergebnisse und die Entschei-
    dungsfindung.

2. Auf den Grundlagen der Analyse und Bewertung wird es praktisch möglich, Entschei-
    dungen darüber abzuleiten, welche Länder aufgrund ihrer volkswirtschaftlichen Parame-
    ter und Kennzahlen
    –   ohne Bedingungen oder
    –   unter den Bedingungen künftig zu erreichender Entwicklungen und Zielgrößen
    geeignet sind, einen Währungsraum zu bilden.

3. Ableitung geeigneter Instrumente zur Steuerung und Überwachung mit dem Ziel, ma-
    kroökonomische Fehlentwicklungen und Ungleichgewichte sowohl des gesamten Wäh-
    rungsraums als auch einzelner Länder/Ländergruppen zu vermeiden bzw. zu korrigieren.
    Inhaltlich stellen diese Instrumente ausgewogene gesamtwirtschaftliche Kennzahlensys-
    teme dar, die als Indikatoren zukünftiger makroökonomischer (Fehl-) Entwicklungen be-
    sonders relevant sind.

Mit der in Punkt 3 vorgenommenen Interpretation, aus den Kriterien optimaler Währungsräume Instrumente der Steuerung und Überwachung in Gestalt differenzierter Kennzahlensysteme abzuleiten, wird es möglich, die Theorie optimaler Währungsräume mit der EU-
Praxis (nach Euro-Kriseneintritt) der empirischen Ableitung von Indikatoren zur Steuerung
und Überwachung der EWU in Form der Scoreboard-Systeme zu verbinden.[36]

---

[36]   Die Scoreboard-Systeme werden in den nachfolgenden Abschnitten des Kapitels 2.3 sowie im Kapitel 4 detail-
       liert behandelt. Vgl. Europäische Union. Bericht der Kommission – Warnmechanismus-Bericht. Brüssel
       14.02.12. S. 1 ff. Vgl. Heinen, N.: Makroökonomische Koordinierung. DB Research. 13.01.11 S. 1 ff.

1.3   Die Vorbereitung und Gründung der Europäischen Währungsunion

1.3.1   Wirtschaftshistorischer Hintergrund

Der Gründung der EWU ging aus wirtschaftshistorischer Sicht zunächst ein langer Zeitraum der Entwicklung des Europäischen Binnenmarktes voraus. Im Zuge dieser Entwicklung wurden dem Vertrag zur Gründung der Europäischen Wirtschaftsgemeinschaft entsprechend bis 1968 die Zollschranken innerhalb der EWG beseitigt und einheitliche Zölle auf externe Waren fixiert.

In der Folgezeit konzentrierten sich die Bestrebungen der Gemeinschaft vor allem auf die Vervollkommnung des Binnenmarktes durch Harmonisierung unterschiedlicher technischer, rechtlicher, steuerlicher und weiterer Normen, Standards und Vorschriften. Der so entwickelte Binnenmarkt fand in der Einheitlichen Europäischen Akte von 1987 seinen Niederschlag. Hier wurden insbesondere die so genannten Grundfreiheiten des Binnenmarktes inhaltlich und rechtlich ausgestaltet:

1. Freier Warenverkehr
2. Personenfreizügigkeit
3. Dienstleistungsfreiheit und
4. Freier Kapital- und Zahlungsverkehr.[37]

In zeitlicher Parallelität und logischer gesamtwirtschaftlicher Konsequenz entwickelte sich eine zunehmende währungspolitische Zusammenarbeit. Diese Zusammenarbeit mündete in der Schaffung des Europäischen Währungssystems (EWS). Es trat 1979 in Kraft. Die Kernpunkte der Festlegungen zum EWS bestanden im Folgenden:

- Schaffung einer Referenzwährung „ECU" entsprechend einem Währungskorb der Währungen aller Mitgliedsländer.
- Festlegung eines Wechselkursmechanismus, der ggf. durch konzertierte Deviseninterventionen sichern sollte, dass die Währungen der Mitgliedsländer zu einem bestimmten Kurs an den ECU mit einer maximalen Bandbreite von 2,25 % gekoppelt waren. Das bedeutete die Einführung fester Wechselkurse innerhalb der Gemeinschaft.
- Übertragung von jeweils 20 % der Währungs- und Goldreserven jedes Landes auf einen gemeinsamen Fonds im Sinne eines Kreditmechanismus.[38]

Sowohl mit der Entwicklung des Europäischen Binnenmarktes als auch mit der währungspolitischen Zusammenarbeit im Rahmen des EWS war ein Grad der Integration im Rahmen der Europäischen Union erreicht, der durch folgende Charakteristika beschrieben werden kann:

1. Mit dem Binnenmarkt und dem EWS wurde Möglichkeiten eröffnet, Nutzenkomponenten/Vorteile, die auch für einen gemeinsamen Währungsraum gelten, z. B. Wegfallen der Wechselkursrisiken, Reduzierung währungsbedingter Transaktionskosten u. ä. unter den Bedingungen fester Wechselkurse, weitgehend zu nutzen ohne typische Kosten/Nachteile und insbesondere Risiken eines Währungsraums in Kauf nehmen zu müssen.

---

[37]   Vgl. Europäische Union: EU im Überblick. In: http://europa.eu/index_de.htm. Abgerufen am 24.05.2012.
[38]   Vgl. Ebenda.

2. Die Verwirklichung des Binnenmarktes und die Schaffung des EWS waren mit ökonomischen und juristischen Entscheidungen der Gemeinschaft und der jeweiligen Länder verbunden, die weitgehend friktionslos und mit relativ geringen Kosten reversibel waren. Das bedeutet, dass sowohl eine Rückkehr zu nationalen Märkten als auch das Verlassen des Europäischen Währungssystems/Wechselkursmechanismus, wie auch Beispiele zeigen, ohne schwerwiegende wirtschaftliche und rechtliche Konsequenzen möglich gewesen wäre.[39]

Unabhängig von der charakterisierten Sachlage definierte der Europäische Rat im Jahre 1988 das Ziel der Schaffung einer Wirtschafts- und Währungsunion in drei Stufen.[40]

1.3.2 Gründung der EWU – Konvergenzkriterien und Stabilitäts- und Wachstumspakt

Im Jahre 1988 erging der Auftrag des EU-Rates an ein Expertengremium unter Führung des Präsidenten der EU-Kommission J. Delors entsprechende Vorschläge zur Schaffung einer Wirtschafts- und Währungsunion zu erarbeiten.

In Umsetzung dieser Vorschläge wurde die Verwirklichung der EWU inhaltlich in drei Stufen vorgenommen.[41]

1. Die Stufe 1 begann am 1.7.1990. Wichtige Eckpunkte der ersten Stufe waren
   – Flexibilisierung des Kapitalverkehrs,
   – unbeschränkte Verwendung des ECU (in der EU genutzte Verrechnungseinheit),
   – Intensivierung der Kooperation der Zentralbanken,
   – Erhöhung der Finanzmittel zum Ausgleich wirtschaftlicher Differenzen der europäischen Regionen über den Strukturfonds und
   – Bestätigung der notwendigen wirtschaftlichen Konvergenz als Zielstellung einschließlich der Überwachung nationaler Wirtschaftspolitiken.

Im Rahmen der ersten Stufe wurde der Vertrag über die Europäische Union am 7.2.1992 in Maastricht geschlossen und trat am 1.11.1993 in Kraft.[42]

2. Die zweite Stufe startete am 1.1.1994 und beinhaltete insbesondere folgende Schwerpunkte,
   – Gründung des Europäischen Währungsinstituts (EWI),
   – Herstellung der Unabhängigkeit der Zentralbanken zeitlich bis spätestens zum Beginn der Funktionsfähigkeit des Europäischen Systems der Zentralbanken durch das EWI,
   – Verstärkte Koordination der Geldpolitik der Zentralbanken unter Führung des EWI,

---

[39] So schieden beispielsweise britisches Pfund und italienische Lira 1992 aus dem EWS aus ohne nachhaltige Verwerfungen im Währungssystem oder innerhalb der betroffenen Länder.

[40] Die vielfach vertretene Meinung, dass die Einführung der Europäischen Währungsunion eine Bedingung des französischen Präsidenten für die Zustimmung zur deutschen Wiedervereinigung war, ist nach der Faktenlage nicht haltbar.

[41] Vgl. Europäische Zentralbank – Eurosystem: Die Wirtschafts- und Währungsunion. In: http://www.ecb.europa.eu/ecb/history/emu/html/index.de.html. Abgerufen am 11.3. 2013.

[42] Vgl. Europäische Union: Vertrag über die Europäische Union. Amtsblatt der Europäischen Union. In: http://http://eur-lex.europa.eu/JOIndex.do?ihmlang=de. Abgerufen am 14.03.2013.

    – Einstellung aller Kreditierungen durch die Zentralbanken und

    – Regelungen zur Verringerung der nationalen Haushaltsdefizite.

3.   Die dritte und zugleich letzte Stufe begann am 1.1.1999. Sie umfasst die Gründung der EWU im engeren Sinne und ist vor allem durch verbindliche Festlegungen innerhalb folgender Schwerpunkte charakterisiert:

    – Verbindliche Festlegung der Umrechnungskurse der Währungen der teilnehmenden Länder[43]

    – Einführung des Euro als gemeinsame Währung

    – Übernahme einer einheitlichen Geldpolitik durch das Europäische System der Zentralbanken und der EZB

    – Inkraftsetzung des Wechselkursmechanismus II im Rahmen der Europäischen Union

    – Übernahme und Einordnung von Inhalten des Stabilitäts- und Wachstumspakts[44]

Der Vertrag über die Europäische Union vom 7.2.1992 (Maastrichtvertrag)[45] stellte auf der einen Seite allgemein einen weiteren bedeutenden Schritt zur europäischen Integration dar. Die mit diesem Vertrag konzipierte und rechtlich festgeschriebene Europäische Union vereinigte die

- Gemeinsame Außen- und Sicherheitspolitik,
- Zusammenarbeit in der Justiz- und Innenpolitik sowie
- Europäische Gemeinschaften

unter einem Dach im Rahmen des so genannten Drei-Säulen-Modells

---

[43] Der Entscheidung des Rates der EU entsprechend vom 2. Mai 1998 wurden zunächst Belgien, Deutschland, Spanien, Frankreich, Irland, Italien, Luxemburg, Niederlande, Österreich, Portugal, Finnland, 2001 Griechenland sowie 2007 Slowenien und 2008 Zypern, Malta, 2009 Slowakei sowie Estland 2011 in die EWU aufgenommen. Ein Antrag Lettlands läuft.

[44] Vgl. Europäische Union: EU im Überblick. A. a. O., lesson 7.

[45] Europäische Union: Vertrag über die Europäische Union. Amtsblatt der Europäischen Union. In: http://eur-lex.europa.eu/JOIndex.do?ihmlang=de. Abgerufen am 15.03.2013.

Europäischen Gemeinschaft	Gemeinsamen Außen- u. Sicherheitspolitik (GASP)	Zusammenarbeit der EU-Länder in der Justiz- u. Innenpolitik
• Zollunion u. Binnenmarkt • Wirtschafts- u. Währungsunion • Agrarpolitik • Visa-, Asyl- u. Einwanderungspolitik • Verkehrspolitik • Steuerpolitik • Beschäftigungspolitik • Handelspolitik • Sozial-, Bildungs- u. Jugendpolitik • Kulturpolitik • Verbraucher- u. Gesundheitspolitik • transeuropäische Netze • Industriepolitik • Politik des wirtschaft. u. sozialen Zusammenhalts • Forschungs- und Technologiepolitik • Umweltpolitik	Außenpolitik: • Kooperation, • gemeinsame Standpunkte und Aktionen • Friedenserhaltung • Menschenrechte • Demokratie • Hilfe für Drittstaaten Sicherheitspolitik: • WEU und Festlegung einer gemeinsamen Verteidigungspolitik • humanitäre und Frieden erhaltende Aufgaben • Kampfeinsätze zur Krisenbewältigung	• Justizielle Zusammenarbeit in Zivil- u. Strafsachen (EUROJUST) • Polizeiliche Zusammenarbeit (EUROPOL) • Kampf gegen Rassismus u. Fremdenfeindlichkeit • Kampf gegen Drogen- u. Waffenhandel • Bekämpfung des organisierten Verbrechens • Terrorismusbekämpfung • Straftaten gegenüber Kindern u. Menschenhandel

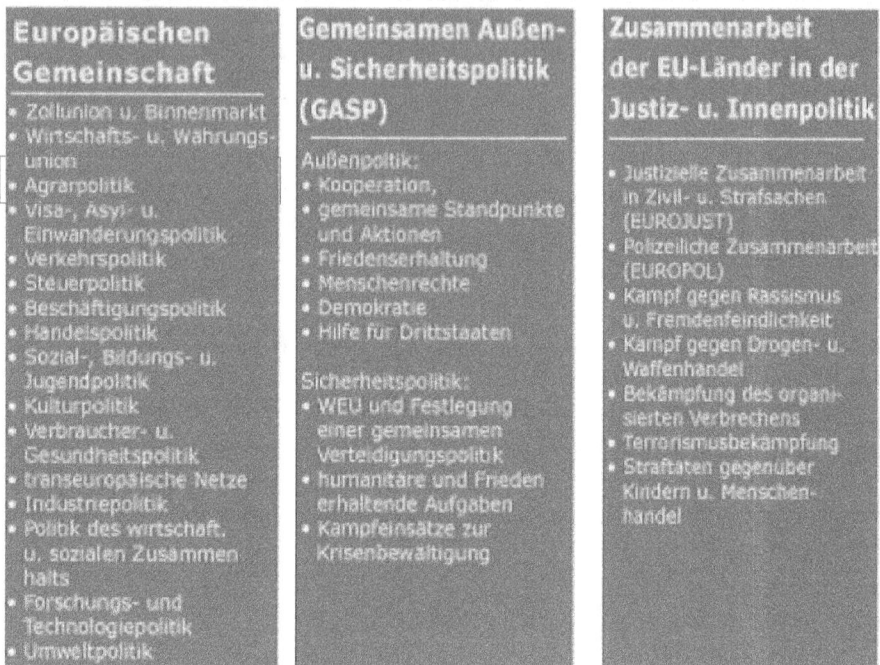

Abb. 3:   Übersicht zum Drei-Säulen-Modell der EU[46]

Auf der anderen Seite stellte der Vertrag über die Europäische Union speziell die unmittelbare Grundlage für die Wirtschafts- und Währungsunion (Europäische Währungsunion – EWU) dar und wurde in die Säule „Europäische Gemeinschaften" inhaltlich, rechtlich und institutionell eingeordnet.[47]

Im Rahmen dieser Einordnung und nach dem Inhalt des Vertrages in Bezug auf die EWU sollten die einzelnen Länder die zweite Stufe durchlaufen und die dritte Stufe erst dann realisieren, wenn sie die so genannten Konvergenzkriterien erfüllen, spätestens jedoch am 01.01.1999.

Im Vertrag von Maastricht wurden folgende monetäre und finanzpolitische Vorgaben zur Vorbereitung der EWU, die so genannten EU-Konvergenzkriterien verbindlich festgelegt.

1. Preisentwicklung
2. Entwicklung der öffentlichen Finanzen
3. Wechselkursentwicklung
4. Entwicklung der langfristigen Zinsen[48, 49]

---

[46]   Vgl. auch: Europe direct: Der Vertrag von Lissabon – Europa auf dem Weg ins 21. Jahrhundert. In: http://www.eu-direct.info/faq/eu-vertraege-18/index.html. Abgerufen 20.03.2013.

[47]   Vgl. Europa – Zusammenfassungen der EU-Gesetzgebung. Vertrag von Maastricht über die Europäische Union. In: http://europa.eu/legislation_summaries/institutional_affairs/treaties/treaties_maastricht_de.htm. Abgerufen am 20.05.2013.

[48]   Europäische Zentralbank – Eurosystem. Konvergenzkriterien. In: http://www.ecb.europa.eu/ecb/orga/escb/html/convergence-criteria.de.html. Abgerufen am 12.03.2013.

1. Preisentwicklung

Dem Kriterium liegt die Zielstellung eines hohen Grades der Preisstabilität zugrunde. Preisstabilität weist ein Mitgliedsland dann auf, wenn im Verlauf des letzten Jahres vor der Prüfung die festgestellte durchschnittliche Inflationsrate nicht höher als 1,5 % über der Inflationsrate der maximal drei besten Mitgliedsländer liegt.

Die Inflationsrate wird anhand des 12-Monatsdurchschnitts des Harmonisierten Verbraucherpreisindex (HVPI) zur entsprechenden Vorperiode ermittelt. Der Vergleichs- bzw. Referenzwert berechnet sich aus dem arithmetischen Mittel der Länder mit dem niedrigsten Inflationsraten.

2. Entwicklung der öffentlichen Finanzen

Dem Kriterium liegt die Einhaltung der Haushaltsdisziplin der öffentlichen Haushalte der Mitgliedsländer zugrunde. Die sich daraus ergebenden Anforderungen an die Haushaltsdisziplin sind mit zwei differenzierten Kriterien belegt.

- Jährliches öffentliches Defizit in Relation zum Bruttoinlandprodukt anhand eines Referenzwertes
- Öffentlicher Schuldenstand im Verhältnis zum BIP anhand eines Referenzwertes

Die gesondert festgelegten Referenzwerte betragen im Hinblick auf das das jährliche öffentliche Defizit 3 % sowie den öffentlichen Schuldenstand 60 % jeweils bezogen auf das BIP.

Die Entwicklung der öffentlichen Finanzen der Länder ist Gegenstand von Berichten der EU-Kommission. Diese beinhalteten neben den Feststellungen zur Einhaltung der Referenzwerte sowie die Entwicklung des Defizits und des Schuldenstandes in Bezug auf den jeweiligen Referenzwert. Daneben werden weitere gesamtwirtschaftlich relevante Zusammenhänge geprüft, z. B. die Relationen zwischen dem öffentlichen Defizit und den Staatsausgaben und den Investitionsvolumina. Neben der EU-Kommission prüft die EZB im Rahmen ihrer Verantwortung eine Reihe von Indikatoren die Entwicklung der öffentlichen Finanzen der Mitgliedsländer.

3. Wechselkursentwicklung

Das Kriterium folgt der Zielstellung der Wechselkursstabilität, insbesondere wechselkursbedingte Ungleichgewichte im Vorfeld des Eintritts in die EWU und danach zu vermeiden.

In diesem Sinne ist festgelegt, dass die Währungen der Mitgliedsländer in einem Zeitraum von mindestens zwei Jahren die normalen Bandbreiten des Wechselkursmechanismus des EWS bzw. des Wechselkursmechanismus II seit der dritten Stufe der EWU (1999) ohne signifikante Spannungen einhalten müssen. Ausdrücklich wird eine Abwertung der Währung gegenüber der Währung eines anderen Mitgliedslandes ausgeschlossen.

Die EZB prüft jeweils die Entwicklung des Wechselkurses über den Zeitraum von zwei Jahren hinsichtlich Wechselkurs beeinflussender Faktoren, z. B. Entwicklung von Zinsdifferenzen im Kurzfristbereich, Wechselkursvolatilitäten usw.

4. Entwicklung der langfristigen Zinsen

Die Zinsentwicklung wird als Indikator von Nachhaltigkeit und Dauerhaftigkeit der durch die jeweiligen Mitgliedsländer erreichten Konvergenz interpretiert.

---

[49] Vgl. Vertrag über die Arbeitsweise der Europäischen Union. (AEUV) Artikel 126 ff. In: http://dejure.org/gesetze/AEUV/126.html.

Auf dieser Grundlage ist fixiert, dass das Niveau der langfristigen Nominalzinsen im Prüfungszeitraum von einem Jahr nicht mehr als 2,0 % über dem Zinssatz derjenigen maximal drei Mitgliedsländer, die im Kriterium Preisstabilität das beste Ergebnis erzielt haben, liegen darf.

Prüfungsgegenstand der langfristigen Zinsen sind allgemein die langfristigen Staatsschuldverschreibungen im arithmetischen Mittel des 12-Monatszeitraums.

Im Hinblick auf den Referenzwert wird auf das arithmetische Mittel der langfristigen Zinsen der drei Vergleichsmitgliedsstaaten zurückgegriffen.[50]

Als Voraussetzung der Teilnahme an der dritten Stufe der EWU ist festgelegt, dass die Mitgliedsländer alle genannten Konvergenzkriterien erfüllen müssen. Es wird davon ausgegangen, dass die Erfüllung der Kriterien den notwendigen Grad der Konvergenz zur Einführung des Euro widerspiegelt. Daneben ist festgehalten, dass die EU-Kommission und die EZB in regelmäßigen Abständen den jeweiligen Entwicklungsstand in Form von Konvergenzberichten beurteilen. In direktem Zusammenhang zu den Konvergenzkriterien steht der Stabilitäts- und Wachstumspakt in der EWU.

Der Stabilitäts- und Wachstumspakt stellt eine Untersetzung der Konvergenzkriterien mit besonderer Ausrichtung auf finanzpolitische Stabilität dar. Die generelle Zielstellung des im Amsterdamer Vertrag 1997 beschlossenen Stabilitäts- und Wachstumspakts[51] bestand darin, eine solide Entwicklung der öffentlichen Haushalte auch nach der Gründung der EWU zu sichern und damit zugleich die Voraussetzungen für eine nachhaltige wirtschaftliche Entwicklung der Mitgliedsländer zu schaffen. Dementsprechend ist ein Teil der Konvergenzkriterien, insbesondere die Referenzwerte zur Entwicklung der öffentlichen Finanzen der Mitgliedsstaaten im europarechtlichen Rahmen des AEU-Vertrages durch den Stabilitäts- und Wachstumspakt von 1997 als permanente Kriterien nach Gründung der EWU eingeordnet worden.[52]

No-Bailout-Klausel (Nichtbeistandsklausel)
Die No-Bailout-Klausel stellt aus finanzpolitischer Sicht eine der grundsätzlichen Regelungen des AEU-Vertrages[53] dar und wurde deshalb in den nachfolgenden Vertragswerken bis hin zum Vertrag von Lissabon jeweils bestätigt. Im Rahmen der Klausel wird die Haftung der EU/EWU und aller Mitgliedsländer für alle Verbindlichkeiten von Mitgliedsländern ausgeschlossen. Inhaltlich kann die No-Bailout-Klausel als Flankierung des Stabilitäts- und Wachstumspaktes verstanden werden. Der Sinn dieser Regelung besteht darin, die nationalen Finanz- und Fiskalpolitik uneingeschränkt in der Verantwortung der Mitgliedsländer zu halten. Moral Hazard-Verhaltensweisen im Sinne übermäßiger Aufnahme von Fremdkapital und Abwälzung der Risiken der Verschuldung auf die EU bzw. andere Mitgliedsstaaten sollte so grundsätzlich unterbunden werden.

---

[50]   Vgl. Vertrag über die Arbeitsweise der Europäischen Union (AEU-Vertrag), Artikel 126, 140 inkl. der entsprechenden Protokolle. In: http://dejure.org/gesetzeAEUV/126 oder 146. Abgerufen am 06.06.2013. Vgl. Europäische Zentralbank – Eurosystem. Konvergenzkriterien. A. a. O.

[51]   Aufgrund seiner Unzulänglichkeiten, die sich vor allem darin zeigte, dass der Pakt die Staatsschuldenkrise nicht verhindern konnte, wurde Stabilitäts- und Wachstumspakt im Dezember 2011 reformiert. In dieser Fassung wird er im Rahmen des Kapitels 3 behandelt.

[52]   Vgl. Vertrag über die Arbeitsweise der Europäischen Union (AEU-Vertrag), Artikel 126, inkl. der entsprechenden Protokolle. In: http://dejure.org/gesetzeAEUV/126. Abrufen am 10.03.2013.

[53]   Vgl. Ebenda. In: http://dejure.org/gesetzeAEUV/126. Abgerufen am 10.03.2013.

Aufgrund der Übernahme des Teils der Konvergenzkriterien, der die Entwicklung der öffentliche Finanzen betrifft als permanente Kriterien des Stabilitäts- und Wachstumspaks sowie die entsprechende inhaltliche Kopplung an die No-Bailout-Klausel rückten das jährliche öffentliche Defizit sowie den öffentlichen Schuldenstand in den Mittelpunkt. Beide Kennzahlen wurden einerseits Gegenstand der Konvergenzberichte der Kommission und der EZB. Andererseits stellten sie die maßgeblichen Kriterien im Rahmen der Aufnahme weiterer Mitgliedsländer dar.

Mit der Schwerpunktsetzung der öffentlichen Finanzen sollte zugleich eine Orientierung im Hinblick auf

- hohe Geldwertstabilität und
- angemessenes Zinsniveau

gegeben werden.

Die hier zugrunde liegenden Zusammenhänge bestehen darin, dass Länder mit hoher Staatsverschuldung zum einen dazu neigen, ihre Verschuldung auf dem Wege der Inflation zu reduzieren und zum anderen versucht sind, politischen Druck auf die EZB auszuüben, um das Zinsniveau niedrig zu halten und so die Zinszahlungen auf ihre Staatsschulden zu minimieren.

Vor diesem Hintergrund besitzt ein funktionsfähiger Stabilitäts- und Wachstumspakt eine enorme Bedeutung für eine gesamtwirtschaftlich stabile Entwicklung der EWU.

Die Funktionsfähigkeit des Stabilitäts- und Wachstumspaktes hängt allerdings maßgeblich ab von den

- involvierten gesamtwirtschaftlichen Kriterien (neben den Verschuldungskriterien),
- gesetzten Referenz- bzw. Schwellenwerten,
- eingesetzten Instrumenten der Überwachung und insbesondere
- Sanktionsmöglichkeiten bei Verstößen gegen die Vereinbarungen zu Stabilität und Wachstum.

Es kann zunächst zusammengefasst werden, dass auf der Grundlage der kontinuierlichen Entwicklung des Europäischen Binnenmarktes und einer vertieften währungspolitischen Zusammenarbeit im Rahmen des EWS mit der Einführung fester Wechselkurse unter Einschluss von Bandbreiten die politische Entscheidung zur stufenweisen Gründung der EWU gefällt wurde. Im Rahmen der drei Stufen zur Gründung der EWU wurde eine Vielzahl inhaltlicher, organisatorischer institutioneller und rechtlicher Voraussetzungen der Gründung geschaffen.

Auf der Grundlage der politischen Zielstellung der EWU, die sich u. a. in ihrer inhaltlichen rechtlichen und institutionellen Einordnung in das Drei-Säulen-Modell ausdrückte, bestand der Kern der ökonomischen Vorbereitung der EWU innerhalb der drei Stufen zur Verwirklichung der EWU in den vertraglichen Festlegungen zu den

- Konvergenzkriterien,
- Stabilitäts- und Wachstumspakt (SWP) und
- No-Bailout-Klausel.

Die ökonomischen Zielstellungen des Vertrages über die Europäische Union, vom 7. Februar 1992 (Maastricht)[54], sowohl der Kriterien als auch des Paktes bestanden darin, auf dem Wege einer konvergierenden wirtschafts- und finanzpolitischen Entwicklung,

- eine stabilitätsorientierten Finanzpolitik umzusetzen,
- die Wettbewerbsfähigkeit zu erhöhen,
- ein nachhaltiges proportioniertes wirtschaftlichen Wachstums zu erreiche und
- die Preisstabilität entsprechend den durch die EZB gegebenen Zielstellungen zu sichern.

Diese Zielstellungen galten für die einzelnen Mitgliedsländer und den Währungsraum insgesamt.

1.3.3   Defizite bei der Einordnung der EWU in die EU sowie europarechtliche Defizite

1.3.3.1   Defizite der institutionellen Einordnung der EWU

Eine Währungsunion mit einer gemeinsamen Geld- und Währungspolitik in der die teilnehmenden Länder ihre Souveränität hinsichtlich der Geld- und Währungspolitik an die Währungsunion und ihre Zentralbank abgeben, führt zu makroökonomischen Konsequenzen sowohl für die einzelnen Länder als auch für die Währungsunion als Ganzes.

Zwei Beispiele zu Wettbewerbsfähigkeit und Finanzstabilität sollen das verdeutlichen

1. Weisen Länder innerhalb einer Währungsunion zunehmende Leistungsbilanzdefizite auf, dann können sie dieser Entwicklung nicht durch Abwertung ihrer Währung entgegenwirken. Es bleibt nur der Weg der internen Abwertung über Kostensenkungen/Lohnstückkostensenkungen zur Wiederherstellung ihrer Wettbewerbsfähigkeit. Geschieht das nicht, so steigen die Ungleichgewichte, u. a. der Leistungsbilanzen, innerhalb des gesamten Währungsraumes.

2. Weisen Länder innerhalb der Währungsunion steigende Haushaltsdefizite und Staatsverschuldungen auf, so werden die Staatsanleihen tendenziell Kursverluste und steigende Renditen verzeichnen. Unter den realen Bedingungen, unter denen diese Staatsanleihen in den Aktiva der Banken der anderen Länder der Währungsunion sind, kommt es zu Abschreibungsverlusten bis hin zum Ausfall bei Insolvenz der Defizitländer. Staaten sehen sich gezwungen, ihre Banken zu rekapitalisieren. Betroffen ist der gesamte Währungsraum.

Die Beispiele zeigen, dass eine Währungsunion aus der ökonomischen Logik heraus eigene spezifisch makroökonomische Interessenlagen und Ziele objektiv besitzt. Diese konzentrieren sich auf die Schwerpunkte Wirtschaftswachstum und Stabilität sowie im Einzelnen auf die entsprechend abgeleiteten wirtschafts- und finanzpolitischen sowie geld- und finanzsystempolitischen Stabilitätsziele. Die Ziele werden umgesetzt über Entscheidungsprozesse auf der Grundlage von Kriterien, die ihrerseits aus den Zielen abgeleitet sind.

Die aus den Interessenlagen resultierenden Ziele sind nur durch eine institutionalisierte Währungsunion definierbar und umsetzbar. Auf eine Institutionalisierung der Europäischen Währungsunion mit eigener Rechtsfähigkeit wurde im Verlauf des gesamten Gründungsprozesses

---

[54]   Vgl. Europäische Union: Vertrag über die Europäische Union. Amtsblatt der Europäischen Union. In: http://http://eur-lex.europa.eu/JOIndex.do?ihmlang=de. Abgerufen am 15.03.2013.

jedoch verzichtet. Aus dem Verzicht resultieren zwei grundlegende Managementprobleme im System von Europäischer Union, Europäischer Währungsunion und Mitgliedsstaaten. Sie betreffen:

1. Management als Funktion
2. Management als Institution[55]

Zu 1. Management als Funktion

bedeutet inhaltlich bezogen auf Wirtschaftseinheiten allgemein, die

- Zielbildung,
- Entscheidung,
- Umsetzung und
- Überwachung..[56]

Wegen des Verzichts auf eine institutionalisierte rechtsfähige Währungsunion als Wirtschaftseinheit wurden nicht deren objektiv vorhandenen spezifischen Interessen und Ziele sondern die Ziele der

- Europäischen Union

und

- Mitgliedsländer

den Managementprozessen der EWU zugrunde gelegt. Die EU und die Mitgliedsländer folgen jeweils ihren eigenen Zielstellungen.

Die EU definiert ihr Zielsystem mit folgendem übergeordneten Ziel, dass durch besondere Ziele ergänzt wird:

„Grundlegendes Ziel der Union ist es künftig, den Frieden, ihre Werte und das Wohlergehen ihrer Völker zu fördern."[57]

Diese allgemeinen Ziele werden flankiert durch eine Reihe untergeordneter Ziele, wie:

„...die Förderung des wirtschaftlichen, sozialen, und territorialen Zusammenhalts und die Solidarität zwischen den Mitgliedsstaaten."[58]

usw.

Die Mitgliedsländer verfolgen mit ihrem Eintritt in die Währungsunion u. a. die Zielstellungen, die Vorteile eines Währungsraums zu nutzen und ihre Nachteile zu minimieren. So sollen beispielsweise die Vorteile einer stabilen Währung realisiert, die Abgabe von Souveränitätsrechten jedoch vermieden werden.

Es wird bereits anhand der vereinfachten Beispiele deutlich, dass sowohl die Zielstellungen der EU als auch der Mitgliedsländer zwar mit den Wachstums- und Stabilitätszielen der EWU korrelieren, mit diesen jedoch keineswegs identisch sind.

---

[55] Vgl. hierzu auch Straub, T.: Einführung in die allgemeine Betriebswirtschaftslehre. Pearson. München 2012, S. 52 ff.

[56] Vgl. hierzu auch Wöhe, G.; Döring, U.: Einführung in die Allgemeine Betriebswirtschaftslehre. Vahlen Verlag, 24. Auflage. München 2010, S. 69 ff.

[57] Europa. Eine Verfassung für Europa. Gründungsprinzipien der Union. Artikel 1–3. In: http://europa.eu/scadplus/constitution/objectives_de.htm. Vom 26.07.2013.

[58] Ebenda.

Im gesamten Prozess der inhaltlich konzeptionellen und europarechtlichen Vorbereitung, Gründung und Entwicklung der EWU wurde die Währungsunion über die Ziele der EU und der Mitgliedsländer definiert. Die EWU-relevanten Entscheidungen wurden anhand von Kriterien, die aus den Zielen der EU und der Mitgliedsländer abgeleitet waren, getroffen. Umsetzung und Überwachung bezogen sich folglich auf diese Entscheidungen.

Mit dem Verzicht auf die Gründung einer institutionalisierten EWU und damit auf die Akzeptanz ihrer objektiv vorhandenen Interessen und Ziele wurde eine zutiefst ökonomisch geprägte Wirtschaftsstruktur, die EWU, politischen Zielen unterworfen und führte dauerhaft zu der latenten Gefahr politisch induzierter Fehlentscheidungen in den Phasen der

- Gründung/Erweiterung,
- Entwicklung bis zum Eintritt der Eurokrise,
- Konzipierung und Umsetzung der Hilfsprogramme und der Instrumente der Stabilisierung der EWU.

So sind vor dem Hintergrund der übergeordneten politischen Zielstellung von EU und Mitgliedsländern folgende Sachverhalte charakteristisch.

- In der Gründungsphase sind Länder in die EWU integriert worden, die nach ökonomischen Zielkriterien nicht hätten involviert werden dürfen.
- Im Rahmen der Entwicklung der EWU sind keine effektiven Überwachungssysteme mit zwangsläufigen Sanktionsmöglichkeiten bei Verstößen gegen die Stabilitätskriterien fixiert worden. Es sind keine realen Exitoptionen für Länder vorgesehen worden, deren Wirtschafts- und Finanzpolitik den ökonomischen Zielstellungen der EWU signifikant widersprechen und damit Risiken für die EWU als Ganzes induzieren. Orientiert an ökonomischen Zielkriterien ist keine Staatsinsolvenzordnung (auch in logischer Konsequenz der No-Bailout-Klausel) EWU-vertraglich geregelt worden.
- In der Phase nach Eintritt der Eurokrise sind den Entscheidungsalternativen und damit den tatsächlichen Entscheidungsprozessen im Sinne der Auswahl jener Länder, denen Hilfsprogramme zuteilwerden, keine ökonomischen Zielkriterien zugrunde gelegt worden.

Die dargestellten Sachverhalte waren zu den jeweiligen Entscheidungszeitpunkten mit den EU Zielen und denen von Mitgliedsländern vereinbar. Sie wären objektiv nicht mit den Zielen einer institutionalisierten EWU vereinbar gewesen.

In Bezug auf die Wirtschaftseinheit EWU wurde damit ein uneingeschränktes Primat der Politik gegenüber der Ökonomie in unangemessener Weise durchgesetzt.

Zu 2. Management als Institution

bedeutet inhaltlich bezogen auf Wirtschaftseinheiten allgemein, die

- Aufbauorganisation,
- Ablauforganisation und
- Kommunikationsorganisation.

Die EWU ist unter Verzicht auf ihre Institutionalisierung in das Drei-Säulen-Modell der EU innerhalb der Säule „Europäische Gemeinschaften" als eines von insgesamt 32 Politikfeldern organisatorisch eingeordnet (vgl. Abb. 3). Die Säulen der EU befinden sich im Zuständigkeitsbereich der EU-Kommission und ihrer Kommissare. Die Verantwortungsbereiche der EU-Kommissare beziehen sich auf die gesamte Europäische Union und besitzen deshalb

Querschnittscharakter.[59] EWU-relevante Inhalte fallen zumindest in die Bereiche Wirtschaft und Währung/Euro, Industrie und Unternehmertum, Binnenmarkt und Dienstleistungen, Wettbewerb, Verkehr, Umwelt, Entwicklung u. a. Notwenige Entscheidungen im Rahmen der EWU betreffen nahezu ausnahmslos jeweils mehrere und wechselnde Verantwortungsbereiche unterschiedlicher EU-Kommissare, die jeweils dem Kommissionspräsidenten unterstellt sind.[60]

Parallel ist der „Rat für Wirtschaft und Finanzen" (Ecofin-Rat bzw. EU-Finanzministerrat) mit der Wirtschafts- und Finanzpolitik der EU und den notwendigen Entscheidungen befasst. Der Rat für Wirtschaft und Finanzen liegt im Verantwortungsbereich des Ratspräsidenten der Union. Jener Teil des Rates, der sich speziell mit der Finanz- und Fiskalpolitik der Euroländer befasst, stellt die Eurogruppe dar. Sie liegt im Koordinationsbereich des Vorsitzenden der Eurogruppe. Er wird bis zum Jahre 2013 aus dem Kreis der Finanzminister der Euro-Gruppe rekrutiert. Ihm sind keine Entscheidungsbefugnisse eingeräumt.[61] Generell nehmen die Mitgliedsländer der EWU über die Eurogruppe ihre nationalen Interessen wahr.

Ein so konzipiertes System mit den dargestellten aufbauorganisatorischen sowie ablauf- und kommunikationsorganisatorischen Strukturen lässt ein effizientes und effektives Management einer in die EU eingeordneten Europäischen Währungsunion nicht zu. Daneben ist die EWU als eine von 32 Politikfeldern im Rahmen der Säule „Europäische Gemeinschaften" der EU völlig unterrepräsentiert. Diese Einordnung der EWU in die EU entspricht in keiner Weise der politischen und wirtschaftlichen und sozialen Bedeutung der EWU.

Der Verzicht auf die Schaffung einer institutionellen, rechtsfähigen Europäischen Währungsunion mit akzeptierten wirtschaftlichen Interessen und Zielstellungen sowie die unzureichende aufbau-, ablauf- und kommunikationsorganisatorische Einordnung der EWU in die EU stellen grundlegende Konstruktionsfehler des gesamten Systems von Europäischer Union, Europäischer Währungsunion und Mitgliedsstaaten dar. Es kann resümiert werden, dass sich die Defizite bei der Einordnung der EWU in die EU aus der unangemessenen politischen, wirtschaftlichen, rechtlichen und institutionellen Einbindung der Eurozone in die Europäische Union ergeben.

1.3.3.2   Europarechtliche Defizite

Über die generellen Defizite aus der unangemessenen politischen, rechtlichen und institutionellen Einbindung der Eurozone in die Europäische Union und der undifferenzierten Durchsetzung des Primats der Politik gegenüber der Ökonomie in Bezug auf die EWU sind europarechtliche Defizite festzustellen.

Sie reichen vom Vertrag über die Europäische Union (Maastricht 1993), über den EG-Vertrages (1997)[62] bis hin zum AEU-Vertrag (2009).

Die Defizite beziehen sich insbesondere auf die

---

[59]   Europäische Kommission. Who is who – Kommission Barroso – Europäische Kommission. In: http://ec.europa.eu/commission_2010-2014/members/index_de.htm. Abgerufen am 28.08.2013.

[60]   Vgl. Europäische Union EG-Vertrag vom 02.10.1997. In: http://dejure.org/gesetze/EG. Abgerufen am 29.08.2013

[61]   Der Eurogruppenchef hat bis 2013 weder eine Stellenbeschreibung noch ein Gehalt. Damit gibt es offiziell keine definierten Aufgaben für diese Schlüsselposition.

[62]   Vgl. EG Vertrag. A. a. O.

- Inhalte der permanenten Konvergenzkriterien und
- Umsetzung der Konvergenzkriterien im Sinne der Sicherung der Finanzstabilität der EWU.

Inhalte der permanenten Konvergenzkriterien

Die in den oben genannten Verträgen fixierten Konvergenzkriterien inklusive der gesondert ausgewiesenen Schwellenwerte[63] sind, gemessen an den generellen Zielstellungen von Wirtschaftswachstum, Wettbewerbsfähigkeit und Stabilität sowie im Detail an den wirtschafts- und finanzpolitischen sowie geld- und finanzsystempolitischen Stabilitätszielen, inhaltlich zu eng angelegt. Insbesondere die permanenten Konvergenzkriterien spiegeln die wirtschafts- und finanzpolitische Entwicklung der Mitgliedsländer nur ungenügend präzise wider. Sie sind damit für wirtschafts- und finanzpolitische Überwachung und Steuerung nur unzureichend nutzbar. Sie erfassen z. B. nicht den Verlust von Wettbewerbsfähigkeit aufgrund permanent unzureichend flexibler Löhne und Preise, oder die Risiken aus den Finanzsystemen im Sinne überproportionierter Bankensysteme bzw. entstehender/vorhandener Immobilienblasen usw. – alles kardinale Probleme im Verlauf der Entwicklung der EWU. Auf ein breit angelegtes, die Konvergenzkriterien ergänzendes und aussagefähiges Scoreboard-Kennzahlensystem zur makroökonomischen Analyse und Steuerung der wirtschafts- und finanzpolitischen Entwicklung der EWU wurde verzichtet.

Die Schwellenwerte der permanenten Konvergenzkriterien Staatsschulden und Haushaltsdefizite jeweils in Prozent vom BIP sind wirtschaftswissenschaftlich nicht hinreichend begründet und in die makroökonomischen Gesamtzusammenhänge gestellt. Im Hinblick auf die Schwellenwerte treten vor allem drei Probleme zutage:

- Höhe,
- Konsistenz und
- Differenziertheit

der Schwellenwerte.

Hinsichtlich der Höhe von Schwellenwerten kann zunächst festgehalten werden, dass die Tragfähigkeit der Gesamtverschuldung eines Landes u. a. von seinem Wachstum, der Inflation und dem Zinsniveau seiner jeweiligen Staatsanleihen abhängt.[64]

---

[63] Vgl. Vertrag über die Arbeitsweise der Europäischen Union (AEU-Vertrag), Artikel 126, inkl. der entsprechenden Protokolle. In: http://dejure.org/gesetzeAEUV/126. Abrufen am 10.03.2013.

[64] Vor dem Hintergrund einer langfristig extrem niedrigen Inflation mit zeitweise deflationären Tendenzen, wie beispielsweise in Japan, akzeptieren die fast ausnahmslos inländischen Investoren ein deutlich niedrigeres Zinsniveau. So erklärt sich, dass die japanische Gesamtverschuldung in Größenordnungen von über 230% vom BIP für Japan tragfähig bleibt, während unter anderen Rahmenbedingungen eine Staatsverschuldung von 84% für Spanien im Jahre 2012 zu einer akuten Staatsschuldenkrise geführt hat. Das Problem der Schuldentragfähigkeit wird ausführlich im 3. Kapitel behandelt.
In der Theorie werden wissenschaftliche Arbeiten vor allem auf die Relation von Staatsverschuldung und Wirtschaftswachstum abgestellt. Vgl. hierzu auch Aeppli, R.: Nachbetrachtung zur Reinhart/Rogoff-Kontroverse. In: http://www.oekonomenstimme.org/artikel/2013/06/nachbetrachtungen-zur-reinhartrogoff-kontroverse. Abgerufen am 29.08.2013. Rogoff und Reinhart kommen auf der Grundlage tiefgehender Analysen über einen Zeitraum von annähernd 200 Jahren und über insgesamt 44 Länder zu dem Ergebnis, dass sich ab einem Schwellenwert von 90% in Relation zum BIP die Gesamtverschuldung signifikant senkend auf das Wirtschaftswachstum auswirkt. Die Wachstumsverluste erreichen bei Überschreitung der Schwelle von 90% schnell eine Größenordnung von einem Prozent. Damit nehmen die Möglichkeiten ab, über das Wachstum die

Neben den Problemen der Höhe von Schwellenwerten muss auf die Inkonsistenz der permanenten Konvergenzkriterien Staatsschulden und Haushaltsdefizite jeweils in Prozent vom BIP hingewiesen werden. Aufgrund des Bezuges beider Kennzahlen auf das BIP sind sie nicht hinreichend in sich schlüssig. Sowohl aus diesem Grund als auch aus Gründen des präzisen und aussagekräftigen Ausweises der Nettoneuverschuldung unter Rezessionsbedingungen wird in den ökonomischen Betrachtungen seit 2010 vermehrt auf das so genannte strukturelle Defizit (konjunkturbereinigt) reflektiert. Schließlich stellen sich die Schwellenwerte vor dem Hintergrund der signifikanten wirtschafts- und finanzpolitischen Unterschiede zwischen den Ländern allgemein und speziell hinsichtlich solcher gesamtwirtschaftlicher Parameter, wie Wachstum, Inflation, Zinsen usw. zwischen den Ländern zu undifferenziert dar. So neigen Länder mit einem extrem hohen Stand der Staatsverschuldung tendenziell zu höheren Zinsen für Staatsanleihen. Sowohl die Volumina der Staatsschulden als auch die höheren Zinsen erzwingen hohe Primärüberschüsse. Der Primärüberschuss stellt die Differenz zwischen Einnahmen und Ausgaben des Staates ohne Zinszahlungen und Vermögensveräußerungen dar. Die Erwirtschaftung permanent hoher Primärüberschüsse senkt die Wachstumsperspektiven der jeweiligen Volkswirtschaft nachhaltig und erschwert damit die Reduzierung der Staatsschulden in Relation zum BIP.[65] Diese Zusammenhänge scheinen sich innerhalb der EWU insbesondere durch Italien mit einer Gesamtverschuldung von rd. 120 % und extrem niedrigen Wachstumstempi in den letzten 10 Jahren zu bestätigen.[66]

Die verbindliche Festlegung der permanenten Konvergenzkriterien in den Schwellenwerten scheinen politisch insofern nachvollziehbar, da sie etwa im Bereich des Dichtemittels der Verschuldungsdaten der Länder liegen und in den Verträgen als Höchstgrenzen fixiert sind.

Umsetzung der Konvergenzkriterien im Sinne der Sicherung der Finanzstabilität der EWU

Die inhaltlich zu eng angelegten und vor dem Hintergrund heterogener Wirtschaftsstrukturen der zur Gründung anstehenden EU-Länder zu undifferenzierten Konvergenzkriterien sind im Hinblick auf ihre Umsetzung zu unterscheiden als

- Kriterium der Aufnahme in die EWU und
- Gegenstand der Überwachung.

Die Konvergenzkriterien sind faktisch nicht als Aufnahmekriterien in die EWU genutzt worden. Es gab vielmehr einen generellen Verzicht auf einen effektiven Auswahlprozess derjenigen Länder, die anhand der mikro- und makroökonomischer Kriterien optimaler Währungsräume sowie daraus abgeleiteter Kennzahlen, in die EWU aufgenommen werden.

In der Praxis sind letztlich alle jene Länder unabhängig vom Stand der Erfüllung der Referenzwerte zu den Konvergenzkriterien in die EWU integriert worden, die sich für eine Aufnahme entschieden hatten.[67] Das betrifft sowohl die Gründung als auch die spätere Aufnahme weiterer Länder, z. B. Griechenlands in die EWU.

Relation zur Staatsverschuldung und BIP zu verbessern und der finanzpolitische Zwang zur Konsolidierung des Staatshaushalts nimmt zu.

[65] Vgl. hierzu auch Bencek, D.; Klodt, H.: Das IfW-Schuldenbarometer. ifw Institut für Weltwirtschaft Kiel. In: http://www.ifw-kiel.de/wirtschaftspolitik/politikberatung/ifw-schuldenbarometer/das-ifw-schuldenbarometer/. Abgerufen am 20.06.2013.

[66] Vgl. Quantitative Betrachtungen im Rahmen des Abschnitts 2.1.

[67] Das betrifft beispielsweise auch Griechenland, wenngleich die Aufnahme des Landes erst 2001 erfolgte.

Tab. 1:   Übersicht zum Stand der Konvergenz vor Einführung des Euro 1998[68]

	Staatsschulden in % des BIP	Haushaltsdefizit in % des BIP	Inflationsrate in %	Langfr. Zinsen in %
Belgien	122,2	2,1	1,6	5,9
Dänemark	66,9	-0,2	2,1	6,5
Deutschland	61,3	2,7	1,6	5,8
Finnland	55,8	0,9	1,1	6,2
Frankreich	58	3	1,2	5,7
Griechenland	106,7	4	5,7	9,4
Großbritannien	53,4	1,9	2,1	7,5
Irland	66,3	-0,9	1,8	6,6
Italien	121,8	2,7	1,9	7,5
Luxemburg	6,7	-1,7	1,4	5,9
Niederlande	72,1	1,4	1,9	5,7
Österreich	66,1	2,5	1,4	5,8
Portugal	61,9	2,5	2,1	6,9
Schweden	75,9	1,5	1,7	7
Spanien	68,3	2,6	1,9	7
Schwellenwert >	60 % fix	3 % fix	2,7 % (1998)	9 % (1998)

Es wird deutlich, dass die Referenz- und Schwellenwerte zu den Konvergenzkriterien als Auswahlkriterien ungenutzt blieben. Dies führte mindestens zu zwei wesentlichen Konsequenzen:

- Es sind Länder in die EWU aufgenommen worden, die aufgrund ihrer makroökonomischen Verfassung sowohl gemessen anhand der Konvergenzkriterien als auch anhand optimaler Währungsräume, den Anforderungen einer Europäischen Währungsunion nicht genügen. Offensichtlichstes und prominentestes Beispiel ist Griechenland.
- Das Ignorieren der durch den Maastrichtvertrag und die nachfolgenden Verträge bis zum AEUV selbst gesetzten flankierenden Referenzwerte zu den Konvergenzkriterien im Rahmen der Gründungs- und Erweiterungsprozesse lässt an der Seriosität der Kriterien Zweifel aufkommen und nimmt den europäischen Institutionen, die sie umsetzen von vornherein die zwingend notwendige Autorität.

Als Gegenstand der Überwachung der „Entwicklung der Haushaltslage und der Höhe des öffentlichen Schuldenstandes"[69] gestaltete sich die praktische Nutzung der Konvergenzkriterien und der sie flankierenden Referenz- und Schwellenwerte von Beginn an aufgrund einer Vielzahl prozessualer Verfahrensstufen, Abstimmungshindernissen, Ausnahmeregelungen usw. in der vertraglichen Fassung problematisch.

So werden in Artikel 126 des AEUV (ab 2009) sowie im Rahmen des Artikels 104 des vorangegangenen EGV[70] (1999–2009) nicht nur die Einhaltung der Referenzwerte überwacht. Daneben werden Kriterien, wie Dauerhaftigkeit, Erheblichkeit, Entwicklungstendenz und

---

[68]   crp-infotec.de. In: http://www.crp-infotec.de/02euro/finanzen/grafs/eu15_eurokonvergenz.gif. Abgerufen am 15.03.2013.

[69]   AEUV. A. a. O., Artikel 126 (ex-Artikel 104 EGV).

[70]   EGV. A. a. O., Artikel 104.

Nähe der Überschreitung der Referenzwerte in die Überwachung einbezogen.[71] Sowohl die Vielzahl zusätzlicher Kriterien als auch die implizierten Ermessensspielräume lassen eine präzise Überwachung nicht zu.

Daneben wird bei Feststellung der Nichterfüllung eines oder mehrerer Konvergenzkriterien eine Vielzahl von Verfahrensstufen (in den Absätzen 3–14 des Artikels 126) zur Behandlung der Überschreitung der Referenzwerte unter Einbeziehung von insgesamt sieben unterschiedlichen Institutionen ausgelöst.[72]

Es kann zusammengefasst werden, dass vor dem Hintergrund der

- Vielzahl zusätzlicher Kriterien zu den Referenzwerten,
- Zulassung von Ermessensspielräumen,
- Einordnung einer Vielzahl von Verfahrensstufen,
- Einbeziehung einer großen Anzahl diverser Institutionen

u. a. m. (Kann-Bestimmungen, qualifizierte Mehrheiten bei Beschlussfassungen) eine effektive Überwachung von Haushaltslagen und Staatsschulden der EWU-Länder praktisch nicht möglich ist.

So ist es nicht verwunderlich, dass es trotz der Entwicklung drastischer makroökonomischer Divergenzen innerhalb der EWU im ersten Jahrzehnt ihrer Existenz mit gravierenden Verstößen gegen den Stabilitäts- und Wachstumspakt einer Reihe von Ländern in keinem Fall zu finanziellen Sanktionen kam.

Vor dem Hintergrund der in den Grundzügen dargestellten Unzulänglichkeiten, die sich folgerichtig darin zeigten, dass der Stabilitäts- und Wachstumspakt und die inhaltliche Einordnung der Konvergenzkriterien die europäische Staatsschuldenkrise nicht verhindern konnte, wurde der Stabilitäts- und Wachstumspakt reformiert. Im Jahre 2012 wurde der „Vertrag über Stabilität, Koordinierung und Steuerung in der Wirtschafts- und Währungsunion" unterzeichnet.[73]

Neben den wirtschafts- und finanzpolitischen Defiziten, die sich insbesondere in den Konvergenzkriterien und im Wachstums- und Stabilitätspakt widerspiegelten, zeigten sich in der Umsetzung des Maastrichtvertrages und des Stabilitäts- und Wachstumspakts Defizite hinsichtlich der politischen Einordnung und der europarechtlichen und institutionellen Einbindung der EWU. Die Bedeutung der Europäischen Währungsunion als Kern der EU, die alle anderen Politikfelder, wie Handelspolitik, Beschäftigungspolitik, Forschungs- und Technologiepolitik, die Steuerpolitik, die Kooperation im Rahmen der Außenpolitik u. a. inhaltlich bedingt maßgeblich determiniert, wird grundlegend unterbewertet. So wird die EWU beispielsweise in eine der drei Säulen der EU als ein Punkt unter insgesamt 32 Punkten eingeordnet. Eine so fixierte Einordnung der EWU in das politische System der Europäischen Union steht in keinerlei Relation zu der inhaltlichen Bedeutung der Währungsunion innerhalb der EU insgesamt.[74]

---

[71] AEUV. A. a. O., Artikel 126, Abs. 2.

[72] Ebenda Artikel 126, Abs. 3- 14.

[73] In dieser Fassung wird der Vertrag (auch Europäische Fiskalpakt) im Rahmen des Kapitels 5 behandelt.

[74] Der Eurogruppenchef hat bis 2013 weder eine Stellenbeschreibung noch ein Gehalt. Damit gibt es offiziell keine definierten Aufgaben für diese Schlüsselposition. Die Aufhebung der Drei-Säulen-Struktur erfolgte erst mit dem Vertrag von Lissabon im Jahre 2009.

Weitere Umsetzungsprobleme und deren Konsequenzen werden in den nachfolgenden Kapiteln näheren Betrachtungen unterzogen.

Essentials und Interdependenzen

Die Vorbereitung und Gründung der Europäischen Währungsunion ist durch folgende Defizite bzw. Konstruktionsfehler charakterisiert.

- Unterbewertung bzw. Unterschätzung der politischen Dimension einer Währungsunion und ihrer Umsetzung als Bestandteil bzw. als einen Schritt in eine Wirtschafts-, Finanz- und Finanzsystemunion/Bankenunion sowohl auf der Ebenen der EU als auch in einer Vielzahl von EU-Ländern,
- Vernachlässigung wichtiger wirtschaftswissenschaftlicher Erkenntnisse, insbesondere der Theorie optimaler Währungsräume hinsichtlich ihrer Kriterien und der Zusammenhänge wirtschaftlicher Entwicklungen und Schocks sowohl bei der konzeptionellen Vorbereitung als auch bei der Gründung und der Antizipation und Fixierung von wirtschafts- und finanzpolitischen Entwicklungsperspektiven der Währungsunion,
- Verzicht auf einen effektiven Auswahlprozess der Länder, die anhand mikro- und makroökonomischer Kriterien optimaler Währungsräume sowie daraus abgeleiteter Kennzahlen sowie der Konvergenzkriterien und Charakteristika für einen gemeinsamen Währungsraum geeignet sind.
  Es sind die Länder unabhängig von Kriterien optimaler Währungsräume und auch unabhängig von ihrem Stand der Erfüllung der Referenzwerte zu den Konvergenzkriterien in die EWU integriert worden, die sich für eine Aufnahme entschieden hatten. Das betrifft sowohl die Gründung als auch die spätere Aufnahme weiterer Länder in die EWU.[75]
- Einschränkung auf ein schmales Spektrum von Konvergenzkriterien, die die gesamtwirtschaftliche Entwicklung von Mitgliedsländern weder hinreichend abbilden noch für die Steuerung der Währungsunion ausreichend sind. Dabei wurde auf die Nutzung eines breit angelegten, die Konvergenzkriterien ergänzendes und aussagefähiges Scoreboard-Kennzahlensystems zur makroökonomischen Analyse und Steuerung der wirtschafts- und finanzpolitischen Entwicklung der EWU und der Mitgliedsländer verzichtet.
- Bemessung von Schwellenwerten der Konvergenzkriterien, die hinsichtlich ihrer quantitativen Bemessung nicht hinreichend begründet, nur bedingt konsistent und im Hinblick auf die einzelnen Mitgliedsländer zu undifferenziert sind,
- Konzipierung und Umsetzung inhaltlich unzureichender, ineffektiver und politisch und europarechtlich nicht hinreichend unterstützter Überwachungs-, Steuerungs- und Sanktionsmechanismen.
  Die im Rahmen der Überwachung involvierten, gesamtwirtschaftlichen Kriterien waren inhaltlich zu eng angelegt und spiegelten damit die wirtschafts- und finanzpolitische Stabilität der jeweiligen Länder nur ungenügend wider. Die Primärdaten wurden durch die einzelnen Länder statistisch erfasst. Quantitative Verzerrungen und im Fall von Griechenland Falschausweise blieben ohne signifikante Konsequenzen von Seiten der EU.

---

[75] Dies gilt bis hin zur Aufnahme Lettlands im Jahre 2013. Das Land weist zum Entscheidungszeitpunkt 6/2013 eine Inflationsrate von 2,7% aus unter den Bedingungen konjunktureller Aufholprozesse bei einem von der der EZB mittelfristig vorfixierten (Forward Guidance) Hauptrefinanzierungssatzes der EZB von 0,5%. Vgl. hierzu Kapitel 4.

Die Sanktionsmöglichkeiten im Rahmen des Stabilitäts- und Wachstumspakts waren bereits aufgrund einer Vielzahl prozessualer Verfahrensstufen, Abstimmungshindernissen, Ausnahmeregelungen usw. in der vertraglichen Fassung unscharf abgefasst und wurden in der Folgezeit nur inkonsequent praktisch angewandt.

Die offenen Probleme und Defizite der Vorbereitung und Gründung der Währungsunion, insbesondere die Aufnahme wirtschaftlich inhomogener Länder und die eingeschränkten Überwachungs- und Steuerungsmechanismen auf der einen Seite sowie die inadäquate politische, europarechtliche und institutionelle Gestaltung der Relation von EWU und EU auf der anderen Seite ziehen Konsequenzen nach sich, die sich vor allem in einer zunehmend divergierenden makroökonomischen Entwicklung der Mitgliedsländer und schließlich in einer wirtschafts- und finanzpolitischen Polarisierung innerhalb der EWU zeigen.

2 Die Entwicklung der EWU und der makroökonomischen Divergenzen ihrer Mitgliedsländer bis zur globalen Wirtschafts- und Finanzkrise 2008/09

2.1 Die Entwicklung struktureller makroökonomischer Divergenzen

2.1.1 Das Scoreboard-Kennzahlensystem – Grundlage der Analyse

Der Verzicht auf einen effektiven Auswahlprozess der Länder, die aufgrund mikro- und makroökonomischer Kennzahlen für einen gemeinsamen Währungsraum geeignet sind, die Einschränkung auf ein schmales Spektrum von Konvergenzkriterien, sowie ineffektive Überwachungs-, Steuerungs- und Sanktionsmechanismen induzieren ein hohes Potenzial der ungleichgewichtigen und damit divergierenden wirtschaftlichen Entwicklung der Mitgliedsländer der EWU.[76]

Nach Eintreten der Eurokrise im Jahre 2010 wurde im Rahmen von sechs EU-Gesetzgebungsverfahren zur Reform des Stabilisierungs- und Wachstumspakts sowie der Überwachungsverfahren (Sixpack) ein Frühwarnsystem als Scoreboard-System auf der Grundlage wichtiger makroökonomischer Kennzahlen zur Überwachung der wirtschaftlich Entwicklung der Mitgliedsländer erarbeitet und 12/2011 in Kraft gesetzt.[77]

Dieses Scoreboard-System umfasst zehn makroökonomischen Kennzahlen, die inhaltlich mit den Kriterien optimaler Wirtschaftsräume korrelieren.

Mit der Nutzung dieser Kennzahlensysteme wird es grundsätzlich möglich, die Theorie optimaler Währungsräume mit der EU-Praxis (nach Euro-Kriseneintritt) der empirischen Ableitung von Scoreboard-Indikatoren zur Überwachung und Steuerung der EWU zu verbinden.

Im Folgenden werden anhand der makroökonomischen Scoreboard-Kennzahlen die divergierenden wirtschaftlichen Entwicklungen der EWU-Länder/Ländergruppen analysiert und bewertet.

---

[76] Auf dieser Grundlage ist auch die EZB mit ihren geldpolitischen Instrumentarien nicht in der Lage, einen Beitrag zu einem Abbau der wirtschaftlichen Differenzen der Länder/Ländergruppen zu leisten. Sie vertieft vielmehr durch ihre Geldpolitik die bei der Gründung der EWU bereits vorhandenen strukturellen Unterschiede. Vgl. hierzu Abschnitt 2.2.

[77] Vgl. Europa: EU-„Six-Pack" zur wirtschaftspolitischen Steuerung tritt in Kraft. In: http://europa.eu/rapid/press-release_MEMO-11-898_de.htm. Abgerufen am 26.04.2013.

Gleichzeitig wird deutlich, inwieweit das Scoreboard-System zur Antizipation der divergierenden wirtschaftlichen Entwicklung der EWU-Länder nutzbar gewesen wäre, wenn es nicht erst nach Eintritt der Eurokrise sondern vor und nach Gründung der EWU genutzt worden wäre.

Die Struktur des Scoreboard- Systems stellt sich zunächst in der Unterscheidung von

- externen
- internen

Indikatoren dar. Die externen Indikatoren beinhalten makroökonomische Kennzahlen der einzelnen Länder in Bezug auf das Ausland, wie Leistungsbilanzen, Nettoauslandsvermögen usw. Interne Indikatoren sind länderspezifisch. Typische Beispiele sind gesamtstaatlicher Schuldenstand, Schulden der privaten Haushalte usw. Beide Indikatoren/Kennzahlengruppen sind aus den Kriterien optimaler Währungsräume heraus erklärbar. So kann beispielsweise das Nettoauslandsvermögen aus dem Kriterium Kapitalmobilität und der gesamtstaatliche Schuldenstand aus dem Kriterium Finanzpolitik abgeleitet werden usw.

Für die einzelnen externen und internen Indikatoren sind dann jeweils die

- indikativen Schwellenwerte (Schwellenwerte zum Nachweis problematischer wirtschaftlicher Entwicklungen sind so fixiert, dass sie auf der einen Seite nicht zu vorschnellen Bewertungen führen und auf der anderen Seite ein rechtzeitiges Eingreifen ermöglichen.)
- Berechnungszeiträume pro Schwellenwert
- gegebenenfalls zu verwendenden Zusatzindikatoren (im Rahmen der Zusatzindikatoren werden insbesondere die allgemeine wirtschaftliche Lage, z. B. Wirtschaftsentwicklung, Investitionen sowie besondere Aspekte des Außenhandels usw. fixiert.) und
- Datenquellen

festgelegt.[78]

In den nachfolgenden Tabellen sind die Indikatoren/Kennzahlen in ihrer Differenzierung und die fixierten Schwellenwerte zusammengefasst.

---

[78]   Vgl. EU-Kommission: Warnmechanismusbericht – Bericht gemäß Artikel 3 und 4 über die Vermeidung und Korrektur makroökonomischer Ungleichgewichte. Brüssel, 14.02.2012. S. 7 ff.

Tab. 2:　　Übersicht über das Scoreboard-System – Teil I – Externe Indikatoren[79]

	Externe Ungleichgewicht und Wettbewerbsfähigkeit				
Indikator	**Leistungsbilanzsaldo im Dreijahresdurchschnitt** in % des BIP	**Nettoauslandsvermögensstatus** in % des BIP	%uale Veränderung (3 Jahre) des **realen effektiven Wechselkurses**, HVPI-Deflatoren gegenüber 35 Industrieländern (a)	%uale Veränderung (5 Jahre) der **Exportmarktanteile**	%uale Veränderung (3 Jahre) der **nominalen Lohnstückkosten** (b)
Datenquelle	Zahlungsbilanzstatistiken, EUROSTAT	Zahlungsbilanzstatistiken, EUROSTAT	Indikator-Datenbank der GD ECFIN zur Preis- und Kostenwettbewerbsfähigkeit	Zahlungsbilanzstatistiken, EUROSTAT	EUROSTAT
Indikative Schwellen – werte	+6/–4 %	–35 % **Unteres Quartil**	±5 % für €R ±11 % für Nicht-€R **Unteres und oberes Quartil von €r ± s.d. des €R**	–6 % **Unteres Quartil**	+9 % €R +12 % Nicht-€R **Oberes Quartil €R 3 p.p**
Berechnungszeitraum für Schwellenwerte	1970–2007	Erstes verfügbares Jahr (Mitte 90er)–2007	1995–2007	1995–2007	1995–2007
Bei ökonomischer Auslegung zu verwendende Zusatzindikatoren	*Nettofinanzierungsüberschuss/-defizit ggü. RdW (Kapitalbilanz + Leistungsbilanzsaldo in % des BIP)*	*Nettoauslandsverschuldung in % des BIP*	*Realer effektiver Wechselkurs ggüb. restl. Euroraum*	*Exportmarktanteile auf Basis der Gütervolumen; Arbeitsproduktivität; Trendwachstum Gesamtfaktorproduktivität*	*Nominale LSK (Veränderung über 1, 5, 10 Jahre); effektive LSK gegenüber restl. Euroraum; andere Produktivitätsmaßstäbe*

---

[79]　　Ebenda, S. 3.

Tab. 3:   Übersicht über das Scoreboard-System – Teil II – Interne Indikatoren[80]

Interne Ungleichgewichte				
%uale Veränderung im Vorjahres-vergleich der deflationierten Wohnimmobilien-preise (c)	Kreditstrom des privaten Sektors in % des BIP (d), (e)	Schulden des priva-ten Sektors in % des BIP (d), (e)	Gesamtstaatlicher Schuldenstand in % des BIP (f)	Arbeitslosenquote im Dreijahresdurch-schnitt
Harmonisierter EUROSTAT-Häuserpreisin-dex, ergänzt durch Daten von EZB, OECD und BIZ	EUROSTAT für jährliche Daten, QSA, EZB für Quartalsdaten	EUROSTAT für Jährliche Daten, QSA, EZB für Quartalsdaten	EUROSTAT (Defizit-verfahren-AEUV-Definition)	EUROSTAT
+6 % Oberes Quartil	*+15 %* Oberes Quartil	*160 %* Oberes Quartil	+60 %	+10 %
	1995–2007	1994–2007		1994–2007
Reale Häuserpreise (Veränderungen über 3 Jahre); nominale Häuser-preise (Ver-änderung über 1 und 3 Jahre); Wohnungsbau	*Indikator der Ver-änderung der finanziellen Ver-bindlichkeiten des nicht konsolidierten Finanzsektors und des Verschuldungs-koeffizienten*	*Privatsektorver-schuldung auf Basis konsolidierter Daten*		

Zum Verständnis der Indikatoren/Kennzahlen, der sich im Weiteren anschließenden Grafiken und deren Interpretation werden zunächst kurze Fassungen der Indikatoren/Kennzahlen vo-rangestellt.

2.1.1.1   Externe Indikatoren/Kennzahlen

Leistungsbilanz

ist eine volkswirtschaftliche Stromgröße. Sie umfasst sämtliche wirtschaftlichen Transaktio-nen des jeweiligen Landes mit dem Ausland. Die Leistungsbilanz umfasst die Handels- und Dienstleistungsbilanz sowie die Bilanz der Erwerbs- und Vermögenseinkommen und die Bilanz der laufenden Übertragungen.

Die Leistungsbilanz wird allgemein als Indikator der Wettbewerbsfähigkeit des Landes ange-sehen. Leistungsbilanzdefizite werden im Allgemeinen dann als noch tragfähig angesehen, wenn sie im In- und Ausland keine nachhaltig Veränderungen der Verhaltensweisen von Wirtschaftssubjekten induzieren.[81]

---

[80]   Ebenda, S. 3.
[81]   Vgl. Deutsche Bank Research. Makroökonomische Koordinierung. 12.11.2011. S. 7.

Nettoauslandsvermögen

stellt eine Bestandsgröße dar. Sie beinhaltet die Bilanz sämtlicher Vermögen, die alle Inländer gegenüber dem Ausland halten sowie die Summe aller Vermögen, die alle Ausländer im Inland halten. Realwirtschaftlich sind Nettoauslandsvermögen vor allem Unternehmensbeteiligungen im Sinne von Direktinvestitionen. Aus finanzwirtschaftlicher Sicht handelt es sich insbesondere um Finanzinvestitionen im Sinne von Portfolioinvestitionen. Ein hohes Niveau der Auslandsforderungen bzw. Verbindlichkeiten führt zu hoher Sensibilität beim Eintreten exogener Schocks.[82]

Realer effektiver Wechselkurs

Der nominale Wechselkurs ist durch die Euro-Währung fixiert. Der reale effektive Wechselkurs wird als Preis eines festgelegten Warenkorbes für die zu vergleichenden Länder ermittelt. Insofern stellt der reale effektive Wechselkurs einen fiktiven Wechselkurs dar, der die relative preisliche Wettbewerbsfähigkeit der jeweiligen Länder ausdrückt. Zur Berücksichtigung der Entwicklung des Preisniveaus wird der HVPI-Deflator genutzt. Die Feststellung der Entwicklung realer effektiver Wechselkurse dient u. a. dazu, Fehlentwicklungen aufgrund unzureichender Produktivitätsentwicklungen zu erkennen.

Exportmarktanteile

ergeben sich rechnerisch aus der Division von Exportvolumina des jeweiligen Landes mit dem weltweiten Export. Die Veränderungen der Exportmarktanteile können als Indikatoren steigender oder fallender Wettbewerbsfähigkeit der Länder interpretiert werden.

Nominale Lohnstückkosten

werden ermittelt als Index für die Relation von Nominallohn pro Beschäftigtem zu realem BIP pro Beschäftigtem. Die Veränderungen der nominalen Lohnstückkosten sind u. a. im Hinblick auf die Analyse der Inflation von Bedeutung.

2.1.1.2   Interne Indikatoren/Kennzahlen

Deflationierte Immobilienpreise

stellen sich als Indikator im Ausdruck der Hauspreisentwicklung in Bezug auf den Konsumdeflator dar. Damit wird die Entwicklung der Hauspreise relativiert an der Entwicklung der realen Einkommen festgehalten. Vor diesem Hintergrund induziert die Entwicklung deflationierter Immobilienpreise eine entsprechende Vermögenspreisinflation bzw. -deflation mit Schlussfolgerungen für den Finanz- und Immobiliensektor und weiteren im Hinblick auf geldpolitische Entscheidungen.

Kreditstrom des privaten Sektors

beinhaltet vor allem die Summe aus Darlehen an private Haushalte und nichtfinanzielle Unternehmen und Non-Profit-Organisationen. Der Kreditstrom des privaten Sektors korreliert mit dem Wirtschaftswachstum. Vor diesem Hintergrund eröffnet die Analyse des Kreditstroms die Möglichkeit zu erkennen, inwieweit eine Kreditaufnahme des privaten Sektors

---

[82]   Vgl. Ebenda S. 8.

durch die konjunkturelle Entwicklung gedeckt ist und in welcher Relation sich Wirtschafts-wachstum und Kreditaufnahme befinden.[83]

Der Kreditstrom des privaten Sektors ist gegenwartsorientiert und ist insofern kurzfristig, z. B. geldpolitisch beeinflussbar.

Schulden des privaten Sektors

stellen eine Bestandsgröße und damit naturgemäß einen vergangenheitsorientierten Indikator/ Kennzahl dar. Sie drücken die Schulden der privaten Haushalte, der nichtfinanziellen Unter-nehmen und Non-Profit-Organisationen aus. Ein hohes Niveau der Verschuldung des priva-ten Sektors zeigt potenzielle Fehlallokationen von Kapital an. Häufig treten hohe private Verschuldungen infolge zu niedriger Zinsen in den Vorperioden ein und führen zu spekulati-ven Vermögenspreisinflationen bzw. Vermögenspreisblasen in den Segmenten Aktien und Immobilien.

Öffentliche Verschuldung

umfasst die Summe der Bruttogesamtschulden des gesamten Staatssektors im Sinne des übergeordneten Staates, der Gebietskörperschaften einschließlich der Parallelhaushalte sowie der Sozialversicherungen. In der detaillierten Abgrenzung folgt der Ausweis den Festlegun-gen des Maastrichtvertrages. Die öffentliche Verschuldung in Prozent zum BIP wird hier nicht zur Beurteilung der Schuldentragfähigkeit sondern als Bestandteil des Schuldenstandes des jeweiligen Landes insgesamt betrachtet. Die öffentliche Verschuldung dient hier der Beurteilung der Anfälligkeit bzw. Sensibilität des Landes im Hinblick auf z. B. externe Schocks.

Arbeitslosenquote

beinhaltet die Anzahl der Arbeitslosen in Relation zu der Summe der Zahl der zivilen Er-werbstätigen und Arbeitslosen in Prozent entsprechend inhaltlicher EU-Abgrenzung und Zählweise nach Eurostat. Die Arbeitslosenquote ist breit interpretierbar. So lassen die Arbeitslosenquoten in der Gesamtheit neben den sozialen Implikationen Schlussfolgerungen hinsichtlich der finanziellen Belastungen für die öffentliche Verschuldung des Staatssektors zu. Die Unterteilung in strukturelle und konjunkturelle Arbeitslosigkeit stellt auf die Zusam-menhänge zur Wirtschaftsentwicklung ab usw.[84]

2.1.2   Analyse, strukturell divergierender wirtschaftlicher Entwicklungen der EWU-Länder

Im Folgenden werden die Indikatoren/Kennzahlen in Anlehnung an das Scoreboard-Systems grafisch veranschaulicht. Im Sinne der Darstellung strukturell divergierender wirtschaftlicher Entwicklungen der EWU-Mitgliedsländer werden dabei dem Datenfundus folgende Ord-nungskriterien zugrunde gelegt.

---

[83]   So führte die Kreditaufnahme privater Haushalte auf der Grundlage einer lediglich induzierten Vermögens-preisblase – Immobilien – in den USA zu den Fehlentwicklungen, die als Subprimekrise Eingang in die Wirt-schaftsliteratur gefunden hat.

[84]   Vgl. EU-Kommission. Warnmechanismusbericht – Bericht gemäß Artikel 3 und 4 über die Vermeidung und Korrektur makroökonomischer Ungleichgewichte. A. a. O., S. 3 ff.

- Es werden die Daten zu den Kennzahlen nach den angegebenen Quellen für gruppierte Länder erfasst und gegenüber gestellt und vor diesem Hintergrund auf den differenzierten Ausweis, inhaltliche Begründung und Interpretation der indikativen Schwellenwerte verzichtet.[85]
- Gruppierung der Daten nach den Ländergruppen in A-, B-, und C-Länder.

Der Gruppierung der EWU-Länder liegen als Grundgesamtheit alle Länder zugrunde, die in die Währungsunion mit Einführung der Euro integriert wurden.[86] Die Gruppierung erfolgt unter pragmatischen Gesichtspunkten in Anlehnung an die Ratingeinstufungen von Standard & Poors, Moodys und Fitch. Danach umfasst die Gruppe

A: Länder mit geringem Reformbedarf mit Bezug auf wenige ausgewählte makroökonomische Indikatoren/Kennzahlen.

Eingeordnet sind hier: Deutschland, Niederlande, Österreich, Finnland und Luxemburg.

B: Länder mit mittlerem Reformbedarf mit Bezug auf mehrere makroökonomische Indikatoren/Kennzahlen-Komplexe.

Eingeordnet sind hier: Frankreich, Belgien, Estland, Malta, Slowakei.

C: Länder mit hohem Reformbedarf mit Bezug auf alle/nahezu alle makroökonomische Indikatoren/Kennzahlen-Komplexe.

Eingeordnet sind hier: Griechenland, Portugal, Irland, Spanien, Zypern, Italien und Slowenien.

Vor dem Hintergrund der Zielstellung der Analyse, strukturell divergierende wirtschaftlicher Entwicklungen der Eurozonen-Länder zu verdeutlichen, wird das potenziell breite Spektrum möglicher Interpretationen insbesondere auf die Entwicklungsdivergenzen abgestellt.

Der inhaltlich begründeten Reihenfolge des Scoreboard-Systems folgend wird mit den externen Indikatoren/Kennzahlen eröffnet.

2.1.2.1   Analyse externer Indikatoren/Kennzahlen

Die Indikatoren werden im Folgenden zur Darstellung der externen makroökonomischen Ungleichgewichte in der EWU genutzt und in der Reihenfolge ihrer wirtschaftlichen Logik dargestellt.

---

[85] Sowohl der Ausweis differenzierter temporärer Veränderungen als auch die Implikation indikativer Schwellenwerte sind vor allem der Ableitung von Entscheidungsempfehlungen und Vorsteuerungen geschuldet. In diesem Abschnitt geht es um die Analyse der wirtschaftlichen Entwicklungen.

[86] Unterschiedliche Aufnahmezeitpunkte werden innerhalb der Grafiken über die Zeitachsenbemessung oder über einen gesonderten Ausweis berücksichtigt.

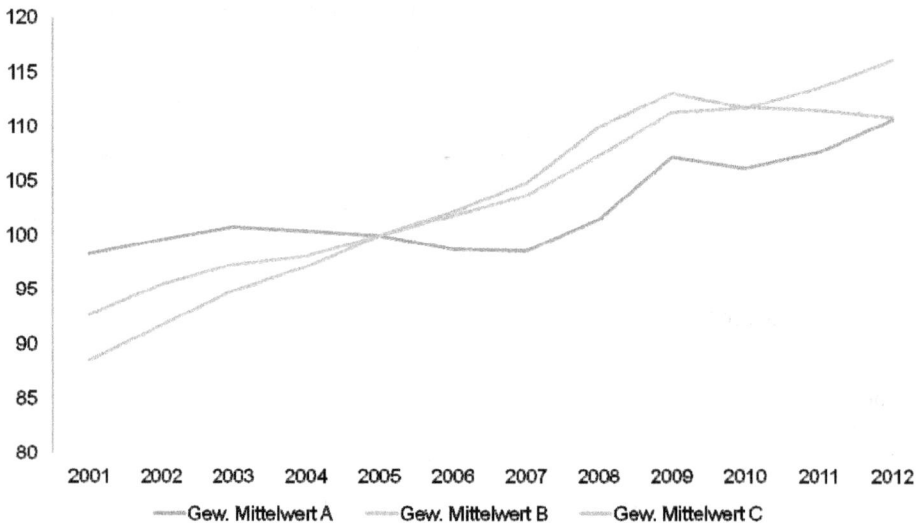

Abb. 4:   Entwicklung der nominalen Lohnstückkosten nach Ländergruppen (2005 = 100 %)[87]

Die Entwicklung der nominalen Lohnstückkosten zeigt im Ländergruppenvergleich eine stark divergierende Entwicklung im Zeitraum von Gründung der EWU 1999 bis zum Beginn der Eurokrise 2008. Der extreme Anstieg der Kennzahl im Jahr 2009 ist der globalen Wirtschafts- und Finanzkrise und den in dieser Zeit fallenden realen BIP der Länder geschuldet.

Es wird deutlich, dass die nominalen Lohnstückkosten in den A-Ländern nur ein gedämpftes Wachstum aufweisen (die deutschen Lohnstückkosten bleiben 1999–2008 nahezu konstant) während die C-Länder hohe Wachstumstempi über den gesamten Zeitraum im Vorfeld der Eurokrise zu verzeichnen haben.

Diese Entwicklung ist nach Auffassung der EU-Kommission darauf zurück zu führen, dass in vielen EU-Ländern die Löhne schneller als die Produktivität gestiegen sind und so einen Anstieg der Lohnstückkosten verursacht haben.[88]

Diese Wachstumsdifferenzen der Lohnstückkosten führen einer Kausalkette folgend zu steigenden Unterschieden in Bezug auf die Inflationsraten (HVPI) in den Ländergruppen und schließlich zu divergierenden realen effektiven Wechselkursen zwischen den Ländergruppen.

---

[87]   Darstellung nach
        http://epp.eurostat.ec.europa.eu/tgm/table.do?tab=table&init=1&plugin=1&language=de&pcode=tipslm20.
        Abgerufen am 06 05.2013.
        http://epp.eurostat.ec.europa.eu/tgm/table.do?tab=table&init=1&plugin=1&language=de&pcode=tec00001.
        Abgerufen am 16 052013.
[88]   Vgl. EU-Kommission. A. a. O., S. 7 ff.

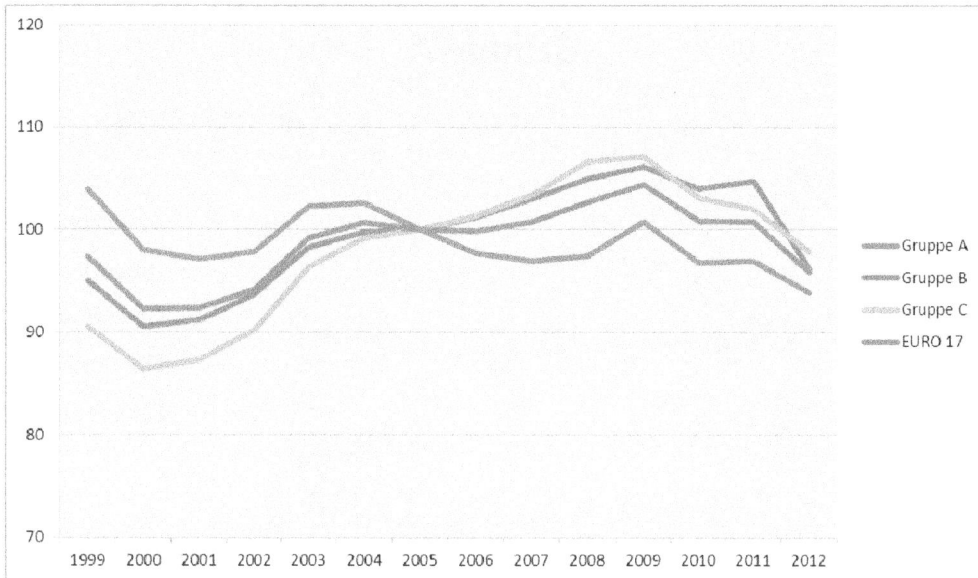

Abb. 5: Entwicklung realer effektiver Wechselkurse nach Ländergruppen[89]

Die Entwicklung der realen effektiven Wechselkurse zeigt deutlich divergierende Tendenzen insbesondere zwischen den A- und C-Ländern. Während es bei den C-Ländern zu einem deutlichen Anstieg der realen effektiven Wechselkurse kommt, bleiben diese bei den A-Ländern etwa konstant. Über den Zeitraum von 2000 bis 2008 (2009 ist durch die globalen Wirtschafts- und Finanzkrise geprägt) divergiert damit zugleich die relative preisliche Wettbewerbsfähigkeit der jeweiligen Ländergruppen. Während die C-Länder an Wettbewerbsfähigkeit verlieren, steigt die Wettbewerbsfähigkeit der A-Länder an. Dahinter steht die wirtschaftliche Logik, dass die Exporte der Länder mit steigenden realen effektiven Wechselkursen tendenziell abnehmen während die Importe aus Ländern mit etwa konstanter Entwicklung der realen effektiven Wechselkurse tendenziell ansteigen. Diese beiden Tendenzen wirken sich der Kausalkette folgend auf die Exportmarktanteile und die Leistungsbilanzen der Ländergruppen aus.

---

[89] Nach Eurostat (d) Realer effektiver Wechselkurs – 36 Handelspartner (1999 bis 2011), http://epp.eurostat.ec.europa.eu/tgm/table.do?tab=table&init=1&language=de&pcode=tsdec330&plugin=1. Abgerufen am 10.04.2013. Eurostat (e) Realer effektiver Wechselkurs – 41 Handelspartner (2012), http://epp.eurostat.ec.europa.eu/tgm/table.do?tab=table&init=1&language=de&pcode=teimf250&plugin=1. Abgerufen am 10.04.2013.

Gruppe A

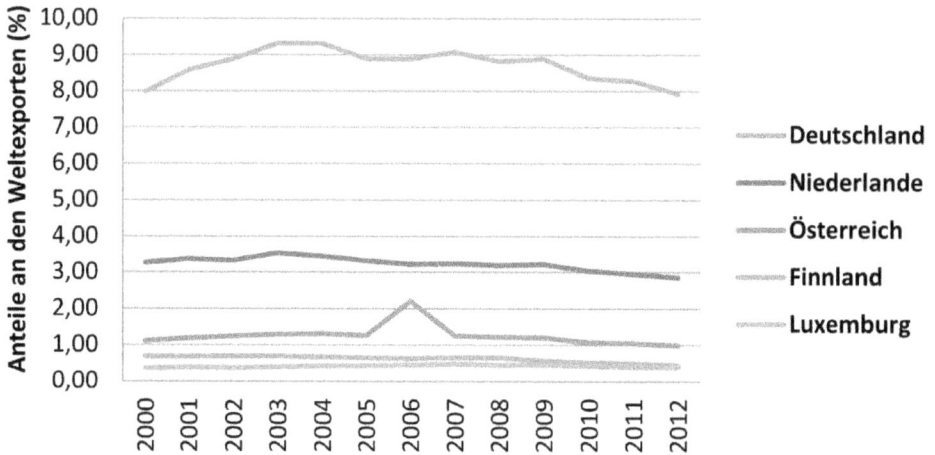

Deutschland
Niederlande
Österreich
Finnland
Luxemburg

Gruppe C

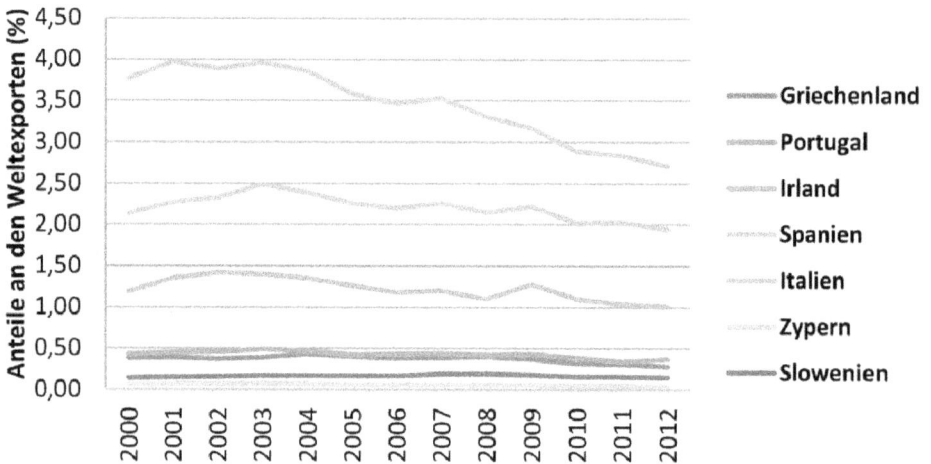

Griechenland
Portugal
Irland
Spanien
Italien
Zypern
Slowenien

Abb. 6:   Entwicklung der Exportmarktanteile nach Ländergruppen (im Einzelländerausweis)[90, 91]

[90]   Darstellung nach
       http://epp.eurostat.ec.europa.eu/tgm/table.do?tab=table&init=1&plugin=1&language=de&pcode=tipsex20.
       Abgerufen am 3.5.2013.

[91]   Darstellung nach
       http://epp.eurostat.ec.europa.eu/tgm/table.do?tab=table&init=1&plugin=1&language=de&pcode=tipsex20.
       Abgerufen am 3.5.2013.

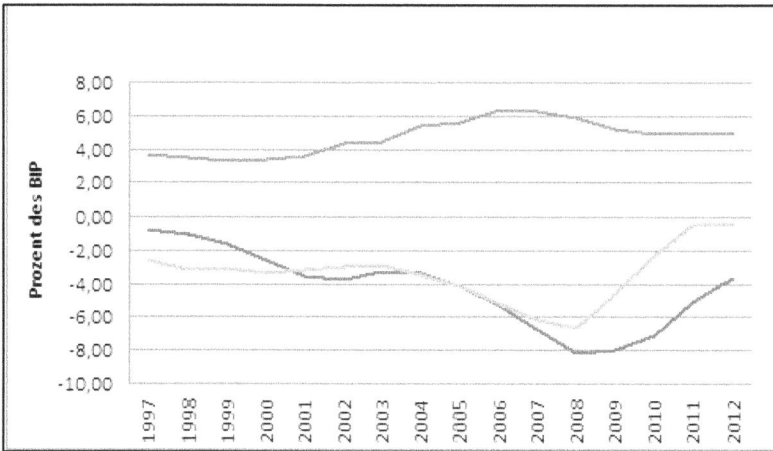

Abb. 7:   Entwicklung der Leistungsbilanzen nach Ländergruppen[92]

Die Exportmarktanteile und die Leistungsbilanzen zeigen die aus der Betrachtung der realen effektiven Wechselkurse erwartete Entwicklung. Während bei den A-Ländern sowohl die Exportmarktanteile und Leistungsbilanzüberschüsse im Zeitraum von 2000 bis 2008 stetig steigen fallen bei den C-Ländern die Exportmarktanteile. Gleichzeitig erhöhen sich die Leistungsbilanzdefizite. Dies ist umso schwerwiegender zu bewerten, da die EU-Transferzahlungen aus den Strukturfonds in die Leistungsbilanzen eingehen. Das betrifft beispielsweise C-Länder, wie Griechenland, Spanien und Portugal.

Mit Blick auf die A- und C-Länder stehen chronischen Leistungsbilanzüberschüssen als quantitativer Ausdruck hoher Wettbewerbsfähigkeit auf der einen Seite chronische Leistungsbilanzdefizite und damit mangelnde Wettbewerbsfähigkeit auf der anderen Seite gegenüber.[93] Es handelt sich hier um tief greifende Ungleichgewichte, die u. a. in der Entwicklung der Nettoauslandsvermögen in der Eurozone ihren Niederschlag findet.

---

[92]   Darstellung nach
        http://epp.eurostat.ec.europa.eu/tgm/table.do?tab=table&plugin=0&language=en&pcode=tipsbp10.
        Abgerufen am 03.05.2013.

[93]   Die daraus resultierenden Ungleichgewichte in der Eurozone spiegeln sich u. a. in den TARGET 2-Salden
        wider.

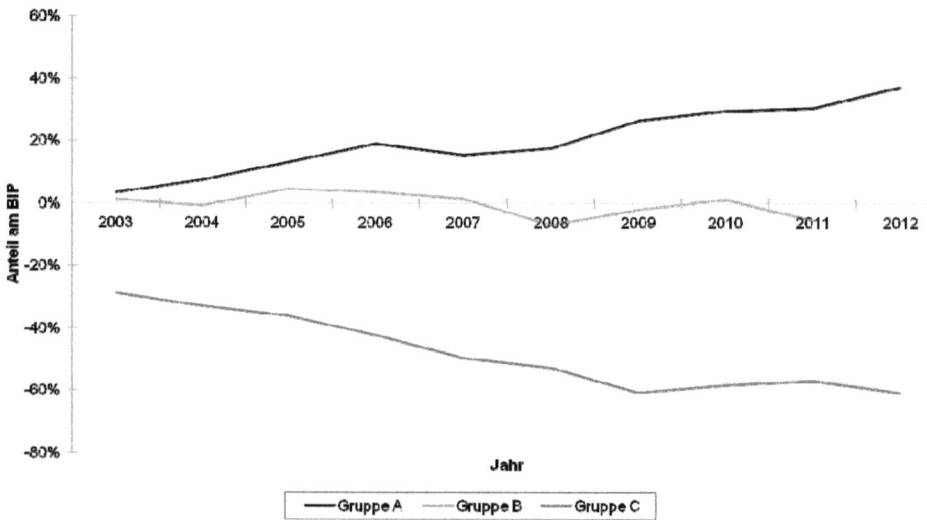

Abb. 8:   Entwicklung des Nettoauslandsvermögens nach Ländergruppen (in % vom BIP)[94]

Es wird hier deutlich, dass auf der einen Seite die Anteile der Nettoauslandsvermögen gemessen am BIP der A-Länder der Zunahme der Leistungsbilanzüberschüsse entsprechend
tendenziell ansteigen. Auf der anderen Seite nehmen die Anteile der Auslandsverschuldungen
insbesondere den Leistungsbilanzdefiziten der C-Länder folgend zu.

Auch im Hinblick auf die Nettoauslandsvermögensentwicklung zeigt sich das Muster einer
signifikant divergierenden Entwicklung der A- und C-Länder.

2.1.2.2   Analyse interner Indikatoren/Kennzahlen

Neben den externen makroökonomischen Ungleichgewichten bedürfen die internen Ungleichgewichte der EWU der tieferen Analyse. Die Reihenfolge ist durch die wirtschaftliche
Logik bestimmt.

---

[94]   Nach Nettoauslandsvermögen:
        http://appsso.eurostat.ec.europa.eu/nui/show.do?dataset=bop_ext_intpos&lang=de. Abgerufen am 04.05.2013.
        Nach Bruttoinlandsprodukt:
        http://epp.eurostat.ec.europa.eu/tgm/table.do?tab=table&init=1&plugin=1&language=de&pcode=tec00001.
        Abgerufen am 04.05.2013.

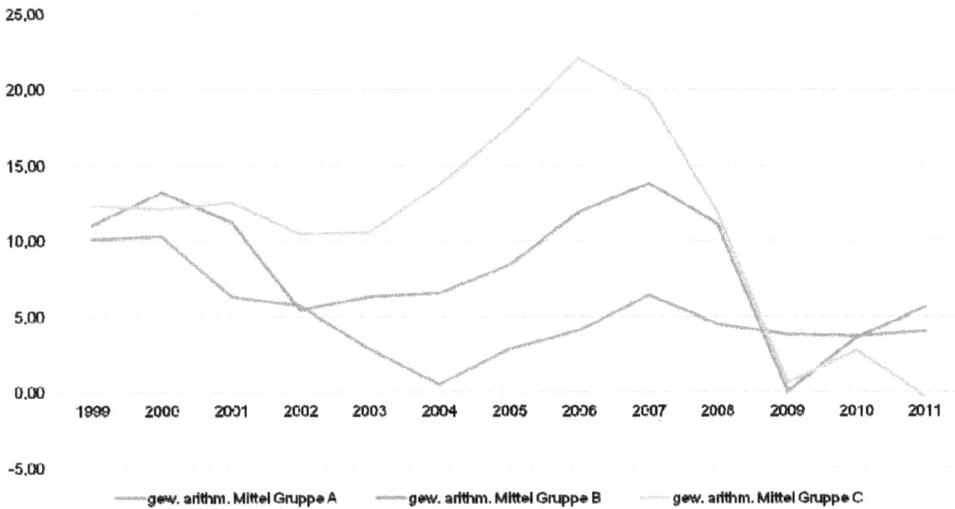

Abb. 9:   Entwicklung des Kreditstroms des privaten Sektors nach Ländergruppen (in % des BIP)[95]

Die Entwicklung des Kreditstroms des privaten Sektors zeigt eine durchgehend divergierende Tendenz im Vergleich von A-, B- und C-Ländern im Zeitraum von 1999–2007.

Die insgesamt hohe Kreditaufnahme und die damit ansteigende Verschuldung insbesondere in den C-Ländern ist vor allem der Tatsache geschuldet, dass im Vorfeld der Gründung der EWU das allgemeine Zinsniveau in den C-Ländern zum Teil extrem gesunken ist. Das hat in den verschiedenen Wirtschaftssektoren dieser Länder allgemein zu einem starken Anstieg von Fremdkapitalaufnahmen geführt.

Auffallend ist hier die Beschleunigung der divergierenden Entwicklung des Kreditstroms in den Jahren 2003/04–2007. Die auseinander laufenden Entwicklungen der Kreditströme sind insbesondere der völlig unterschiedlichen wirtschaftlichen Entwicklung der Länder geschuldet. Auf der einen Seite litt das Wirtschaftswachstum der exportstarken A-Länder unter einer globalen Konjunkturschwäche. Vor diesem Hintergrund ging die Nachfrage nach Investitionskrediten der nichtfinanziellen Unternehmen und nach Konsumentenkrediten zurück. Der Kreditstrom verlangsamte sich.

Auf der anderen Seite verzeichneten insbesondere die C-Länder hohe Wirtschaftswachstumsraten. Dieses Wirtschaftswachstum wurde induziert durch ein überproportioniertes kreditfinanziertes Wachstum des Bausektors im Zuge der Entstehung von Immobilienblasen.

Folgerichtig nahm der Kreditstrom in den C-Ländern im Zeitraum 1999–2008 wesentlich stärker zu als in den B- und insbesondere den A-Ländern und zieht zwangsläufig Konsequenzen im Hinblick auf die Verschuldung des privaten Sektors nach sich.

---

[95]   Nach
      http://epp.eurostat.ec.europa.eu/tgm/table.do?tab=table&init=1&plugin=0&language=en&pcode=tipspc10&ta
      bleSelection=1. Abgerufen am 28.04.2013.

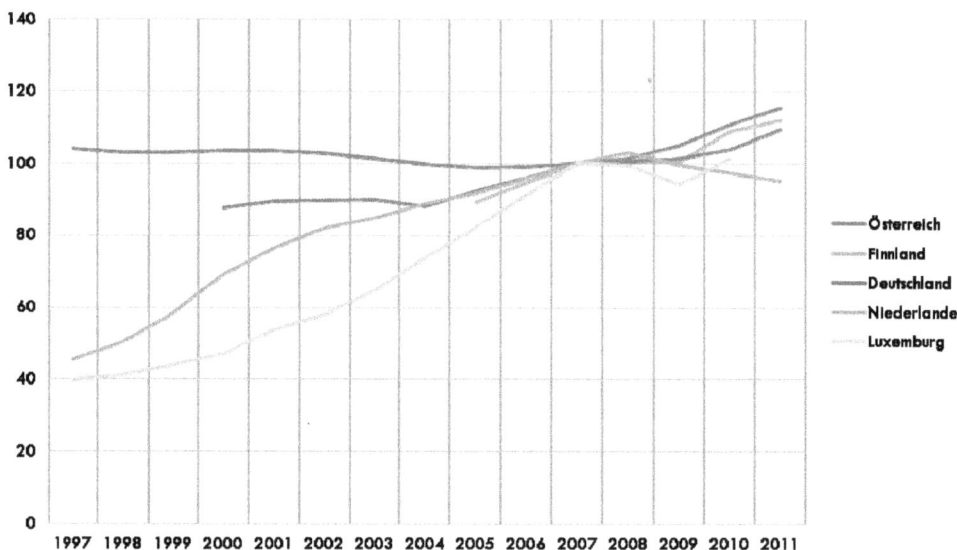

Abb. 10:   Entwicklung der Immobilienpreise der A-Länder (2007=Index 100)

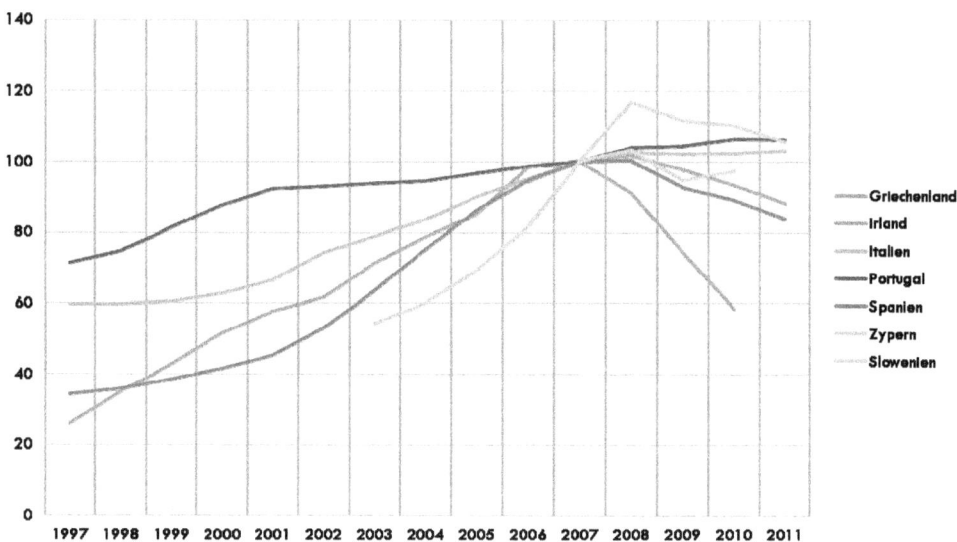

Abb. 11:   Entwicklung der Immobilienpreise der C-Länder (2007=Index 100)[96]

Die Grafiken verdeutlichen eine inflationäre Entwicklung der Immobilienpreise für alle C-Länder (sowie für die Niederlande und Luxemburg sowie wichtiger B-Länder) über ein Jahrzehnt mit deutlicher Beschleunigung im Zeitraum von 2001–2007/08. Damit entwickelte sich die EWU parallel zu den USA. In dieser Zeit verzeichneten die europäischen Länder teilwie-

---

[96]   Nach: Residential Property Price Indicator, European Central Bank:
http://sdw.ecb.europa.eu/browse.do?node=2120781. Abgerufen am 30.05.2013.

se deutlich höhere Hauspreissteigerungen als die USA. Während die Wohnimmobilienpreise in den USA im Zeitraum von 1997–2008 um rd. 195 % zulegten, stiegen die Wohnimmobilienpreise in Irland um 295 % und die in Spanien um etwa 210 %.[97] Sowohl die Preisentwicklung im Immobilienbereich als auch andere Indikatoren, wie die Überproportionierung der Bausektoren belegen den Aufbau von Immobilienblasen hinreichend.

Der insbesondere durch die Entwicklung von Immobilienblasen induzierte Kreditstrom führt in der weiteren Folge zu einem exorbitanten Anstieg der Verschuldung des privaten Sektors.

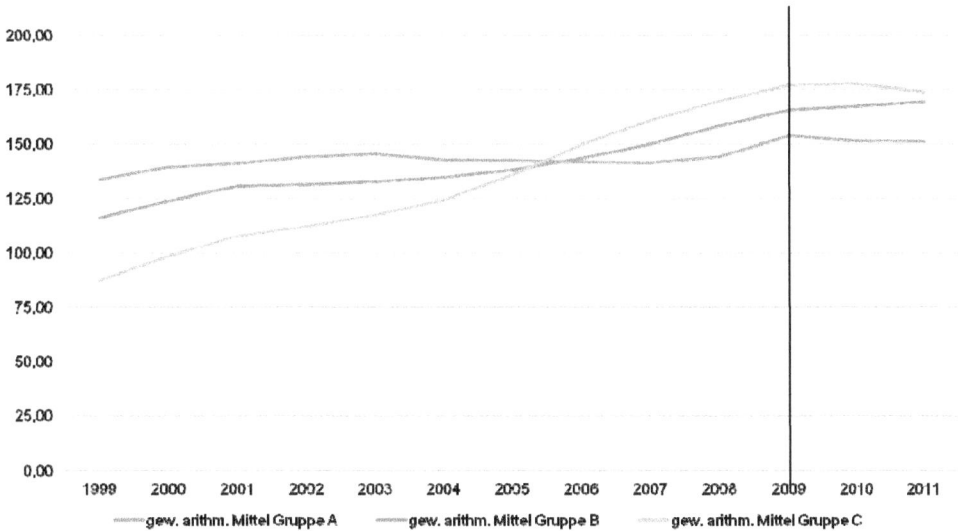

Abb. 12:   Entwicklung der Schulden des privaten Sektors nach Ländergruppen (in % des BIP)[98]

Die dargestellten Tendenzen der Entwicklung des Immobiliensektors und der Kreditströme des privaten Sektors schlagen sich erwartungsgemäß in der Entwicklung der Schulden des privaten Sektors nieder. Während die Verschuldung der A-Länder gemessen am BIP im Zeitraum von 1999–2008 nahezu konstant bleibt steigen die Schulden des privaten Sektors der B-Länder deutlich an und verdoppeln sich schließlich bei den C-Ländern. Das relativ hohe Wachstum der Wirtschaftsleistung der C-Länder[99] ist dem enormen Aufbau der Schulden des privaten Sektors geschuldet. Es handelte sich um eine schuldenfinanzierte konjunkturelle Entwicklung. Ein solches Wirtschaftswachstum muss zwangsläufig bereits dann zum Erliegen kommen, wenn das Wachstum der Verschuldung begrenzt wird. Kommt es darüber hinaus zur Rückführung der Verschuldung mündet dies wegen sinkender Nachfrage privater Haushalte und rückläufiger Investitionen der nichtfinanziellen Unternehmen zumeist in rezessive Tendenzen.

---

[97]   Vgl. Ebenda. Abgerufen am 30.05.2013.

[98]   Darstellung nach
       http://epp.eurostat.ec.europa.eu/tgm/table.do?tab=table&init=1&plugin=0&language=en&pcode=tipspd10&tableSelection=1. Abgerufen am 28.04.2013.

[99]   Vgl. Abb. 12.

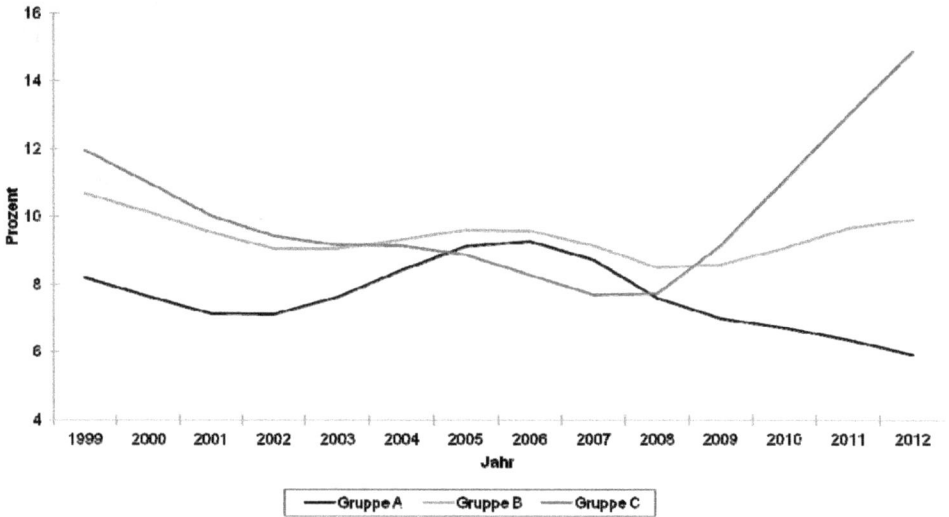

Abb. 13:   Entwicklung der Arbeitslosenquote nach Ländergruppen[100]

Die Arbeitslosenquote ist die einzige Indikator-Kennzahl, die im Zeitraum von 1999–2008 eine annähernd konvergierende Tendenz aufweist. Diese Entwicklung beinhaltet zwei Komponenten.

Die Arbeitslosenquoten der exportstarken A-Länder folgen mit der in diesem Zusammenhang üblichen zeitlichen Verzögerung dem globalen Konjunkturzyklus mit hohem Wirtschaftswachstum in den Jahren 2000 und 2007/08 und bewegen sich über den gesamten Zyklus seitwärts. Im gleichen Zeitraum läuft in den C-Ländern permanent eine schuldenfinanzierte konjunkturelle Entwicklung, die zu einem kontinuierlichen Abbau Arbeitslosenquoten führt. Damit sind die beiden Komponenten der konvergierenden Tendenz der Arbeitslosenquoten gegeben.

---

[100]   Arbeitslosenquote: Nach
http://epp.eurostat.ec.europa.eu/tgm/table.do?tab=table&init=1&plugin=1&language=de&pcode=tipsun10.
Abgerufen am 30.04.2013. Bevölkerung: Nach
http://epp.eurostat.ec.europa.eu/tgm/table.do?tab=table&init=1&plugin=1&language=de&pcode=tps00001.
Abgerufen am 30.04.2013.

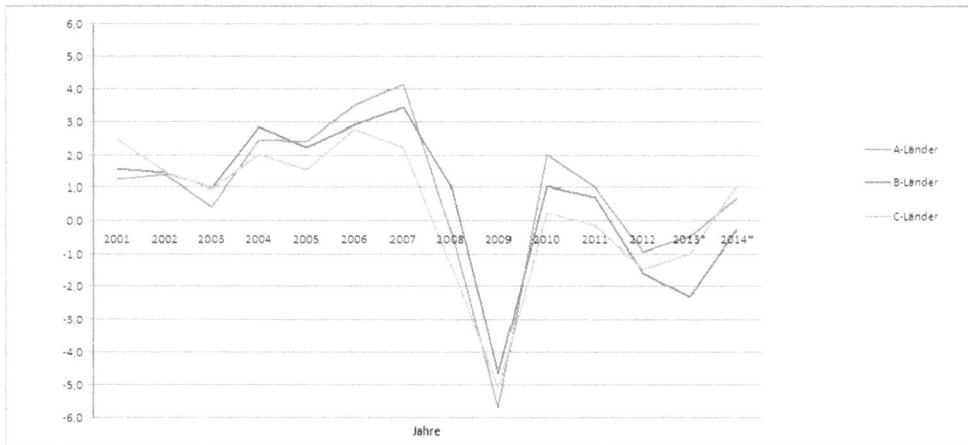

Abb. 14:   Reales Wachstum der EWU nach Ländergruppen (in Prozent)[101]

Auch hier gilt allerdings, dass bei nachlassender Schuldenaufnahme oder gar Rückführung der Fremdkapitalaufnahme eine umgekehrte Entwicklung einsetzt.

Es kann darüber hinaus geschlussfolgert werden. dass eine um die Schuldenfinanzierung bereinigte konjunkturelle Entwicklung auch im Hinblick auf die Arbeitslosigkeit nicht zu einer konvergierenden Entwicklung geführt hätte.

Die konjunkturellen Entwicklungen und die hier implizierten Tendenzen zu den Arbeitslosenquoten in den verschiedenen Ländergruppen wirken sich der wirtschaftlichen Logik folgend auf die Entwicklung der öffentlichen Haushalte aus.

---

[101] Nach Eurostat
http://epp.eurostat.ec.europa.eu/tgm/table.do?tab=table&plugin=0&language=de&pcode=tsdec100. Abgerufen 14. 07.2013.

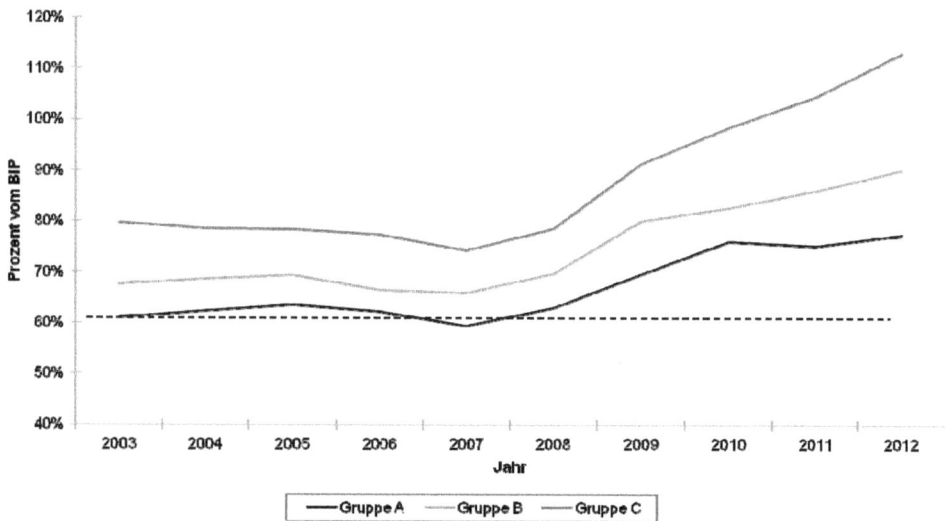

Abb. 15:   Entwicklung der öffentlichen Verschuldung nach Ländergruppen[102]

In der Tendenz zeigt die Verschuldung der öffentlichen Haushalte im Zeitraum von 2000–2008 eine parallel laufende Entwicklung zwischen den verschiedenen Ländergruppen.[103] Dabei ist die Parallelität durch signifikante Differenzen, insbesondere zwischen den A- und C-Ländern in Höhe von rd. 20 % vom BIP gekennzeichnet.

Die seitwärts gerichtete Entwicklung der Verschuldung der öffentlichen Haushalte in den C-Ländern rd. 20 % vom BIP oberhalb des Maastricht-Kriteriums in Höhe von 60 %, bedarf vor dem Hintergrund insgesamt hoher Wachstumstempi der Wirtschaft und sinkender Arbeitslosenquoten einer differenzierten Betrachtung. Diese führt zur Unterscheidung in drei Komponenten der Gesamtkurve.

Während Spanien und Irland jeweils ein hohes Wirtschaftswachstum und eine deutliche fallende Staatsverschuldung aufweisen, verzeichnen Italien und Portugal innerhalb der Gruppe C unterdurchschnittliche Wachstumsraten und konstante sowie leicht steigende öffentliche Verschuldungen. Griechenland weist hohe Wirtschaftswachstumstempi und zugleich eine starke Zunahme der öffentlichen Verschuldungen aus.[104]

Insgesamt kann festgehalten werden, dass die A-Länder im Zeitraum von 2000–2008 bei (langjährig) etwa durchschnittlichen Wachstumsraten das Maastrichtkriterium von 60 Prozent Gesamtverschuldung gemessen am BIP etwa eingehalten haben. Gleichzeitig ist in den C-Ländern trotz insgesamt hoher Wachstumstempi aufgrund unzureichender wirtschafts-, finanz- und fiskalpolitischer Maßnahmen keine Senkung der strukturellen, um konjunkturelle Einflüsse, bereinigten Defizite zu verzeichnen.

---

[102]   Nach
         http://epp.eurostat.ec.europa.eu/tgm/table.do?tab=table&init=1&plugin=1&language=de&pcode=tsdde410.
         http://epp.eurostat.ec.europa.eu/tgm/table.do?tab=table&init=1&plugin=1&language=de&pcode=tec00001.
         Abgerufen am 3.5.2013.
[103]   Die Einzeldaten bestätigen diese Aussage auch für den Zeitraum 2000–2003.
[104]   Eine tiefer gehende länderspezifische Betrachtung erfolgt im Abschnitt 3.2.

Diese Entwicklung in den C-Ländern hat ab dem Jahre 2008 dazu geführt, dass bereits mit der Begrenzung des Wachstums der Verschuldung des privaten Sektors und den rückläufigen Wachstumsraten der konjunkturellen Entwicklung die Staatsverschuldung der C-Länder stark anstieg. Der Anstieg beschleunigte sich, wie auch bei den B- und A-Ländern unter den Bedingungen des externen Schocks – der globalen Rezession ab dem Jahre 2009.

Vor diesem Hintergrund zeigt die Entwicklung der Staatsverschuldung zwischen den Ländergruppen der Eurozone ab 2009 eine deutlich divergierende Tendenz.

Resümee

- Die wirtschaftliche Entwicklung sowohl der einzelnen Länder der Eurozone als auch der EWU insgesamt ist durch eine geeignete Kombination makroökonomischer Kennzahlen hinreichend analysierbar. Ein solches Kennzahlensystem kann durch Einfügen wirtschaftswissenschaftlich begründeter Schwellenwerte als Frühwarnsystem zur Indikation sich anbahnender Ungleichgewichte sinnvoll genutzt werden.
- Die Struktur des Scoreboard-Systems stellt sich zunächst in der Unterscheidung von externen und internen Indikatoren dar. Die externen Indikatoren beinhalten makroökonomische Kennzahlen der einzelnen Länder in Bezug auf das Ausland. Interne Indikatoren sind länderspezifisch.
- Die Anwendung des Scoreboard-Systems zur Analyse der wirtschaftlichen Entwicklung der Eurozone im Zeitraum 1999 führt zu einem Ausweis tief greifender makroökonomischer Ungleichgewichte in der EWU.
- Die makroökonomischen Ungleichgewichte der Eurozonen-Länder folgen unterschiedlichen Mustern und Ausprägungen. Eine Systematisierung nach den Ausprägungen führt zur Bildung von drei Ländergruppen.
- Die Analyse nach dem Scoreboard-Kennzahlensystem macht deutlich, dass sich diese Ungleichgewichte innerhalb der einzelnen Länder und zwischen den Ländergruppen über den gesamten Zeitraum von 1999–2008 durchgängig und nahezu stetig verschärft haben.
- Die sich verschärfenden Ungleichgewichte in der Eurozone drücken sich in den stetig zunehmenden divergierenden wirtschaftlichen Entwicklungen, dargestellt an den Scoreboard-Kennzahlen der Ländergruppen im Zeitraum von 1999–2008 aus.
- Es sind über den gesamten Zeitraum von zehn Jahren keine effektiven Maßnahmen der Europäischen Union und ihrer Institutionen erkennbar, die geeignet gewesen wären, die sich dramatisch verschärfenden Ungleichgewichte zu reduzieren oder zumindest zu begrenzen.
- Die über zehn Jahre aufgebauten makroökonomischen Ungleichgewichte und divergierenden Entwicklungen führten zu tief greifenden strukturellen Defiziten in der Währungsunion, die der wirtschaftlichen Logik folgend in eine Wirtschafts- und Finanzkrise der Eurozone führen mussten.
- Die von den USA ausgehende globale Rezession (externer Schock) hat die makroökonomischen Ungleichgewichte der Eurozone lediglich verschärft und den Zeitpunkt des Ausbruchs der Eurokrise beeinflusst.

2.2 Die Inkonsistenz der Europäischen Geld- und Währungspolitik – der eingeschränkte Entscheidungsrahmen der Europäischen Zentralbank

2.2.1 Grundlagen geldpolitischer Entscheidungen und Instrumente der Zentralbanken[105]

Die Geldpolitik der Zentralbanken bezieht sich speziell auf den Geldmarkt zur Erreichung definierter Zielstellungen. Generell beinhaltet die Geldpolitik eine Zins- und Geldmengensteuerung. Der theoretische und praktische Hintergrund besteht in der negativen Korrelation zwischen nachgefragter Geldmenge und dem Zinsniveau. Das bedeutet, dass bei steigenden bzw. fallenden Zinsen die nachfragte Geldmenge (umgekehrt) fällt oder steigt.[106]

Vor diesem Hintergrund und unter praktischen Realisierungsbedingungen der Steuerung haben die Zentralbanken im längerfristigen zeitlichen Vorfeld des allgemeinen globalen Krisenmodus und der speziellen Euro-Krise ihre Geldpolitik insbesondere auf eine Geldmarktzinssteuerung ausgerichtet. Die Steuerung des Geldmarktes und damit die in diesem Rahmen notwendige Geldpolitik stellt die Summe aller Aktivitäten und Entscheidungen zur Umsetzung definierter Zielstellungen dar.

Die Zielstellungen im Sinne von Endzielstellungen der Zentralbanken konzentrieren sich auf die Preisstabilität sowie auf weitere Zielstellungen im Hinblick auf Wirtschaftswachstum, Beschäftigung, Wechselkurse usw. Zwischen den Zentralbanken existieren hinsichtlich der primären Zielstellungen Unterschiede.

Während die Europäische Zentralbank die Preisstabilität als einzige Zielstellung kommuniziert, stellen die US-Notenbank (Fed) und die Japanische Notenbank (Bank of Japan – BoJ) erklärter Weise neben die Preisstabilität vor allem Wachstums- und Beschäftigungsziele. Die Chinesische Notenbank (Peoples Bank of China – Chinesische Volksbank) als einzige der genannten von der Politik abhängige Notenbank verfolgt über die Zielstellungen der Preisstabilität, des Wachstums und der Beschäftigung hinaus auch Wechselkurszielstellungen im Hinblick auf den US-Dollar.[107]

Die EZB definiert als einzige Zielstellung die Preisniveaustabilität präzisiert in einer Inflationsrate von nahe, aber unter 2,0 Prozent. Die Inflationsrate wird anhand des Harmonisierten Verbraucherpreisindex (HVPI) bezogen auf das Währungsgebiet ausgedrückt. Dieser Verbraucherpreisindex drückt die Preisniveauentwicklung in der EWU aus. Er wird nach einheitlichen europäischen Richtlinien berechnet.[108]

Eine auf die Preisstabilität als Zielstellung ausgerichtete Geldpolitik der EZB im Sinne der Zinspolitik und der Geldmengenpolitik orientiert sich im Einzelnen an der Zwei-Säulen-Strategie.

---

[105] Dieser Abschnitt ist inhaltlich und teilweise wörtlich übernommen aus: Schuppan, N.: Globale Rezession, Ursachen, Zusammenhänge, Folgen. Callidus Verlag. Wismar 2011. S.73 ff.

[106] Vgl. Blanchard, O.; Illing, G.: Makroökonomie. Pearson Studium. München 2004, S. 108.

[107] Vgl. www.en.china.cn,www.bankofengland.co.uk; www.boj.or.jp/en. Abgerufen am 22.03. 2013.

[108] Die Berechnung folgt der Verordnung (EG) Nr. 2494/95 des Rates v. 23. Oktober 1995. Vgl. Destatis Statistisches Bundesamt. Harmonisierter Verbraucherpreisindex (HVPI) In: https://www.destatis.de/DE/Meta/AbisZ/HVPI.html. Abgerufen am 25.03.2013.

- Eine erste Säule umfasst die Analyse der Entwicklung der Inflation und deren Einfluss-faktoren, wie Wirtschaftsentwicklung/Wachstumstempi, Lohnstückkostenentwicklung, fiskalpolitische Einflüsse usw. im Sinne eines wirtschaftlichen Analysegegenstandes.
- Eine zweite Säule besteht in der Ableitung eines Referenzwertes für die Geldmengen-entwicklung M3 unter Zugrundelegung eines prognostizierten Wirtschaftswachstums und einer Geldumlaufgeschwindigkeit[109] im Sinne eines monetären Analysegegen-standes.[110]

Die Geldmenge umfasst in ihren unterschiedlichen Ausprägungen differenzierte Volumina der Geldbestände innerhalb der Volkswirtschaft. Das Geldmengenaggregat M3 beinhaltet das Bargeld und die Sichteinlagen (M1) plus Termineinlagen bis zu 2 Jahre Laufzeit zuzüglich kurzfristiger Spareinlagen (M2) plus geldnahe Wertpapiere mit Laufzeiten bis zu 2 Jahren.[111] Allgemein gilt, dass bei steigenden Geldmengen die Risiken inflationärer Entwicklungen zunehmen und umgekehrt.

Umlaufgeschwindigkeiten werden in den Wirtschaftswissenschaften allgemein als jahres-durchschnittlicher Umsatz des Betrachtungsgegenstandes, in diesem Fall des Geldes, erklärt. Generell gilt, dass bei steigender Geldumlaufgeschwindigkeit die Risiken inflationärer Ent-wicklungen zunehmen und umgekehrt.

Im Rahmen der konventionellen Geldpolitik im Sinne der Zins- und Geldmengenpolitik nutzen die Zentralbanken geldpolitische Instrumentarien. Die geldpolitischen Instrumenta-rien, derer sich die Zentralbanken in unterschiedlicher Weise bedienen um ihre jeweiligen Zielstellungen zu erreichen, sind weitgehend kongruent.

Im Folgenden wird auf die Instrumente in ihrer spezifischen Anwendung durch die EZB reflektiert.

- Mindestreserveregelungen: Zwangsweise (Reserve) Verpflichtung der Kreditinstitute zur Haltung bestimmter Einlagen bei der Zentralbank zum festgelegten Refinanzierungssatz mit den Zielen der Liquiditätssteuerung und Stabilisierung der Zinsen.
- Ständige Fazilitäten: Geschäfte, die von Kreditinstituten auf eigene Initiative mit der Zentralbank abgewickelt werden können. Es wird Übernachtliquidität durch die Zentral-bank bereitgestellt/entzogen gegen Einlage von Sicherheiten. Gleichzeitig erfolgt die Fi-xierung der Ober- und Untergrenzen für Tagesgeldsätze.
- Offenmarktgeschäfte: Von der Zentralbank initiierte Geschäfte zur Steuerung der Zins-sätze und der Liquiditätsvolumina am Markt.

Neben diesen Instrumenten kommen weitere, wie Devisenmarktinterventionen sowie Trans-aktionen mit öffentlichen Haushalten zu deren Kreditierung in Betracht.[112]

Das wichtigste der genannten Instrumente – das Hauptsteuerungsinstrument – ist die Offen-marktpolitik.

---

[109] Umlaufgeschwindigkeiten werden in den Wirtschaftswissenschaften allgemein als jahresdurchschnittlicher Umsatz des Betrachtungsgegenstandes, in diesem Fall des Geldes erklärt. Generell gilt, dass bei steigender Geldumlaufgeschwindigkeit die Risiken inflationärer Entwicklungen zunehmen und umgekehrt.

[110] Klump, R.: Wirtschaftspolitik – Instrumente, Ziele und Institutionen. Paerson Studium. München 2006, S.120 ff.

[111] Vgl. Klump, R.: Wirtschaftspolitik – Instrumente, Ziel und Institutionen. Pearson Studium. A. a. O., S. 115.

[112] Vgl. Klump, R.: A. a. O., S. 118 f.

Die Zentralbanken der Industrieländer, so auch der EZB, steuern ihre Geldpolitik mit Blick auf ihre jeweiligen Zielstellungen, insbesondere die Preisstabilität/Inflationsentwicklung vor allem über ihre Offenmarktpolitik. In diesem Rahmen laufende Offenmarktgeschäfte dienen der Zentralbank zur Steuerung sowohl der Zinssätze als auch der Liquidität am Markt. Gleichzeitig signalisieren die EZB den Märkten mit den Offenmarktgeschäften ihren geld-politischen Kurs.

Im Einzelnen können folgende Offenmarktgeschäfte unterschieden werden.

1. Hauptrefinanzierungsgeschäfte
    Ihnen kommt im Rahmen der Offenmarktgeschäfte eine Schlüsselrolle zu. Die Hauptre-finanzierungsgeschäfte sind kurzfristig mit Laufzeiten von einer Woche angelegt und be-inhalten entsprechend befristete Transaktionen zur Bereitstellung von Refinanzierungs-volumina durch die Zentralbanken für die Kreditinstitute zum gültigen Refinanzierungs-satz. Die Transaktionen werden über einen Standardtender durchgeführt. Aufgrund der Bindung an den Hauptrefinanzierungssatz und durch die Begrenzung auf Wochenfristen ist eine zeitnahe Zins- und Geldmengensteuerung durch die Zentralbank möglich.

2. Längerfristige Refinanzierungsgeschäfte
    Sie beinhalten gegenüber den Hauptrefinanzierungsgeschäften in der Regel (im Vorfeld der Euro-Krise) nur einen geringen Anteil des Refinanzierungsvolumens. Längerfristige Refinanzierungsgeschäfte werden monatlich mit Laufzeiten von jeweils drei Monaten durch die Zentralbanken über einen Standardtender realisiert. Es handelt sich hier um reine Liquidität zuführende Transaktionen ohne den speziellen Anspruch des Erreichens einer eventuellen geldpolitischen Signalwirkung.

3. Operationen der Feinsteuerung
    Diese stellen ein sehr flexibles Spektrum von kurzfristigen Transaktionen zur Feinsteue-rung von Zinsen und Liquidität insbesondere am Geldmarkt. Die Operationen der Fein-steuerung dienen dazu, den Märkten flexibel Liquidität zuzuführen bzw. zu entziehen. Sie werden über Schnelltender durchgeführt. Ihrer Zielstellung entsprechend erfolgt ihre Abwicklung unregelmäßig und zu variablen Laufzeiten.

4. Strukturelle Operationen
    Mit Hilfe dieser Operationen werden Transaktionen zur Zuführung und Abschöpfung von Liquidität sowohl standardisiert als auch nicht standardisiert und regelmäßig oder unregelmäßig vorgenommen. Die strukturellen Operationen mit flexiblen geldpoliti-schen Zielstellungen im kurzfristigen und längerfristigen Zeithorizont über ein relativ breites Spektrum an Geschäftspartnern laufen generell über Standardtender.[113]

Zur Durchführung der Offenmarktgeschäfte bedienen sich die Zentralbanken verschiedener Verfahren. Diese können, wie bereits erwähnt, in Standard- und Schnelltender unterschieden werden. Die Standardtender folgen generell einem jährlichen veröffentlichten Durchfüh-rungsplan der Transaktionen. Schnelltender hingegen ermöglichen sehr kurzfristige Transak-tionen und sind nicht vorangekündigt.

Daneben werden die Tender in Mengen- und Zinstender unterteilt. Unterscheidungskriterium ist hier die Verzinsung. Bei Mengentendern wird der Zins durch die Zentralbank vorgegeben und die Teilnehmer geben Gebote ab über die von ihnen angesteuerten Volumina an Liquidi-

[113] Vgl. Europäische Zentralbank 2008. Durchführung der Geldpolitik im Euro-Währungsgebiet. Frankfurt/Main; Europäische Zentralbank, November 2008, S. 17 ff. In: www.ecb.int. Abgerufen am 10.05.2010.

tät. Im Rahmen von Zinstendern geben die Teilnehmer sowohl die Volumina als auch die Zinsen an, zu denen sie die Offenmarktgeschäfte mit der Zentralbank abschließen wollen.[114] Die Zuteilung von Liquidität erfolgt auf dieser Grundlage über ein spezielles Auktionsverfahren

Die in der nachfolgenden Übersicht dargestellten geldpolitischen Operationen sind in die Offenmarktpolitik des Eurosystems eingeordnet. Sie besitzen im Hinblick auf die Industrieländer jedoch generelle Bedeutung.

Tab. 4: Übersicht zu den Optionen geldpolitischer Operationen der Zentralbanken – dargestellt am Beispiel des Eurosystems[115]

Geldpolitische Geschäft	Transaktionsart		Laufzeit	Rhythmus	Verfahren
	Liquiditätsbereitstellung	Liquiditätsabschöpfung			
Offenmarktgeschäft					
Hauptrefinanzierungsgeschäfte	Befristete Transaktionen	–	Eine Woche	Wöchentlich	Standardtender
Längerfristige Refinanzierungsgeschäfte	Befristete Transaktionen	–	Drei Monate	Monatlich	Standardtender
Feinsteuerungsoperationen	Befristete Transaktionen Devisenswaps	Befristete Transaktionen Hereinnahme von Termineinlagen Devisenswaps	Nicht standardisiert	Unregelmäßig	Schnelltender Bilaterale Geschäfte
	Endgültige Käufe	Endgültige Verkäufe	–	Unregelmäßig	Bilaterale Geschäfte
Strukturelle Operationen	Befristete Transaktionen	Emission von Schuldverschreibungen	Standardisiert/nicht standardisiert	Regelmäßig und unregelmäßig	Standardtender
	Endgültige Käufe	Endgültige Verkäufe	–	Unregelmäßig	Bilaterale Geschäfte
Ständige Fazilitäten					
Spitzenrefinanzierungsfazilität	Befristete Transaktionen	–	Über Nacht	Inanspruchnahme auf Initiative der Geschäftspartner	
Einlagefazilität	–	Einlagenannahme	Über Nacht	Inanspruchnahme auf Initiative der Geschäftspartner	

---

[114] Vgl. Europäische Zentralbank. Durchführung der Geldpolitik im Eurowährungsgebiet. A. a. O., S. 27.
[115] Vgl. Ebenda. S. 11.

Es kann zunächst resümiert werden, dass der EZB und den Zentralbanken generell eine Reihe sehr differenzierter geldpolitischer Möglichkeiten der Zins- und Geldmengensteuerung zur Erreichung ihrer jeweiligen Zielstellungen zur Verfügung stehen. Die EZB und allgemein die Zentralbanken sind unter Ausnutzung ihrer geldpolitischen Operationen, insbesondere der Offenmarktgeschäfte in der Lage, die wirtschaftliche Entwicklung der Währungsräume nachhaltig zu beeinflussen.

Den Chancen, gesamtwirtschaftliche Entwicklungen zielorientiert zu steuern, z. B. im Hinblick auf die Preisstabilität, stehen naturgemäß Risiken der Fehlsteuerung gegenüber. Im Rahmen einer Ursachenforschung hinsichtlich der aktuellen Euro-Krise erscheint es deshalb zwingend, die Geldpolitik der EZB und der weiteren weltweit wichtigen Zentralbanken einer näheren Betrachtung zu unterziehen.

2.2.2 Geldpolitische Entscheidungen der EZB im Vorfeld der globalen Wirtschafts- und Finanzkrise

2.2.2.1 Die europäische Geldpolitik vor dem Hintergrund der relevanten Ausgangsdaten

Die Geldpolitik der EZB folgt, wie im bisherigen deutlich wurde, der definierten Zielstellung die Preisniveaustabilität ausgedrückt in einer Inflationsrate von unter, aber nahe 2 Prozent zu erreichen bzw. sichern. Dabei steht die Geldpolitik der EZB wegen der politischen und wirtschafts- und finanzpolitischen Defizite bei der Gründung und der nachfolgenden divergierenden Entwicklung der Länder des Währungsraums vor erheblichen Problemen. Diese ergeben sich daraus, dass die EZB gezwungen ist, mit einer auf den gesamten Währungsraum ausgerichteten Geldpolitik auf die Vielzahl signifikant unterschiedlicher gesamtwirtschaftlicher Entwicklungen inklusive verschiedener Inflationsentwicklungen und monetärer Entwicklungen der einzelnen Mitglieder der EWU zu reagieren.

Eine auf die Preisstabilität als Zielstellung ausgerichtete Geldpolitik orientiert sich an der Zwei-Säulen-Strategie, im Sinne des monetären und des wirtschaftlichen Betrachtungsgegenstandes.

Vor dem Hintergrund einer sehr unterschiedlichen wirtschaftlichen und monetären Entwicklung der Mitgliedsländer kann die EZB ihre Zielstellung, Erreichung und Sicherung der Preisniveaustabilität praktisch nur anhand wie auch immer gearteter (z. B. gewogener arithmetischer) Mittelwerte der wirtschaftlichen und monetären Entwicklung über alle Mitgliedsländer ausrichten. Die zwangsläufige Folge ist eine an der gesamtwirtschaftlichen Entwicklung zumindest eines Teils der Mitgliedsländer vorbei gehende Geldpolitik.

Das bedeutet im Einzelnen, dass die EZB

- Ländern mit guter konjktureller Entwicklung und der Tendenz zu höherer Inflation zu niedrige Zinsen und zu hohe Geldmengen sowie
- Ländern mit schwacher Konjunktur und tendenziell niedriger Inflation zu hohe Zinsen und zu niedrige Geldmengen

offeriert.

Im ersten Fall führt die Geldpolitik zu Risiken hinsichtlich einer weiteren Verschärfung der Inflation sowohl mit Blick auf die Verbraucherpreise als auch der Vermögenspreise, z. B. der Immobilienpreise.

Im zweiten Fall verfestigt die Geldpolitik eine tendenziell dauerhaft schwache Konjunktur-entwicklung aufgrund mangelnder geldpolitisch stimulierter Nachfrage mit den Folgen (zu) niedriger Inflation, hoher Arbeitslosigkeit, steigender Neigung zu defizitären Staatshaushal-ten usw.

Die Schärfe des Problems der EZB, mit einer auf das gesamte Währungsgebiet bezogenen Geldpolitik auf die unterschiedlichen wirtschaftlichen und monetären Entwicklungen der Mitgliedsländer reagieren zu müssen, stellt sich anhand der Ausgangsdaten dar.

Die Ausgangsdaten der Geldpolitik leiten sich aus den Inhalten der Zwei-Säulen-Strategie ab.

Im Rahmen der Geldmengensteuerung wird der Referenzwert für die Entwicklung von M3 in Abhängigkeit von der maximalen Inflation von 2 Prozent sowie einem unterstellten realen Wirtschaftswachstum von rd. 2 Prozent und einer tendenziellen Senkung der Umlaufge-schwindigkeit von jährlich 0,5 Prozent bestimmt. Unter Voraussetzung dieser Ausgangsdaten ergibt sich der Referenzwert für das Wachstum von M3 in Höhe von 4,5 Prozent jährlich.[116]

Innerhalb der Zinssteuerung werden wirtschaftliche Indikatoren, wie Inflationsentwicklung und deren Einflussfaktoren, wie Entwicklung des Wirtschaftswachstums, Lohnstückkosten-entwicklung usw. in die Entscheidungsfindung zur Geldpolitik einbezogen. Unter Zugrunde-legung einer konjunkturneutralen Geldpolitik unter Verzicht auf expansive oder kontraktive Wirkungen kann aus empirischer Sicht als Referenzwert für den Hauptrefinanzierungssatz in Abhängigkeit von den Indikatoren etwa eine Bereich von 4 Prozent plus/minus 0,5 Prozent angesehen.

Im Folgenden werden ausgewählte Ausgangdaten, im Einzelnen

- Wirtschaftswachstum
- Lohnstückkosten
- Inflation

von Mitgliedsländern der EWU bzw. von Ländergruppen innerhalb der EWU der Geldpolitik der EZB gegenübergestellt.

Für die Gegenüberstellung wird innerhalb des erfassten Zeitrahmens insbesondere auf den Zeitraum von 1999/2001 bis 2008/2009) reflektiert.[117]

Im Rahmen des Ländervergleichs wird auf die Gruppierung nach der Intensität des Reform-bedarfs in Länder in A-, B- und C-Länder zurückgegriffen.

Der Zusammenhang zwischen dem Wirtschaftswachstum und der Preisentwicklung kann unter anderem anhand des Konzepts der Outputlücke nachvollzogen werden. Die Outputlü-cke ergibt sich aus der Differenz zwischen dem BIP einer Periode und des jeweiligen Pro-duktionspotenzials im Sinne eines möglichen Outputs unter Nutzung aller Kapazitäten in Relation zum BIP der Periode. Bei einer signifikant positiven Outputlücke kommt es unter den Bedingungen hoher gesamtwirtschaftlicher Nachfrage und Produktionskosten zu ent-sprechend inflationäreren Preisentwicklungen.[118] Vor diesem Hintergrund stellt das Wirt-

---

[116] Vgl. Klump, R.: A. a. O., S. 121 f.

[117] Dieser Zeitrahmen durch das Inkrafttreten der dritten Stufe der EWU und des Eintritts Griechenlands in die Währungsunion bis zum Eintreten der globalen Wirtschafts- und Finanzkrise bestimmt.

[118] Vgl. Bofinger, P.: Grundzüge der Volkswirtschaftslehre. Pearson Studium. München 2007, S. 290 f.

schaftswachstum eine hochrelevante makroökonomische Kennzahl für die Gestaltung der Geldpolitik dar.

Grundlage der nachfolgenden Betrachtungen stellt die Abbildung 12 dar. Anhand der Abbildung 12 wird zunächst deutlich, dass bereits zwischen den Ländergruppen, innerhalb derer ja bereits Gewichtungs- und Ausgleichseffekte bestehen, erhebliche Unterschiede der Wachstumstempi zu verzeichnen sind. So betragen die Differenzen zwischen den Ländern mit dem jeweils höchsten und dem jeweils niedrigsten Wachstum im Zeitraum von 2001 bis 2007 im Durchschnitt etwas über 1,0 Prozentpunkte und diejenigen zwischen den Länder der Gruppe A zu denen der Gruppe C immerhin noch rd. 0,7 Prozentpunkte. Erst mit dem Einsetzen der Finanz- und Wirtschaftskrise 2008/2009 konvergieren die Wachstumsraten, um anschließend wieder zu divergieren.

Die ohnehin signifikanten Differenzen der Wachstumstempi zwischen den Ländergruppen verstärken sich naturgemäß im Vergleich der einzelnen Länder untereinander, da hier die Gewichtungs- und Ausgleichseffekte innerhalb der Ländergruppen entfallen.

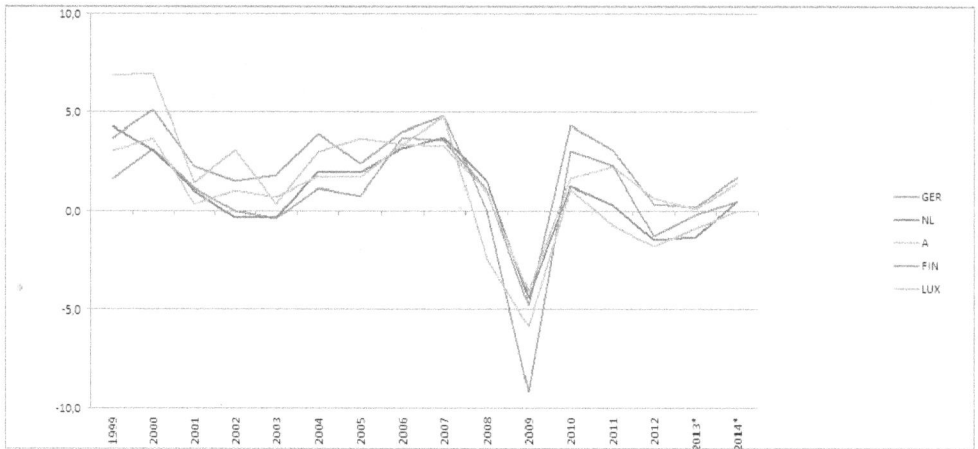

Abb. 16:   Entwicklung der Wachstumsraten der A-Länder[119]

---

119   Nach Eurostat
      http://epp.eurostat.ec.europa.eu/tgm/table.do?tab=table&plugin=0&language=de&pcode=tsdec100. Abgerufen
      am 14. 07.2013.

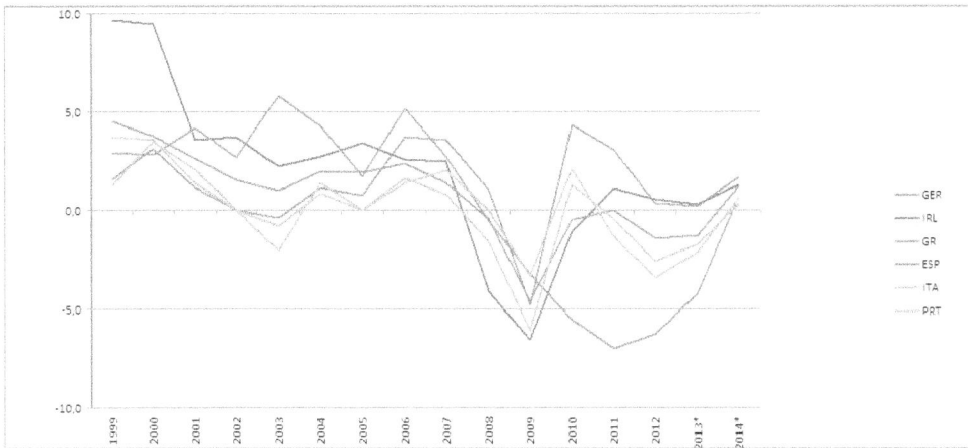

Abb. 17:   Entwicklung der Wachstumsraten der C-Länder (Deutschland als Vergleichsmaßstab)[120]

Die Abbildungen zeigen in Bezug auf die Ländergruppen, dass die Gruppe C sowohl im Hinblick auf das Niveau der Wachstumstempi als auch hinsichtlich der Differenzen der Wachstumsraten innerhalb der Gruppen über den Zeitraum von 1999–2007/08 höhere Werte als die Gruppe A aufweist.[121]

Mit Blick auf die einzelnen Länder lassen sich zunächst folgende Feststellungen treffen.

- Die drei Volkswirtschaften mit dem höchsten absoluten BIP, Deutschland, Frankreich[122] und Italien weisen im Zeitraum von 1999–2005 (im zeitlichen Vorlauf der Finanz- und Wirtschaftskrise) das niedrigste Wirtschaftswachstum im Rahmen der Länderauswahl auf.
- Gleichzeitig verzeichnen Irland, Spanien und Griechenland hohe Wachstumstempi.

Insgesamt ist eine extrem breite Spreizung der Wachstumsraten festzustellen. Sie liegt für den Zeitraum von 1999–2005/06 zwischen jahresdurchschnittlich etwa 1,4 Prozent für Italien und rd. 6,2 Prozent für Irland.

Neben dem Wirtschaftswachstum sind die Lohnstückkosten für die Inflationsentwicklung relevant. Die Lohnstückkosten als volkswirtschaftliche Kennzahl[123] beinhalten allgemein die Relation von Arbeitnehmerentgelten und Bruttoinlandprodukt. Im Sinne dieses Verhältnisses stellen die Lohnstückkosten einen wesentlichen Einflussfaktor der Preisentwicklung dar. Darin ist der Grund zu sehen, dass die Lohnstückkosten als Indikator zur Zinssteuerung der Zentralbanken herangezogen werden.

---

[120]   Nach Eurostat. In: Ebenda. Abgerufen am 14. 07.2013.

[121]   Von Luxemburg wird wegen der stark disproportionierten Volkswirtschaft aufgrund eines überbordenden Finanzsystems abstrahiert.

[122]   Frankreich ist wegen seiner Einordnung in die B-Gruppe hier nicht ausgewiesen.

[123]   Die Lohnstückkosten besitzen neben ihrer Bedeutung für volkswirtschaftliche Betrachtungen eine hohe Relevanz für die Betriebswirtschaft im Sinne des Verhältnisses von betrieblichen Lohnkosten und Leistungseinheiten.

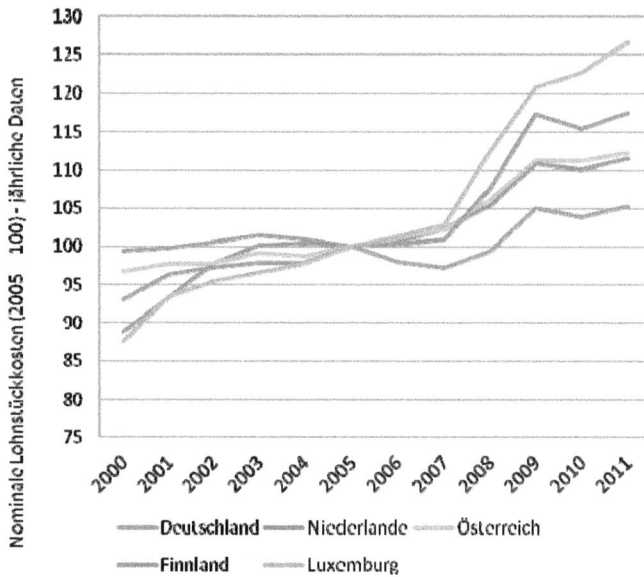

Abb. 18:   Entwicklung der Lohnstückkosten Ländergruppe A[124]

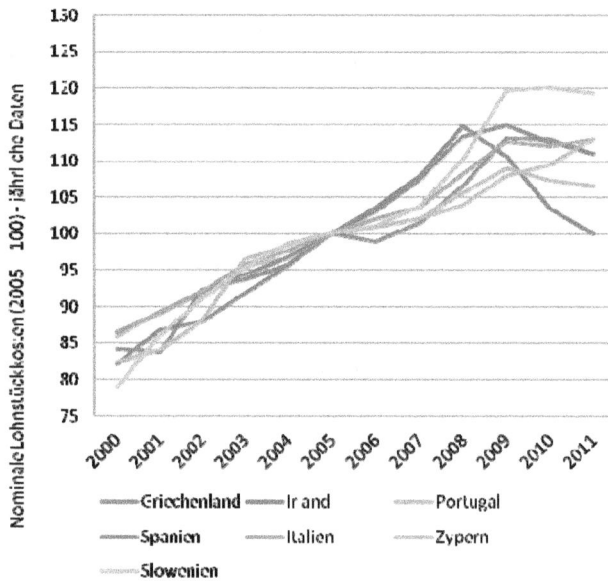

Abb. 19:   Entwicklung der Lohnstückkosten Ländergruppe C[125]

---

[124]   Darstellung anhand
http://epp.eurostat.ec.europa.eu/tgm/table.do?tab=table&init=1&plugin=0&language=de&pcode=tipslm10.
Abgerufen am 18.12.2012. EU Lohnstückkosten und Korr. 8.

Es wird zunächst deutlich, dass bereits zwischen den Ländergruppen signifikante Unterschiede in der Entwicklung der Lohnstückkosten existieren.

Während die Lohnstückkosten der Länder Gruppe A im gewogenen arithmetischen Mittel zwischen 2001 und 2006/07 etwa konstant bleiben, steigen sie im gleichen Zeitraum in den Ländern der Gruppe C um etwa 14 Prozent an.

Eine auf die einzelnen Länder bezogene Betrachtung lässt die Differenzen naturgemäß noch deutlicher werden. So entwickeln sich die Lohnstückkosten innerhalb der Gruppe A unterdurchschnittlich, in Deutschland in diesem Zeitraum um minus 1,8 Prozent. Gleichzeitig steigen sie innerhalb der Gruppe C überdurchschnittlich in Zypern um 16,9 %, in Irland um 16,8 % und in Griechenland schließlich um 15,1 %.[126]

Von den Konsequenzen dieser stark divergierenden Entwicklung der Lohstückkosten im Hinblick auf Wachstum Beschäftigung und Wettbewerbsfähigkeit wird an dieser Stelle abstrahiert. Es kann hier auf das Kapitel 5 verwiesen werden.

Vor dem Hintergrund der Geldpolitik sollen im Folgenden vielmehr die Zusammenhänge der Lohnstückkosten zur Preisentwicklung in den Mittelpunkt gestellt werden.

Dabei erfolgen auch hier zunächst die Betrachtungen unter Zugrundelegung der Gruppeneinteilung der Länder. Neben den Gruppen A und C erfolgt hier ein gesonderter Ausweis der übrigen Länder (B).

Die Preisniveauentwicklung wird anhand des harmonisierten Verbraucherpreisindex (HVPI) gemessen. Dieser Index wird EU-weit in einheitlicher Weise ermittelt und genutzt. Er ermöglicht es, Preisniveaus der einzelnen Länder/Ländergruppen innerhalb der EU vergleichbar zu machen und gleichzeitig für die EU eine Gesamtinflation auszuweisen.[127]

---

[125] Darstellung anhand
http://epp.eurostat.ec.europa.eu/tgm/table.do?tab=table&init=1&plugin=0&language=de&pcode=tipslm10.
Abgerufen am 11.12.2012.

[126] Vgl. Ebenda.

[127] Vgl. Destatis. Statistisches Bundesamt. In: http://www.destatis.de/DE/Meta/AbisZ/HVPI.html. Abgerufen am 25.11.2012.

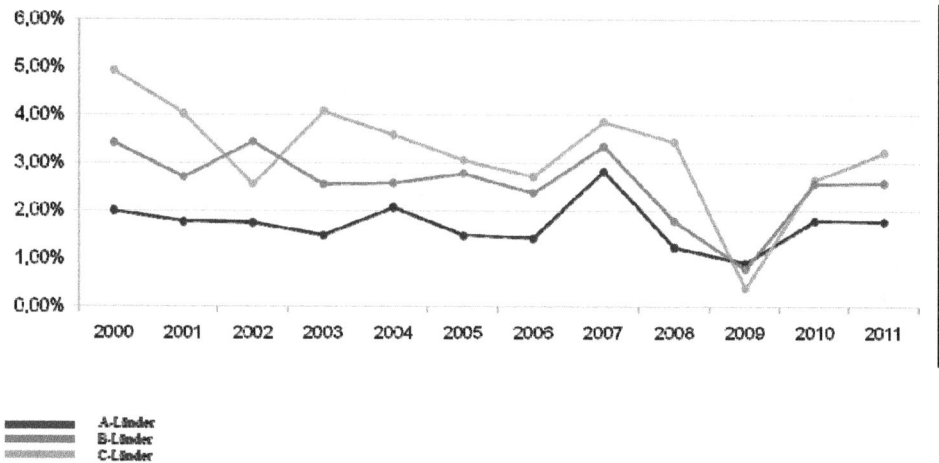

A-Länder
B-Länder
C-Länder

Abb. 20:   Preisniveauentwicklung nach Ländergruppen anhand HVPI[128]

Die signifikanten Differenzen bei den Einflussfaktoren der Preisniveauentwicklung innerhalb der EWU-Länder, wie Wirtschaftswachstums, Lohnstückkostenentwicklung usw. setzen sich der wirtschaftlichen Logik folgend in den Verbraucherpreisindizes fort.

Wie bereits bei der Entwicklung des Wirtschaftswachstums und der Lohnstückkostenent- wicklung wird zunächst deutlich, dass bereits zwischen den Ländergruppen erhebliche Unterschiede in der Entwicklung der harmonisierten Verbraucherpreise existieren.

Während die durchschnittliche Differenz des gewogenen Mittels des HVPI zwischen den A-Ländern und den C–Ländern im Zeitraum von 2001 bis 2006 bereits rd. 1,1 Prozentpunkte beträgt, erhöht sich diese Differenz zwischen A- und B-Ländern noch auf etwa 1,6 Prozent- punkte. Schon diese Abweichungen sind im Hinblick auf eine in sich schlüssige und auf die Preisniveaustabilität abzielende Geldpolitik mit einer gemeinsamen Zielstellung von nahe aber unter 2 % wesentlich zu hoch.

Eine auf die einzelnen Länder bezogene spezifische Betrachtung lässt die Preisniveaudiffe- renzen über die verschiedenen Zeithorizonte naturgemäß noch deutlicher werden. Dabei werden die Unterschiede zwischen den einzelnen Ländern innerhalb der Gruppen anhand der ausgewählten Beispiele noch deutlicher.

---

[128]   Nach Datenbasis Eurostat (2012), epp.eurostat.ec.europa.eu,
         http://epp.eurostat.ec.europa.eu/tgm/table.do?tab=table&init=1&l anguage=de&pcode=tec00118&plugin=0.
         Abgerufen am 23.11.2012.

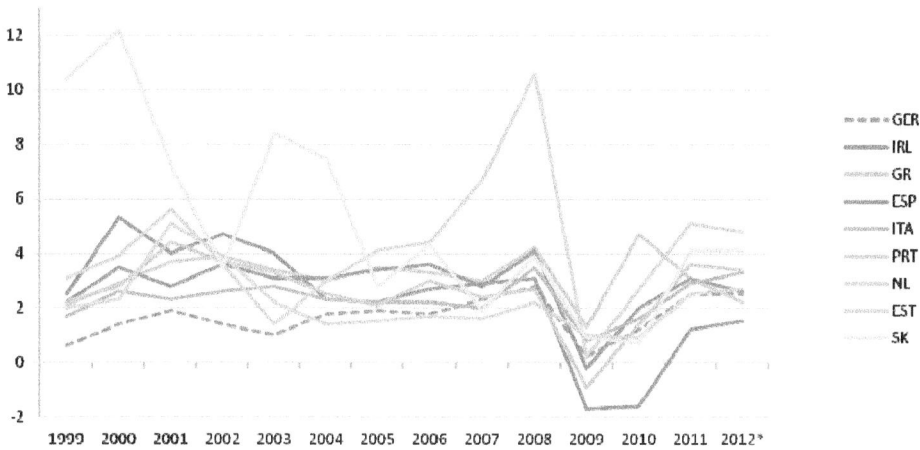

Abb. 21:   Preisniveauentwicklung ausgewählter Länder anhand HVPI[129]

Die Darstellung verdeutlicht vor allem folgende allgemeine Tendenzen.

- Die Streuung der Preisentwicklung zwischen den einzelnen Ländern, insbesondere zwischen den aufgeführten A- und den C-Ländern ist extrem hoch.
- Die Preisentwicklungen einzelner Länder streuen über die Zeit außerordentlich stark.

Beide Tendenzen führen dazu, dass signifikante Preisniveauunterschiede bezogen auf abgegrenzte Zeithorizonte für die einzelnen Länder festzustellen sind.

Im Folgenden werden die Daten zur Preisentwicklung der A- und C-Länder auf die abgegrenzten Zeithorizonte 2000–2005 sowie 2005–2010 dargestellt sowie für 2008 gesondert ausgewiesen.

---

[129]   Darstellung nach Datenbasis Eurostat (2012), epp.eurostat.ec.europa.eu,
http://epp.eurostat.ec.europa.eu/tgm/table.do?tab=table&init=1&l anguage=de&pcode=tec00118&plugin=0.
Abgerufen am 23.11.2012.

Tab. 5:   Veränderung der Verbraucherpreise (HVPI) von A- und C-Ländern nach abgegrenzten Zeithorizonten (in %)[130]

Land/Ländergruppe	Durchschnitt 2000–2005	2008	Durchschnitt 2005–2010*
A			
Deutschland	1,6	2,8	1,6
Niederlande	2,8	2,2	1,5
Österreich	1,9	3,2	1,8
Finnland	1,4	3,9	2,0
Luxemburg	2,8		2,5
C			
Griechenland	3,5	4,2	3,3
Irland	3,4	3,1	1,5
Portugal	3,2	2,7	1,7
Spanien	3,2	4,1	2,5
Italien	2,4	3,5	2,0
Zypern	2,5	4,4	2,3
Slowenien	5,5	5,5	2,3
Eurozone (17)	**2,2**	**3,3**	**1,9**

* Die Inflationsraten in diesem Zeithorizont sind teilweise durch krisenbedingt deflationäre Entwicklungen verzerrt. So weisen beispielsweise Irland, Spanien und Portugal im Jahre 2009 Deflationsraten von 1,7; 0,2 und 0,9 % aus.

Es wird deutlich, dass die Preisniveauentwicklung der Eurozone insgesamt der Zielstellung der EZB, die Inflation nahe, jedoch unter 2 Prozent zu halten, über beide dargestellten Zeithorizonte sehr nahe kommt.

Die Besonderheit besteht jedoch darin, dass die Preisniveaudifferenzen, vor allem zwischen den A- und C-Gruppenländern im zeitlichen Vorfeld der Eurokrise extreme Größenordnungen angenommen haben. vor dem Hintergrund der dargestellten Preisniveaudifferenzen lässt sich die gemeinsame Zielstellung der Preisniveaustabilität mit einer für die gesamte Eurozone konzipierten konventionellen Geldpolitik im Sinne einer Zins- und Geldmengenpolitik kaum erreichen.

2.2.2.2   Das Dilemma geldpolitischer Entscheidungen und die Konsequenzen

Aus der Entwicklung der für die Geldpolitik relevanten makroökonomischen Ausgangsdaten ergaben sich vereinfacht zwei Risikoarten.

1.   Eine expansive Geldpolitik mit niedrigem Zinsniveau und hoher Geldmengensteigerung induziert das Risiko, dass Länder wie Irland, Portugal, Griechenland und Spanien mit hohen Tempi bei Wachstum und Lohnstückkosten in eine Verbraucher- oder/und Vermögenspreisinflation abzugleiten drohen.

2.   Eine restriktive Geldpolitik beinhaltet umgekehrt das Risiko, dass für wachstumsschwache Länder wie Deutschland, Italien und Frankreich die geldpolitischen Hürden für die Erhöhung des Wirtschaftswachstums und die Verringerung der Haushaltsdefizite zu hoch sind.

---

[130]   Eigene Darstellung nach: Wirtschaftskammer Österreich. Inflationsraten. In: http://wko.at/eu/europa-inflationsraten. Abgerufen am 03.04.2013

Im Rahmen der Geldpolitik mussten auf der Grundlage entsprechender Risikoanalysen und Risikobewertungen Entscheidungen hinsichtlich Zins- und Geldmengenpolitik gefällt werden.

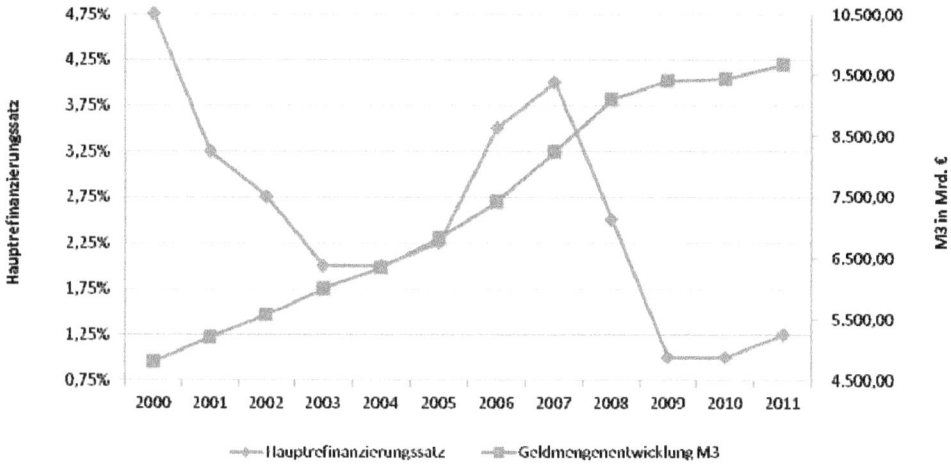

Abb. 22: Entwicklung von Hauptrefinanzierungssatz und Geldmenge M3[131]

Es wird deutlich, dass die EZB im Zeitraum zwischen den Finanzkrisen, der Aktienmarktkrise 2001 und dem Beginn des aktuellen Krisenmodus 2008, eine insgesamt expansive Geldpolitik verfolgte.

Dabei ist der Zeitraum von 2001 bis 2005 durch eine ausgeprägt expansive Geldpolitik zu charakterisieren. Während das Wachstum der Geldmenge M3 mit einer durchschnittlichen Wachstumsrate von rd. 7,3 Prozent deutlich über dem Referenzwert von 4,5 % liegt, entwickeln sich die kurzfristigen Zinsen, hier dargestellt am Hauptrefinanzierungssatz signifikant unterhalb des erfahrungsgemäß konjunkturneutralen Bereichs von 4,0 plus/minus 0,5 %. Diese Entwicklung wird anhand des Verlaufs der Leitzinsen noch deutlicher.

131 Darstellung nach Leitzinsen.info (2012), http://www.leitzinsen.info/eurozone.htm; Tagesgeld.info (2012), http://www.tagesgeld.info/statistiken/geldmenge/. Abgerufen am 13.12.2012.

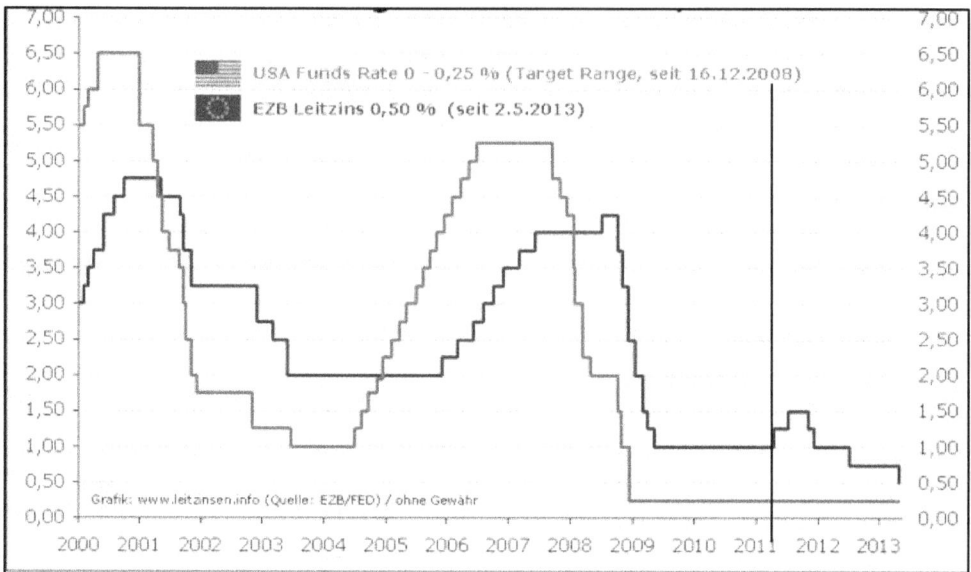

Abb. 23:   Zinsvergleich Eurozone und USA[132]

Auch der Zeitraum von 2006–2008 ist durch eine (abgeschwächt) expansive Geldpolitik bestimmt. Die Geldmenge M3 nahm in diesem Zeitraum um jahresdurchschnittlich rd. 10 % zu. Gleichzeitig erhöhte sich der Hauptrefinanzierungssatz von 2,25 % auf jahresdurchschnittlich 4,0 %.

An der Zielstellung der Preisniveaustabilität gemessen stellt sich die Geldpolitik der EZB über den Zeitraum von 2001–2008 wenn auch differenziert deutlich zu expansiv dar. Sie hat sich offensichtlich u. a. an den schwachen Wachstumstempi, den moderaten Lohnstückkostenentwicklungen und den im Rahmen der Zielstellung liegenden Inflationsraten der Eurozonen-Schwergewichte Deutschland, Frankreich und Italien orientiert. Gleichzeitig kam es geldpolitisch zur Unterbewertung der Risiken einer Verbraucher- oder/und Vermögenspreisinflation.

Während die Verbraucherpreise bis 2008 auf durchschnittlich 3,3 % in der Eurozone anstiegen und in den C-Ländern mehrheitlich die 4,0-Prozentmarke überschritten, kam es gleichzeitig in allen Länder der Eurozone mit Ausnahme von Deutschland und Österreich zu einer deutlich inflationären Entwicklung der Vermögenspreise, insbesondere im Immobiliensektor. Dies wird anhand der Abbildungen 9, 10 und 11 deutlich.

Diese Abbildungen zeigen eine inflationäre Entwicklung der Immobilienpreise für die C-Länder über ein Jahrzehnt mit deutlicher Beschleunigung im Zeitraum von 2001–2006/07. Damit entwickelte sich die EWU parallel zu den USA. Die Immobilienpreise stiegen dort zunächst moderat und anschließend, mit Einsetzen der Niedrigzinsphase ab 2003, beschleunigt im gesamten Zeitraum von 1997–2007 um insgesamt 103 %.

---

[132]   leitzinsen.info (2013), http://www.leitzinsen.info/charts.htm. Abgerufen am 12.08.2013.

Sowohl in den USA als auch in der Eurozone, insbesondere in Irland, Spanien und Slowenien[133] mündete die Immobilienpreisinflation in einer Immobilienblase mit dem Anschwellen fauler Hypothekenkredite. In der Folge kam es zu signifikanten bilanziellen Belastungen der Banken zu Bankenkrisen in den genannten Ländern.

Es wird insgesamt deutlich, dass die EZB vor dem Hintergrund der politischen und wirtschaftlichen Rahmenbedingungen geldpolitische Kompromisse eingehen musste. Diese Kompromisse konnten nicht zu einer Konvergenz der Eurozonen – Länder führen. Sie trugen der geldpolitischen Logik folgend vielmehr zu einer sich verschärfenden strukturellen Divergenz in der wirtschafts- und finanzpolitischen Entwicklung der Länder bei.

2.3 Tendenzen im Europäischen Finanz- und Bankensystem – die Risiken

2.3.1 Globaler Rahmen des europäischen Finanz- und Bankensystems

Die Verfasstheit des weltweiten und europäischen Finanz- und Bankensystems war im Vorfeld der globalen Wirtschafts- und Finanzkrise etwa im Zeitraum 1999/2001–2007/08 dadurch gekennzeichnet, dass einerseits die Wirkungen nationaler Bankenregulierungen und Finanzaufsichten vor dem Hintergrund globalisierter Finanzmärkte begrenzt waren und andererseits globale Finanz- und Bankensystemregulierungen, insbesondere die Eigenkapitalvorschriften nach dem zu dieser Zeit gültigen Basel II in der ganzen Breite des Anliegens umgangen wurden.[134] Dies induzierte eine Reihe differenzierter Tendenzen, die in ihrer logischen Konsequenz zu Bankenkrisen führen mussten.

Im Folgenden werden vor allem die Tendenzen, die im Hinblick auf die Eurokrise von besonderer Relevanz sind, einer näheren Betrachtung unterzogen.

2.3.1.1 Die Verschiebung von Rendite-Risiko-Relationen

Nach Markowitz stehen Rendite und Risiko in Zusammenhang. Wird die Rendite als Relation von erzielbarem Gewinn und eingesetztem Kapital (%) und das Risiko als Wahrscheinlichkeit (%), ein Renditeziel zu verfehlen, aufgefasst, so ergibt sich der folgende Zusammenhang:

Rendite = f (Risiko)[135]

Gleichzeitig gilt, dass das positiv zu bewertende Pendant zum Risiko als Chance verstanden werden kann.

Im Umgang mit den Risiken im Vorfeld und im Verlauf der globalen Wirtschafts- und Finanzkrise hat neben den bekannten Strategien der Risikobewältigung,

- Risikovermeidung,
- Risikominderung,
- Risikoabwälzung,

---

[133] Das Zahlenmaterial zu Hauspreisen ist für Griechenland und Zypern erst ab 2006 verfügbar.
[134] Vgl. Schuppan, N.: A. a. O., S. 147 ff.
[135] Vgl. von Känel. A. a. O., Con 41011.

- Risikostreuung,
- Risikokompensation[136]

vor allem Moral Hazard die Entwicklungen im globalen Finanz- und Bankensystem geprägt.[137]

Moral Hazard (etwa: moralisches Risiko) stellt eine Verhaltensweise der Behandlung von Risiken und Chancen an Finanzmärkten dar. Sie ist vor dem Hintergrund der Wirtschafts- und Finanzkrise generell darauf gerichtet, Chancen wahrnehmen zu wollen ohne die Bereitschaft, die entsprechenden Risiken zu tragen. Moral Hazard zeigt sich als Verhaltensweise von Entscheidungsträgern auf der Seite der Finanzanlagen, Finanzanlageobjekte sowie im Hinblick auf spezielle Verträge/Vertragsarten und auf das gesamte Finanzsystem (systemimmanent).

Ein typisches systemimmanentes Beispiel, dass im Zusammenhang mit Moral Hazard häufig angeführt wird, ist generell die Geschäftspolitik der (später als systemrelevante definierte) großen Banken. Die großen Banken gehen hohe Risiken ein. Auf diesem Wege werden exorbitante Gewinne realistisch. Kommen hingegen die Risiken zum Tragen und treten Existenz gefährdende Verluste ein, dann müssen Regierungen bzw. Zentralbanken dem „too big to fail"-Gedanken folgend zur Sicherung des Finanzsystems rettend eingreifen.

Vor diesem Hintergrund setzte sich das weltweite Finanz- und Bankensystem zunehmend unter Druck, die Eigenkapital/Kernkapitalrentabilität als primäre Unternehmenszielstellung beschleunigt zu erhöhen. Dabei verfolgten die Banken als Zielstellungen vor allem Eigenkapitalrenditen in Größenordnungen zwischen 20 und 30 Prozent. Die publizierte Unternehmenszielstellung der Deutschen Bank beispielsweise betrug im Vorfeld der Finanzkrise 25 Prozent.

In diesem Zuge wurden mit der Zielsetzung, die Gewinne zu steigern, einerseits höhere Risiken in den Aktivpositionen der Banken akzeptiert und andererseits die Bilanzsummen erhöht bei gleichzeitiger Veränderung der Bilanzrelationen zugunsten des Fremdkapitals (Leveraging). In der Folge sanken die Kernkapitalquoten im Jahr 2008 auf ein extrem niedriges Niveau So wiesen die weltweit zehn größten Banken addiert im Jahre 2008 eine Bilanzsumme von 25.097.815 Mio. $ mit einem Kernkapital von 801.230 Mio. $ aus. Die Kernkapitalquoten bewegten sich global bei Großbanken in Größenordnungen von rd. 3–4 %, bei den US-Investmentbanken auch darunter.[138]

Gleichzeitig nahmen die Volumina immer risikoreicherer Aktiva laufend zu. Die Summe dieser Vermögenspositionen überstiegen die Kernkapitalvolumina der Banken deutlich. Damit stieg die Wahrscheinlichkeit zu, dass Marktwertverluste aus risikoreichen Aktiva Abschreibungsverlusten nach sich ziehen, die das bilanzielle Kernkapital übersteigen und so zu Überschuldungen der Banken und damit zu akuten Insolvenzgefährdungen von Banken und Finanzinstituten führen. Es kann resümiert werden, dass die Tendenz der Absenkung der Eigen/Kernkapitalquoten bei steigenden Risiken in den Aktivpositionen der Banken weltweit und in Europa stand in diametralem Gegensatz zu den grundlegenden Zielstellungen der Eigenkapitalvorschriften des Basler Ausschuss für Bankenaufsicht (Basel II), die Eigenkapitalanforderungen an die eingegangenen Risiken zu binden. Die Regelungen nach Basel II

---

[136] Ebenda. Con 41018.

[137] Vgl. auch Punkt 3.2.2.

[138] Vgl. Schuppan, N.: A. a. O., S. 137 f.

wurden teilweise ignoriert und insbesondere über die Nutzung von Komponenten und Strukturen globalen des Schattenbankensystems umgangen.

In der Summe der dargestellten Tendenzen stieg die Wahrscheinlichkeit des Eintritts einer Situation, in der weltweit einerseits eine Vielzahl von Banken und Finanzinstituten direkt aufgrund von sowohl Überschuldung als auch Illiquidität insolvenzgefährdet werden. Andererseits nahm die Wahrscheinlichkeit zu, dass auch jene Banken und Finanzinstitute, die keinen Abschreibungsbedarf und keine primären Liquiditätsprobleme hatten indirekt dadurch existenzbedroht werden, dass ausfallende Forderungen gegenüber einer insolventen Bank im Dominoeffekt zur Insolvenz der eigenen und der nachfolgenden Banken führen. Dem Dominoeffekt liegt vor allem die fremdkapitalseitige Verflechtung der Banken insbesondere über den Interbankenhandel zugrunde. Vor Eintritt der Finanzkrise deckten die Banken etwa zwischen 15 % und 35 % ihres Liquiditätsbedarfs über den Interbankenhandel ab. In einer solchen labilen Situation steigt in der Regel zugleich die Gefahr, dass Einlagen durch Bankkunden abgezogen werden. Das weltweite Finanz- und Bankensystem droht zu kollabieren. Genau diese Situation ist dann, ausgelöst durch die Lehman-Insolvenz, schließlich im September 2008 mit Beginn der Finanz- und Wirtschaftskrise eingetreten.[139]

Vor diesem Hintergrund wurden (finanz-) systemrelevante Banken identifiziert. Das sind Banken, die im Falle einer Insolvenz aufgrund ihrer

• Volumina ihrer Bilanzsumme
• Marktkapitalisierung und
• globalen Vernetzung

die Stabilität des Weltfinanzsystems gefährden würden. In der weiteren zeitlichen Entwicklung erfolgte die Identifizierung von systemrelevanten Banken weltweit durch das Financial Stability Board (FSB). Das FSB ist auf der Grundlage einer Entscheidung der G 20 im Jahre 2011 eingerichtet worden und hat die Aufgabe, das globale Finanz- und Bankensystem zu überwachen und entsprechend Empfehlungen abzuleiten. Es hat im Jahre 2011 eine Liste von 29 systemrelevanten Banken erstellt, die durch die G 20 am 04.11.2011 offiziell bestätigt wurde. Die Liste umfasst 10 Eurozonen- Banken mit Eigenkapitalquoten per 30.09.2011 im Bereich von 1,3–7,0 %.[140]

Allgemein folgte das europäische Finanz- und Bankensystem den dargestellten Tendenzen des globalen Finanz-und Bankensystems im Vorfeld der weltweiten Wirtschafts- und Finanzkrise 2008. Die gemessen an den Risiken und Volumina auf der Vermögensseite europäischer Banken deutlich zu niedrigen Kernkapitalquoten induzierten einen hohen Grad an Instabilität des Bankensystems beim Auftreten von Abschreibungen.

Um die Stabilität des europäischen Bankensystems zu erhöhen und eine Sanierung der Banken durch Staatshaushaltsmittel zu vermeiden sind die europäischen Banken durch die EU-Bankenaufsicht EBA in der weiteren zeitlichen Folge beauflagt worden, bis Mitte 2012 eine Kernkapitalquote von 9,0 % der risikogewichteten Aktiva zu erreichen. Zur Umsetzung dieser Zielstellung wurden im Ergebnis eines Bankenstresstests der EBA Ende 2011 die Volumina des Kapitalbedarfs der europäischen Banken zur Erreichung der Kernkapitalquote von

---

[139] Vgl. Schuppan, N.: A.a. O., S. 210 f.
[140] Vgl. Bartz, T.: Deutsche Bank jetzt offiziell systemrelevant. Financial Times Deutschland vom 7.11.2011, S. 15.

9,0 % in einer Größenordnung von rd. 190 Mrd. € ermittelt. Davon entfallen auf die system-relevanten Banken der Eurozone 76 Mrd. €.

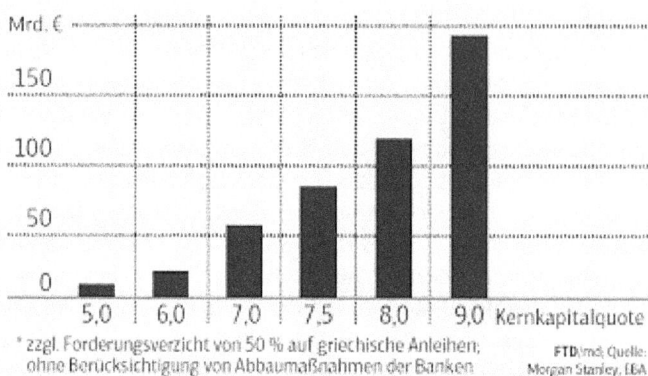

Abb. 24:   Kapitalbedarf europäischer Banken in Abhängigkeit von harten Kernkapitalquoten [141]

Mit der Erhöhung der Quoten des harten Kernkapitals nimmt die Wahrscheinlichkeit ab, dass Marktwertverluste aus den Aktiva zu Abschreibungsverlusten führen, die das bilanzielle Kernkapital übersteigen und so zu Überschuldungen der Banken und damit zu akuten Insolvenzgefährdungen führen. Damit stellt die Erhöhung der Kernkapitalquoten eine wesentliche finanzsystempolitische Komponente zur Stabilisierung des europäischen Bankensystems dar. Sie wird künftig in die europäische Bankenunion inhaltlich eingeordnet sein (Vgl. Abschnitt 4.2).

2.3.1.2   Risiken und Instabilitäten aus der Existenz und Entwicklung des weltweiten Schattenbankensystems

Das Schattenbankensystem wurde bei der Umgehung von Basel II und damit im Vorfeld der globalen Finanzkrise vor allem durch die Banken genutzt.

Es umfasst generell weltweit alle Finanzintermediäre, die weder einer durchgängigen Regulierung noch einer effektiven Finanzaufsicht unterliegen.

Das Schattenbankensystem ist erst mit der Ursachenanalyse der Finanz- und Wirtschaftskrise 2008/09 in das Blickfeld gerückt. Es gibt derzeit weder eine präzise inhaltliche Fassung der zum Schattenbankensystem zu rechnenden Unternehmen noch eine klare Definition von Schattenbanken. Erste Reformansätze in Bezug auf das Schattenbankensystem befinden sich gemäß den Beschlüssen der Staats- und Regierungschefs der G 20 im November 2011 in den Gesetzgebungsverfahren der Wirtschaftsregionen und Staaten.

In Anlehnung an den Financial Stability Board (FSB) definiert die Deutsche Bundesbank Schattenbanken wie folgt:

„Als Schattenbanken werden ... diejenigen Akteure und Aktivitäten auf den Finanz-märkten bezeichnet, die bankähnliche Funktionen (insbesondere im Kreditvergabe-

---

[141]   Röbisch, K.; Schrörs, M.: Barroso lässt die Bazooka unterm Tisch. Finacial Times Deutschland vom 13.10.2011, S. 17.

prozess) wahrnehmen aber keine Banken sind und somit nicht der Regulierung für Kreditinstitute unterliegen. Regulierte Kreditinstitute können z. T. Geschäfte an spezialisierte Schattenbanken auslagern und so Regulierungsmaßnahmen umgehen."[142]

Unternehmen, die dem Schattenbankensystem im Allgemeinen zugerechnet werden, sind vor allem

- Geldmarktfonds und Investmentfonds mit einlageähnlichen Merkmalen,
- Investmentfonds, die Fremdkapital in Form von Krediten bereitstellen oder Fremdkapital nutzen, wie Hedgefonds, Private Equity Fonds inklusive börsengehandelter Fonds, wie Exchange Tradet Funds,
- Finanzierungsgesellschaften, die Kreditgeschäfte betreiben bzw. Liquiditäts- und Fristentransformationen vornehmen ohne Bankregulierungen unterworfen zu sein,
- Zweckgesellschaften, die Liquiditäts- und Fristentransformationen vornehmen, insbesondere Verbriefungsgesellschaften, wie Special Investment Vehicles sowie Zweckgesellschaften im Sinne von Special Purpose Vehicles oder Special Purpose Companies und
- Versicherungsunternehmen, wenn sie Kreditierungen und Finanzierungen übernehmen.[143]

Gemessen am verwalteten Vermögen erreichte das Volumen des Schattenbankensystems im Jahre 2010 mehr als 60 % im Vergleich zum regulierten Bankensystem.

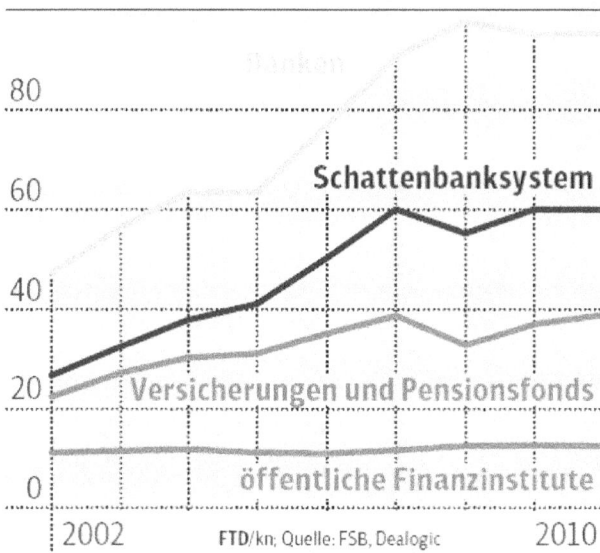

Abb. 25:   Entwicklung des Schattenbankensystems im Rahmen des globalen Finanzsystems anhand des verwalteten Vermögens (in 1000 Mrd. $)[144]

---

[142]   Deutsche Bundesbank. In http://www.bundesbank.de/Navigation/DE/Service/Glossar/Functions/glossar.html. Abgerufen am 18.04.2013.

[143]   Vgl. Europäische Kommission. Grünbuch Schattenbankenwesen. Brüssel, den 19.03.2012, S. 3 ff. In: http://ec.europa.eu/internal_market/bank/docs/shadow/green-paper_de.pdf. Abgerufen am 18.04.2013.

Das Financial Stability Board weist für das Jahr 2012 ein Gesamtvolumen des Schattenbankensystems von rd. 67 Billionen $ aus.[145]

Sowohl die Entwicklung (Verdoppelung in 8 Jahren) als auch das Volumen des Schattenbankensystems verdeutlichen die Dimensionen der mit ihnen verbundenen Risiken für das globale und europäische Finanz- und Bankensystem. Diese Risiken konzentrieren sich auf folgende Schwerpunkte.

- Geldmarkt- und Investmentfonds tragen permanent das Risiko voluminöser Mittelabzüge („Run") sofern Instabilitäten an den Finanzmärkten eintreten oder drohen. So musste die US-Notenbank im Herbst 2008 Geldmarktfonds massiv stützen, damit die Fonds ihre Kunden auszahlen konnten.
- Akkumulierung hoher nicht nachvollziehbarerer Fremdkapitalanteile.
  Schattenbanken arbeiten teilweise mit unregulierten und unlimitierten hohen Fremdkapitalvolumina, deren Sicherheiten verschachtelt und nicht klar zugeordnet sind. Daraus ergeben sich Risiken für die globale Finanzsystemstabilität. So treten so genannte Kredit/Darlehensfonds seit 2010 vermehrt als Hypothekenkreditgeber am Immobilienfinanzierungsmarkt auf.
- Die Existenz des Schattenbankensystems eröffnet den regulierten Banken die Möglichkeit, Regulierungen und Vorschriften zu umgehen.
  So sind beispielsweise im zeitlichen Vorfeld der Finanz- und Wirtschaftskrise 2008/09 risikovolle Aktiva von Banken in haftungsbeschränkte Zweckgesellschaften ausgelagert worden, um die Eigenkapitalhinterlegung nach Basel II nachweisen zu können.
- Kapitalseitige Verflechtung von Schattenbanken und regulierten Banken.
  Die Verflechtung, z. B. über Kreditaufnahmen der Schattenbanken bei regulierten Banken führt dazu, dass sich die generell höheren Risiken von Schattenbanken auf das regulierte Bankensystem übertragen.
- Das Engagement von Versicherungen im Kreditgeschäft sowie bei der Finanzierung von Großprojekten unter den Bedingungen von Schattenbanken führt zu höheren Risiken im Assekuranzbereich und innerhalb des Finanzsystems insgesamt.

Die dargestellten Risiken gelten generell für das gesamte Finanz- und Bankensystem. Zwischen den unterschiedlichen Wirtschafts- und Währungsräumen, USA, EWU usw. gibt es lediglich differenzierte Gewichtungen. So spielen z.B. Hedgefonds und Private Equity Fonds in den USA und UK eine wesentlich größere Rolle als in der EWU.[146, 147]

Es wird insgesamt deutlich, dass die Risiken, die dem Schattenbankensystem entspringen im Hinblick auf die Risikoarten hochrelevant und hinsichtlich der involvierten Volumina hoch dimensioniert sind.

---

[144] Harnischfeger, U.: Ans Licht gezerrt. Financial Times Deutschland. 14.02.2012. S. 16.

[145] Zitiert in: Alich, H.; Atzler, M.; Koch, M.; Maisch, K.; Slodzyk, F.; Wiebe, F.: Erst geköpft, dann gehangen. In Handelsblatt vom 18.08.2013, S. 30.

[146] Vgl. Europäische Kommission. Grünbuch Schattenbankenwesen. A. a. O., S. 4.

[147] Vgl. Die dunkle Seite des Kapitals. Handelsblatt v. 11.03.2013, Nr. 49, S. 24 f.

2.3.1.3 Risiken aus dem Firmen- und Privatkundengeschäft mit Vergünstigungen für ausländische Kunden

Den Kern der Entwicklung des Firmen- und Privatkundengeschäfts mit besonderen Vergünstigungen für ausländische Kunden durch Banken oder/und nationale Bankensysteme stellt die Einrichtung von Steueroasen und Offshore-Finanzplätzen dar.

Steueroasen und Offshore-Finanzplätze sind Staaten oder spezielle Regionen, die insbesondere folgende Charakteristika aufweisen:

- Stabiles politisches System,
- keine oder geringe Steuern auf Einkommen und Vermögen,
- Sicherung der Vertraulichkeit der Bankkonten hinsichtlich Inhaber und Transaktionen und
- liberale Finanzaufsicht unter den Bedingungen niedriger Regulierungsdichte[148]

Auf dieser Grundlage werden sowohl Privatkunden als auch Firmenkunden stimuliert, Einkommen und Vermögen in Steueroasen umzuschichten.

Die Zielstellungen für Privatkunden und Firmenkunden bestehen in der

- Minimierung/Umgehung der Steuern auf dem Wege der Steuerhinterziehung und
- Geldwäsche im Zusammenhang mit kriminellen bzw. juristisch nicht nachvollziehbaren Aktivitäten.

Die Zielstellungen der Steueroasen/Offshore-Finanzplätze bestehen

- im Aufbau und der Erweiterung eines hochrentablen Segments der Finanzdienstleistungen innerhalb des Private Banking/Wealthmanagements[149], mit hohen Bruttomargen aus betriebswirtschaftlicher Sicht für die Banken und der
- Schaffung von Arbeitsplätzen im Hochlohnniveau mit entsprechend positiven Auswirkungen auf das Bruttoinlandprodukt aus gesamtwirtschaftlicher Sicht für die Staaten.

Die hohe Rentabilität im Private Banking/Wealthmanagements mit besonderen Vergünstigungen für ausländische Kunden ergibt sich vor allem daraus, dass das Niveau der Bankgebühren relativ hoch ist, ein Bankwechsel in der Regel nicht in Betracht kommt und die Bankkunden die hinterzogenen Steuern vielfach als Komponente ihrer Performance betrachten.[150]

Aus der Entwicklung des Firmen- und Privatkundengeschäfts mit besonderen Vergünstigungen für ausländische Kunden in Banken und nationalen Bankensystemen in Form der Steuerhinterziehung und Geldwäsche Konsequenzen bzw. Risikoarten lassen sich zwei Kategorien ableiten:

- Länder mit gesamtwirtschaftlichen Belastungen aus der Steuerhinterziehung.
  Den nationalen Finanz- und Fiskalsystemen dieser Länder werden enorme Finanzmittel entzogen und damit die Einnahmeseite der öffentlichen Haushalte nachhaltig geschwächt – mit negativen Konsequenzen hinsichtlich Staatsverschuldung, öffentliche Investitionen, Wirtschaftsleistung usw.

---

[148] Vgl. hierzu auch Dhamapala, D.; Hines, J.: Which Countries Become Tax Havens? In : http://papers.ssrn.com/sol3/papers.cfm?abstract_id=952721. Abgerufen am 20.04.2013.

[149] Private Banking beinhaltet die vom Privatkundengeschäft separierte Vermögensberatung und -verwaltung für vermögende Bankkunden ab etwa 200 T€. Die Erweiterung des Private Banking für hoch vermögende Bankkunden ab etwa 1000 T€ stellt das Wealthmanagement dar.

[150] Vgl. hierzu auch Alich, H.: Die Schlinge zieht sich zu. Handelsblatt vom 17.04.2013, S. 17.

Nach Tax Justice Network, Global Financial Integrity beträgt das Volumen der globalen Verluste durch Steuerhinterziehung rd. 3130 Mrd. $.

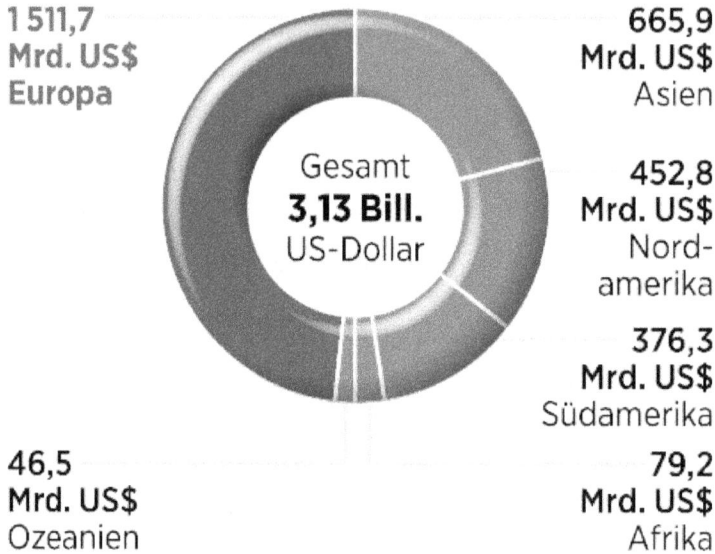

1 511,7
Mrd. US$
Europa

Gesamt
3,13 Bill.
US-Dollar

665,9
Mrd. US$
Asien

452,8
Mrd. US$
Nord-
amerika

376,3
Mrd. US$
Südamerika

46,5
Mrd. US$
Ozeanien

79,2
Mrd. US$
Afrika

Abb. 26:   Kumulierte weltweite Verluste durch Steuerhinterziehung nach Wirtschaftsregionen[151]

Werden die Wirtschaftsregionen nach Ländern in der Reihenfolge ihrer Verluste aus Steuerhinterziehungen aufgeschlüsselt, ergibt sich eine Verteilung entsprechend folgender Abbildung.

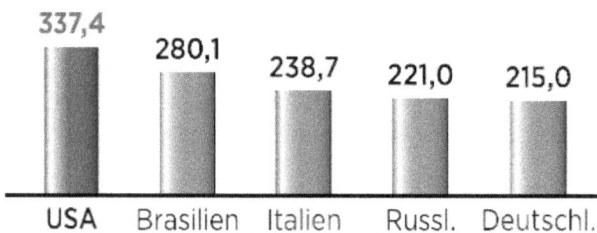

337,4   280,1   238,7   221,0   215,0

USA   Brasilien   Italien   Russl.   Deutschl.

Abb. 27:   Kumulierte Verluste durch Steuerhinterziehung nach ausgewählten Staaten (in Mrd. $)[152]

Die dargestellten Verluste der aufgeführten Euro-Länder betragen in Relation zum BIP[153] für Deutschland rd. 6,3 Prozent und für das extrem hoch verschuldete Italien immerhin etwa 12,1 Prozent.

---

[151]   Hildebrand, J.; Riedel, D.: Steuerflucht wird immer schwieriger. Handelsblatt, vom 22.04, Nr.77, S. 9.
[152]   Ebenda.
[153]   Basis sind die Daten des BIP für 2012.

- Länder mit gesamtwirtschaftlichen Vorteilen aus der Steuerhinterziehung.
  Diese Länder verschaffen sich auf dem Wege der Steuerhinterziehung oder/und der Geldwäsche, in beiden Fällen auf der Grundlage von Gesetzesverstößen, gesamtwirtschaftliche Vorteile zu Lasten anderer Länder. Dies betrifft ausdrücklich und im besonderen Maße auf beide Seiten Länder, die in der EU und innerhalb der EWU verbunden sind.

Die Vorteile bestehen vor allem im Aufbau potenziell hoch rentabler Finanzsektoren mit positiven Auswirkungen auf die Wirtschaftsleistung, das Finanz- und Fiskalsystem usw.

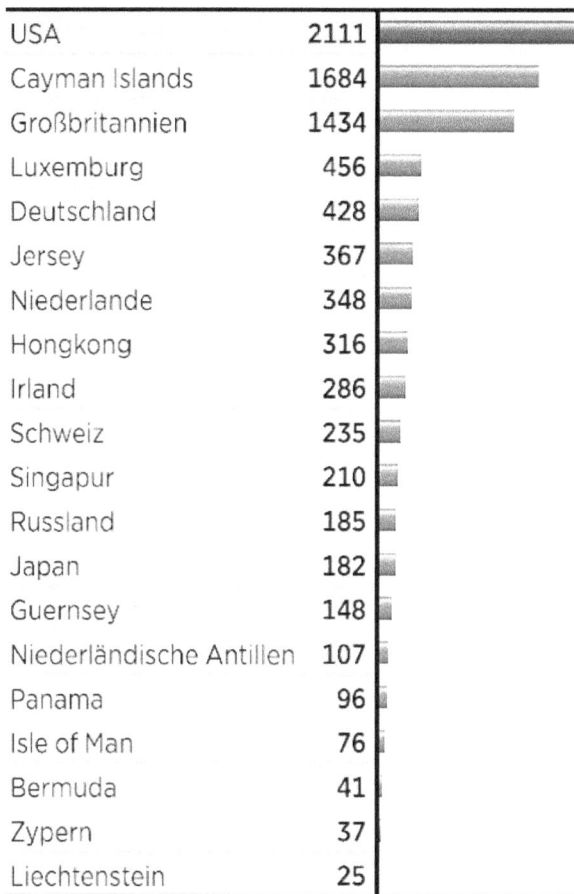

USA	2111
Cayman Islands	1684
Großbritannien	1434
Luxemburg	456
Deutschland	428
Jersey	367
Niederlande	348
Hongkong	316
Irland	286
Schweiz	235
Singapur	210
Russland	185
Japan	182
Guernsey	148
Niederländische Antillen	107
Panama	96
Isle of Man	76
Bermuda	41
Zypern	37
Liechtenstein	25

Großbritannien gesamt 3750[154]

Abb. 28: Vermögen in privaten Konten mit besonderen Vergünstigungen für Ausländer[155]

---

[154] Eigene Ermittlung: Britische Übersegebiete des Vereinigten Königreiches einschließlich der überseeischen Besitztümer der britischen Krone.
[155] Hildebrand, J.; Riedel, D.: A. a. O., S. 9.

Die Verteilung der Konsequenzen aus der weltweiten Steuerhinterziehung in Länder mit gesamtwirtschaftlichen Vor- und Nachteilen existierte bis zum Ausbruch der Eurokrise 2010 nahezu uneingeschränkt.

Mit dem Foreign Account Tax Compliance Act-Abkommen (FATCA) im Jahre 2010 wird die Steuerhinterziehung wesentlich eingeschränkt. Der inhaltliche Schwerpunkt des Abkommens zwischen den USA und der Schweiz besteht darin, dass die Schweiz gezwungen wird, Bankkonten von US-Bürgern unaufgefordert den US-Steuerbehörden zu melden.

In 4/2013 beschlossen die sechs größten EU-Länder, die Regeln des FATCA-Abkommens zu übernehmen. Schließlich verabredeten die G 20 ebenfalls in 4/2013 den automatischen Informationsaustausch zum globalen Steuerstandard zu erklären.[156]

Damit verkehren sich die gesamtwirtschaftlichen Effekte für die Länder, die bislang Vorteile aus der Steuerhinterziehung realisieren in das Gegenteil. Es entstehen wirtschafts-, finanz- und fiskalpolitische Verwerfungen mit dem Risiko rezessiver Entwicklungen. Ein erstes Beispiel stellt Zypern dar.

2.3.2   Entwicklungstendenzen des europäischen Finanzsystems

2.3.2.1   Aufbau von Bankkreditrisiken im privaten Sektor europäischer Länder

Die Situation des europäischen Bankensystems im Vorfeld der Wirtschafts- und Finanzkrise ist durch eine differenzierte Entwicklung der Kreditvolumina im privaten Sektor gekennzeichnet. In einer zeitlichen Differenzierung lassen sich zunächst mit Beginn der Währungsunion 1999 bis zum Jahre 2003 sinkende Wachstumsraten der Kredite im privaten Sektor feststellen. Im Zeithorizont von 2003 bis zum Beginn der Wirtschafts- und Finanzkrise im Jahre 2007/08 steigen die Wachstumsraten deutlich an. Dieser Anstieg korreliert mit der expansiven Geldpolitik der EZB. Zu Beginn des Jahres 2003 fiel der Hauptrefinanzierungssatz der EZB unter die 3 % und erreichte dieses Niveau erst wieder im zweiten Halbjahr 2006 wieder(vgl. Abb. 20). Es kann zunächst geschlussfolgert werden, dass die expansive Geldpolitik in der Eurozone den Anstieg der Kreditvolumina im privaten Sektor zumindest teilweise induziert hat.

---

[156]   Vgl. Hildebrand, J.; Riedel, D.: A. a. O., S. 8.

Tab. 6:   Entwicklung der Bankkredite an den privaten Sektor 1998–2007 Vergleich Euro-Währungsraum, USA und Japan[157]

	Euro-Währungs-gebiet [1)]	Europäische Union	Vereinigte Staaten	Japan
Durchschnitt 1989–98	7,1	-	5,6	-
1998	8,4	-	9,8	-
1999	10,0	-	5,7	-2,3
2000	9,6	-	11,3	-2,2
Erweiterung des Euro-Währungsgebiets				
2001	7,9	-	1,7	-3,4
2002	5,3	-	6,1	-4,7
2003	4,9	-	5,8	-4,6
2004	6,1	-	10,3	-3,0
2005	8,1	-	12,2	0,0
2006	10,9	-	11,9	0,8
Erweiterung des Euro-Währungsgebiets				
2007	10,8	-	10,9	0,0

──── Euro-Währungsgebiet
••••• Vereinigte Staaten
▪▪▪▪ Japan

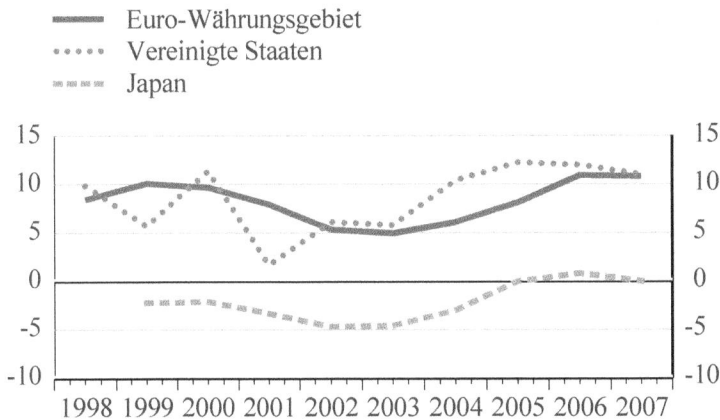

Abb. 29:   Entwicklung der Bankkredite an den privaten Sektor 1998–2007 Vergleich Euro-Währungsraum, USA und Japan[158]

---

[157]   Europäische Zentralbank. Monatsbericht. Zehn Jahre EZB 1998–2008, S. 17. In: http://www.bundesbank.de/Redaktion/DE/Downloads/Veroeffentlichungen/EZB_Monatsberichte/2008/2008_06_ezb_mb_10_jahre_ezb.pdf. Abgerufen 10.04.2013.

[158]   Europäische Zentralbank. Monatsbericht. Zehn Jahre EZB 1998–2008. S. In: http://www.bundesbank.de/Redaktion/DE/Downloads/Veroeffentlichungen/EZB_Monatsberichte/2008/2008_06_ezb_mb_10_jahre_ezb.pdf. Abgerufen 10.04.2013.

Der Vergleich der Eurozone mit den USA zeigt zunächst allgemein. dass die expansive Geldpolitik in beiden Währungsräumen das Wachstum der Kreditvergabe an den privaten Sektor von 4,9/5,8 % im Jahre 2003 auf 10,8/10,9 % im Jahre 2007 beschleunigt hat. Dabei sind zwei Unterschiede von Bedeutung.

Zum einen ist das Niveau des Wachstums in den USA über den gesamten Zeitraum höher als in der Eurozone.

Zum anderen setzt die Beschleunigung des Wachstums in den USA etwa zwei Jahre früher ein als in Europa.[159] So werden Wachstumstempi von 10 % in den USA bereits im Jahre 2004 erreicht. In der Eurozone überschreiten die Wachstumsraten der Bankkredite des privaten Sektors die 10 %-Marke erst 2006.

Die dargestellte Entwicklung der Bankkredite an den privaten Sektor ist mit Konsequenzen auf der Kreditnehmer- und Kreditgeberseite verbunden.

Auf der Kreditnehmerseite hat die Entwicklung vor allem dazu geführt, dass die Verschuldung der privaten Haushalte deutlich angestiegen ist. Dieser Anstieg ist insbesondere dem Anwachsen der Immobilienkreditvolumina geschuldet und korreliert mit der Entwicklung der Häuserpreise (vgl. Abb. 10).

Eine steigende Anzahl von privaten Haushalten nahm Immobilienkredite auf. Die Volumina dieser Kredite nahmen tendenziell aufgrund steigender Immobilienpreise zu. Die Kreditvergabekriterien gestalteten sich zunehmend locker.

So stiegen die Kreditvergaben an private Haushalte folgender Länder im Zeitraum von 2005 bis 2007 überdurchschnittlich mit folgenden Wachstumsraten (vgl. Abb.12).[160]

Tab. 7:   Entwicklung der Wachstumsraten bei Kreditvergaben an private Haushalte (2005–2007)

Wachstumsraten

Eurozone	2005	8,1		
	2006	10,9		
	2007	10,8		

Länder

	Spanien	Irland	Slowenien[161]	Italien
2005	28,7	11,3	25,0	11,7
2006	20,7	17,2	25,7	9,8
2007	12,5	11,3	26,7	7,8
	Griechenland	Portugal	Zypern	Deutschland
2005	27,3	10,0	-	0,2
2006	22,2	15,2	13,0	0,0
2007	17,2	10,8	16,1	-1,3

Es wird deutlich, dass die C-Länder stark überdurchschnittliche Wachstumsraten aufweisen, während Deutschland und daneben auch weitere A-Länder nur ein geringes Wachstum der Kreditaufnahmen privater Haushalte verzeichnen.

---

[159]   Beides hat Konsequenzen, auf die später eingegangen wird.
[160]   Daten nach: Heinen, N.: Makroökonomische Koordinierung. DB Research vom 13.11.2011, S. 14.
[161]   Slowenien ist seit 2007 Mitglied der EWU.

Eine analoge Spreizung der Kreditaufnahmen zeigt sich für den gleichen Zeitraum im Hinblick auf die Unternehmen. Auch hier verzeichnen die C-Länder ein hohes Wachstum der Kreditaufnahmen, während das Wachstum der A-Länder moderat bleibt (vgl. Abb.12). Die differenzierten Kreditaufnahmen der Unternehmen sind überwiegend dem Immobiliensektor geschuldet. Während beispielsweise in Deutschland der Immobiliensektor insgesamt stagnierte, nahm er in den C-Ländern sowohl im Wohnimmobilienbereich als auch im kommerziellen Immobilienbereich deutlich zu.

Es kann zunächst wie folgt zusammengefasst werden: Vor dem Hintergrund einer deutlich expansiven Geldpolitik der EZB sind die Wachstumstempi der Kreditvergaben der Banken an

- private Haushalte und
- Unternehmen

vor allem in den C-Ländern deutlich angewachsen. Auf dieser Grundlage ist ein schuldenfinanziertes Wirtschaftswachstum induziert worden. Das Wirtschaftswachstum hat die Staatshaushalte relativ entlastet und bei einigen

C-Ländern, wie Irland, Spanien, Cypern und Slowenien zu einer deutlich unter dem EU-Durchschnitt liegenden Nettoneuverschuldung und Gesamtverschuldung geführt.

Ein unverhältnismäßig stark schuldenfinanziertes Wirtschaftswachstum ist dauerhaft nicht nachhaltig. Ein zwangsläufig einsetzender Rückgang der Wachstumstempi der Verschuldung führt zu der bekannten Spirale aus sinkender schuldenfinanzierter Gesamtnachfrage, fallender Beschäftigung, ansteigender Arbeitslosigkeit, zunehmend defizitären Staatshaushalten, weiter sinkender Nachfrage usw.

Die Eurozone zeigte im Zeitraum von etwa 2003 bis 2007/08 signifikante Fehlentwicklungen, die ohne Korrektur zu einer Finanz- und Wirtschaftskrise führen mussten.

Für das europäische Bankensystem, insbesondere für die Banken der C-Länder bedeutete eine solche Entwicklung vor allem den Anstieg der im Zahlungsverzug befindlichen und wertberichtigten, Kredite (Non-Performing Loans – NPL).

Die Erhöhung der Volumina dieser Kredite setzte der wirtschaftlichen Logik folgend mit der Abflachung der Konjunktur im Euroraum und dem Einsetzen der globalen Finanz- und Wirtschaftskrise in den Jahren 2008/09 beschleunigt ein.

Tab. 8:   Veränderung der NPL ausgewählter Länder 2008–2011[162]

	Veränderung 2008–2011 (in %)
Land/Ländergruppe **A-Länder**[163]	**45,1**
dar. Deutschland	38,0
C-Länder	**295,7**
Spanien	206,1
Irland	793,3
Italien	254,8
Griechenland	333,3
Portugal	240,0

Der deutliche Anstieg der NPL führt in den Bilanzen der Banken zu entsprechend hohen Abschreibungen. Übersteigen die jeweiligen Abschreibungsvolumina das Eigenkapital der Banken, so entstehen Überschuldungen und es drohen Insolvenzen der betroffenen Banken. Die Risiken von Bankinsolvenzen sind dann besonders hoch, wenn es sich dabei um so genannte systemrelevante Banken handelt.

Vor dem Hintergrund der niedrigen Eigenkapitalquoten sowie der Entwicklung der NPLs leiten sich die Überschuldungsrisiken systemrelevanter europäischer Banken ab. Kommt es zur Überschuldung einer solchen Bank, entsteht ein Rekapitalisierungsbedarf im Sinne der Verbesserung der Eigenkapitalausstattung der jeweiligen Bank, der primär aus dem jeweiligen Staatshaushalt zu decken ist.

Es kann zusammengefasst werden, dass die enorm hohen Wachstumsraten der Kreditvergabe im privaten Sektor, insbesondere im Immobilienbereich der EWU bis 2007/08 nach Eintreten der globalen Wirtschafts- und Finanzkrise zu einem exorbitanten Anstieg der NPL geführt haben. Dieser Anstieg erwies sich vor dem Hintergrund niedriger Eigenkapitalquoten für eine hohe Anzahl europäischer Banken als Existenz gefährdend. Dieser Kausalkette folgend stellten sich die Risiken für die Banken der C-Länder auf höchstem Niveau ein.

Zur Vermeidung von Bankeninsolvenzen und zur Stabilisierung des EWU-Bankensystems, gemessen am Maßstab einer Kernkapitalquote von 9 Prozent ergaben sich hohe Volumina des Kapitalbedarfs. Mit dem Einsetzen der Eurokrise 2010 und den sich anschließenden rezessiven Entwicklungen, insbesondere der C-Länder stiegen die Kapitalbedarfsgrößen kontinuierlich weiter an.

2.3.2.2   Import von US-Immobilienkreditrisiken[164]

In den Jahren nach dem Platzen der Aktien-Blase 2000/2001 nahm die Immobilienpreisentwicklung in den USA exponentielle Züge an. Es setzte die Überbewertung der Immobilien, eine Inflation der Immobilienvermögenspreise ein, die im weiteren Verlauf zur Immobilienpreisblase anschwellen sollte. Die Immobilienpreisentwicklung wurde durch die extrem

---

[162]   Eigene Berechnungen auf der Grundlage von: PWC. European outlook for non core and non performing loan Portfolios. Issue 4: A growing non core market, S. 9. In:
https://www.pwc.de/de/finanzdienstleistungenbankenassets/pwc-2012-06-23_issue-4-a-growing-non-core-asset-market.pdf. Abgerufen am 11.04.2013.

[163]   A-Länder (außer Luxemburg).

[164]   Die folgenden Ausführungen sind teilweise wörtlich übernommen aus: Schuppan, N.: A. a. O., S.121 ff.

expansive Geldpolitik, insbesondere durch die Niedrigzinspolitik der Fed im Zeitraum von 2002–2005 induziert (vgl. Abb. 23).

Mit der Auffassung der Fed, dass eine steigende Verschuldung der Privathaushalte mit zunehmenden Vermögenswerten akzeptabel ist, beförderte die Fed geldpolitisch die sich anbahnenden Fehlentwicklungen.

Hierin zeigt sich ein grundlegender Fehler der US-Geld- und Kreditpolitik. Es erfolgte die Kreditvergabe auf der Grundlage einer Vermögenspreisinflation/blase (Immobilie, Aktien) und nicht etwa auf der Grundlage einer gesicherten Einkommens- und Sparentwicklung der Kreditnehmer. Rückläufige Vermögenspreise oder Platzen von Vermögenspreisblasen führen zwingend zu Abschreibungsverlusten bei Banken, Insolvenzgefährdungen und Risiken für das Bankensystem.

Vor diesem geldpolitischen Hintergrund, vor allem aufgrund der extrem niedrigen Zinsen nahm die Kreditvergabe in den USA, insbesondere im Immobilienbereich mit steigenden Wachstumsraten zu (vgl. Abb. 29). Die extrem hohen Wachstumstempi wurden durch die Segmentierung des US-Hypothekenkreditmarktes in ein Prime- und ein Subprimesegment begünstigt. Primekredite wurden an Kreditnehmer guter und sehr guter Bonität vergeben. Subprimekredite sind jene Hypothekenkredite, die an Kreditnehmer zweitklassiger Bonität im Zeitraum von 2002–2006 unter den Bedingungen eines extrem niedrigen Zinsniveaus vergeben wurden. Im Rahmen der Subprimekredite wurden die Hypothekenkreditkonditionen in den USA soweit gelockert, dass den Kreditantragstellern, die aufgrund ihrer Vermögens- und Einkommenssituation völlig unzureichende Kreditwürdigkeit besaßen, eine Hypothekenkreditaufnahme ermöglicht wurde. Die Subprimekreditnehmer verschuldeten sich direkt und im Rahmen hoher Kreditvolumina, die jene für einen bonitätsschwachen Privathaushalt bis dato realistischen Kreditbeträge um ein Vielfaches überschritten.

Die hochgradig voluminöse US-Hypothekenfinanzierung in Höhe von rd. 12000 Mrd. $ ist durch ein komplexes Finanzierungssystem bestimmt, dass den Zufluss der notwendigen Volumina an Liquidität jederzeit und unabhängig von der jeweiligen konjunkturellen Entwicklung auf dem Hypothekenkreditmarkt sichern muss. Im Mittelpunkt des US-Hypothekenfinanzierungssystems stehen hier z. B. die staatlich beeinflussten privaten Hypothekenfinanzinstitute (Government Sponsored Enterprise) „Fanny Mae" und „Freddy Mac".

Die Aufgabe der beiden Unternehmen und weiterer Hypothekenfinanzierer ist es, den regionalen Hypothekenbanken die Hypothekenkredite mit implizierter Übernahme der Risiken abzukaufen und sich selber an den Finanzmärkten zu refinanzieren. Zur Refinanzierung werden die aufgekauften Hypothekenkredite zusammengefasst und in forderungsbesicherte Wertpapiere in der Grundform von Asset Backed Securities (ABS) umgewandelt (verbrieft).

> „Asset-Backed-Securities stellen als strukturierte Finanzprodukte die wertmäßige Verbriefung von in einem Pool zusammengefassten Finanzaktiva aus Forderungsverkäufen dar. Sie sind durch einen Forderungspool gesicherte Wertpapiere."[165]

Beziehen sich die Forderungen auf Hypothekenkredite für Wohn- bzw. Gewerbeimmobilien so handelt es sich um Residental Mortgage Securities (RMBS) sowie Commercial Mortgage Backed Securities (CMBS). Daneben sind die Collateralized Dept Obligation (CDO) von Bedeutung. Sie stellen inhaltlich forderungsbesicherte Anleihen aus einem Mix verschiede-

---

[165] Jahrmann, F.: Finanzierung. Verlag NWB Herne. 6. Auflage 2009, S.161.

ner Asset-Klassen dar. Die forderungsbesicherten Anleihen wurden auf der Grundlage von Risikobewertungen durch Ratingagenturen bewertet.

Die Risikobewertung wurde beginnend mit der Formulierung unangemessener Prämissen (weitere Steigerung der Preise für Wohnimmobilien) über die Anwendung der Risikoanalysemethoden (Intransparenz jener den Wertpapieren zugrunde liegenden Kredite) bis hin zu den Risikobewertungsmodellen (Overcollateralization) aus methodischer Sicht fehlerhaft vorgenommen. Die Risikobewertung führte systematisch zu drastischen Unterbewertungen der Risiken. Gemessen an den völlig unterbewerteten Risiken der Verbriefungsprodukte wurden relativ hohe Renditen angeboten.

Mit dem Kauf der Finanzprodukte, wie ABS, MBS und insbesondere CDOs durch Investoren aus dem US-amerikanischen und europäischen Bankensektor wurden die Finanzmärkte mit Risiken belastet, deren Identität, deren Eintrittswahrscheinlichkeit und deren potenzielle Folgen generell nicht erkannt wurden.

Mitte 2004 leitete die Fed u. a. zur Begrenzung der bereits überbordenden Inflation einen durchgreifenden Prozess der Erhöhung der Federal Fund Rate um 4,25 %-Punkte im Zeitraum von 24 Monaten ein. (Im Gegensatz zu deutschen Hypothekenkrediten mit langfristig festen Zinsen sind die US-Hypothekenkredite mit variablem Zins ausgestattet und folgen der Federal Funds Rate in 6-monatigem Abstand).

Unter den Bedingungen steigender Zinsen nahm die finanzielle Belastung der insbesondere Subprime-Kreditnehmer zu Die Subprime-Kreditnehmer waren aufgrund ihrer ohnehin geringen Bonität mit steigendem Zinsniveau nicht mehr in der Lage, die Zins- und Tilgungsbelastungen zu tragen. Es kam insbesondere im Subprimesegment zu einem deutlichen Anstieg der Kreditausfälle und der Kreditausfallquoten.

Die finanzmarktrelevanten Auswirkungen setzten der Konstitution und dem Zeithorizont der verbrieften Finanzprodukte folgend mit der Beeinträchtigung der Anleihemärkte ein. Die ABS, MBS und CDOs verloren drastisch an Werthaltigkeit(vielfach bis gegen Null). Der Handel mit diesen forderungsbesicherten Anleihen kam aufgrund ausfallender Nachfrage zum Erliegen.

Mit den Marktwertverlusten aus den Verbriefungsprodukten, später Toxic Assets bezeichnet, entstanden im US-amerikanischen und europäischen Bankensystem unmittelbar Abschreibungen/Verluste in Höhe von knapp 1000 Mrd. $ sowie notwendige Kapitalaufstockungen von rd. 900 Mrd. $. In der weiteren zeitlichen Folge stiegen diese Beträge noch an.

Im Hinblick auf die Beurteilung der Risiken für das europäische Bankensystem ist die Verteilung der Abschreibungen/Verluste und Kapitalaufstockungen nach Wirtschaftsregionen von Bedeutung.

Mrd USD

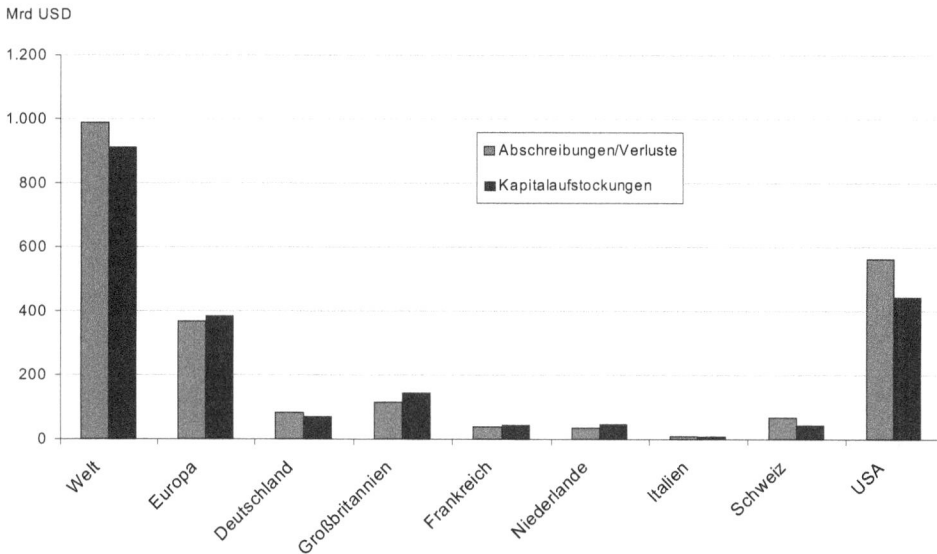

Abb. 30:   Abschreibungen/Verluste und Kapitalaufstockungen bei Finanzinstituten im Ländervergleich[166]

Die Abschreibungsverluste und die Kapitalaufstockungen konzentrierten sich auf die USA und Europa. Dabei weisen die USA Abschreibungsverlustanteile von etwa 58 % und Europa von 38 % auf.

Die Abschreibungsverluste und Kapitalaufstockungen in Europa stellen inhaltlich de facto den Import von US-Immobilienkreditrisiken dar. Dabei sind innerhalb Europas deutliche Unterschiede zwischen den einzelnen Ländern vor allem in Relation zum Bruttoinlandprodukt zu erkennen.

Ein hoher Anteil von Banken im europäischen Bankensystem hatte in US-amerikanische forderungsbesicherte Anleihen investiert. Ihre Volumina überstiegen bei vielen Banken die gemessen an den eingegangenen Risiken der Vermögenspositionen wesentlich zu geringen Eigen/Kernvolumina deutlich. Der Verlust der Werthaltigkeit der forderungsbesicherten Anleihen in den Bilanzen führte dazu, dass in weiten Teilen des Bankensektors Europa eine Überschuldung drohte bzw. diese bereits eingetreten war. Damit entstand eine akute Bankenkrise.

Diese Bankenkrise führte vor allem zu zwei Konsequenzen.

1.   Die nationalen Finanz- und Bankensysteme (Deutschlands, Frankreichs usw.), die in US-Verbriefungsprodukte investiert waren, erlitten hohe Abschreibungsverluste und mussten

---

[166]   Sarrazin, T. – Deutsche Bundesbank :Aspekte der Geld- und Finanzpolitik in Zeiten der Wirtschaftskrise. Mai 2009, S. 11. In: www.fh-schmalkalden.de. Abgerufen am 10.06.2010.

durch die Umsetzung nationaler Finanzstabilisierungsprogramme zulasten der Staatshaushalte der jeweiligen Länder gerettet werden.[167]

2. Gleichzeitig führten die durch Abschreibungsverluste betroffenen europäischen Banken
    ihre Forderungen zurück und schöpften Liquidität aus der Verringerung ihrer Krediten-
    gagements u. a. in den C-Ländern.[168] Sie trugen so spätestens seit der Lehman-Insolvenz
    im Jahre 2008 zu der sich ausweitenden Liquiditätskrise der nationalen Bankensysteme
    der C-Länder bei.

2.3.2.3   Aufbau von Forderungen gegenüber zunehmend bonitätsschwachen EWU – Ländern durch das europäische Bankensystem

Im Zeitraum von 1999/2001 bis 2008 nahm die wirtschaftliche Verflechtung der EWU-
Länder untereinander zu. Im Ergebnis dieses Prozesses wuchsen die Bankforderungen der
Länder des Währungsraums untereinander an. Dieser generellen Tendenz folgten auch die
Bankforderungen gegenüber den EWU-Ländern, die sich zunehmend mit wirtschafts- und
finanzpolitischen Problemen konfrontiert sahen – gegenüber den C-Ländern.

Die Struktur der Bankforderungen ergibt sich aus den Forderungen gegenüber folgenden
Schuldnern:

- Öffentlicher Sektor,
- Banken,
- Nichtbanken

und

- sonstige Schuldner.

Die Forderungen europäischer Banken gegenüber dem öffentlichen Sektor resultierten insbesondere aus den Investitionen der Banken u. a. in Staatsanleihen der C-Länder. Die Investitionen erschienen attraktiv, da sie einerseits nach Basel II keine Eigenkapitalhinterlegungen
erforderten. Andererseits sollten die bereits im zeitlichen Vorfeld der Eurokrise existierenden
Renditespreads von rd. 50–70 Basispunkten im Vergleich zu Staatsanleihen von „AAA" –
Staaten auf vermeintlich sichere Anlagen realisiert werden.

Den Forderungen europäischer Banken gegenüber Banken in den C-Ländern liegen unterschiedliche finanzrelevante Sachverhalte zugrunde. Sie sind zum einen den Investitionen in
Bankanleihen am Anleihemarkt geschuldet. Zum zweiten resultierten die Forderungen aus
Transaktionen im Rahmen des Interbankenhandels. Schließlich ergaben sich die Bankforderungen an die Banken der C-Länder aus Handelskrediten im Rahmen der Außenhandelsfi-
nanzierung.

Forderungen europäischer Banken gegenüber den Nichtbanken und sonstigen Schuldnern
wurden insbesondere durch die realwirtschaftliche Verflechtung über den Außenhandel induziert.

---

[167]   Vgl. Abschnitt 3.1.

[168]   Vgl. Häring, N.: Das Virus aus Übersee. Handelsblatt vom 05.06.2013, S. 6.

Frankreich

108,3

USA

45,6

Deutschland

44,4

sonstige Euro-Zone

43,0

Großbritannien

20,3

Öffentlicher Sektor   Banken
Nichtbanken   Sonstige

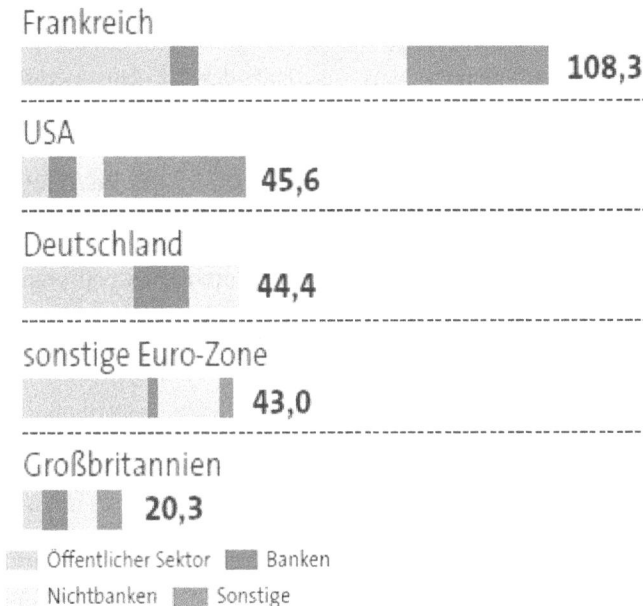

Abb. 31:   Beispiel von Bankforderungen ausgewählter Länder gegenüber griechischen Schuldnern[169]

Es wird deutlich, dass die Bankforderungen gegenüber selbst kleineren Volkswirtschaften, insbesondere dann, wenn sie auf andere Länder übergreifen können, System gefährdende Volumina annehmen. Die sich aus der finanziellen Verflechtung ergebenden Forderungsvolumina zwischen den nationalen Bankensystemen innerhalb der Währungsunion stellten enorm hohe Risikopotenziale dar. Im Falle der Staatsinsolvenz eines EWU-Landes wären Ausfallrisiken zum Tragen gekommen, die hinsichtlich ihrer Auswirkungen zu einer weiteren Finanzkrise geführt hätten. Im wahrscheinlichen Falle eines Dominoeffekts im Sinne der Staatsinsolvenz mehrerer Länder wären die Risiken einer globalen Wirtschafts- und Finanzkrise sehr hoch gewesen.

Diese Risikopotenziale haben eine wesentliche Rolle bei den Entscheidungen zu den Hilfsprogrammen für C-Länder gespielt.[170]

2.3.2.4   Disproportionale Entwicklung nationaler Finanz- und Bankensysteme

Die disproportionale Entwicklung der nationalen Bankensysteme insbesondere im zeitlichen Vorfeld der Eurokrise bezieht sich auf die Relation zu den weiteren Wirtschaftszweigen und -sektoren, vor allem gegenüber dem Sekundärsektor/industriellen Sektor.

Die Ursachen für eine Übergewichtung des Bankensystems innerhalb volkswirtschaftlicher Proportionen sind vielschichtig. Sie konzentrieren sich insbesondere auf folgende risikorelevante Schwerpunkte.

*   Gewährung besonderer Vergünstigungen für ausländische Kunden im Sinne der Funktion des nationalen Bankensystems als Steueroase,

---

[169]   Lebert, R.: Kaum Gefahr für Banken durch Griechenramsch. Financial Times Deutschland v.16.06.2010, S.18
[170]   Vgl. Kapitel 4.

- Aufblähungen der Bankensystems aufgrund starker Kreditvergaben und Asset-Preis-inflation/Blasen insbesondere im Immobilienbereich,
- Entwicklung der Volumina des Investmentgeschäfts innerhalb des Bankensystems – globale Vernetzung,
- Stringenz der Geldpolitik der Notenbank im jeweiligen Währungsraum u. a. m.

Als eines der quantitativen Kriterien zur Bemessung der Proportionierung des Bankensystems innerhalb der jeweiligen Volkswirtschaft kann als Kennzahl die aggregierte Bilanzsumme des Bankensystems in Relation zum Bruttoinlandprodukt herangezogen werden. Für diese Kennzahl (Bank to GDP Ratio) existieren keine relevanten theoretischen und praktischen Erkenntnisse im Sinne eines „optimalen" oder „normalen" Verhältnisses der aggregierten Bilanzsumme zum BIP. Die Kennzahl ist insbesondere für internationale Vergleiche geeignet.

Zur Beurteilung der quantitativen Proportion des Bankensystems gemessen am BIP und im weiteren der daraus resultierenden Risiken ist zunächst der Vergleich zwischen den drei größten westlichen Wirtschaftsregionen aufschlussreich. Im Jahre 2008 betrugen die Bilanzsummen in Relation zum BIP (in %)

EU (27)	USA	Japan
337 %	78 %	174 %[171]

Es wird deutlich, dass das europäische Bankensystem verglichen mit denen westlich geprägter Wirtschaftsregionen, insbesondere den USA ein deutlich höheres Volumen aufweist. Das ist u. a. der Tatsache geschuldet, dass das US-Finanzsystem vor allem finanzmarktbasiert ist. Das europäische Finanzsystem stellt sich hingegen bankbasiertes System dar.[172]

Generell gilt, dass die Sensibilität der nationalen bzw. wirtschaftsregionalen Bankensysteme mit den Volumina der Relation aggregierte Bilanzsumme zu BIP steigt. Damit steigen zugleich die Risiken, die sich aus den unterschiedlichen Verwerfungen innerhalb der verschiedenen Komponenten des globalen Finanzsystems ergeben. Mit Blick auf Europa sind diese Risiken in Abhängigkeit von ihren Volumina auf den drei Ebenen, Bank, Staat, EWU angesiedelt.

- Risiken/Verluste, die durch Abschmelzen des Eigenkapitals jeweils betroffener Banken ohne staatlichen Eingriff aufgefangen werden. Beispiel Deutschland: Die Deutsche Bank
- Risiken/Verluste, die durch Staaten und damit aus den Staatshaushalten auf dem Weg der Rekapitalisierungen, insbesondere der systemrelevanten Banken ausgeglichen werden müssen. Beispiel Deutschland: Finanzstabilisierung durch Rekapitalisierung der Commerzbank usw. Die Staatsverschuldung steigt stark an.
- Risiken/Verluste, die aufgrund ihrer Volumina die Fähigkeit der Rekapitalisierung des Staates überfordern und wegen ihrer Systemrelevanz durch die EWU vollständig oder teilweise getragen werden müssen. Beispiele, Irland, Zypern, sowie zumindest indirekt Spanien. Die Instrumente der Stabilisierung der Eurozone (Rettungsschirme) werden finanziell belastet.

---

[171] Vgl. Kaserer, C.: Reformbedarf und Reformoptionen im Finanzdienstleistungssektor – Lehren aus der Finanzkrise. Die Stimme der Wirtschaft vbw, S. 50 f. In:
http://www.ifm.wi.tum.de/files/publications/Gtachten_Lehren20aus%20der%20Finanzmarktkrise_Langfassung.pdf. Abgerufen am 24.04 2013.

[172] Vgl. Punkt 4.2.3.2.

Das Verhältnis von aggregierter Bilanzsumme zu BIP beträgt in der EU im Jahre 2008 insgesamt 337 Prozent. Dabei sind die nationalen Kennzahlen und damit zugleich die Risiken stark gestreut.

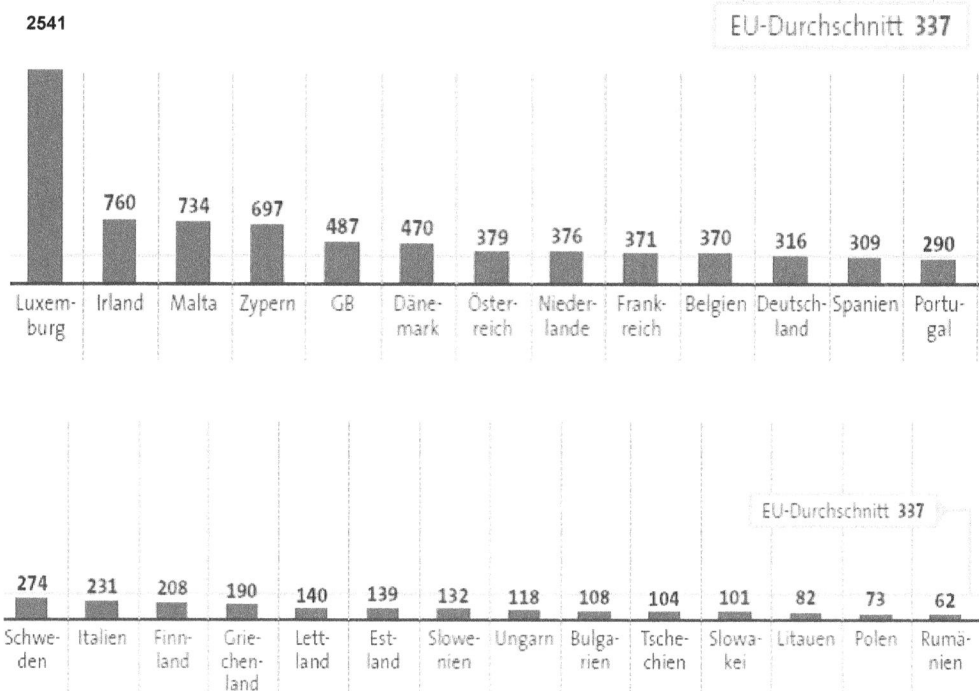

Abb. 32: Aggregierte Bilanzsumme in Relation zum BIP der EU-Länder 2008 (in %)[173]

Im zeitlichen Vorfeld der globalen Wirtschafts- und Finanzkrise sowie der Eurokrise haben es die

- EU-Staaten
- EU/Eurogruppe
- EZB

zugelassen, dass sich allgemein disproportionierte Entwicklungen europäischer Volkswirtschaften mit dem Ergebnis struktureller Defizite vollzogen.[174]

Speziell im Hinblick auf das Bankensystem wurde verabsäumt, durch eine geeignete Wirtschafts-, Finanz-, Fiskal- und Rechtspolitik solche gesamtwirtschaftlichen Rahmenbedingungen zu schaffen, die unproportionierte Aufblähungen nationaler Bankensysteme effektiv verhindern.

Das völlig überdimensionierte europäische Bankensystem mit hoher Bankendichte hat zu einer ausgeprägten Wettbewerbssituation geführt. Die Folge davon sind insgesamt, wenn auch differenziert, ein im Vergleich zu den US-Banken niedrigeres Gewinnniveau.

---

[173] Jäkel, K.; Grotjahn, B.: Zahlen und Qualen. Financial Deutschland vom 30.06.2010, S. 33.
[174] Vgl. Punkt 2.3.

Damit fällt es den europäischen Banken tendenziell schwer, die Kernkapital/Eigenkapitalquoten zügig zu erhöhen.

Vor dem Hintergrund einer im zeitlichen Vorfeld der Eurokrise

- niedrigen Stabilität der Banken (geringe Kernkapital/Eigenkapitalquoten in Relation zu den Risiken der Banken)
- unzureichender Finanzstabilität der Staaten (Niveau der Gesamtverschuldung, Nettoneuschuldung usw.)

steht die EWU vor der Situation, die Risiken überproportionierter nationaler Bankensysteme übernehmen und managen zu müssen.

Die Staaten mit den extrem überproportionierten Bankensystemen zeigen Verhaltensweisen des Moral Hazard.

Im Zusammenhang mit diesen nationalen Banksystemen zeigen die Staaten analoge Verhaltensweisen. Mit der Aufblähung der Bankensysteme in Größenordnungen auf das 4 bis 25 fache des BIP werden die Chancen solcher Banksysteme genutzt ohne die daraus resultierenden Risiken tragen zu können und zu wollen – Moral Hazard auf der Ebene von Staaten.

Beispiel Luxemburg

Chancen: Der Finanzsektor stellt rd. 33 Prozent der Staatseinnahmen sowie

rd. 25 Prozent des BIP

mit dem weltweit größtem BIP/Kopf in Höhe von 274 Prozent gemessen am EU-Durchschnitt.[175]

Risiken: BIP: rd.   43 Mrd. €

       Aggregierte Bilanzsumme des Bankensystems: rd. 1095 Mrd. €

Vergleich: Zur Stabilisierung des deutschen Finanzsystems ist während der globalen Finanzkrise ein Finanzstabilisierungsprogramm in einem Volumen von insgesamt 500 Mrd. € aufgelegt worden.[176] Der BIP-Anteil betrug rd. 19 Prozent.

In Relation zur aggregierten Bilanzsumme würde ein analoges Programm in Luxemburg zu einem Volumen von rd. 66 Mrd. € führen. Das entspräche einem BIP-Anteil von rd. 154 Prozent.[177]

Es wird deutlich, dass die viele Länder mit überdimensionierten nationalen Bankensystemen unter den gegebenen Bedingungen unzureichend stabiler Banken und finanzieller Begrenzungen hinsichtlich staatlicher Rekapitalisierungen erhebliche Risikopotenziale für den gesamten Währungsraum bergen. Die Volumina dieser Risiken besitzen ein Ausmaß, das die finanziellen Möglichkeiten der Instrumente zur Stabilisierung der Eurozone etwa über den EFSF bzw. den ESM bei weitem übersteigen.

---

[175]   Nach IWF zitiert. In: http://de.statista.com/statistik/daten/studie/166224/umfrage/ranking-der-20-laender-mit-dem-groessten-bruttoinlandsprodukt-pro-kopf/. Abgerufen am 25.04.2013.

[176]   Die tatsächliche Ist-Inanspruchnahme lag per 5/2010 mit 172,4 Mrd. € für Garantien und Rekapitalisierungen und einem BIP-Anteil von rd, 6,6 % wesentlich darunter. Jedoch würden auch diese Daten auf Luxemburg heruntergebrochen zu einer BIP Belastung von rd. 53 % des BIP führen. Vgl. hierzu auch Schuppan, N.: A. a. O., S 216 ff.

[177]   Eigene Berechnungen auf der Grundlage der Zahlen entsprechend angegebener Quellen. Die Daten beziehen sich auf 2008.

Es ist deshalb zwingend notwendig und wirtschaftspolitisch logisch, dass die Vermeidung drohender Staatsinsolvenzen aufgrund von Verwerfungen überproportionierter nationaler Bankensysteme durch die EWU nur dann unterstützt werden kann, wenn eine Beteiligung der

- Eigentümer,
- nachrangigen Anleihegläubiger und
- ungesicherte Anleger

vorgenommen wird.

Nur eine solche Herangehensweise sichert, drohende Insolvenzen relevanter Banken abwenden zu können, ohne die jeweiligen Staaten und die europäischen Hilfs- und Reformprogramme zu überfordern.

Essentials und Interdependenzen

- Im Prozess der Gründung und Erweiterung der EWU sind unter Ausschluss einer notwendigen Auswahl Länder in die Währungsunion aufgenommen worden, die den Kriterien eines optimalen Währungsraums nicht annähernd gerecht wurden.
- Es ist mit den bei der Gründung der Union fixierten Konvergenzkriterien nicht gelungen, die hinsichtlich makroökonomischer und mikroökonomischer Kennzahlen und Parameter unterschiedlichen Länder zu der beabsichtigten wirtschaftlichen Konvergenz zu führen. Die länderspezifischen Unterschiede haben vielmehr divergierende wirtschaftliche Entwicklungen der einzelnen Länder und Ländergruppen induziert.
- Die Geldpolitik der EZB steht wegen der politischen und wirtschafts- und finanzpolitischen Defizite bei der Gründung und der nachfolgenden divergierenden Entwicklung der Länder des Währungsraums vor einem Dilemma. Es besteht darin, mit einer auf den gesamten Währungsraum ausgerichteten Geldpolitik auf die Vielzahl signifikant unterschiedlicher und divergierender gesamtwirtschaftlicher Entwicklungen inklusive verschiedener Inflationsentwicklungen und monetärer Entwicklungen der einzelnen Mitlieder der EWU reagieren zu müssen.
- Unter den so gegebenen Rahmenbedingungen ist die EZB im Verlauf von Abwägungsprozessen gezwungen, geldpolitische Entscheidungen zu treffen, die für einzelne Länder und insbesondere für Ländergruppen gemessen an ihren monetären und die Inflation beeinflussenden Kennzahlen zu expansiv oder zu restriktiv angelegt sind.
- Eine Geldpolitik, die mindestens für einen Teil der verschiedenen Gruppen wirtschaftlich vergleichbarer Länder zwangsläufig eine unangemessene Zins- und Geldmengenpolitik betreiben muss, begünstigt makroökonomische Disproportionen, Ungleichgewichte und Fehlentwicklungen.
- Die EWU mit ihren wirtschaftlich divergierenden Mitgliedsländern und einer Notenbank, die den wirtschaftlichen Divergenzen mit einer in sich schlüssigen Geldpolitik zwangsläufig nicht folgen kann, war zusätzlich mit Risiken der weltweiten und speziell europäischen Finanz- und Bankensysteme konfrontiert.
- An den weltweiten Finanzmärkten setzte sich zunehmend Moral Hazard als eine Verhaltensweise der Behandlung von Risiken und Chancen an den Finanzmärkten durch. Diese Verhaltensweise ist generell darauf gerichtet, Chancen/Renditen, wahrnehmen zu wollen ohne die Bereitschaft, die entsprechenden Risiken zu tragen. Die großen Banken gehen

hohe Risiken ein. Auf diesem Wege werden exorbitante Gewinne realistisch. Kommen hingegen die Risiken zum Tragen und treten Existenz gefährdende Verluste ein, sind Regierungen gezwungen zur Sicherung des Finanzsystems rettend einzugreifen. In diesem Zuge sanken die Eigenkapitalquoten von Großbanken im Jahr 2008 global auf ein Niveau von rd. 3–4 %. Gleichzeitig nahmen die Volumina immer risikoreicherer Aktiva laufend zu. Die Instabilitäten des weltweiten Bankensystems stiegen an. Bestehende Bankenregulierungen, z. B. Regelungen nach Basel II wurden über die Nutzung von Komponenten und Strukturen des globalen Schattenbankensystems umgangen.

- Das Schattenbankensystem umfasst generell weltweit alle Finanzintermediäre, die weder einer durchgängigen Regulierung noch einer effektiven Finanzaufsicht unterliegen. Regulierte Banken lagern Geschäfte an spezialisierte Schattenbanken aus und umgehen so nationale und weltweite Bankenregulierungen. Mit der Umgehung von nationalen und internationalen Bankenregulierungen bei gleichzeitigem quantitativem Wachstum des Schattenbankensystems steigen die Risiken im globalen Finanz- und Bankensystem.

- Die Entwicklung des Firmen- und Privatkundengeschäfts mit besonderen Vergünstigungen für ausländische Kunden durch Banken oder/und nationale Bankensysteme ziehen Risiken nach sich. Ländern mit gesamtwirtschaftlichen Belastungen aus der Steuerhinterziehung/Geldwäsche werden enorme Finanzmittel entzogen und damit die Einnahmeseite der öffentlichen Haushalte nachhaltig geschwächt – mit negativen Konsequenzen für die Staatsverschuldung usw. Länder mit zunächst Vorteilen aus der Steuerhinterziehung bauen überdimensionierte Finanzsektoren auf, die im Zuge weltweiter Maßnahmen zur Vermeidung von Steuerhinterziehung/Geldwäsche Risiken abrupter Schrumpfung ausgesetzt sind.

- Die Entwicklung des europäischen Bankensystems im Vorfeld der Wirtschafts- und Finanzkrise ist durch einen starken Anstieg der Verschuldung des privaten Sektors gekennzeichnet. Die Kreditvergabe an den privaten Sektor beschleunigte sich im Zeitraum von 2003 bis 2007. Dieser Anstieg korreliert mit der expansiven Geldpolitik der EZB. Mit der hohen Kreditvergabe wurde ein schuldenfinanziertes Wirtschaftswachstum induziert. Ein zwangsläufig einsetzender Rückgang der Wachstumstempi der Verschuldung führt zu einer Spirale aus sinkender schuldenfinanzierter Gesamtnachfrage, fallender Beschäftigung, ansteigender Arbeitslosigkeit, zunehmend defizitärer Staatshaushalte, weiter sinkender Nachfrage usw. Für das europäische Bankensystem, insbesondere für die Banken der C-Länder bedeutete eine solche Entwicklung vor allem den Anstieg Not leidender, im Zahlungsverzug befindlicher und wertberichtigter Kredite, der Non-Performing Loans. Vor dem Hintergrund niedriger Eigenkapitalquoten führen diese Kredite zu notwendigen Rekapitalisierungen aus öffentlichen Finanzmitteln.

- Die von den USA ausgehende globale Wirtschafts- und Finanzkrise 2008/09 wurde durch eine Hypothekenkreditkrise mit der Komponente Subprimekrise induziert. Die enormen Volumina vergebener Kredite mussten zur Refinanzierung der involvierten Kreditinstitute als ABS, MBS, CDO verbrieft werden und gelangten auf diesem Wege in den Handel an den Finanzmärkten. Mehr als ein Drittel der emittierten Verbriefungsprodukte wurden durch europäische Banken in ihre Portfolios übernommen. Nach dem Platzen der Immobilienblase 2007 kam es zu Marktwertverlusten aus den Verbriefungsprodukten u. a. im europäischen Bankensystem. Die Marktwertverluste führten unmittelbar zu Abschreibungen/Verlusten bei einer Vielzahl europäischer Banken. Besonders

belastete systemrelevante Banken mussten im Rahmen von staatlichen Finanzstabilisie-
rungsprogrammen rekapitalisiert werden.

Die Abschreibungsverluste und Kapitalaufstockungen in Europa stellen inhaltlich de facto den Import von US-Immobilienkreditrisiken dar.

- Im Zeitraum der Entwicklung der EWU bis 2008 nahm die wirschaftliche Verflechtung
  der EWU-Länder untereinander zu. Im Ergebnis dieses Prozesses wuchsen die Bankforderungen der Länder des Währungsraums untereinander an. Dieser generellen Tendenz
  folgten auch die Bankforderungen gegenüber den EWU-Ländern, die sich zunehmend
  mit wirtschafts- und finanzpolitischen Problemen konfrontiert sahen – also gegenüber
  den C-Ländern. Die sich aus der finanziellen Verflechtung ergebenden Forderungsvolumina zwischen den nationalen Bankensystemen innerhalb der Währungsunion stellten
  enorm hohe Risikopotenziale dar. Im Falle der Staatsinsolvenz eines oder einem Dominoeffekt folgend mehrerer EW-Landes/Länder wären enorme Ausfallrisiken mit unüber-
  schaubaren Konsequenzen die Folge gewesen.

- Die disproportionale Entwicklung der nationalen Bankensysteme insbesondere im zeitlichen Vorfeld der Eurokrise bezieht sich auf die Relation zu den anderen Wirtschaftszweigen und Sektoren, vor allem gegenüber dem Sekundärsektor/industriellen Sektor.
  Als quantitatives Kriterium zur Bemessung der Proportionierung des Bankensystems innerhalb der jeweiligen Volkswirtschaft kann als Kennzahl die Bilanzsumme des Bankensystems in Relation zum Bruttoinlandprodukt (Bank to GDP Ratio) herangezogen werden. Das europäische Bankensystem (337 %) weist verglichen mit den USA (78 %) und
  Japan (174 %) ein hohes Volumen auf. Generell gilt, dass die Sensibilität nationaler
  Bankensysteme mit den Volumina der Relation von Bilanzsumme zu BIP steigt. Im zeitlichen Vorfeld der globalen Wirtschafts- und Finanzkrise sowie der Eurokrise hat es die
  EU zugelassen, dass sich allgemein disproportionierte Entwicklungen europäischer
  Volkswirtschaften mit dem Ergebnis struktureller Defizite vollzogen. Das überdimensionierte europäische Bankensystem hat zu einer ausgeprägten Wettbewerbssituation geführt. Die Folge ist ein im Vergleich zu den US-Banken niedrigeres Gewinnniveau. Damit fällt es den europäischen Banken generell schwer, die Eigen/Kernkapitalquoten zu
  erhöhen und so einen Beitrag zur Stabilisierung zu leisten. Speziell im Zusammenhang
  mit überdimensionierten nationalen Banksystemen in Größenordnungen des bis zu 25-
  fachen des BIP zeigen die Staaten Verhaltensweisendes Moral Hazard. Mit der Aufblähung der Bankensysteme in dieser Größenordnung werden die Chancen solcher Banksysteme genutzt ohne die daraus resultierenden Risiken tragen zu können und zu wollen
  – Moral Hazard auf der Ebene von Staaten.

Zur Vermeidung von Staatsinsolvenzen aufgrund von Insolvenzen systemrelevanter Banken
oder/und überproportionierter nationaler Bankensysteme ist es zwingend notwendig eine
Beteiligung der Eigentümer, nachrangigen Anleihegläubiger, ungesicherte Anleger zu vorzu-
nehmen. Eine solche Herangehensweise trägt dazu bei, drohende Insolvenzen relevanter
Banken abwenden zu können, ohne die jeweiligen Staaten und die europäischen Hilfs- und
Reformprogramme zu überfordern.

3 Die globale Wirtschafts- und Finanzkrise – auslösendes Moment der Eurokrise

3.1 Die Vertiefung divergierender Entwicklungen in der EWU durch die globale Wirtschafts- und Finanzkrise

Die Analyse der europarechtlichen Einbindung, der Gründung und der wirtschafts-, finanz- und währungspolitischen Entwicklung der EWU im Zeitraum von 1999 bis 2008 in den einzelnen Abschnitten der Kapitel 1 und 2 führt zusammenfassend zur Formulierung folgender Charakteristika.

1. Ungenügende inhaltliche, organisatorische und europarechtliche Einordnung der Währungsunion in die EU. Verzicht auf die Fixierung eigener EWU-spezifischer Zielstellungen.
2. Aufnahme wirtschaftlich heterogener Ländern in die EWU unter Verzicht auf Auswahlprozesse anhand von Kriterien optimaler Währungsräume.
3. Unzureichende auf eine Konvergenz ausgerichtete Wirtschafts-, Finanz- und Geldpolitik der EWU.
4. Akzeptanz signifikant divergierender wirtschafts- und finanzpolitischer Entwicklungen der EWU-Länder/Ländergruppen unter Verzicht auf die Einsteuerung effektiver Maßnahmen zur Begrenzung und Rückführung der Divergenzen.
5. Existenz hoher Risikopotenziale in den nationalen Finanz- und Bankensystemen sowie im Finanz- und Bankensystem der Währungsunion insgesamt unter Verzicht auf die Erarbeitung und Umsetzung von Strategien Risikobewältigung.

Vor diesem Hintergrund setzte 2008 die von den USA ausgehende globale Wirtschafts- und Finanzkrise ein. Sie kann aus der Sicht der Europäischen Währungsunion als externer Schock betrachtet werden. Die globale Wirtschafts- und Finanzkrise trug zur Vertiefung der makroökonomischen Ungleichgewichte und so zum Übergang von einer latenten Krise der Währungsunion zu einer akuten Krise der Eurozone bei.

Zur Analyse der Auswirkungen der globalen Wirtschafts- und Finanzkrise auf die EWU bedarf es einer differenzierten Betrachtung im Hinblick auf die Entwicklungen der

- Finanzsystementwicklung/Finanzwirtschaft
- Finanzsystementwicklung/Geldpolitik
- Realwirtschaftsentwicklung/Wirtschaftspolitik.

3.1.1 Finanzsystementwicklung/Finanzpolitik

Die Finanzwirtschaft ist generell durch Geldströme gekennzeichnet und stellt jeweils den monetären Part der Gesamtwirtschaft dar. Die Geldströme werden durch die Finanz- und Bankensysteme gesteuert. Wie in 3.3 dargestellt, war ein hoher Anteil von Banken und Finanzdienstleistern im US-amerikanischen und europäischen Finanz- und Bankensystemsystem in forderungsbesicherten Anleihen, wie MBS, CDO usw. investiert. Ihre Volumina überstiegen bei vielen Banken die gemessen an den eingegangenen Risiken wesentlich zu geringen Eigen/Kernkapitalquoten deutlich. Der Verlust der Werthaltigkeit der forderungsbesicherten Anleihen in den Bilanzen führte dazu, dass in weiten Teilen des Bankensektors in den USA und Europa die Überschuldung drohte bzw. diese bereits eingetreten war. Die durch den Verlust der Werthaltigkeit von forderungsbesicherten Anleihen ausgelöste Krise an den Anleihemärkten induzierte so eine globale Bankenkrise mit den Schwerpunkten USA und Europa. Es entstanden im europäischen Bankensystem Abschreibungen/Verluste von insgesamt rd. 380 Mrd. $ mit ungleicher Verteilung der Verluste innerhalb Europas.[178]

Die vor allem durch drohende Überschuldungen der Banken und hohe Risiken auf der Vermögensseite der Bankbilanzen induzierte akute Bankenkrise bedurfte zwingend einer zeitnahen Lösung. Die Lösung konnte im Hinblick auf Banken, deren Bilanzsummen eine solche Größenordnung besaßen, dass sie für Übernahmen zu voluminös waren, jedoch nach finanzpolitischer Auffassung eine Insolvenz nicht absehbare Folgen für das gesamte Bankensystem (systemrelevante Banken) hätte nach sich ziehen können nur dem „too big to fail" folgend durch staatliche Eingriffe herbei geführt werden.

Eine schnelle Lösung musste dementsprechend durch die jeweiligen betroffenen Länder in Form von nationalen Finanzmarktstabilisierungs-Programmen erfolgen.

Die im Rahmen der Programme angewandten Instrumente ähnelten sich in den verschiedenen Ländern, wenn auch mit speziellen Ausprägungen, Zusätzen und quantitativen Gewichtungen.

Die Instrumente dienten speziell der Stärkung des Eigenkapitals und der Überbrückung von Liquiditätsengpässen der Finanzinstitute innerhalb begrenzter Zeithorizonte. Dabei sind die Instrumente inhaltlich so abgestellt, dass sie präzise auf die charakteristischen Sachverhalte der Verfasstheit des Bankensektors im Verlauf der Finanzkrise ausgerichtet sind.[179]

1. Dem zu geringen Eigen/Kernkapital der Finanzinstitute steht das Instrument der Rekapitalisierung gegenüber.
2. Den eingegangenen Risikopositionen auf der Vermögensseite der Bankbilanzen entspricht das Instrument der Risikoübernahme.
3. Die notwendige Entlastung betroffener Banken von Risikopositionen – Bilanzentlastung erfolgt aufgrund von Instrumentarien der Übertragung auf Abwicklungsanstalten (Bad Bank)
4. Den Liquiditätsengpässen aufgrund nicht mehr funktionierender der Geldmärkte ist das Instrument der Garantieübernahme adäquat.

Vor dem Hintergrund internationaler Vergleichbarkeit lassen sich die Wirkungsweise der Instrumente und die Volumina der eingesetzten Finanzmittel recht gut am Beispiel Deutschlands nachvollziehen. Es wird die differenzierte Wirkungsweise des in Regie des Finanzmi-

---

[178] Vgl. Abb. 30.

[179] Die Unterschiede zwischen der Eigenkapitalquote bzw. Leverage Ratio und der Kernkapitalquote sollen hier nicht im Einzelnen diskutiert werden. Auch auf die unterschiedlichen Prioritäten in den USA (Leverage Ratio) und Europa (Kernkapital) im Hinblick auf ihre Eignung für aufsichtsrechtliche Regelungen werden nicht diskutiert. Entscheidend bleibt die Relation von Eigenkapital in seinen Bilanzpositionen und realistisch gewichteter Risiken in den Aktivpositionen der Banken.

nisteriums gemanagten Finanzstabilisierungsfonds und der ihn flankierenden Regelungen des Bundes/EU zur Erhaltung der Finanzstabilisierung deutlich.[180]

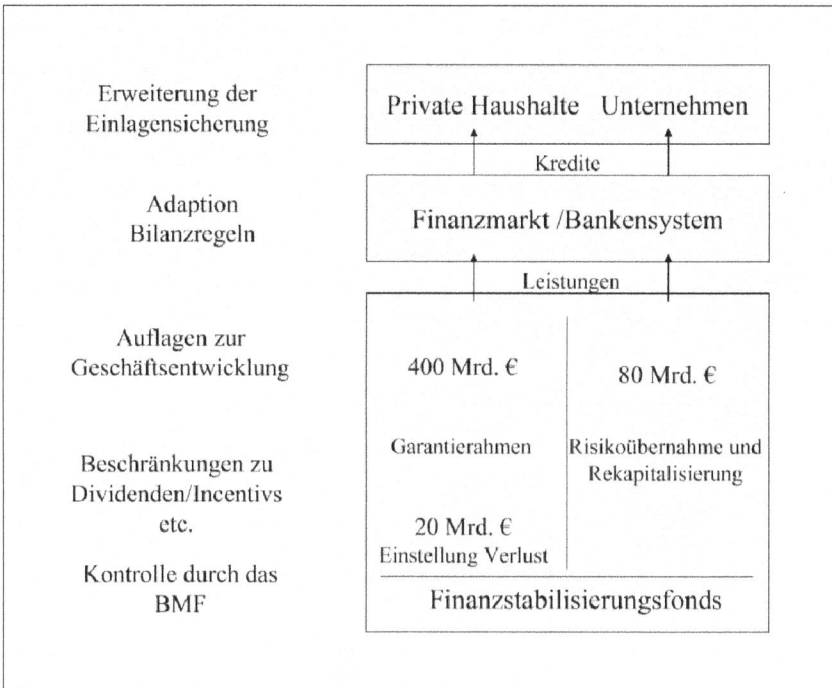

Abb. 33:   System der Finanzmarktstabilisierung in Deutschland[181]

Die Grafik zeigt die Instrumente der Finanzmarktstabilisierung und die Bedingungen, unter denen sie angewandt werden.

Darüber hinaus wird am Beispiel Deutschlands deutlich, in welchen Volumina die betroffenen Eurostaaten gezwungen waren, die Sanierung der in US-forderungsbesicherten Anleihen investierten nationalen Banken und Bankensysteme zu sichern. Die Sanierung erfolgte aus den Staatshaushalten zu Lasten einer stark steigenden Nettoneuverschuldung in den Jahren 2008/09 und daraus folgend einer durchgreifenden Erhöhung der Gesamtverschuldung der betroffenen Staaten.

Die importierten Immobilienkreditrisiken aus den USA im Jahre 2008 trafen dabei vor allem die A-Länder Deutschland und die Niederlande sowie Frankreich und Länder außerhalb der Eurozone, wie UK und die Schweiz.

Die durch den Aufbau von Bankkreditrisiken, insbesondere Hypothekenkreditrisiken im privaten Sektor europäischer Länder verursachten wirtschafts- und finanzpolitischen Probleme ab dem Jahre 2010 konzentrierten sich insbesondere auf die C-Länder. Hier gab es eine zeitliche Verschiebung von rd. zwei Jahren. Diese Differenz ist vor allem der zeitlichen

---

[180]   Die Ausführungen sind entnommen aus: Schuppan, N.: A. a. O,. S. 210 ff.

[181]   Eigene Darstellung; vgl. hierzu auch Finanzierung des SoFFin. In: www.soffin.de. Abgerufen am 17.04.2010.

Verschiebung der beschleunigten Entwicklung der Bankkredite an den privaten Sektor geschuldet.[182]

Zusammenfassend können zwei Entwicklungsrichtungen festgehalten werden.

1. Mit dem Eintreten der importierten US-Immobilienrisiken war eine durchgreifende Sanierung der nationalen Bankensysteme über die Konzipierung und Umsetzung der verschiedenen nationalen Finanzmarktstabilisierungsprogramme notwendig. Die Umsetzung dieser Programme in 2008/09 führte zu einer sich beschleunigenden Entwicklung der Staatsverschuldung in den genannten A- und B-Ländern der Eurozone.

2. Der Aufbau von Hypothekenkreditrisiken innerhalb der Eurozone, insbesondere durch die C-Länder führte zu einer latenten Bankenkrise, die zeitlich verzögert akut wurde und zu notwendigen durchgreifenden Bankensanierungen mit hohem Finanzvolumina ab 2011/12 führten musste. Damit war/ist eine drastische Steigerung der Staatsverschuldung der insbesondere C-Länder in der Folge gegeben.

3.1.2   Finanzsystementwicklung/Geldpolitik

Die Verluste der Werthaltigkeit von forderungsbesicherten Anleihen lösten die Krise an den Anleihemärkten aus. Gleichzeitig mussten sie sich auf die Geldmärkte auswirken. Der Geldmarkt ist das Finanzmarktsegment für Geldüberlassungen im Kurzfristbereich in der Regel bis zu einem Jahr. Akteure am Geldmarkt sind insbesondere die Geschäftsbanken auch im Handel untereinander sowie die Zentralbanken.[183] Hinsichtlich der Transaktionsinstrumentarien ist zu unterscheiden in:

1. Transaktionsinstrumentarium zur Emission von Geldmarktpapieren, die der Generierung kurzfristigen Fremdkapitals am Geldmarkt und damit der Refinanzierung der Banken dienen,

2. Transaktionsinstrumentarien, die im Handel zwischen den Banken in Form des Interbankenhandels genutzt werden,

3. Transaktionsinstrumentarium, das zwischen den Banken und der Zentralbank im Rahmen der Zentralbankgeldkontingentierung zur Umsetzung der geldpolitischen Ziele genutzt wird.

Mit den Verlusten der Werthaltigkeit von forderungsbesicherten Anleihen in den Bilanzen der Banken in der ganzen Breite des US-amerikanischen und europäischen Bankensystems und der damit einhergehenden Bedrohung durch Überschuldung einer Vielzahl von Banken setzte eine Vertrauenskrise ein. In diesem Zuge setzte sich die Tendenz einer durchgreifenden weltweiten Erhöhung der Liquidität bei den Banken durch. Dies führte zwangsläufig zunächst zu deutlichen Einschränkungen der Refinanzierungsmöglichkeiten der Banken über den Interbankenhandel und die Emission von Geldmarktpapieren. Die Ausleihungen von kurzfristigem Geld im Interbankenhandel reduzierten sich signifikant und die Zinsen zogen deutlich an. Gleichzeitig waren Refinanzierungen über die Emission von Geldmarktpapieren aufgrund mangelnder Nachfrage nur noch stark eingeschränkt möglich.

---

[182] Vgl. Tab. 5.

[183] Vgl. hierzu auch Zantow, R.: Finanzierung Grundlagen des modernen Finanzmanagements. Pearson Studium. München 2004, S. 32.

Damit wurden die Funktionen der Transaktionsinstrumentarien sowohl zur Emission von Geldmarktpapieren der Banken als auch zur Nutzung im Rahmen des Interbankenhandels zunächst stark eingeschränkt. Mit der Insolvenz von Lehmann Brothers am 10.08.2008 schließlich war ein Präzedenzfall geschaffen. Es schien keine der großen Banken mehr vor einer Insolvenz sicher zu sein. Auch Banken, die selbst keine risikobehafteten forderungsbesicherten Anleihen in den Bilanzen hatten, waren zumindest durch den Interbankenhandel[184] fremdkapitalseitig mit andern Banken verbunden. Insofern drohte ein Dominoeffekt, der die Stabilität des gesamten Weltfinanzsystems existenziell gefährdet.

Vor diesem Hintergrund erhöhten die Banken ihre Bestände an Liquidität auf ein Höchstmaß und die Transaktionsinstrumentarien sowohl zur Emission von Geldmarktpapieren der Banken als auch zur Nutzung im Rahmen des Interbankenhandels kamen vollständig zum Erliegen.

In dieser Situation des (Geld-)Marktversagens griffen folgerichtig die Notenbanken über ihre Transaktionsinstrumentarien mit Zentralbankgeld, insbesondere über Offenmarkt-Geschäfte in den Geldmarkt ein. Die Transaktionsinstrumentarien der Notenbanken wurden zum einzigen verbliebenen Weg der Refinanzierung der Banken weltweit.[185]

Die Notenbanken reagierten folgerichtig insbesondere über die Instrumente der Offenmarktpolitik[186] mit einer

- Erhöhung der Geldmenge (M3)
- Senkung der Leitzinsen (Hauptrefinanzierungssatz).[187]

Mit der Einleitung dieser extrem expansiven Geldpolitik wurden auf der einen Seite die Umsetzungen der nationalen Finanzmarktstabilisierungsprogramme effektiv geldpolitisch flankiert und ein Kollaps des Weltfinanzsystems abgewendet.

Auf der anderen Seite setzte sich vor dem Hintergrund geöffneter geldpolitischer Schleusen in der Eurozone die Verschuldung des privaten Sektors insbesondere in den C-Ländern ungebremst bis in das dritte Quartal 2009 fort, obgleich die Arbeitslosenquoten bereits signifikant anstiegen und damit die Kreditvergaben der Einkommensentwicklung nicht folgten.[188]

Insgesamt gingen die Notenbanken mit einer bis dahin einmalig expansiven Geldpolitik in einen Krisenmodus über, der die vorangegangenen globalen finanzwirtschaftlichen und realwirtschaftlichen Ungleichgewichte und Fehlentwicklungen kompensieren sollte.

Der geldpolitische Krisenmodus der Notenbanken in den USA, EWU und EU-Länder außerhalb der Währungsunion war zu diesem Zeitpunkt finanzpolitisch zwingend notwendig und aus wirtschaftshistorischer Sicht begründet.[189]

Mit dem Übergang der Notenbanken in den Krisenmodus einer zunächst konventionellen extrem expansiven und später unkonventionellen („Quantitative Easing") Geldpolitik ohne zwingende Kopplung an eine reformorientierte, auf die Beseitigung der finanzwirtschaftli-

---

[184] Zu dieser Zeit deckte der Interbankenhandel bis zu 35% des Refinanzierungsbedarfs von Banken.
[185] Vgl. Schuppan, N.: A. a. O., S. 153 ff.
[186] Vgl. Tab. 4.
[187] Vgl. Abb. 23.
[188] Vgl. Abb.13.
[189] Es ist wirtschaftshistorischer Konsens, dass sowohl die so genannte Weltwirtschaftskrise 19929/30 als auch die Japan-Krise 1990 durch eine restriktive Geldpolitik mit Verknappung der Geldmenge und Erhöhung der Zinsen zumindest wesentlich verschärft worden ist.

chen und realwirtschaftlichen Ungleichgewichte gerichtete Wirtschafts- und Finanzpolitik war der Startschuss für eine gravierende Fehlentwicklung des Verhältnisses von Geldpolitik einerseits und Wirtschafts- und Finanzpolitik andererseits gegeben. Das Missverhältnis von Geldpolitik und Wirtschafts- und Finanzpolitik setzte sich fort und wird in der Zukunft zwingend aufzulösen sein.

3.1.3   Realwirtschaft[190]

Die Krise der globalen Realwirtschaft in den Jahren 2008/09 hat ihre Ursachen in den weltwirtschaftlichen Ungleichgewichten, die sich im Vorfeld aufgebaut haben. Neben makroökonomischen Ursachen der langfristigen globalen Entwicklung von Angebot und Nachfrage, den signifikanten Handelsungleichgewichten zwischen den wichtigen weltweiten Wirtschaftsregionen kann die Vermögenspreisinflation begünstigende Geldpolitik der Fed, insbesondere die Niedrigzinsphase im Zeitraum von 2002–2005 als auslösende Ursache der Wirtschafts- und Finanzkrise gesehen werden.

Im Ergebnis führte die Geldpolitik der Fed zu einer sich beschleunigenden Entwicklung der Verschuldung aller US-Wirtschaftssektoren, insbesondere der privaten Haushalte. Die Vergabe von Subprimekrediten speziell sowie die laxe Kreditvergabepraxis an private Haushalte generell hat diese Entwicklung wesentlich verschärft.

Die notwendige Anhebung der Leitzinsen in den USA hat vor dem Hintergrund variabler Verzinsungen der Subprimekredite zwangsläufig eine zunehmende Zahlungsunfähigkeit privater Haushalte und gleichzeitig fallende Immobilienpreise induziert. Die in der Folge steigenden Kreditausfallquoten in der ganzen Breite der Kreditmarktsegmente, insbesondere jedoch im Subprimekreditmarktsegment haben über die beschriebene Kausalkette auf der einen Seite zu der bereits betrachteten Finanz- und Bankenkrise geführt.

Auf der anderen Seite wurde weltweit den Akteuren in der Realwirtschaft etwa zeitgleich deutlich, dass das Wachstum des Konsums der US-Privathaushalte auf der Basis wachsender Verschuldung und damit die wichtigste Stütze der US-Konjunktur so nicht aufrechterhalten werden konnte. Es war vielmehr eine signifikante Rückführung der Verschuldung der Privathaushalte und der Aufbau einer Sparquote zwingend notwendig. Damit wurde ein drastischer Rückgang des auf dem privaten Konsum basierenden US-Wirtschaftswachstums die logische Konsequenz.

Im Hinblick auf die Wirkungen eines reduzierten privaten Konsums auf das US-Wirtschaftswachstum und die Weltkonjunktur ist von Bedeutung, dass das US-BIP zu rd. 71 % durch den Konsum der privaten Haushalte getragen wird und der Anteil der USA am weltweiten BIP im Jahre 2008 etwa bei 26 % lag, mit einem Anteil der USA am globalen Konsum von 32 %.[191]

Vor diesem Hintergrund führte der durch die Einbrüche im Konsum der privaten Haushalte induzierte drastische Rückgang der US-Wirtschaftsleistung aufgrund der weltwirtschaftlichen Ungleichgewichte, insbesondere der strukturellen US-Leistungsbilanzdefizite, einer Wirkungskette folgend zur globalen Krise der Realwirtschaft.

---

[190]   Die Ausführungen basieren auf: Schuppan, N.: A. a. O., S. 203 ff.
[191]   Vgl. Postbank Research. September 2009, S. 3. In: www.postbank.de. Abgerufen am 10.01.2010.

Mit den einbrechenden Konsumausgaben der US-Privathaushalte und den daraus resultierenden Rückgängen des US-Wirtschaftswachstums gingen signifikant fallende Importe einher.
Die dementsprechend fallenden Volumina der Lieferung von Waren und Dienstleistungen der
Exportländer mussten sich auf deren Realwirtschaft naturgemäß deutlich negativ auswirken
und führten der Kausalkette folgend zu einer globalen Rezession.[192] Die Krise der globalen
Realwirtschaft war durch starken einen Einbruch des weltweiten Wirtschaftswachstums gekennzeichnet. Die Wachstumstempi des globalen BIP fielen von +5,1 % im Jahr 2007 auf
−1,2 % in 2009 – ein Wachstumsrückgang um insgesamt 6,3 %-Punkte.

Der Rückgang in der Eurozone von etwa 3,5 % in 2007 auf −4,1 % in 2009 fiel mit insgesamt 7,6 %-Punkten noch wesentlich deutlicher aus.

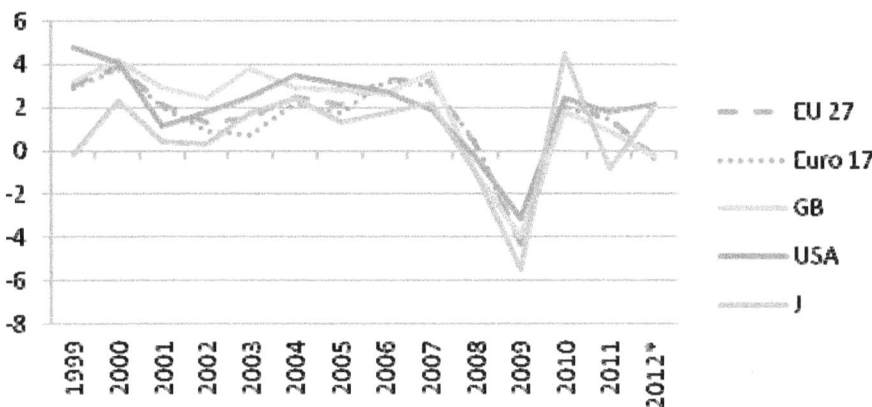

Abb. 34:   Entwicklung des Wirtschaftswachstums Industrieländer/Regionen (Wachstumsraten in % vom BIP)[193]

Innerhalb der Eurozone differierten die Rückgänge der einzelnen Ländergruppen zunächst
nur unwesentlich. Mit dem stark rückläufigen Wachstum setzte weltweit, so auch in der
Eurozone, eine konjunkturelle Abwärtsspirale aus Nachfragerückgang, fallender Beschäftigung, erhöhter Arbeitslosigkeit, sinkender Kaufkraft, fallender Nachfrage usw. ein.

Zur Dämpfung der realwirtschaftlichen Krisensymptome und insbesondere zur Vermeidung
weiterer konjunktureller Abwärtsspiralbewegungen realisierten die Wirtschaftsregionen Konjunkturprogramme mit differenzierten inhaltlichen Ausrichtungen und unterschiedlichen
Volumina. Während die Konjunkturprogramme der USA rd. 5,8 %, Chinas nahezu 14 % und
Japans etwa 10 % jeweils vom BIP umfassten, stellten sich die europäischen Konjunkturprogramme weniger voluminös dar. So betrug das deutsche Konjunkturprogramm nur etwa
2,6 % vom BIP.[194]

Die aus dem konjunkturellen Einbruch resultierenden Steuer- und Einnahmeausfälle sowie
die steigenden Ausgaben und Transferleistungen auf der einen Seite und die Umsetzung der

---

[192]   Die Kausalkette ist in Schuppan, N.: Globale Rezession. A. a. O. präzise hergeleitet.
[193]   Nach Eurostat (2012), epp.eurostat.ec.europa.eu,
        http://epp.eurostat.eceuropa.eu/tgm/tabledo?tab=table&init=1&language=de&pcode=tec00115&plugin=0.
        Abgerufen am 22.11.2012.
[194]   Vgl. Schuppan, N.: A .a. O., S. 246 f.

Konjunkturprogramme auf der anderen Seite ließen die Staatsverschuldung realwirtschaftlich bedingt weltweit und in der Eurozone in die Höhe schnellen.[195]

Mit der Überwindung der globalen Krise und dem Anziehen der Weltkonjunktur ab 2010 wird eine sehr differenzierte realwirtschaftliche und finanzwirtschaftliche Entwicklung der Länder deutlich.

Allgemein

partizipieren Länder mit hoher Wettbewerbsfähigkeit und niedrigen vorangegangenen Wachstumstempi der privaten Verschuldung wesentlich intensiver an der anziehenden Weltkonjunktur ab 2010. In diesen Ländern ziehen die Exporte an und die Nachfrage der privaten Haushalte stabilisiert sich schnell. Das hat positive Auswirkungen auf die Investitionen und die Nettoneuverschuldung der Staaten geht zurück. Prominente Beispiele sind hier weltweit China und Japan sowie innerhalb der Eurozone die A-Länder.

Die A-Länder

partizipieren 2010 generell aufgrund ihrer hohen Wettbewerbsfähigkeit und zusätzlich dank ihrer starken Marktstellung im Bereich der Investitionsgüterindustrie überdurchschnittlich an der Erholung der Weltkonjunktur und an Rückpralleffekten im globalen Investitionsprozess.

Die Exporte der A-Länder stiegen stark an und in der Folge nahmen die Investitionen zu. Die Konjunkturprogramme der A-Länder ergänzten diese Entwicklung effektiv. So schnellte das Wachstum der A-Länder in 2010 nach dem starken Einbruch infolge der globalen Rezession im Jahr 2009 im Jahre 2010 auf 2,8 % hoch. Deutschland als exponierter Investitionsgüterhersteller erreicht ein Wachstum von 4,2 %.[196]

Aufgrund der Flexibilität der Arbeitsmärkte in den A-Ländern war der konjunkturelle Einbruch in 2009 über solche Arbeitsmarktinstrumente, wie Kurzarbeit, variabler Einsatz von Leiharbeit usw. zu einem erheblichen Teil kompensiert worden. Mit dem Anziehen der Weltkonjunktur in 2010 und überdurchschnittlichen Anstieg der Beschäftigung reagierten die Arbeitsmärkte zeitnah mit deutlichen Rückgängen der Arbeitslosenquoten.[197] Mit der daraus resultierenden positiven Einkommensentwicklung war die Basis für eine stabile Nachfrageentwicklung der privaten Haushalte gelegt.

Die realwirtschaftliche Entwicklung der A-Länder bildete sich spiegelbildlich in der finanzwirtschaftlichen Entwicklung ab. Der externe Schock der globalen Wirtschafts- und Finanzkrise verursachte drastische Zuwachsraten in der Nettoneuverschuldung in den Jahren 2008–2010 und führte zu einem sprunghaften Anstieg der Staatsverschuldung gemessen am BIP. Nach Überwindung der Wirtschafts- und Finanzkrise ab 2010 sank die Nettoneuverschuldung drastisch und die Staatsverschuldung blieb nahezu konstant.

Allgemein

zeigen Länder mit niedriger Wettbewerbsfähigkeit und hohen vorangegangenen Wachstumstempi der privaten Verschuldung tendenziell ein niedrigeres Wirtschaftswachstum aufgrund gedämpfter Nachfrage der privaten Haushalte und der strukturell bedingten Unfähigkeit, die

---

[195]   Vgl. Abb. 15.
[196]   Vgl. Abb. 16.
[197]   Vgl. Abb. 13.

Exporte nachhaltig zu erhöhen. Die jährliche Nettoneuverschuldung dieser Staaten bleibt auf hohem Niveau und die Gesamtverschuldung gemessen am BIP steigt kontinuierlich an. Typische Bespiele weltweit sind hier die USA und UK sowie innerhalb der Eurozone insbesondere die C-Länder.[198]

Die C-Länder

konnten 2010 aufgrund ihrer unzureichenden Wettbewerbsfähigkeit und ihres relativ gering gewichteten industriellen Sektors nur unterproportional an der anziehenden Weltkonjunktur partizipieren. Damit blieben die Belastungen der ohnehin hochgradig inflexiblen Arbeitsmärkte bestehen. Die Arbeitslosenquoten gingen nicht zurück wie in den A-Ländern.[199] Das seit Gründung der EWU starke Wachstum der Verschuldung des privaten Sektors kam zum Stillstand.[200] Insbesondere die Beendigung der weiteren Verschuldung des privaten Sektors und die Einkommensverluste aus fallender Beschäftigung führten zu rückläufigem Wachstum des privaten Konsums und der Investitionen. So konnten die C-Länder im Gegensatz zu den A-Ländern, nur ein verhaltene Steigerung des BIP von etwa 0,5 % ausweisen. Die Arbeitslosenquoten nahmen kontinuierlich zu.

Die realwirtschaftliche Entwicklung der C-Länder spiegelte sich in der finanzwirtschaftlichen Entwicklung wider. Die globale Wirtschafts- und Finanzkrise bewirkte auch bei den C-Ländern zunächst hohe Zuwachsraten in der Nettoneuverschuldung in den Jahren 2008–2010 sowie einen sprunghaften Anstieg der Staatsverschuldung. Der Verschuldungsprozess der C-Länder, im Sinne der Staatsverschuldung gemessen am BIP vollzog sich im Vergleich zu den A-Ländern allerdings auf einem etwa 20 %-Punkte höheren Niveau.

Nach der Wirtschafts- und Finanzkrise stieg die Nettoneuverschuldung der C-Länder im Gegensatz zu den A-Ländern aufgrund ihrer makroökonomischen Ungleichgewichte und Fehlentwicklungen weiter stark an und die Staatsverschuldung nahm kontinuierlich mit hohen Wachstumsraten zu.

Resümierend zur realwirtschaftlichen Entwicklung der EWU kann insbesondere anhand der unterschiedlichen Reaktion der A- und C-Länder auf die Wirtschafts- und Finanzkrise folgendes festgehalten werden:

Vor dem Hintergrund

- fehlender Auswahlprozesse zur Bestimmung der Länder, die für eine Währungsunion geeignet sind,
- eines fortschreitenden Aufbaus makroökonomischer Ungleichgewichte in einer Vielzahl von Mitgliedsländer und divergierender wirtschaftlicher Entwicklungen in der EWU unter Verzicht auf effektive Korrekturen über fast ein Jahrzehnt

---

[198] Die USA und UK verhindern eine länger laufende rezessive Entwicklung nur dadurch, dass sie von Beginn der globalen Rezession an eine hohe jährliche Nettoneuverschuldung hinnehmen und die Renditen über den Ankauf von Staatsanleihen durch ihre Notenbanken flach halten. Dabei kommen die zwingend notwendigen strukturellen Reformen zumindest in den USA politisch bedingt nicht voran.
Die C-Länder sind aufgrund laufender bzw. anstehender Reformprogramme sowie im Vergleich zur Fed und BoE wesentlich restriktiveren Geldpolitik der EZB veranlasst, Austeritätspolitik mit Reformpolitik miteinander zu verbinden. Dies führt realwirtschaftlich zunächst zu anhaltenden rezessiven Tendenzen der wirtschaftlicher Entwicklung (Anpassungskrisen) und finanzwirtschaftlich zu Senkungen zumindest der strukturellen Defizite der öffentlichen Haushalte

[199] Vgl. Abb. 12.

[200] Vgl. Abb. 13.

sowie

• unterschiedlicher Risikopotenziale der nationalen Bankensysteme der EWU-Länder

hat die globale Wirtschafts- und Finanzkrise als externer Schock auf die Europäische Währungsunion gewirkt. Die weltweite Wirtschafts- und Finanzkrise hat die Differenzen der Risikopotenziale zwischen den nationalen Bankensystemen vergrößert, die makroökonomischen Ungleichgewichte und Fehlentwicklungen innerhalb der EWU vertieft und die Divergenzen in der wirtschafts- und finanzpolitischen Entwicklung der Union verschärft. Gleichzeitig hat die globale Wirtschafts- und Finanzkrise den Anlass einer beginnenden Fehlentwicklung des Verhältnisses von Geldpolitik einerseits und Wirtschafts- und Finanzpolitik andererseits gegeben.

Die latent vorhandene Krise der Währungsunion musste so unter den Bedingungen des externen Schocks der globalen Wirtschafts- und Finanzkrise den Charakter einer akuten Krise annehmen. Das äußere Symptom der akuten Krise des Euroraums stellte die Staatsverschuldung dar.

3.2 Die Staatsschuldenkrise – Ausdruck der divergierenden makroökonomischen Entwicklungen in der EWU

3.2.1 Allgemeine Entwicklungstendenzen der Staatsverschuldung

Die Staatsverschuldung beinhaltet die Gesamtheit der Verbindlichkeiten von Staaten inklusive der Gebietskörperschaften und Sozialsysteme. Sie wird in der Regel als Bruttobetrag in % vom BIP ausgedrückt. Ihre jährliche Zunahme ist durch die Neuverschuldung bzw. Defizitquote in % vom BIP beschrieben.

Die Ursachen der überbordenden Staatsverschuldung im Zuge der globalen Wirtschafts- und Finanzkrise sind im Einzelnen,

• Steuer/Einnahmeausfälle einerseits und steigende Ausgaben/Transferleistungen andererseits der Staaten, Gebietskörperschaften, Sozialsysteme usw. infolge der konjunkturellen Einbrüche im Zusammenhang mit der realwirtschaftlichen Krise,
• Finanzierung der Bankenrettung und der Umsetzung der Finanzmarktstabilisierungsprogramme zur notwendigen Stabilisierung des weltweiten Finanz- und Bankensystems,
• Finanzierung der Konjunkturprogramme zur Vermeidung konjunktureller Abwärtsspiralen und zur Dämpfung der Wachstumseinbrüche,

Vor diesem Hintergrund weitete sich die Verschuldung insbesondere der Industrieländer im Zuge der globalen Wirtschafts- und Finanzkrise sehr deutlich aus.

Über die Wirtschaftsregionen der Industrieländer nach OECD ergibt sich folgende Entwicklung der Staatsdefizite.

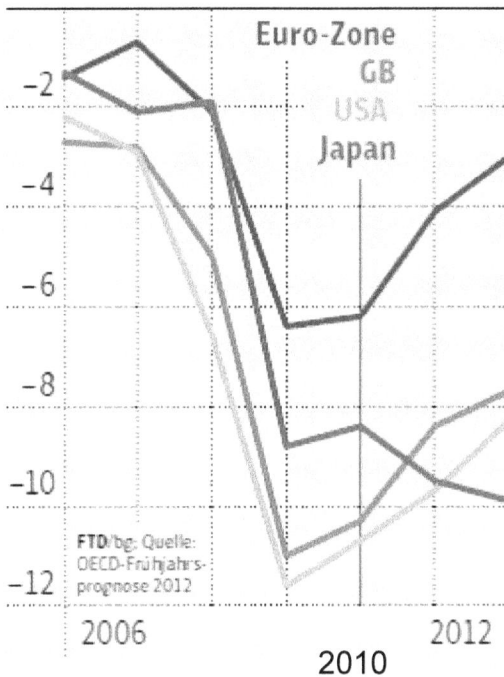

Abb. 35:   Entwicklung von Defizitquoten der Wirtschaftsregionen der Industrieländer (in % vom BIP)[201]

Die Abbildung verdeutlicht generell eine starke aber dennoch unterschiedliche Intensität der Auswirkungen der Wirtschafts- und Finanzkrise auf die Nettoneuverschuldung in den Wirt-schaftsregionen der Industrieländer im Zeitraum von 2006–2012. Die deutlich differierenden Verläufe der Defizitquoten führen in Relation zum BIP folgerichtig zu divergierenden Ent-wicklungen der Staatsverschuldung. Der Vergleich der weltweit wichtigsten Wirtschaftsre-gionen macht das deutlich.

Tab. 9:   Entwicklung der Staatsverschuldung – Vergleich USA, EWU, Japan und UK (in % vom BIP)[202]

								Differenzen		
	06	07	08	09	10	11	12	06-09	06-10	06-12
USA	66,1	66,5	75,6	89,1	98,2	102,5	108,1	34,8	48,6	63,5
EWU	68,6	66,4	70,2	80,0	85,4	88,0	93,6	16,6	24,5	36,4
Japan	186,0	183,0	191,8	210,3	216,0	230,3	236,6	13,1	16,1	27,2
UK	43,0	43,7	52,2	68,0	75,0	81,8	88,7	58,1	74,4	106,3

Die Eurozone weist als Ganzes sowohl hinsichtlich der Defizitquoten als auch im Hinblick auf die Staatsverschuldung eine im Vergleich zu den anderen Wirtschaftsregionen der Indus-trieländer relativ günstige Entwicklung auf.

Anhand der Entwicklung der Defizitquoten und der Staatsverschuldung im zeitlichen Vorfeld und im Ergebnis der Wirtschafts- und Finanzkrise von 2006–2009/10 kann der Ausbruch der

---

[201]   Fricke, T.: Furchterregendes Wundermittel. Financial Times Deutschland, vom 13.07.2012, S. 31.

[202]   Vgl. http://statista.com.statistik/daten/studie15785. Abgerufen am 07.08.2013.

Eurokrise 2010 als Staatsschuldenkrise der Währungsunion als Ganzes nicht hinreichend begründet werden.

Die Staatsschuldenkrise 2010 ist vielmehr Ausdruck der latent vorhandenen Krise der Währungsunion, die ihre Ursachen in den makroökonomischen Ungleichgewichten und Fehlentwicklungen innerhalb der EWU und in den sich vertiefenden Divergenzen in der wirtschafts- und finanzpolitischen Entwicklung der einzelnen Mitgliedsländer hat. Dabei reflektiert die Staatsschuldenkrise die Einteilung der Mitgliedsländer in A-, B- und C-Länder sowie eine darüber hinausgehende sehr differenzierte Entwicklung der Defizitquoten und Staatsverschuldung im Zeitraum von 1999/2000–2009/10.

Im Folgenden werden die Staaten

- am Maßstab der Maastrichtkriterien
- nach Ländern differenziert

betrachtet.

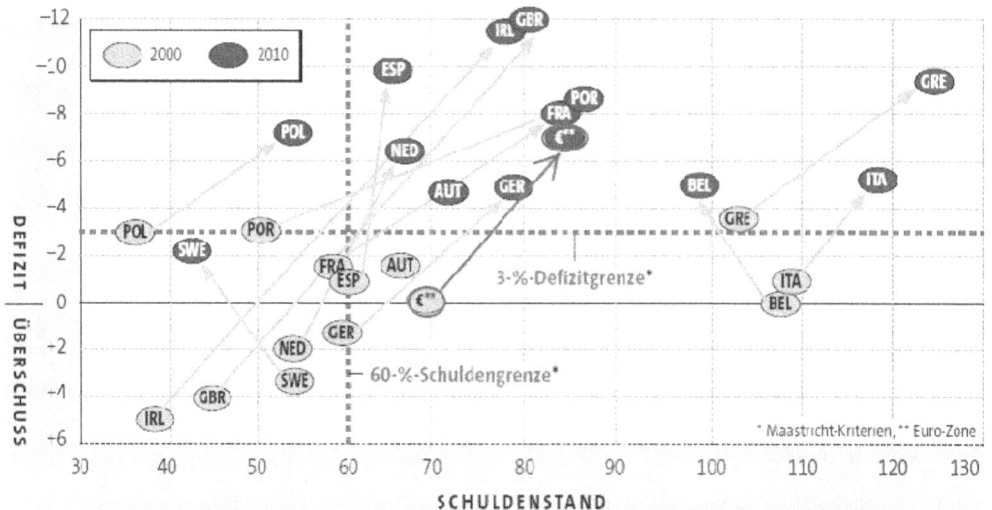

Abb. 36:   Entwicklung von Defizitquoten und Schuldenstand der Euro-Zone und ausgewählter EU-Staaten (in % vom BIP)[203]

Es kann zunächst festgehalten werden, dass sich in der gesamten Eurozone eine Entwicklung von einem etwa ausgeglichenen Haushalt bei einem Schuldenstand von rd. 69 % im Jahre 2000 zu einer Nettoneuverschuldung von 6,6 % und einer Gesamtverschuldung von fast 85 % vollzogen hat. Damit hat sich die Eurozone von den in ihrem Stabilitätspakt vereinbarten Stabilitätskriterien, den Maastrichtkriterien, deutlich entfernt.[204]

---

[203]   Vgl. Jäkel, K.; Grotjahn, B.: Zahlen und Qualen. In: Financial Times Deutschland vom 30.07.2010, S. 33.

[204]   So betrug beispielsweise das Volumen der notwendigen Verringerung der Defizite, um die Grenze von 3% des BIP einhalten zu können allein im Jahr 2010 rd. 320 Mrd. €.

3.2.2 Staatsschuldenkrise – Resultierende makroökonomischer Komponenten in den C-Ländern

Bei der Betrachtung der einzelnen Länder kann davon ausgegangen werden, dass hohe Defizitquoten und Schuldenstände durch entsprechend große Ungleichgewichte, Disproportionen und Fehlentwicklungen verursacht sind.

Das betrifft insbesondere jene Länder, die oberhalb einer groben Orientierungslinie zwischen einem Schuldenstand von 120 % und einer Defizitquoten von 8 % jeweils vom BIP einzuordnen sind. Vor dem Hintergrund des Schuldenstandes und der Defizitquote sind die Entwicklungen folgender der C-Länder[205] einer kritischen Analyse zu unterziehen.

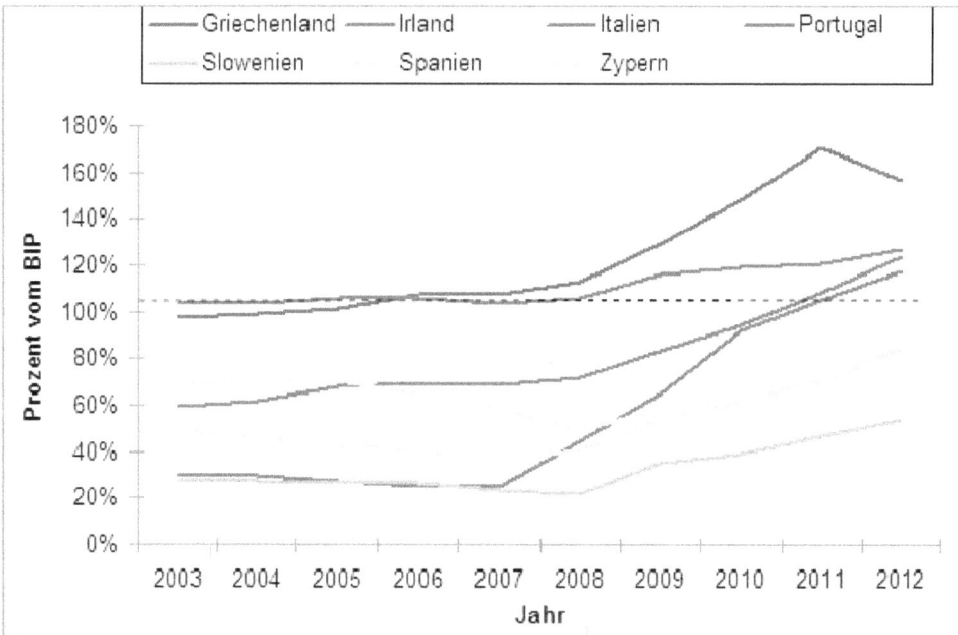

Abb. 37:   Entwicklung des Schuldenstandes der C-Länder[206]

---

[205] Auch andere Länder bedürfen einer kritischen Betrachtung. Das betrifft insbesondere Frankreich. Das Land stellt seit Beginn der Eurokrise einen latenten Krisenherd der Eurozone dar. Strukturreformen kommen nur unzureichend voran. Der im Mai 2013 gewährte Aufschub zur Erreichung der Defizitziele um zwei weitere Jahre bis 2015 für Frankreich muss mindestens sowohl wegen des ökonomischen Gewichts Frankreichs in der EWU als auch wegen des Autoritätsverlustes von EWU-Zielvorgaben kritisch gesehen werden.

[206] Nach
http://epp.eurostat.ec.europa.eu/tgm/table.do?tab=table&init=1&plugin=1&language=de&pcode=tsdde410.
http://epp.eurostat.ec.europa.eu/tgm/table.do?tab=table&init=1&plugin=1&language=de&pcode=tec 00001.
Abgerufen am 22.05.2013.

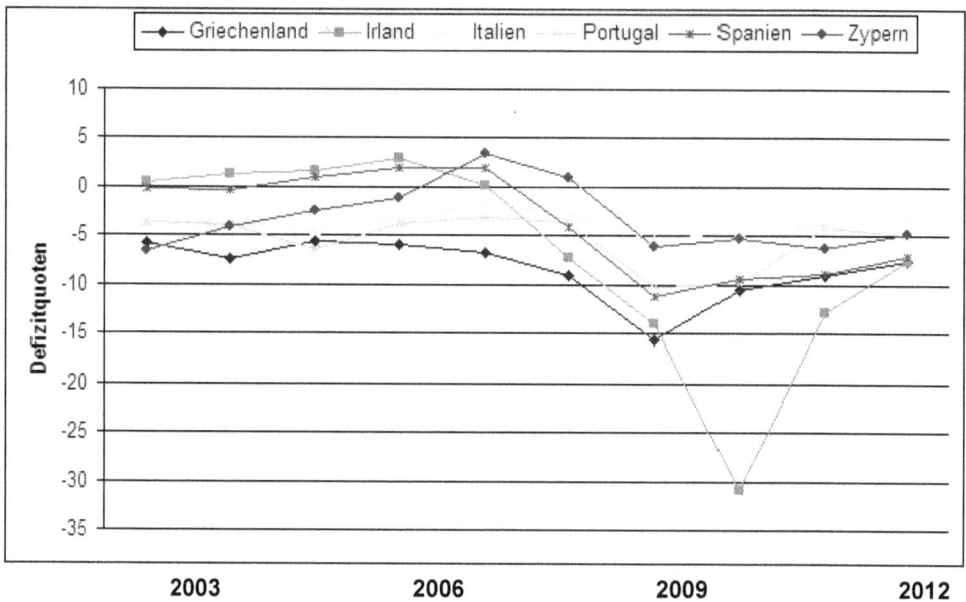

Abb. 38:   Entwicklung des Schuldenstandes der C-Länder[207]

Die in den Abbildungen deutlich werdenden extremen Auswirkungen der globalen Wirt-schafts- und Finanzkrise auf die Defizitquoten und die Staatsverschuldung der C-Länder sind Ausdruck der latent vorhandenen Krise der Währungsunion. Ihre Ursachen sind in den ma-kroökonomischen Ungleichgewichten und Fehlentwicklungen innerhalb der EWU und in den sich vertiefenden Divergenzen in der wirtschafts- und finanzpolitischen Entwicklung der einzelnen Mitgliedsländer begründet. Die Divergenzen beziehen sich wie in Punkt 2.1 deut-lich wurde, auf die externen und internen Scoreboard-Kennzahlen der Ländergruppen, insbe-sondere der C-Länder gegenüber den A-Ländern.

Die Analyse der einzelnen C-Länder bestätigt die generell negativen Entwicklungstendenzen der Scoreboard-Kennzahlen über alle C-Länder hinweg. Zwischen den einzelnen Ländern existieren allerdings hinsichtlich der Gewichtung der Kennzahlen deutliche Unterschiede. Im Folgenden werden die Defizitquoten und die Staatsverschuldungen vor dem Hintergrund der Ursachen nach ihrer Gewichtung anhand ausgewählter interner und externer Scoreboard-Kennzahlen betrachtet.

Die Auswahl konzentriert sich auf jene Kennzahlen, die mit dem BIP nach Verwendungs-positionen Konsumausgaben, Bruttoinvestitionen, Außenbeitrag und Staatsausgaben eng korrelieren. Es sind dies die

- Verschuldung des privaten Sektors,
- Leistungsbilanzen,
- Arbeitslosenquoten.

---

[207]   Nach: http://de.statista.com/statistik/daten/studie/167425/umfrage/haushaltssaldo-von-irland/italien/griechenland/portugal/spanien/zypern/. Abgerufen am 22.05.2013.

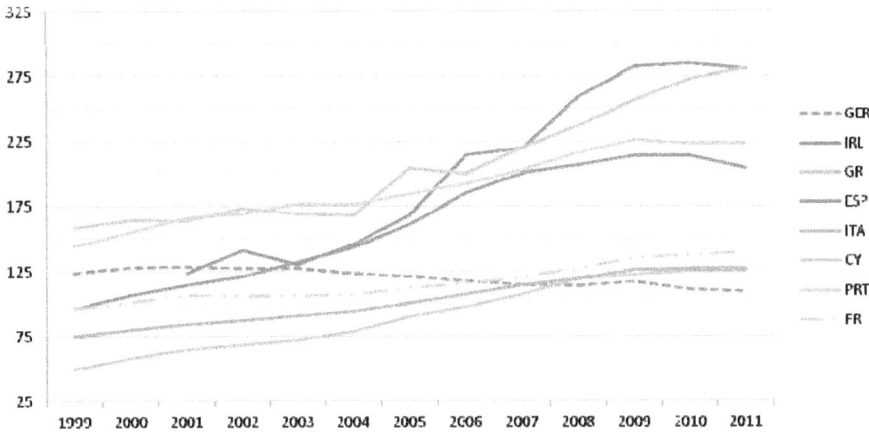

Abb. 39:   Entwicklung der Verschuldung des privaten Sektors der C-Länder (Deutschlands und Frankreichs als
            Vergleichswert in % vom BIP)[208]

Es wird zunächst deutlich. dass durchgängig alle C-Länder über den gesamten Zeitraum bis
2008/09 einen starken Anstieg der Verschuldung des privaten Sektors jeweils länderspezifisch auf unterschiedlichem Niveau aufweisen. Der Anstieg kommt im Zuge der globalen
Wirtschafts- und Finanzkrise ab 2008/09 mit Ausnahme Irlands zum Erliegen.

Die Entwicklung der privaten Verschuldung hat direkten Einfluss auf die Konsumausgaben
sowie die Investitionen.

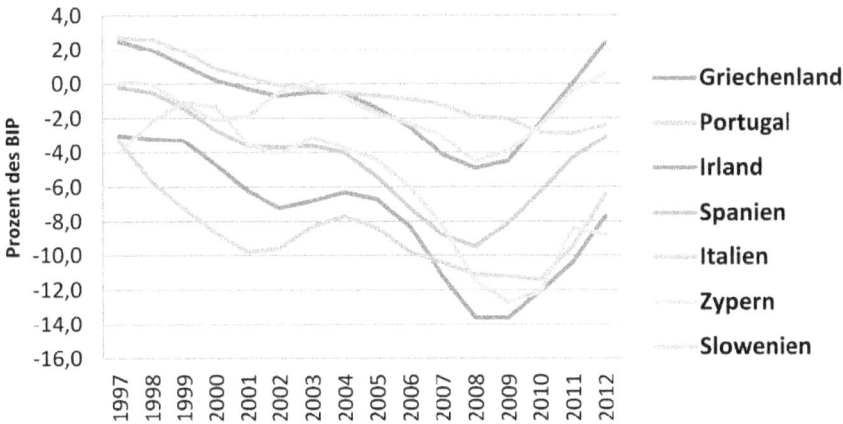

Abb. 40:   Entwicklung der Leistungsbilanzen der C-Länder[209]

---

[208]   Darstellung nach
        http://epp.eurostat.ec.europa.eu/tgm/table.do?tab=table&init=1&plugin=0&language=en&pcode=tipspd10&ta
        bleSelection=1. Abgerufen am 28.04.2013.

Die C-Länder weisen tendenziell über den Zeitraum bis 2008/09 steigende Leistungsbilanz-defizite auf. Der Anstieg kommt erst mit Einsetzen der weltweiten Wirtschafts- und Finanz-krise zum Erliegen. Leistungsbilanzen können generell als Ausdruck der Wettbewerbsfähig-keit interpretiert werden. Damit ist über den Außenbeitrag als Verwendungsposition des BIP eine direkte Korrelation zum Wirtschaftswachstum gegeben.

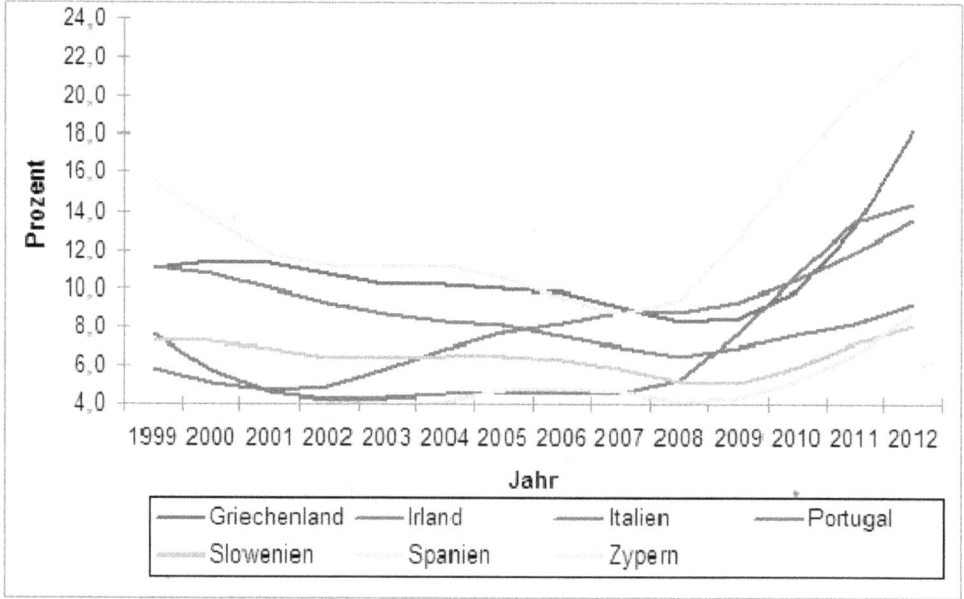

Abb. 41:   Entwicklung der Arbeitslosenquoten der C-Länder[210]

Die C-Länder weisen tendenziell sinkende Arbeitslosenquoten bis 2008/09 auf. Sie sind dem schuldenfinanziertem Wirtschaftswachstum geschuldet. Mit einsetzender Wirtschafts- und Finanzkrise im Jahre 2008/09 steigen die Arbeitslosenquoten stark an und belasten die öf-fentlichen Haushalte auf der Einnahmenseite und auf der Ausgabenseite.

Die Arbeitslosenquoten korrelieren in besonderer Weise sowohl mit den realwirtschaftlichen als auch mit den finanzwirtschaftlichen Kennzahlen der Länder.

Im Folgenden werden in Kurzform die wichtigsten Zusammenhänge zwischen den ausge-wählten Scoreboard-Kennzahlen zur Beschreibung der externen und internen Ungleichge-wichte bezogen auf die C-Länder dargestellt.

In diesem Sinne lassen die Daten der ausgewählten Kennzahlen innerhalb der Abb. 36–40 in ihrer Kombination folgende Interpretationen zu.

---

[209] Darstellung anhand Eurostat.
http://epp.eurostat.ec.europa.eu/tgm/table.do?tab=table&plugin=0&language=en&pcode=tipsbp10. Abgerufen am 03.08.2013.
[210] Nach
http://epp.eurostat.ec.europa.eu/tgm/table.do?tab=table&init=1&plugin=1&language=de&pcode=tipsun10. Abgerufen am 22.05.2013.

Griechenland und Portugal:

Beide Länder weisen über den gesamten Zehnjahreszeitraum einen hohen über dem Maastrichtrichtkriterium liegenden Schuldenstand und kontinuierlich hohe Defizitquoten auf, die sich 2009/10 weiter erhöhten.

Die Ursachen der Entwicklung liegen u. a. in der völlig unzureichenden Wettbewerbsfähigkeit der Länder. Steigerungen der Lohnstückkostenentwicklung und der realen effektiven Wechselkurse führten zu ausgeweiteten Leistungsbilanzdefiziten. So stiegen die Leistungsbilanzdefizite Griechenlands von rd. 6 % auf über 12 % und Portugals von etwa 10 % auf über 11 % vom BIP im Zeitraum 2001–2010.

Daneben war in diesem Zeitraum eine starke Zunahme der Verschuldung des privaten Sektors für Griechenland etwa auf das 2,0-fache und Portugal auf das 1,7-fache (auf extrem hohem Niveau) zu verzeichnen. Mit Einsetzen der globalen Wirtschafts- und Finanzkrise ging die Verschuldung des privaten Sektors zurück, die Binnennachfrage sank und die Wirtschaftsleistung gab nach. Eine Kompensation der sinkenden Binnennachfrage über eine Steigerung der Exporte bzw. Erhöhung des Staatsverbrauchs war aufgrund der mangelnden Wettbewerbsfähigkeit und der extrem hohen Staatsverschuldung nicht möglich. Die Folgen waren ein dauerhaftes Absinken der Beschäftigung und steigende Arbeitslosigkeit unter den Bedingungen hochgradig inflexibler Arbeitsmärkte. In der Summe verursachten die

* hohe Staatsverschuldung,
* mangelnde Wettbewerbsfähigkeit sowie
* hohe Verschuldung des privaten Sektors

drastische Rückgänge der Steuer/Einnahmen und stark steigende Ausgaben/Transferleistungen der öffentlichen Haushalte. Die Folge waren drastische Steigerungen der ohnehin hohen Defizitquoten auf 15,6/10,5 % vom BIP in Griechenland und über 10,2/9,8 % vom BIP in Portugal in den Jahren 2009/10. Diese Defizite ließen die Staatsverschuldungen schließlich auf 129,7 %/148,3 % vom BIP in Griechenland und 83,7 %/94,0 % in Portugal in 2009/10 ansteigen.[211]

Irland, Spanien, (Slowenien und Zypern):[212]

Diese Länder verzeichnen unter Einhaltung der Maastrichtkriterien im Zeitraum von 2003–2008 eine tendenziell sinkende Verschuldung aufgrund z. T. jährlicher Überschüsse. Ab 2008 werden extrem hohe Defizitquoten und eine sich beschleunigende Staatsverschuldung ausgewiesen.

Diese Entwicklung ist insbesondere in Irland stark ausgeprägt, setzte zeitlich früher als in Spanien ein und führte so zu einer Staatsverschuldung von über 92 %-Punkten vom BIP bereits in 2010. Spaniens Staatsverschuldung stieg auf etwa 68 %-Punkte.

Die Ursachen liegen vor allem in einer disproportionierten Entwicklung des Bausektors. Auf der Grundlage eines ohnehin hohen Niveaus der Verschuldung des privaten Sektors weisen beide Länder deutliche Steigerungen der Verschuldung des privaten Sektors auf das 2,3-fache in Irland und das 1,8-fache in Spanien im Zeitraum von 2001–2010 auf. Es entwickelte sich

---

[211] Vgl. Abb. 37.

[212] Slowenien und Zypern spielten bei Ausbruch der Staatsschuldenkrise zunächst keine Rolle und bleiben deshalb hier zunächst unberücksichtigt.

ein Immobilienboom/blase mit entsprechenden Entwicklung der Hauspreise.[213] Mit eintretender Wirtschafts- und Finanzkrise kam die kreditfinanzierte Baukonjunktur praktisch zum Erliegen. Die Beschäftigung sank, die Arbeitslosigkeit ausgehend von der überproportionierten Baubranche stieg (besonders in Spanien aufgrund eines inflexiblen Arbeitsmarktes stark) an. Die Gesamtnachfrage sank und die Hauspreise fielen.

Die Konsequenzen waren rezessive Entwicklungen in der Realwirtschaft, starker Anstieg der Kreditausfälle insbesondere im Hypothekenkreditsegment und ein extrem hoher Rekapitalisierungsbedarf im Bankensektor. Der Rekapitalisierungsbedarf, die fallende Steuer/Einnahmen sowie die steigenden Ausgaben/Transferleistungen der öffentlichen Haushalte führten schließlich zu exorbitanten Steigerungen der Defizitquoten und der Staatsverschuldungen. So stiegen die Defizitquoten 2009/2010 auf 13,9/30,9 % vom BIP in Irland und 11,2/9,4 % vom BIP in Spanien. Die Staatsverschuldungen nahmen im Zeitraum von 2008–2010 drastisch von 44,5 % auf 92,1 % in vom BIP in Irland und von 40,2 % auf 61,5 % vom BIP zu.[214]

Italien

Das kardinale Problem Italiens bestand von Beginn der EWU an in der extrem hohen Staatsverschuldung. Sie betrug im Entscheidungszeitraum über die Aufnahme in die Währungsunion im Jahre 1998 121,6 % vom BIP bei einem Referenzwert in den Maastrichtkriterien von 60 %.[215] Im Jahre 2000 wurde die Staatsverschuldung mit 108,5 % ausgewiesen und erreichte bei einsetzender Wirtschafts- und Finanzkrise im Jahre 2008 ein Volumen von 106,1 %. Trotz der enorm hohen Staatsverschuldung ist die Defizitquote im Zeitraum von 2003–2008 lediglich in zwei Jahren unter das Maastrichtkriterium von 3 % vom BIP gedrückt worden.[216] Gleichzeitig fiel der Primärsaldo. Der Primärsaldo ergibt sich aus der Differenz von Einnahmen ohne Erlöse aus Vermögensverkäufen und den Ausgaben ohne Zinsausgaben. Der italienische Primärsaldo fiel von rd. +5,4 % im Jahre 2000 auf etwa 0 % in 2005 und schließlich –1,0 % in 2009.

Die Ursachen der Staatsverschuldung auf inakzeptabel hohem Niveau sind in der unzureichenden konzeptionellen Vorbereitung und Umsetzung zwingend notweniger struktureller Reformen über den gesamten Zeitraum nach Eintritt des Landes in die EWU bis 2008/09 zu sehen.

Mit einsetzender Wirtschafts- und Finanzkrise stieg die Staatsverschuldung von 2008–2010 von 106,1 % auf 119,3 % vom BIP an.[217]

Die Ursache für diesen im Vergleich zu den übrigen C-Ländern moderaten Anstieg liegen vor allem darin, dass sich die makroökonomischen Kennzahlen Italiens zwar nahezu durchgehend und kontinuierlich verschlechtert haben ohne allerdings neue gravierende Ungleichgewichte aufzubauen. So nahm die die Wettbewerbsfähigkeit kontinuierlich ab. Die Leistungsbilanz entwickelte sich von rd. 2,0 % vom BIP im Jahre 1999 auf –2,8 % im Jahre 2010 ohne Einbruch der Leistungsbilanz.

---

[213] Vgl. Abb. 11.
[214] Vgl. Abb.37 und 38.
[215] Vgl. Tab. 1.
[216] Vgl. Abb. 37 und 38.
[217] Vgl. Abb. 37 und 38.

Die Verschuldung des privaten Sektors nahm im gleichen Zeitraum von etwa von 75 % auf rd. 125 % des BIP zu, aber auf vergleichsweise niedrigem Niveau usw.[218] Die ohne den Aufbau tief greifender neuer Ungleichgewichte sich negativ entwickelnden makroökonomischen Kennzahlen haben kontinuierlich ihre Wirkungen auf die Staatsverschuldung gezeigt.

Das ungelöste Problem der italienischen Wirtschafts- und Finanzpolitik besteht darin, dass jegliche makroökonomische Negativentwicklung zu einer weiteren Steigerung der objektiv zu hohen Staatsverschuldung führt und die Gefahr des Überschreitens der Schuldentragfähigkeit erhöht.

Es kann resümiert werden, dass sich die bereits vorhandenen makroökonomischen Ungleichgewichten und Fehlentwicklungen insbesondere der C-Länder in der zeitlichen Folge der globalen Wirtschafts- und Finanzkrise 2008/10 noch beschleunigt haben und zu rapiden Anstiegen der Staatsverschuldung und der Defizitquoten führten. Gleichzeitig vertieften sich die Divergenzen der einzelnen Gruppen der EWU-Länder. Mit dem rapiden Anstieg der Staatsverschuldung und der Nettoneuverschuldung der C-Länder stellte sich die Frage nach ihrer Finanzierung. Die Finanzierung der Staatsverschuldung erfolgt insbesondere über die Emission von Staatsanleihen an den Anleihe/Bondmärkten im Segment Staatsanleihen/Government Bonds.

Vor diesem Hintergrund musste es zwangsläufig zu unterschiedlichen Bewertungen der wirtschafts- und finanzpolitischen Entwicklung der Staaten kommen. Diese differenzierte Beurteilung konzentrierte sich u. a. sowohl auf die Volumina als auch auf die Dynamik der finanzwirtschaftlichen Parameter

*   Staatsverschuldung
*   Nettoneuverschuldung

und ihrer Instrumente, der Staatsanleihen bzw. Government Bonds. Das schließt eine differenzierte Neu-/Bewertung der Risiken der Staatsanleihen, insbesondere der Ausfallrisiken ein. In Abhängigkeit von der differenzierten Risikobewertung der Staatsanleihen kommt es generell zu differenzierten Kursentwicklungen und daraus folgend zu verschiedener Renditeentwicklung der Anleihen der unterschiedlichen Staaten. Generell gilt, dass bei einer Höherbewertung der Risiken von Anleihen die Nachfrage nach diesen Anleihen am Bondmarkt sinkt und die durch den Emittenten zu zahlende Rendite entsprechend ansteigt. Im Folgenden sollen diese Aussagen zunächst theoretisch vertieft werden.

---

[218]   Vgl. Abb. 39 und 40.

3.3   Ausbruch der Eurokrise

3.3.1   Grundlegende Rendite-Risiko-Betrachtungen zu Staatsanleihen

Allgemein stellen Limitierungen und Kapitalallokationen inhaltlich die Zuweisung und Verteilung von Finanzmitteln nach ihrer optimalen Verwendung durch Banken und Finanzdienstleister dar.[219]

Einerseits sind Limitierungen und Kapitalallokationen national (in Deutschland beispielsweise durch das Kreditwesengesetz) und international (z.B. durch Basel II/III) zum Teil reguliert.

Andererseits werden Kapitalallokationen durch das Rendite - Risiko- Profil der Finanzinvestitionen bestimmt und auf dieser Grundlage durch die Banken entschieden.

Im Gegensatz zur Ungewissheit kann Risiko allgemein als Wahrscheinlichkeit des Eintretens eines unerwünschten Ereignisses bzw. als Misserfolgswahrscheinlichkeit aufgefasst werden. Demnach gilt unter der Prämisse, dass Erfolgswahrscheinlichkeit (p) und Risiko (r) im Bereich von 0–1 ausgedrückt werden, folgender Zusammenhang

„Erfolgswahrscheinlichkeit p = 1 minus r
… und zugleich der Zusammenhang

Erfolg = f (Risiko)

mit der Interpretation ohne Risiko auch kein Erfolg (im Sinne Erfolg = erzielbare Rendite aus einem eingesetzten Kapital.)“[220]

Wird die Rendite als Relation von erzielbarem Gewinn und eingesetztem Kapital (%) und das Risiko als Wahrscheinlichkeit (%), ein Renditeziel zu verfehlen, aufgefasst, so ergibt sich der folgende Zusammenhang:

Rendite = f (Risiko)[221]

Gleichzeitig gilt, dass das positiv zu bewertende Pendant zum Risiko als Chance verstanden werden kann.

Im Hinblick auf die Erkennung, Bewertung und Nutzung/Minimierung von Chancen und Risiken sind Risikoanalysen und Risikomanagement unerlässlich. Sie beinhalten,

1.   Identifikation von Risiken nach unterschiedlichen Arten
      Bei der Identifikation der Risiken wird generell von einer Systematisierung möglicher Risikoarten ausgegangen.
      –   Ausfallrisiken
           Die Kapitalgeber erhalten das investierte Kapital nicht zurück, zum Beispiel durch Staatsinsolvenz usw.
      –   Kursrisiken
           ergeben sich aus nicht vorhergesehenen Kursbewegungen von Wertpapieren und Devisen während der Finanzinvestitionslaufzeit.

---

[219]   Dem Folgenden liegt die Portfoliotheorie von H.M. Markowitz zugrunde. Vgl. Harry M. Markowitz. Portfolio Selection – Die Grundlagen der optimalen Portfolio-Auswahl. Finanzbuch Verlag. München 2007.
[220]   Vgl. von Känel, S.: Controlling. Verlag Neue Wirtschaftsbriefe Herne/Berlin. Version 1.0. Con 41010.
[221]   Vgl. von Känel, S. A. a. O., Con 41011.

- Zinsrisiken
  Diese Risiken kommen durch veränderliche, z.B. steigende Marktzinsen während der Finanzinvestitionslaufzeit zustande.
- Liquiditätsrisiken
  bestehen darin, dass der Investor die längerfristig gebundenen Finanzmittel kurzfristig benötigt.
- Risiko der Geldwertschwankungen
  sind bedingt durch Inflation bzw. Deflation innerhalb der Laufzeit der Finanzinvestition.

Neben den allgemeinen Risiken sind im Zusammenhang mit Staatsanleihen politische Risiken zumindest in zweierlei Hinsicht von Bedeutung.

- Finanzpolitische Risiken
  aus möglichen Politikwechsel infolge von Wahlen, Abstimmungen u. ä.
- Politische Umsetzungsrisiken
  hinsichtlich entschiedener (Spar-) Haushalte bedingt durch politischen Druck, z. B. Streiks usw.[222]

Innerhalb der systematisierten Risikoarten werden erkennbare Risiken im Hinblick auf zu erreichende Zielstellungen zunächst erfasst und nach ihren Eintrittswahrscheinlichkeiten beurteilt.

2. Bewertung von Risiken
   Im Rahmen der Bewertung von Risiken werden vor allem zwei Sachverhalte zum Gegenstand,
   - Vorabschätzung der Eintrittswahrscheinlichkeit der Risiken,
   - Bewertung von Folgen identifizierter Risiken.

Methodisch sind hier drei Ansätze, die zum Teil gekoppelt werden, in Anwendung.

Analytische Bewertung
Sie basiert auf empirisch erfassten Daten. Es werden die Daten eingeordnet in eine Verteilungsfunktion/Normalverteilung mit den übliche Parametern Erwartungswert und Streuung. Das Risiko wird betrachtet als Zufallsvariable, die um den Erwartungswert mit einer Wahrscheinlichkeit streut. Auf dieser Grundlage erfolgt die Risikobewertung.

Bewertung durch Simulation
Dieser Risikobewertung liegen Hypothesen bzw. Szenarien zugrunde. Für die Szenarien werden Eintrittswahrscheinlichkeiten abgeschätzt und hinsichtlich ihrer Auswirkungen mit Hilfe von Simulationstechniken „durchgespielt".

Bewertung über Notensysteme
Diese Methode ist im Bereich der finanzwirtswirtschaftlichen Risikobewertung am weitesten verbreitet. Generell erfolgt hier pro identifizierter Risikoart eine Bewertung anhand vorab festgelegter Risikoeinstufungen (häufig nach dem Schulnotensystem mit der Note 1 für unbedeutendes Risiko bis 5 für Bestandsgefährdung o. ä.). Anschließend werden die Einzelbewertungen pro Risikoart zu einer Gesamtbewertung aggregiert.[223]

---

[222] Sowohl die Umsetzungsrisiken im Zeitraum von 2010 bis 2012 als auch die haushaltspolitische Risiken im Vorfeld der Wahlen Mitte 2012 sind am Beispiel Griechenlands sehr deutlich geworden.

[223] Vgl. von Känel, S. A. a. O., Con 41016 f.

Die verschiedenen Ratingsysteme zur Bewertung der unterschiedlichsten Arten von Finanzinvestitionen basieren auf der Bewertung nach Notensystemen. Das Spektrum der Ratings hinsichtlich Anwendung für unterschiedliche Arten von Finanzinvestitionen, methodischer Ausführungen und Detailliertheit der Ratings sind praktisch sehr differenziert. Das Spektrum reicht von Beurteilungen der Bonität von Kreditnehmern (z. B. von Staaten/Gebietskörperschaften, Unternehmen) bis hin zur Bewertung von strukturierten Finanzprodukten z.B. Asset Backed Securities usw.

Im Ergebnis der Identifikation von Risiken nach unterschiedlichen Arten und ihrer Bewertung existiert eine weitgehend detaillierte Übersicht über die jeweiligen Gruppen von Risiken. Die innerhalb der Gruppen enthaltenen Einzelrisiken sowie Risikobewertung sind dann hinsichtlich Eintrittswahrscheinlichkeit und Auswirkungen pro Einzelrisiko und Risikogruppe bekannt. Damit ist eine wesentliche Grundlage für ein weiteres Risikomanagement gegeben.

3. Risikosteuerung und Risikomanagement

Risikosteuerung im Rahmen des Risikomanagements bedeutet insbesondere die praktische Umsetzung der unterschiedlichen Strategien zur Risikobewältigung.

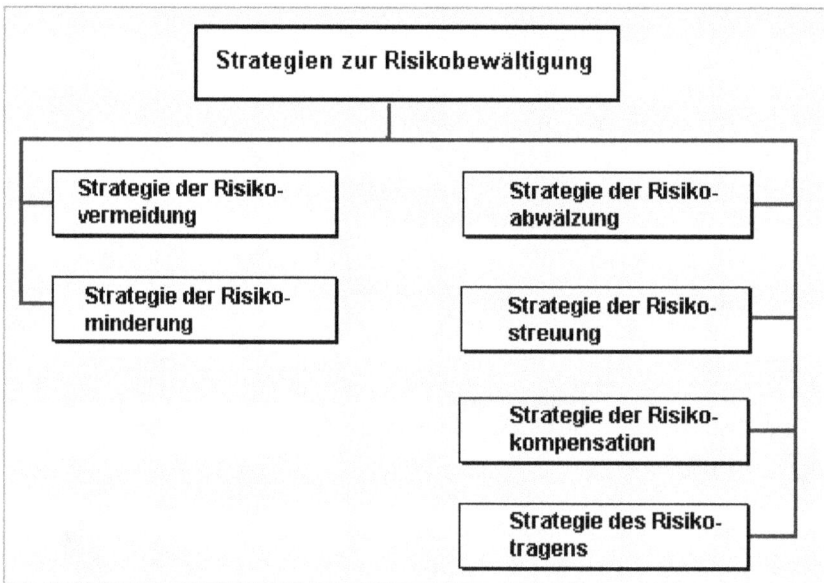

Abb. 42:   Übersicht zu den wichtigsten Strategien der Risikobewältigung[224]

Risikovermeidung bedeutet nicht etwa das generelle Umgehen von Risiken sondern das Ausschalten spezieller Risikoquellen, zum Beispiel das Auslassen einer bestimmten Assetklasse in einem ansonsten gestreuten Portfolio eines Finanzinvestors. Im Verlauf der Staatsschuldenkrise ist dies vor allem durch das Umschichten von risikobehafteten Staatsanleihen der C-Länder zu den deutlich risikoarmen Anleihen beispielsweise Deutschlands und der USA durch die insbesondere institutionellen Anleger deutlich geworden.

---

[224]   Von Känel, S. A. a. O., Con 41018.

Risikominderung ist dann relevant, wenn bestimmte Risiken nicht umgangen werden können, hinsichtlich ihrer Auswirkungen jedoch begrenzt werden sollen. Praktisch erfolgen Risikominderungen auf dem Wege von speziellen Überwachungssystemen z. B. mit kurzfristigen Rhythmen. Auch die Nutzung von Stop-Loss-Positionen ist hier eingeordnet.

Risikoabwälzung beinhaltet die teilweise oder vollständige Übertragung von Risiken an Dritte mit bzw. ohne deren Wissen und mit bzw. ohne Einräumen der mit den übertragenen Risiken verbundenen Chancen (Gewinnen). Eine typische bewusste Risikoabwälzung mit Wahrnehmung der adäquaten Chancen/Gewinne stellen der Abschluss und die Realisation von Versicherungsverträgen dar. Eine spezielle Form der Absicherung von Staatsanleihen stellt der Kauf von Credit Default Swaps dar.

Risikostreuung kann intern oder extern vorgenommen werden. Interne Risikostreuung bezieht sich auf einen Finanzinvestor und stellt die Verteilung von Risiken über unterschiedliche Investitionspositionen der einzelnen Portfolios von Finanzinvestoren (Anlagediversifikation) dar. Externe Risikostreuung beinhaltet die Verteilung von Risiken unter Geschäftspartnern bzw. Marktteilnehmern. Derartige Streuungen werden in der Regel dann angestrebt, wenn die Risiken insbesondere hinsichtlich der Auswirkungen so groß sind, dass sie auf Partner verteilt werden. Diese sind dann auch bereit sind, die Chancen zu teilen. Typische Beispiele für Risikostreuungen zwischen Partnern/Marktteilnehmern sind u. a. voluminöse Kreditvergaben, Emission von Aktien, Bonds usw. äußere Formen sind z. B. Bankenkonsortien.

Risikokompensation im Sinne des Ausgleichs von eingegangenen Risiken an den Finanzmärkten war die ursprüngliche Idee von Termingeschäften – im Sinne des Hedging (von Termingeschäften als reine Spekulationsgeschäfte soll an dieser Stelle abstrahiert werden). Inhaltlich ist eine Risikokompensation über Termingeschäfte im Hinblick auf Zins- und Währungsrisiken oder Preisrisiken für Rohstoffe usw. üblich.

Dem nach der Verfolgung der Strategien zur Risikobewältigung verbleibendem Risiko bzw. dem durch den Finanzinvestor akzeptiertem Risiko steht als Chance die Risikoprämie gegenüber. Diese ist eine der wichtigsten Kennzahlen der Finanzmarktökonomie. Inhaltlich kann die Risikoprämie als Differenz zwischen erwarteter Rendite aus einem Finanzanlageportfolio und der Verzinsung risikoloser Finanzanlagen erklärt werden.[225]

Damit ist die Risikoprämie Ausgangsgröße generell in der Asset Allocation und in der Bewertung (über das Capital Asset Pricing Model-Bewertungsmodell) von Anlagen mit Risiken.

3.3.2   Die Entwicklungen an den Finanzmärkten ihre direkten Folgen

Die dargestellten Tendenzen der divergierenden Entwicklung der EWU-Länder mussten zwingend zu einer vertieften, differenzierten Rendite-Risiko-Betrachtung generell an den Anleihemärkten und speziell im Hinblick auf die Rendite-Risiko-Relation der Staatsanleihen der C-Länder führen.

Allgemein wird die Beurteilung der Risiken von Anleihen/Staatsanleihen über eine Bestimmung der Ausfallwahrscheinlichkeit vorgenommen. Im Ergebnis steht die Beurteilung des Ausfallrisikos anhand von Ausfallkriterien des jeweiligen Schuldners.

---

[225] Vgl. von Känel, S.: Controlling. Verlag Neue Wirtschaftsbriefe Herne/Berlin. Version 3.0. Con 41010.

Während die Ratingagenturen, vor allem Moodys, Fitch und Standard & Poors die Beurteilung der Risiken von Anleihen/Staatsanleihen methodisch über die Nutzung statistischer Verfahren zur Bestimmung der Ausfallwahrscheinlichkeit orientiert an detaillierten Ausfallskriterien vornehmen, richten sich die Finanzmarktakteure pragmatisch und empirisch nachvollziehbar insbesondere nach folgenden Kriterien:

- Schuldenstand des Staates
- Entwicklung der Defizitquoten
- Existenz eines glaubhaften Konzepts der Staaten zur Rückführung der Defizitquoten.

Die Bewertung der Bonität der Staaten anhand dieser Kriterien ist in der Regel zeitnah und effizient. Deshalb folgen die Finanzmärkte, insbesondere die Bondmärkte dieser Bonitätsbewertung.

Die detaillierten Ratingergebnisse der Agenturen werden zeitlich anschließend in die Bewertung einbezogen.

Die Neubewertung der Ausfallwahrscheinlichkeiten von Staatsanleihen stellte sich als Prozess dar, der im Jahre 2009 in breiterem Umfang einsetzte und im Verlauf des Jahres 2010 zu signifikanten Auswirkungen im Hinblick auf die Ergebnisse der Bonitätsbewertung führte.

Dabei vollzog sich die Neubewertung der Ausfallwahrscheinlichkeiten auf der Grundlage folgender Tendenzen.

- Steigendes Angebot EWU-weit emittierter Staatsanleihen mit tendenziell zunehmendem Risiko zur Deckung wachsender Defizite der Staaten.
- Steigende Nachfrage nach sicheren Staatsanleihen vor dem Hintergrund eines erhöhten Niveaus der Risikoaversion potenzieller Investoren.[226]

Vor diesem Hintergrund kam es allgemein zu einer zunehmenden Sensibilisierung der Risikobewertung der differenzierten Staatsanleihen. Das betrifft insbesondere Vorabschätzung der Ausfallwahrscheinlichkeit der Anleihen und die Bewertung von Folgen des Ausfalls für die Anleihe- und Finanzmärkte.

Auf Basis dieser Bewertung erfolgten eine generelle Spreizung der Risikobewertung der verschiedenen Staatsanleihen und damit zugleich eine Differenzierung der Risikoaufschläge. Die unterschiedlichen Risikoaufschläge haben schließlich zu einer (nach oben und unten) zunehmenden Auffächerung der

- Renditespreads zwischen den Anleihen verschiedener Staaten und der
- Prämien zur CDS - Absicherung der Staatsanleihen (Prämien zur Ausfallabsicherung)

geführt. Während die Renditen 10-jähriger deutscher Bundesanleihen nahezu kontinuierlich fielen stiegen die Renditen u. a. der C-Länder tendenziell an.[227] Damit eröffnete sich grundsätzlich der Weg in einen Kreislauf bzw. in eine Abwärtsspirale, die potenziell in einer Staatsschuldenkrise mit der Option einer Staatsinsolvenz mündet.

Der Kreislauf setzt mit der Neubewertung von Ausfallwahrscheinlichkeiten der Anleihen von Staaten mit einer überdurchschnittlichen Gesamtverschuldung und einer relativ hohen bzw. stark steigenden Defizitquote ein. Im Ergebnis der Bewertung stellt sich die Frage nach einem überzeugenden Konzept des Schuldenabbaus. Liegt ein solches finanzpolitisches

---

[226]   Klarer Beleg für die Risikoaversion der Anleger ist u. a. die Akzeptanz extrem niedriger Renditen für sichere Bundesanleihen.

[227]   Vgl. Abb. 43.

Konzept nicht vor, was in der Regel der Fall ist, wird zunächst durch die Finanzmärkte eine steigende Wahrscheinlichkeit des Ausfalls der jeweiligen Staatsanleihe fixiert. Mit der Einschätzung steigender Ausfallwahrscheinlichkeiten der betreffenden Staatsanleihen erhöhen sich die Renditen sowie die Prämien zur Ausfallabsicherung. Die steigenden Renditen führen zu höheren Kapitalkosten bei Neuemissionen an den Bondmärkten zur Refinanzierung des jeweiligen Staates. Steigende Kapitalkosten lassen ihrerseits die Ausfallwahrscheinlichkeit und damit die Renditen ansteigen.

Der Kreislauf ist geschlossen. Der Staat ist nicht mehr in der Lage die Renditen zu tragen und/oder die Anleger sind nicht mehr bereit, die Risiken zu übernehmen. Der Staat steht vor der Insolvenz.

Im Verlauf des dargestellten Prozesses werden die Bewertungen naturgemäß über eine Vielzahl von Staatsanleihen parallel vorgenommen. Staaten mit vergleichbaren Entwicklungen hinsichtlich Schuldenstand und Defizitquoten unterliegen in der Folge zunehmend dem dargestellten Kreislauf. Dieser wird noch durch zunehmende Vertrauensverluste gegenüber den entsprechenden Schuldnern/Staaten verstärkt.

Generell gilt, dass sich Staaten, die aufgrund ihres Niveaus des Schuldenstands und des Defizits sowie weiterer gesamtwirtschaftlicher Ungleichgewichte akut einer Neubewertung und der Ingangsetzung des Kreislaufs gegenüber sehen, in einer Staatschuldenkrise befinden.

Die Eurokrise setzte mit der Staatsschuldenkrise Griechenlands, Portugals, Irlands, Spaniens und Italien ein.

Kern dieser Krise war die Staatsschuldenkrise Griechenlands. Das Land wies 2010 innerhalb der Euro-Zone mit 148,3 % das höchste Niveau der Gesamtverschuldung gemessen am BIP auf. Das Defizit für 2010 wurde mit 10,5 %-Punkten veranschlagt. Italien vor dem Hintergrund der hohen Gesamtverschuldung sowie Portugal, Irland und Spanien auf der Grundlage ihrer extrem hohen Defizitquoten 2009 und insbesondere 2010 wurden in die Griechenlandkrise involviert, die sich damit zu einer Euro-Staatsschuldenkrise ausweitete.

Die Griechenlandkrise wird vor dem Hintergrund der wirtschaftlichen Entwicklung des Landes im Zeitraum seit seiner Aufnahme in die Euro-Zone erklärbar. Griechenland wurde im Jahre 2001 mit einer Defizitquote von knapp 3,7 %-Punkten und einer Staatsverschuldung von etwa 103 %-Punkten u. a. auch auf der Grundlage eines Zahlenmaterials, dass später deutlich revidiert werden musste, in die Euro-Zone aufgenommen.[228]

Unter Zugrundelegung des Vergleichs der Konvergenzkriterien mit dem Schuldenstand und der Defizitquote Griechenlands stellt sich die Aufnahme des Landes in klarer Differenz zu den Bestimmungen des Euro-Stabilitätspaktes dar.

Neben den Ungleichgewichten der öffentlichen Haushalte wies die griechische Wirtschaft gravierende Ungleichgewichte im Außenhandel auf. Es wurde im Vorfeld der Aufnahme in die Euro-Zone über mehr als zwei Jahrzehnte durchgängig ein chronisches Leistungsbilanzdefizit, im Jahr der Aufnahme 2001 in Höhe von mehr als 6 % des BIP, ausgewiesen.[229] Dieser Sachverhalt verdient deshalb eine besondere Beachtung, weil der Weg über die Nutzung des Wechselkursmechanismus zur Erhöhung der Wettbewerbsfähigkeit der griechischen Wirtschaft zu gelangen mit dem Wechsel von der bis dato gültigen Landeswährung zum Euro

---

[228] Vgl. Abb. 36 und 44.
[229] Vgl. Abb. 38.

verschlossen wurde. Der zwingend notwendige Abbau dieser und anderer Ungleichgewichte über die Konzipierung und Umsetzung erfolgreicher Reformpakete in den Jahren 2001–2009 durch die griechische Regierung unter Überwachung der EU, unterblieb.

Die langfristigen Ungleichgewichte der griechischen Wirtschaft wurden durch die Bondmärkte reflektiert. So waren im weiteren zeitlichen Vorfeld der EWU-Aufnahme des Landes die griechischen Staatsanleihen mit hohen Risikoaufschlägen belastet. Die Risikoaufschläge nahmen ab mit zunehmender Wahrscheinlichkeit der Aufnahme Griechenlands in die Euro-Zone. Diese Entwicklung spiegelte sich im zeitlichen Verlauf der Renditen griechischer Staatsanleihen wider.

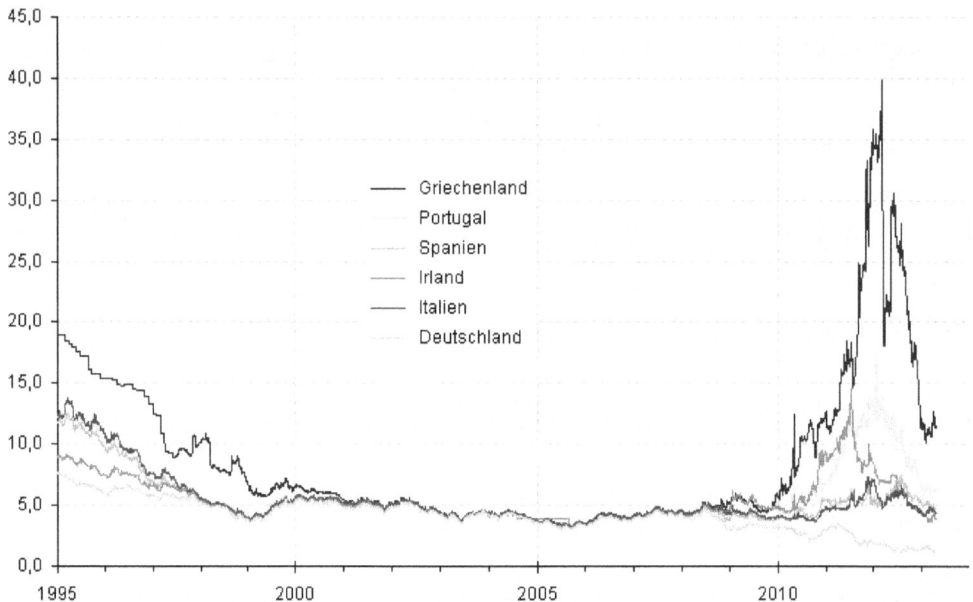

Abb. 43:   Langfristige Entwicklung der Renditen 10-jähriger Staatsanleihen von C-Ländern (in %)[230]

Mit der Aufnahme in die Euro-Zone 2001 erreichten die griechischen Zinsen das Zinsniveau der Euro-Zone. Die Finanzmärkte betrachteten Griechenland als Bestandteil der Wirtschafts- und Währungsunion, die u. a. auf den EU-rechtlich fest geschriebenen Konvergenzkriterien beruhte. Die Finanzmärkte vertrauten auf einen Prozess der Senkung der Defizite und der Begrenzung des Schuldenstandes. Damit erschien die Absenkung der griechischen Zinsen auf das Niveau von Ländern der Euro-Zone gerechtfertigt.   ›

Auf der Grundlage der niedrigen Zinsen hat die Neuverschuldung Griechenlands in den Folgejahren jedoch weiter zugenommen und im Betrachtungszeitraum von 2001–2010 bei einer durchschnittlichen Neuverschuldung pro Jahr von 5,3 % in nur einem Jahr das Defizitkriterium von 3 % eingehalten – ohne nachhaltige Konsequenzen von Seiten der EU.

---

[230]   Darstellung nach www.markdaten-daten.de. http://markt-daten.de/charts/zinsen/staatsanleihen-eu.htm. Abgerufen am 28.05.2013.

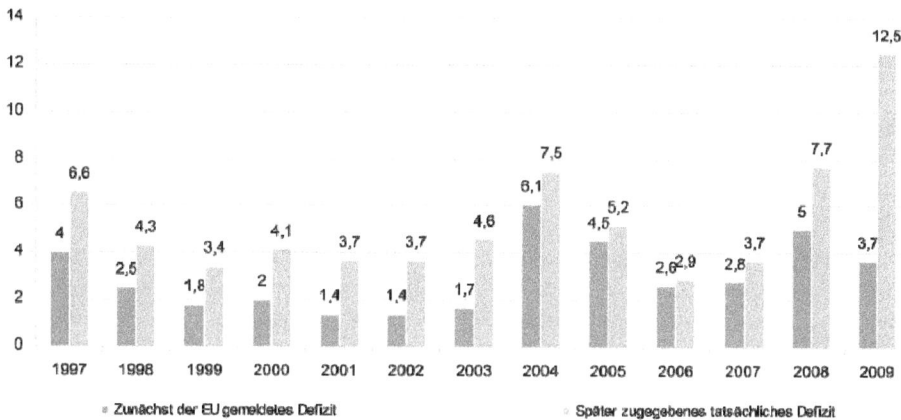

Legende: Maastricht Kriterium der Nettoneuverschuldung von 3% vom BIP

Abb. 44:   Entwicklung des griechischen Staatsdefizits 2001–2009 – Vergleich gemeldeter und tatsächlicher
Daten[231]

Die dargestellte Defizit-Entwicklung führte zwangsläufig zu einer Erhöhung des Schuldenstandes 2010 auf ein Niveau von etwa 148,3 % vom BIP. Gleichzeitig stieg im Zeitraum von
2001–2010 das Leistungsbilanzdefizit tendenziell an und erreichte 2010 ein Niveau von
deutlich über 10,5 % vom BIP.

Vor dem Hintergrund der

- dargestellten und weiterer Ungleichgewichte der gesamtwirtschaftlichen Entwicklung,
- fehlender Reformkonzepte der griechischen Regierung zur Überwindung der Ungleichgewichte und Disproportionen im Jahre 2009 sowie
- weiterhin bestehenden Zweifel an der Richtigkeit der von der griechischen Regierung
ausgewiesenen Ist- und Prognosedaten insbesondere hinsichtlich der Staatsdefizite

kam es naturgemäß zu einem Vertrauensverlust und zu Neubewertungen der Ausfallwahrscheinlichkeit und damit generell der Risiken griechischer Staatsanleihen an den Anleihemärkten.

Der Prozess setzte 2009 ein und äußerte sich zunächst noch in moderaten Kursverlusten und
den entsprechenden Renditeanstiegen der griechischen Staatsanleihen sowie die Prämien zur
Ausfallabsicherung. Damit war der Kreislauf bzw. die Abwärtsspirale in die Staatsschuldenkrise, in deren Verlauf parallel drastische Herabstufungen der griechischen Staatsanleihen
durch die Ratingagenturen auf „Non Investmentgrade" erfolgten, aktiviert. Am Ende stand
ein Renditeniveau, dass der griechische Staat nicht mehr in der Lage war zu finanzieren. Die
Anleger waren nicht mehr bereit, die Risiken zu tragen.

Im Zuge der akuten griechischen Staatsschuldenkrise wurden sowohl an den Finanzmärkten
als auch durch die Ratingagenturen die Bonität und das Rendite-Risiko-Profil der EWU-
Länder und deren Staatsanleihen insgesamt geprüft. Im Ergebnis wurden die makroökonomischen Ungleichgewichte und Fehlentwicklungen, insbesondere der C-Länder analysiert und

---

[231]   Nach http://de.statista.com/satatisrik/daten/studie/185917/umfrage/gemeldetes-und -tatsächliches haushaltsde-
fizit-von-griechenland/. Abgerufen am 10.10.2012.

als Risiken identifiziert. Im Fokus standen aufgrund der Entwicklung ihrer makroökonomischen Daten Irland und Portugal.

In der Folge kam es zu zwei generellen Tendenzen an den Bondmärkten.

1. Steigendes Angebot zunehmend als ausfallrisikobehaftet erkannter Staatsanleihen der C-Länder zur Deckung ihrer stetig wachsenden Defizite.
2. Steigende Nachfrage nach sicheren Staatsanleihen von A-Ländern vor dem Hintergrund eines erhöhten Niveaus der Risikoaversion der Investoren.

Beide Tendenzen führten bei den C-Ländern zu sinkenden Kursen und steigenden Renditen der Staatsanleihen. So folgten die Renditen von Irland und Portugal zeitlich verzögert der Renditeentwicklung griechischer Staatsanleihen noch im Jahre 2010 auf Größenordnungen von 8–9 %.

Damit war die Abwärtsspirale, die ohne externen Eingriff in die Staatsinsolvenz führen muss, nach Griechenland nun auch im Hinblick auf Irland und Portugal aktiviert.

Auf die A-Länder wirkten sich die Tendenzen umgekehrt aus. Es stiegen die Kurse der Staatsanleihen und dementsprechend fielen die Renditen. In der Folge stiegen die Zinsdifferenzen der Staatsanleihen der C-Länder zu den deutschen Staatsanleihen sprunghaft an.

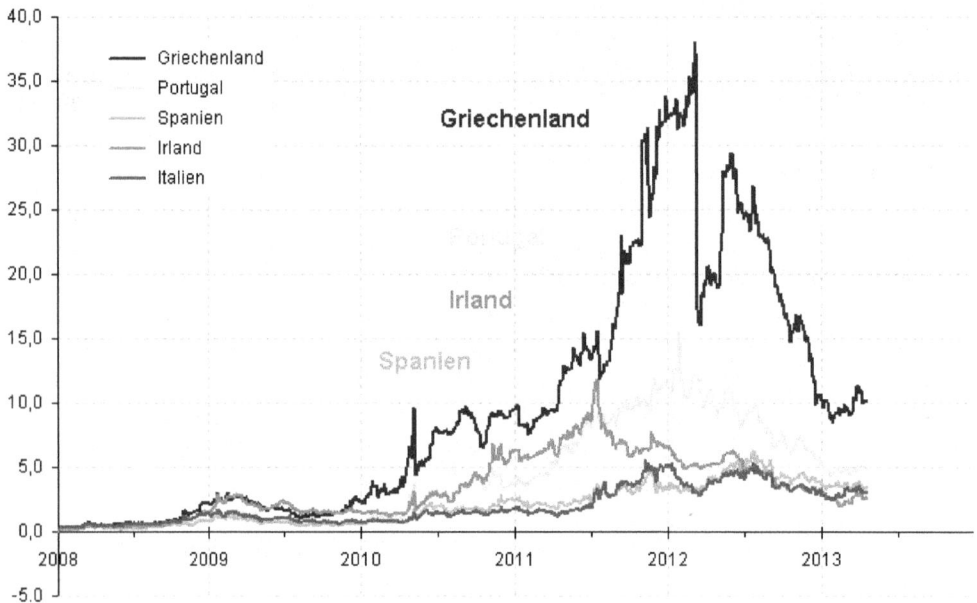

Abb. 45:   Zinsspreads 10-jähriger Staatsanleihen zur Rendite deutscher Staatsanleihen[232]

Aus der dargestellten Entwicklung der Zinsen und der Zinsspreads an den Finanzmärkten, vor allem an den Bond- und Geldmärkten ergaben sich zu Beginn des Jahres 2010 folgende grundlegende Optionen:

*   Die Finanzierung der öffentlichen Haushalte der C-Länder bleibt beschränkt auf die Finanzmärkte und damit auf private Investoren. Die Abwärtsspirale aus hohen Risiken

---

[232]   www.markdaten-daten.de. http://markt-daten.de/charts/zinsen/staatsanleihen-eu.htm. Vom 28.05.2013.

der Staatsanleihen, fallenden Kursen, steigenden Renditen, die ihrerseits höhere Risiken induzieren usw. bleibt intakt und führt kurzfristig, nach Abbau noch bestehender Liquiditätsbestände, zur Staatsinsolvenz Griechenlands und in der weiteren Folge zu Staatsinsolvenzen Irlands und Portugals sowie einem Dominoeffekt folgend mindestens zu Insolvenz gefährdend hohen Zinsbelastungen Spaniens und Italiens sowie weiterer Länder.

- Die Finanzmärkte und privaten Investoren werden bei der Finanzierung der öffentlichen Haushalte ersetzt durch staatliche Investoren bzw. supranationale Banken/Notenbank. Die Investoren sind naturgemäß jene Staaten und Banken, die an der Stabilität des europäischen und Weltwährungssystems objektives Interesse haben.

  Die Investoren setzen den hohen Risiken der Staatsanleihen der C-Länder keine adäquaten Zinsen entgegen und lassen so einerseits die Zinsbelastung für die C-Länder tragfähig erscheinen. Andererseits gehen die interessierten staatlichen Investoren Risiken ein, die nicht durch entsprechende Renditen gedeckt sind.

Aus den grundlegenden Optionen resultierten für die EU/EWU zu Beginn der akuten Eurokrise im Jahre 2010 eine Reihe sehr differenzierter Entscheidungsalternativen. Diese spiegelten sich im weiteren Verlauf in der Konzipierung und im Einsatz der unterschiedlichen Instrumente zur Stabilisierung der Eurozone wider.

Essentials und Interdependenzen

- Vor dem Hintergrund fehlender Auswahlprozesse zur Bestimmung der Länder, die für eine Währungsunion geeignet sind, eines fortschreitenden Aufbaus makroökonomischer Ungleichgewichte in einer Vielzahl von Mitgliedsländer und divergierender wirtschaftlicher Entwicklungen in der EWU unter Verzicht auf effektive Korrekturen über fast ein Jahrzehnt sowie unterschiedlicher Risikopotenziale der nationalen Bankensysteme der EWU-Länder hat die globale Wirtschafts- und Finanzkrise als externer Schock auf die Europäische Währungsunion gewirkt. Die weltweite Wirtschafts- und Finanzkrise hat die Differenzen der Risikopotenziale zwischen den nationalen Bankensystemen vergrößert, die makroökonomischen Ungleichgewichte und Fehlentwicklungen innerhalb der EWU vertieft und die Divergenzen in der wirtschafts- und finanzpolitischen Entwicklung der Union verschärft.
- Während die A-Länder aufgrund ihrer ausgewogenen makroökonomischen Strukturen und ihrer hohen Wettbewerbsfähigkeit die Wirtschafts- und Finanzkrise im Jahr 2010 überwinden, die Nettoneuverschuldung der öffentlichen Haushalte drastisch senken und die Staatsverschuldung konstant halten konnten, vertieften sich die Ungleichgewichte in den C-Ländern. Hohe Verschuldungen des privaten Sektors und der öffentlichen Haushalte, hohe Abschreibungsvolumina in den nationalen Bankensystemen sowie mangelnde Wettbewerbsfähigkeit stellen die Hauptursachen einer sich verschärfende Rezession dar. Die stark rezessiven Entwicklungen führten in direkter Folge zu einer sich beschleunigenden Defizitentwicklung der öffentlichen Haushalte.
- Die latent vorhandene Krise der Währungsunion musste so unter den Bedingungen des externen Schocks der globalen Wirtschafts- und Finanzkrise den Charakter einer akuten Krise annehmen. Das äußere Symptom der akuten Krise des Euroraums stellte eine beschleunigte Staatsverschuldung dar.

- Die stark defizitäre Entwicklung der öffentlichen Haushalte musste zu einer Neubewertung der Rendite-Risiko-Relation generell an den Anleihemärkten und speziell im Hinblick auf die Rendite-Risiko-Relation der Staatsanleihen der C-Länder führen. Die Neubewertungen von Ausfallwahrscheinlichkeiten der Anleihen von C-Ländern führten der wirtschaftlichen Logik entsprechend zu fallenden Kursen und im Gegenzug zu steigenden Renditen der Staatsanleihen. Steigende Renditen induzieren höhere Kapitalkosten bei Neuemissionen an den Bondmärkten zur Refinanzierung des jeweiligen Staates. Steigende Kapitalkosten lassen ihrerseits die Ausfallwahrscheinlichkeit und damit die Renditen ansteigen.
  Der Kreislauf bzw. die Abwärtsspirale ist geschlossen. Der Staat ist nicht mehr in der Lage die Renditen zu tragen und/oder die Anleger sind nicht mehr bereit die Risiken zu tragen. Der Staat steht vor der Insolvenz.
- Generell gilt, dass sich Staaten, die aufgrund ihres Niveaus des Schuldenstandes und des Defizits sowie weiterer gesamtwirtschaftlicher Ungleichgewichte akut einer Neubewertung und der Ingangsetzung des Kreislaufs gegenüber sehen, in einer Staatschuldenkrise befinden. Die Eurokrise setzte mit der Staatsschuldenkrise Griechenlands, Portugals, Irlands, Spaniens und Italiens ein. Kern dieser Krise war zunächst die Staatsschuldenkrise Griechenlands. Die langfristigen tief greifenden Ungleichgewichte der griechischen Wirtschaft aber auch die Unsicherheiten beim Ausweis der griechischen Wirtschaftsdaten durch die Regierungen wurden durch die Finanzmärkte/Anleihemärkte mit dem Hochschnellen der Rendite auf die zehnjährigen Staatsanleihen reflektiert. Die Renditen stiegen noch 2010 auf ein Niveau von rd. 13 %-Punkte. Parallel zogen die Renditen der übrigen C-Länder an. Die Renditen der Anleihen Irlands und Portugals überstiegen mit 8–9 %-Punkten eine empirische Grenze nachhaltiger Tragfähigkeit.
- Vor dem Hintergrund der drohender Staatsinsolvenzen der C-Länder, beginnend mit Griechenland, Irland und Portugal fiel in der EU/EWU die Entscheidung, uneingeschränkte wirtschafts- und finanzpolitische Hilfestellung mit dem Ziel zu leisten, Staatsinsolvenzen von EWU-Länder zu verhindern und die EWU hinsichtlich ihrer Mitgliederstruktur zu erhalten. Damit stellte sich der EU und der EWU das Problem, den C-Ländern im Hinblick auf ihre Staatsfinanzierung Alternativen zu den Finanzmärkten anzubieten und damit den beschriebenen Kreislauf, der in die Staatsinsolvenz führt, zu durchbrechen. Diese Alternativen sind in Form der unterschiedlichen Instrumente zur Stabilisierung der Eurozone (Rettungspakete/schirme usw.) konzipiert und im weiteren zeitlichen Verlauf praktisch umgesetzt worden.
- Im Zuge der globalen Wirtschafts- und Finanzkrise 2008/2009 schalteten die Notenbanken weltweit (Fed, EZB, BoJ, BoE usw.), mit dem Ziel, der Krise geldpolitisch entgegenzuwirken, in einen Krisenmodus um. Dieser Krisenmodus ist durch den Übergang zu einer Kombination von einer zunächst konventionellen extrem expansiven und später unkonventionellen (Quantitative Easing) Geldpolitik charakterisiert. Mit dem Übergang der Notenbanken in den Krisenmodus ohne zwingende Kopplung an eine reformorientierte, auf die Beseitigung der finanzwirtschaftlichen und realwirtschaftlichen Ungleichgewichte gerichtete Wirtschaft- und Finanzpolitik war der Startschuss für eine gravierende Fehlentwicklung des Verhältnisses von Geldpolitik einerseits und Wirtschafts- und Finanzpolitik andererseits gegeben. Das Missverhältnis von Geldpolitik und Wirtschafts- und Finanzpolitik setzte sich fort und wird in der Zukunft zwingend aufzulösen sein.

4 Konzipierung und Einsatz von Instrumenten zur Stabilisierung der Euro-Zone

4.1 Zielstellung und Prämissen der Entscheidungen zu den Instrumenten

4.1.1 Das Zeitfenster der Entscheidungen

In den vorangegangenen Kapiteln ist deutlich geworden, dass die Währungsunion unter Verzicht auf notwendige Auswahlprozesse anhand makroökonomischer Kennzahlen der Mitgliedsländer gegründet wurde (2.). Vor diesem Hintergrund vollzog sich eine sehr differenzierte wirtschaftliche Entwicklung innerhalb der EWU. Diese war gekennzeichnet durch ausgeprägt divergierende Verläufe der wichtigsten makroökonomischen Kennzahlen von Ländergruppen im Rahmen der Währungsunion. Mitte des Jahrzehnts zeigten die Kennzahlenentwicklung eindeutig an, dass sich die Eurozone in einer latenten Krise befand (Kapitel 2) Die globale Wirtschafts- und Finanzkrise im Jahre 2008/09 kann als wirtschaftlicher Schock für die Währungsunion interpretiert werden, der die latent Krise in eine akute Krise der EWU überführte (Kapitel 3).

Diese gesamte Entwicklung der Währungsunion war anhand der statistisch erfassten Daten zur makroökonomischen Entwicklung der EWU und der einzelnen Mitgliedsländer präzise ausgewiesen, erkennbar und damit zumindest in den wesentlichen wirtschaftlichen Eckpunkten antizipierbar.

Die Institutionen europäischer Politik und damit die Entscheidungsträger, das Europäische Parlament, der Europäische Rat, der Rat der Europäischen Union und die Europäische Kommission[233] haben zumindest in ihrer Gesamtheit die in den vorangegangenen Kapiteln dargestellten makroökonomischen Entwicklungen über einen Zeitraum von etwa zehn Jahren ignoriert und hinsichtlich der resultierenden wirtschafts- und finanzpolitischen Konsequenzen offensichtlich nicht erkannt.

Nur vor diesem Hintergrund sind die Entscheidungen der europäischen Politik zur Reaktionen auf die Eurokrise erklärbar. Das betrifft insbesondere zwei Sachverhalte.

1. Zeitdruck der Entscheidungsfindung
2. Inhalt der Entscheidungen

---

[233] Die aufgeführten Institutionen entsprechen dem „einzigartigen institutionellen Gefüge der EU". Vgl. Europäische Union. Institutionen und Einrichtungen der EU. In http://europa.eu/about-eu/institutions-bodies/index_en.htm. Vom 15.06.2013.

Zeitdruck

Ausgelöst durch mehrfache Korrekturen der Defizitquote und der Staatsverschuldung nach oben für das Jahr 2009 durch die griechische Regierung zu Beginn des Jahres 2010 begannen die Finanzmärkte die makroökonomische Entwicklung des Landes zu analysieren und unter Berücksichtigung der No-Bailout-Klausel hinsichtlich der Ausfallrisiken völlig neu zu bewerten.

Die Renditen 10-jähriger griechischer Staatsanleihen stiegen zwischen dem 09.04. und dem 05.05.2010 binnen 4 Wochen von rd. 6,5 % auf 10,2 %-Punkte – Tendenz steigend.[234] Das eigentlich Überraschende war, dass die Finanzmärkte als Korrektiv der völlig verfehlten griechischen Wirtschafts- und Finanzpolitik erst im Jahre 2010 und nicht bereits Jahre vorher in Erscheinung traten.

Die Institutionen europäischer Politik zeigten sich hingegen völlig überrascht und gerieten dadurch unter enormen Zeitdruck, dass sich der Zugang Griechenlands zu den Finanzmärkten schloss und die griechische Regierung zur Finanzierung der öffentlichen Haushalte nur noch kurzfristig liquide war.

Noch während der Erarbeitung und Umsetzung der kurzfristigen Lösung für Griechenland (Griechenlandpaket I) schnellten die Renditen Irlands und Portugals in die Höhe und induzierten so ebenfalls einen enormen Zeitdruck bei der Lösung eben dieser Probleme.

Unter dem so gegebenen Zeitdruck war die Erarbeitung fundiert vorbereiteter Entscheidungsalternativen und das Fällen von Entscheidungen nach Kriterien einer definierten Zielstellung nicht schwer möglich.

Inhalt

Vor dem Hintergrund, dass die Institutionen der EU und damit die Entscheidungsträger die makroökonomische Ungleichgewichte innerhalb der EWU ignoriert und hinsichtlich ihrer wirtschafts- und finanzpolitischen Konsequenzen nicht erkannt hatten, wurde nicht nur ein enorm hoher und permanenter Zeitdruck der Entscheidungsfindungen induziert. Die EU-Institutionen waren auch inhaltlich in keiner Weise auf den Ausbruch einer Staatschulden- und in der Folge Eurokrise vorbereitet.

Das betrifft die Fixierung der grundlegenden Zielstellungen der EWU und ihrer Mitglieder als eigenständige Institution mit der implizierten Fragestellung nach der Möglichkeit des Ausscheidens und der Staatsinsolvenz von Mitgliedsstaaten usw.[235]

Deshalb wurden beispielsweise die Alternativen in Bezug auf Griechenland,

- Staatsinsolvenz mit Ausscheiden aus der EWU oder
- Vermeidung der griechischen Staatsinsolvenz mit Einsteuerung sich wiederholender Hilfspakete

unter den Kriterien Kosten-Nutzen für die EWU und Griechenland über kurz-, mittel- und langfristige Zeiträume zumindest zu Zeitpunkt nicht hinreichend gründlich geprüft.[236]

---

[234] Vgl. Abb. 46.

[235] Vgl. auch Abschnitt 1.3.

[236] So kommt der IWF exakt drei Jahre nach dem 1. Griechenlandpaket zu dem Schluss, dass die wirtschaftliche Bewertung der griechischen Wirtschaft, die dem Programm zugrunde lag, stark fehlerhaft war. Natürlich ist dies nicht mangelnder Kompetenz sondern dem politischen Rahmen und dem Zeitdruck geschuldet. Vgl.

In der Konsequenz entstand ein breites Spektrum heterogener Instrumente zur Stabilisierung der Währungsunion. Die Konzipierung und der Einsatz der Instrumente folgten dabei jeweils dem Erkenntnisfortschritt.

Es unterscheiden sich die zeitlich aneinander gereihten Instrumente durch ihren Zeitbezug, ihre Politikbereiche, ihre Verantwortlichkeiten usw.

So wurde das Griechenlandpaket I ergänzt und erweitert durch den zeitlich begrenzten EFSF, der aufgrund der wirtschaftsstrukturell und damit mittel- und langfristig zu lösender Probleme der C-Länder überführt wurde in den zeitlich unbegrenzten ESM u. a. m.[237]

Die EU-Entscheidungsträger waren damit sowohl hinsichtlich der Zielstellungen der weiteren Entwicklung der EWU als auch im Hinblick auf die Gestaltung eines in sich abgestimmten konzeptionellen Mix der Instrumente zur Stabilisierung der Währungsunion weitestgehend unvorbereitet.

4.1.2   Präferenzen und Entscheidungsalternativen

Die Entwicklung der Finanzmärkte zu Beginn der akuten Eurokrise im Jahre 2010 und damit (endlich) die Wahrnehmung der Korrektivfunktion durch die Finanzmärkte stellte die Entscheidungsträger der EU/EWU vor komplexe Entscheidungsprobleme.

Aus Sicht der allgemeinen Entscheidungstheorie geht es inhaltlich generell darum, aus einer gegebenen Anzahl von Entscheidungsalternativen eine Alternative auszuwählen. Der Auswahlprozess wird anhand von definierten Präferenzen vorgenommen. Die Alternativen beinhalten im Hinblick auf die Präferenzen jeweils erwartete alternativspezifische Konsequenzen.

Die Zielfunktion der Entscheidungsträger beinhaltet die Präferenzen in ihrer Summe. Die Nebenbedingungen umfassen die gesetzten Begrenzungen des Entscheidungsrahmens hinsichtlich der Variablen der Alternativen und der Ziele.

Entscheidungen stellen damit allgemein die Auswahl der Alternative mit der, gemessen an den Präferenzen, besten Zielerfüllung unter definierten Nebenbedingungen dar.[238]

Für die EU/EWU ergaben sich zu Beginn der akuten Eurokrise im Jahre 2010 eine Reihe differenzierter Entscheidungsalternativen.

1.   Kein Eingriff in die Finanzmarktentwicklung mit der möglichen Konsequenz eines Zerfalls der EWU und der Rückkehr in ein System flexibler Wechselkurse eines Teils der EWU-Länder.
2.   Keine wirtschafts- und finanzpolitische Hilfestellung an Griechenland vor dem Hintergrund des wiederholten Falschausweises makroökonomischer Kennzahlen an die EU und extremer wirtschafts- und finanzpolitisch induzierter Fehlentwicklungen über den gesamten Zeitraum der EWU-Mitgliedschaft, die eine EWU-Fähigkeit über künftige Zeiträume von mindestens zehn Jahre verhindert hat. Die Konsequenz für Griechenland

---

ZEIT-ONLINE: IWF räumt Fehler bei Griechenland-Hilfe ein. In: http://www.zeit.de/wirtschaft/2013-06/iwf-hilfen-griechenland. Abgerufen am 16.08.2013

[237]   Vgl. Abschnitt 4.2.1.

[238]   Vgl. hierzu auch Bamberg, G; Coenenberg, A.: Betriebswirtschaftliche Entscheidungslehre. 14. Auflage. Verlag Vahlen. München 2008. Oder: Entscheidungstheorie. Gabler Wirtschaftslexikon. In: http://wirtschaftslexikon.gabler.de/definition/entscheidungstheorie.html. Abgerufen am 17.06.2013.

ist ein Ausscheiden des Landes aus der EWU. Die Konsequenz für die Eurozone stellt sich dar im notwendigen Aufbau einer „Brandmauer" bestehend aus einem Mix von finanzpolitischen Hilfsprogrammen und geldpolitischen Eingriffen zur Sicherung weiterer C-Länder.[239]

3. Wirtschafts- und finanzpolitische Hilfestellung wird streng beschränkt auf die Länder, die auf der Grundlage präziser Analysen und darauf aufbauender Prognosen in Mittelfristzeitraum von 3 Jahren ihre Finanzmarktfähigkeit zurück erlangen können, mit der Konsequenz, dass zumindest Griechenland und gegebenenfalls weitere EWU-Länder, wie Portugal aus der EWU hätten ausscheiden müssen.

4. Uneingeschränkte Wirtschafts- und finanzpolitische Hilfestellung mit dem Ziel, die EWU hinsichtlich ihrer Mitgliederstruktur zu erhalten mit der Konsequenz unabsehbarer finanzieller Belastungen der EWU-Länder insgesamt und erheblicher sozialer Spannungen in den Programmländern.

In der Entscheidungssituation, die durch die dargestellten Alternativen gegeben war, zeigte sich einer der grundlegenden Konstruktionsfehler der Europäischen Währungsunion.

Die EWU ist inhaltlich ein ökonomisches Projekt. Dieses ökonomische Projekt hätte explizit ökonomischer Zielstellungen bereits bei der Gründung bedurft. Ökonomische Zielstellungen einer Währungsunion konzentrieren sich auf Finanzstabilität, Finanzsystemstabilität und Wettbewerbsfähigkeit und können durch die Scoreboard-Kennzahlen untersetzt werden.

Stattdessen wurden dem ökonomischen Projekt politische Zielstellungen zugrunde gelegt wie, Vertiefung der Integration als Weg des friedlichen Zusammenwirkens der europäischen Völker, Begründung einer europäischen Wertegemeinschaft.[240] Ökonomische Zielstellungen, wie Vertiefung des Binnenmarktes u. ä. wurden dem Primat der Politik folgend den politischen Zielstellungen untergeordnet.

Diese zunächst theoretisch anmutende Betrachtung hatte in der Entscheidungssituation allerdings praktische Relevanz. Der Entscheidungsprozess als Auswahl der dargestellten Alternativen setzt das Vorhandensein ökonomischer Zielstellungen, aus denen Entscheidungskriterien abgeleitet werden können, voraus. Da dem ökonomischen Projekt der EWU politische Zielstellungen zugrunde lagen, wurden die Entscheidungen auf der Grundlage politischer Kriterien und eben nicht ökonomischer Kriterien gefällt.

Aus der Zugrundelegung übergeordneter politischer und nicht ökonomischer Entscheidungskriterien erklärt sich, dass die Europäische Union der vierten Entscheidungsalternative gefolgt ist. Politische Ziele, wie die Vertiefung der europäischen Integration usw. wurden als übergeordnete Entscheidungskriterien herangezogen. Damit stellte sich der EU und der EWU das praktische Problem, den C-Ländern, beginnend mit Griechenland im Hinblick auf ihre Staatsfinanzierung Alternativen zu den Finanzmärkten anzubieten und damit den beschriebenen Kreislauf, der in die Staatsinsolvenz führt, zu durchbrechen.

---

[239] Die Entscheidung, Griechenland wirtschafts- und finanzpolitisch Unterstützung zu gewähren (Griechenlandpaket I) basierte offensichtlich auf unpräzisen Analysen und deutlich zu optimistischen Prognosen der Troika. Der IWF räumte eben diese Mängel im Juni 2013 ein und publizierte entsprechend über die Medien. Vgl. ZEIT-ONLINE: Finanzprogramme. IWF räumt Fehler bei Griechenland-Hilfe ein. A. a. O. Abgerufen am 16.08.2013. Die Einschätzung zum Zeitrahmen der Restrukturierung der griechischen Wirtschaft ist dem IWF entlehnt, der erst für das Jahr 2020 eine Schuldentragfähigkeit Griechenlands in Höhe einer Staatsverschuldung von 124% des BIP prognostiziert und fordert.

[240] Vgl. Die Gründungsprinzipien der Union. In: http://europa.eu/scadplus/constitution/objectives_de.htm. Abgerufen am 21.06.2013.

Diese Alternativen sind in Form der unterschiedlichen Instrumente zur Stabilisierung der Eurozone (Rettungspakete/schirme usw.) konzipiert und im weiteren zeitlichen Verlauf praktisch umgesetzt worden.

4.2 Inhaltliche Struktur und Volumina der Instrumente

4.2.1 Systematisierung

Vor dem Hintergrund der Entwicklungen an den Finanzmärkten kommt zur Stabilisierung der Eurozone im Sinne der

- Unterbrechung der Abwärtsspirale von der Höherbewertung von Ausfallrisiken der Staatsanleihen mit anschließender Kurssenkung und Renditeanstieg mit der Option der Staatsinsolvenz,
- Vermeidung von Dominoeffekten d.h. der Gefahr des Übergreifens von einem oder mehreren krisengefährdeten Staat auf weitere Staaten,
- Gewinnung von Zeit für die Umsetzung von wirtschafts-, finanz- und finanzsystempolitische Entscheidungen zur Realisation dieser Zielstellungen,
- Ableitung von Zielstellungen kurz- und mittelfristiger Reformprogramme zur Entlastung der öffentlichen Haushalte als Grundlage künftiger Wirtschafts- und Finanzpolitik der krisengefährdeten Staaten,
- Festsetzung stringenter wirtschafts- und finanzpolitischer Zielsetzungen für alle Staaten der EWU im Sinne der Neuverschuldung und der Gesamtverschuldung (z. B. unter Nutzung der Scoreboard-Kennzahlen und ihrer Schwellenwerte)

ein breites Spektrum sehr differenziert anwendbarer Instrumente in Betracht.

Zur Charakterisierung dieses Spektrums ist eine Systematisierung der aufgeführten Instrumente nach folgenden Kriterien sinnvoll:

1. Nach der aktuellen praktischen Anwendung in
   - genutzte Instrumente und
   - vorgeschlagene Instrumente[241]

2. Nach den in Politikbereichen in
   - Finanzpolitik,
   - Geldpolitik,
   - Bankenpolitik/Finanzsystempolitik.

3. Nach den Zeithorizonten in (üblicherweise)
   - kurz-,
   - mittel- und
   - langfristig.

4. Nach dem Staatenbezug in
   - offene Instrumente für krisengefährdete Staaten und
   - geschlossene Instrumente für spezielle Staaten in der Krise.

---

[241] Die Nutzung bezieht sich hier auf den Zeitraum II/2010 bis III/13.

Zu 1. Anwendung

Im Rahmen der praktischen Relevanz von Entscheidungen und der EU-vertraglichen Einbindung der aktuell genutzten Instrumente zur Stabilisierung der Eurozone sind insbesondere folgende Anforderungen zugrunde gelegt:

- Beibehaltung des Grundgedankens der No-Bailout-Klausel,
- . Ableitung fundierter wirtschafts- und finanzpolitischer Zielstellungen z. B. anhand der Schuldentragfähigkeit bzw. des Primärüberschusses im Rahmen kurz-, mittel- und langfristiger Zeithorizonte für krisengefährdete Staaten,
- Konzipierung von Reformkonzepten zur kurz-, mittel- und langfristigen Gestaltung bzw. Umsetzung der Zielstellungen in Wirtschafts-, Finanz- und Fiskalpolitik – Reformpolitik der Staaten,
- Vermeidung von Fehlanreizen und Sicherung einer kontinuierlichen den Reformkonzepten inhaltlich und zeitlich entsprechenden Umsetzungsschritten.

Die nicht angewandten Instrumente laufen wenn auch in unterschiedlicher Weise letztendlich auf die Vergemeinschaftung der staatlichen Verschuldung der Mitgliedsländer der EWU hinaus. Diese Instrumente erlauben eine Vergemeinschaftung der Staatsschulden gleichbedeutend mit der Aufgabe der No-Bailout-Klausel. Sie schließen damit den Verzicht auf

- zwangsläufige Lösung der wirtschaftsstrukturellen Probleme im Sinne von Reformen,
- Überwachung der Reformprozesse und
- Durchgriffsmöglichkeiten bei Unterbrechung der Reformprozesse in den einzelnen Staaten durch die Institutionen der EWU

ein.

Zu 2. Politikbereiche

Finanzpolitische Instrumente dienen dazu, den Finanzbedarf der C-Länder

- direkt über Kreditierungen durch die einzelnen EWU-Staaten bzw. durch die EU-Kommission oder
- indirekt über Anleihefinanzierung durch die EWU unter Umgehung der Anleihe/Geldmärkte

zu decken.

Geldpolitische Instrumente werden durch die EZB genutzt. Sie umfassen sowohl die konventionellen Instrumente der Zins- und Geldmengensteuerung als auch die unkonventionellen Instrumente der Geldpolitik im Rahmen des „Quantitative Easing".

Banken- und finanzsystempolitische Instrumente sind generell auf die Stabilität des Finanz- und Bankensystems gerichtet. Inhaltliche Schwerpunkte stellen dabei vor allem

- Rekapitalisierung instabiler Banken,
- Funktionsfähigkeit von Einlagensicherungssystemen und
- Effektive Banken/Finanzaufsicht

dar.

Zu 3. Zeithorizonte

Auch wenn die Anwendung der Instrumente zur Stabilisierung der EWU inhaltlich durch makroökonomische Zielstellungen geprägt ist, wird dennoch nicht von der makroökonomisch üblichen Unterscheidung der Zeithorizonte ausgegangen.[242]

Vor dem Hintergrund der durch die Entwicklung an den Finanzmärkten induzierten notwendigen Entscheidungen zur Finanzstabilisierung der EWU ist eine Orientierung an den üblichen Zeithorizonten im Rahmen von Finanzierungen sinnvoll. Es wird hier allgemein differenziert in

- Kurzfristig bis 90 Tage bis ein Jahr,
- Mittelfristig bis drei Jahre,
- Langfristig größer drei Jahre.

Die Differenzierung in die Fristen ist eng mit der wirtschaftspolitischen Logik der Stabilisierungsinstrumente verbunden. So sind kurzfristig Instrumente insbesondere so angelegt, dass sie einen Zeitgewinn zur Realisation kurz- und mittelfristiger Konzepte zur Verbesserung der finanzpolitischen Situation der Staaten, z. B. im Sinne der Senkung der Nettoneuverschuldung, ermöglichen.

Mittelfristig angelegte Instrumente beinhalten Reformprogramme mit mittelfristig untersetzten Zielstellungen hinsichtlich Finanzstabilität, Finanzsystemstabilität und Wettbewerbsfähigkeit. Gleichzeitig signalisieren sie den Finanzmärkten die Entschlossenheit der Staaten und der EU, die EWU zu erhalten.

Langfristige Instrumente zur Stabilisierung der Währungsunion setzen umfassende Reformprozesse der Mitgliedsstaaten voraus. Sie sind zugleich an grundlegende politische, insbesondere wirtschafts-, finanz- und sozialpolitische Weichenstellungen der EU und der EWU gebunden.

Zu 4. Staatenbezug

Die Entwicklung der Euro-Krise hat gezeigt, dass einerseits Art und Gewichtung von Krisensymptomen in den verschieden Staaten lange ignoriert wurden und dann unter Zeitdruck zu kurzfristigen Reaktionen der EU/EWU führen mussten. Andererseits überforderten die dynamische Entwicklung der Finanzmärkte die möglichen Reaktionszeiten der EU/EWU deutlich. Es wurden unter Zeitdruck und dem Erkenntnisfortschritt folgend neben offenen auf alle krisengefährdeten Länder ausgerichtete EFSF, ESM sowie spezielle. geschlossene Instrumente zur Krisenbekämpfung einzelner Staaten geschaffen. Typische Beispiele sind das Griechenlandpaket I im Jahre 2010, die Rettung Spanischer Banken im Jahre 2012 sowie das Zypern-Rettungspaket im Jahre 2013.

Die dargestellte Systematisierung eröffnet die Möglichkeit, das breite Spektrum der Instrumente hinreichend tief zu charakterisieren und entsprechend einzuordnen. Die einzelnen Instrumente zur Stabilisierung der Eurozone werden nachfolgend zusammengefasst und in ihrer Systematisierung tabellarisch dargestellt.

---

[242] Eine makroökonomisch begründete Unterscheidung führt nach Blanchard/Illing zu Zeithorizonten von einem Jahr (kurze Frist), von bis zu 10 Jahren (mittlere Frist) und größer 10 Jahre in der Langen Frist. Vgl. Blanchard, O.; Illing G.: Makroökonomie. 3. aktualisierte Auflage. Paerson Studium. München, S. 77 ff.

Tab. 10:   Übersicht über Instrumente zur Stabilisierung der Eurozone

Instrumente zur Stabilisierung der Eurozone

Systematisierung / Instrumente	Politikbereiche			Zeithorizonte			Staatenbezug	
	Finanz politik	Geld politik	Banken politik	kurz	mittel	lang	offen	geschlossen
Griechenlandpaket I								
Griechenlandpaket II								
EFSF								
ESM								
Anleihekaufprogramm EZB								
Liqiditätsprogramm EZB[1)]								
Eurobonds								
Bankenrekapitalisierung EFSF								
Bankenrekapitalisierung EZB								
Europäische Bankenunion								

1) Langfristtender der EZB

Legende : Instrumente in Anwendung bis III/13:

Auf der Grundlage ihrer Systematisierung nach den unterschiedlichen Kriterien ist es möglich, die Instrumente zur Stabilisierung der Eurozone hinsichtlich ihrer Funktionsweise, ihres strukturellen Aufbaus und ihrer jeweiligen Finanzvolumina bzw. ihrer finanziellen Konsequenzen zu erkennen und einzuordnen. Die grundlegende Unterscheidung der Instrumente zur Stabilisierung der Eurozone ergibt sich naturgemäß aus der Systematisierung nach den Kriterien ihrer Politikbereiche und ihrer Anwendung.

Die Funktionsweisen, die inhaltlichen Strukturen und die finanziellen Volumina werden im Folgenden in der zeitlichen Reihenfolge der Entscheidung der einzelnen angewandten Instrumente im Rahmen der unterschiedlichen Politikbereiche betrachtet. Diese Herangehensweise trägt dazu bei, aus der jeweiligen wirtschaftlichen Situation der Eurozone und der Krisengefährdung der einzelnen Länder heraus die innere Logik der Instrumente zu verstehen.

4.2.2   Wirtschafts- und finanzpolitische Instrumente

4.2.2.1   Anpassungs- und Hilfsprogramm Griechenlandrettungspaket I

Auslösender Anlass – finanzpolitische Situation

Die tief greifenden strukturellen Ungleichgewichte, Defizite und Disproportionen der griechischen Volkwirtschaft lösten, wie in 3.2. dargestellt, zunächst die Staatsschuldenkrise in Griechenland aus. Sichtbarer Ausdruck waren die sinkenden Kurse und der dementsprechende Anstieg der Renditen griechischer Staatsanleihen.[243]

---

[243]   Vgl. Abb. 43 und 45.

Tageswerte

% p.a.

Renditen zehnjähriger Staatsanleihen

Griechenland
—— Portugal
—— Irland
Italien
—— Spanien
Frankreich
Deutschland

Langfristiges Rating

	AAA
Deutschland und Frankreich	AA+
	AA
Spanien	AA−
Italien	A+
	A
	A−
Irland	BBB+
Investment Grade	BBB
Portugal	BBB−
	BB+
Non-Investment Grade	Griechenland	BB
	BB−
	B+
	B
	B−
	CCC+
	CCC
	CCC−
	CC

2010   2011

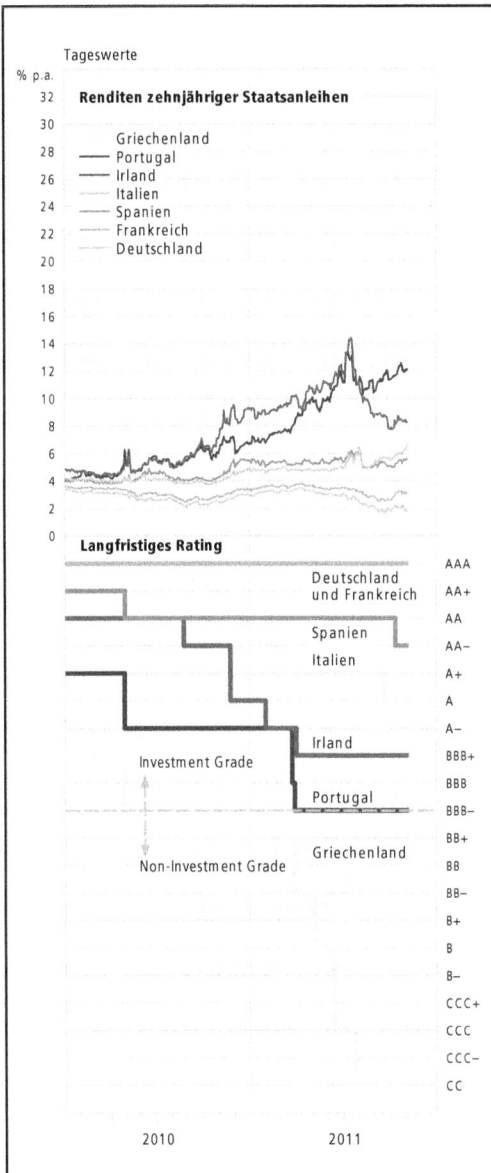

Abb. 46:   Renditen und Ratings für ausgewählte Euroländer (Tageswerte)[244]

Mit der dargestellten Renditeentwicklung war die Zahlungsfähigkeit Griechenlands unmittelbar bedroht. Es erwies sich als zwingend notwendig, die Abwärtsspirale von der Höherbewertung der Ausfallrisiken griechischer Staatsanleihen mit anschließender Kurssenkung und Renditeanstieg mit der zwangsläufigen Option der Staatsinsolvenz zeitnah zu unterbrechen.

---

[244] Vgl. Deutsche Bundesbank. Finanzstabilitätsbericht 2011. S. 22. In: www.bundesbank.de/RedaktionDE. Abgerufen am 31.07.2012.

Zielstellungen

Das Griechenlandrettungspaket I wurde am 2. Mai 2010 zwischen der EU, der EZB und dem IWF einerseits sowie der griechischen Regierung andererseits ein finanzielles Hilfsprogramm[245] verbindlich vereinbart. Es stellt die unmittelbare Reaktion der Vertragsparteien auf die Kursbewegungen und Renditeentwicklung der griechischen Staatsanleihen dar. Das Griechenlandrettungspaket I war dem Erkenntnisstand des Entscheidungszeitpunkts geschuldet nur als Einzelfallinstrument (Griechenland) ausgelegt. Es war dementsprechend mit seinen inhaltlichen Komponenten insbesondere darauf angelegt,

- die Staatsinsolvenz Griechenlands abzuwenden,
- die Zinskosten für den griechischen Staatshaushalt dauerhaft zu senken,
- den Verkaufsdruck bezüglich griechischer Staatsanleihen zu mildern, den insbesondere europäischen und den griechischen Bankensektor zu entlasten, sowie
- die griechische Konjunkturentwicklung zu stützen.

Struktur, Funktionsweise und Volumina

Das Griechenlandrettungspaket I umfasst im Einzelnen drei Komponenten:

1. Ein Kreditprogramm mit einem Gesamtvolumen von 110 Mrd. € (Hilfsprogramm im engeren Sinne).

Das Kreditprogramm gliedert sich in zwei Teile

Teil 1: 80 Mrd. €

Bereitstellung einer „Finanzhilfe an Griechenland in Form von koordinierten bilateralen Krediten"[246] durch die Eurostaaten in Höhe von bis zu 80 Mrd. €. Die Anteile der einzelnen 15 Staaten der EWU (außer Griechenland und der Slowakei) entsprechen ihrem prozentualen Anteil an der Europäischen Zentralbank. Der deutsche Anteil beträgt demgemäß 27,92 %-Punkte und damit rund 22,4 Mrd. €.[247] Der Gewährung bilateraler Kredite der Euro-Zonen-Länder an Griechenland liegt folgende finanzpolitische Logik zugrunde: Die Kredit gebenden Staaten decken ihren aufgrund des Kredits zusätzlichen Finanzbedarf über den Anleihemarkt bzw. über den Geldmarkt. Die Verzinsung richtet sich nach der Bonität der jeweiligen Staaten. Die zusätzlich aufgenommenen Finanzmittel der einzelnen Staaten werden dann an Griechenland als bilaterale Kredite weiter gereicht. Damit wird Griechenland die Möglichkeit eingeräumt, sich dem extrem hohen und tendenziell steigenden Zinsniveau an den Finanzmärkten zu entziehen.

Im Rahmen der bilateralen Kreditverträge zwischen den jeweiligen Kreditgebern und Griechenland sind die Kreditkonditionen im einzelnem fixiert. Dabei betragen die Laufzeiten der Kredite maximal 5 Jahre (häufiger sind kürzere Laufzeiten). Die Zinskonditionen sind variabel und orientieren sich an der Entwicklung des Euribor-Satzes. Der Euribor (European

---

[245] Für dieses finanzielle Hilfsprogramm setzte sich im weiteren Verlauf die Bezeichnung „Griechenlandrettungspaket 1" durch.

[246] Vgl. Währungsunion – Finanzstabilitätsgesetz, WFStG. Langtitel: Gesetz zur Übernahme von Gewährleistungen zum Erhalt der für die Finanzstabilität in der Währungsunion erforderlichen Zahlungsfähigkeit der Hellenische Republik. Teil B vom 07.05.2010. In: http://www.bundesfinanzministerium.de/Content/DE/Standardartikel/ Themen/Europa/Euro_auf_einen_Blick/2010-05-06-griechenland-finanzstabilitaet.html. Abgerufen am 22.07.2012.

[247] Vgl. Ebenda.

Interbank Offered Rate) stellt den durchschnittlichen Zinssatz über Laufzeiten zwischen 7 Tagen und einem Jahr dar. Inhaltlich handelt es sich hierbei in der Regel um Geldmarktgeschäfte im Rahmen des Interbankenhandels (neben den Refinanzierungsgeschäften zwischen den Geschäftsbanken und der EZB sowie den Emissionen von Bankanleihen) als einer der drei Säulen des Geldmarktes.

Bei der vertraglichen Festlegung der Zinskonditionen wird der Euribor mit einem laufzeitabhängigen Zinsaufschlag in Größenordnungen von 3–4 % belegt. Unter Zugrundelegung eines Euribor-Satzes von 2,5–3 % rangierte sich das tatsächliche Zinsniveau im Bereich von 6,0–6,5 % ein. Bei späteren Nachverhandlungen wurden teilweise niedrigere laufzeitabhängige Zinsaufschläge vereinbart. Gleichzeitig fiel der Euribor in der Folgezeit. Infolge beider Tendenzen fiel das Zinsniveau der Kredite für den griechischen Kreditnehmer auf eine Größenordnung von 4,5 % und im weiteren Zeitverlauf deutlich darunter.

Die kreditvertraglichen Festlegungen zur Tilgung beinhalten sowohl die Tilgungstermine als auch die Option einer Tilgungsfreiheit bis zu drei Jahren. Diese Option ist insofern von Bedeutung, da sie eine sofortige Staatsinsolvenz bei zwischenzeitlicher Zahlungsstockung des griechischen Staates zwingend verhindert.

Die Funktionsweise der bilateralen Kreditierungen impliziert, dass die Kredit gebenden Staaten Zinsgewinne realisieren. Sie verschulden sich zu niedrigeren Zinsen als sie von Griechenland erhalten. Das trifft in besonderem Maße für die bonitätsstarken „AAA"-Länder zu. Es bleibt allerdings festzuhalten, dass Zinsgewinne die enormen Kreditrisiken natürlich nicht annähernd gedeckt haben – wie sich im Zusammenhang mit dem Rettungspaket Griechenland II später auch zeigen sollte.

Teil 2: 30 Mrd. €
Neben dem Kreditvolumen von 80 Mrd. € stellt der Internationale Währungsfonds einen Kreditanteil in Höhe von 30 Mrd. € zu Verfügung.

Die Gewährung einer Kreditkomponente des IWF an Griechenland folgt einer finanzpolitischen Logik in zweierlei Weise. Zum einen begrenzt der IWF-Kredit die Belastung der einzelnen EWU-Staaten. Zum zweiten stellt der IWF-Kredit den Rahmen für die Gestaltung der oben beschriebenen Kreditkonditionen. Damit besitzt das Kreditkonditionsgefüge einen neutralen, international üblichen Charakter und entgeht dem Verdacht innereuropäischer Lösungen. Im Hinblick auf die mit dem Griechenlandpaket I verbundenen notwendigen Reformprogramme ist dies u. a. für die griechische Öffentlichkeit von Bedeutung.

Mit dem Kreditprogramm bzw. dem Hilfsprogramm in engerem Sinne zu-nächst eine Staatsinsolvenz vermieden und gleichzeitig das durch den griechischen Staatshaushalt zu tragende Zinsniveau signifikant gesenkt.

2. Eine geldpolitische Komponente im Sinne der Akzeptanz griechischer Staatsanleihen als Sicherheiten im Rahmen der Refinanzierungsgeschäfte durch die EZB.

Die verbindlichen Vereinbarungen zum Hilfsprogramm wurden geldpolitisch flankiert. Generell gilt, dass im Zusammenhang mit Kreditgeschäften des Eurosystems der Satzung des Europäischen Systems der Zentralbanken entsprechend jeweils ausreichende Sicherheiten zu stellen sind. Diese Sicherheiten müssen einer Reihe von Kriterien genügen, damit sie „notenbankfähig" sind und von der EZB akzeptiert werden. So müssen notenbankfähige Sicherheiten, die im Zusammenhang mit geldpolitischen Operationen genutzt werden, im Hinblick

auf die Bonitätsanforderungen zumindest einem Bonitätsschwellenwert von „BBB" entsprechen.[248] Im Zusammenhang mit dem Hilfsprogramm hat die EZB die Kriterien der Notenbankfähigkeit gelockert und flexibilisiert. Sie ist dazu übergegangen, griechischer Staatsanleihen auch unabhängig von ihrer Bonitätsbewertung und der üblichen Bonitätsschwelle als
notenbankfähige Sicherheiten bei geldpolitischen Operationen zu akzeptieren. Dadurch hat
die EZB den Verkaufsdruck im Hinblick auf die griechischen Staatsanleihen an den Anleihemärkten gedämpft und zugleich den europäischen Bankensektor, insbesondere jene (nicht
nur griechische) Banken, die diese Anleihen halten, entlastet.

3.   Freigabe von Fördermitteln aus den EU-Strukturfonds zur Stützung der Konjunktur.
Im Rahmen der Entscheidungen zum Hilfsprogramm und im weiteren Zeitverlauf wurden
zwischen der EU und Griechenland Vereinbarungen zur vereinfachten Nutzung von Finanzmitteln aus dem EU-Strukturfonds getroffen. Die Vereinbarungen betreffen insbesondere drei
Sachverhalte.

Zum einen beziehen sich die Vereinbarungen auf ein Finanzvolumen der von Griechenland
nicht ausgeschöpften Fördermittel aus dem EU-Strukturfonds in Höhe von 17,3 Mrd. € (Gesamt 22,2 minus 4,9 Mrd. € ausgegeben) im Zeitraum bis 2013.[249]

Zum anderen wurden organisatorische Vereinfachungen umgesetzt. Schließlich erfolgte eine
Absenkung der aus Eigenmitteln zu finanzierenden Volumina von 21,0 % auf 15,0 % der
Finanzierungssumme für EU-Förderprojekte und damit die entsprechende Erhöhung der
Kofinanzierung durch die EU-Strukturfonds beschlossen.[250]

Über Kofinanzierungen stellt die EU im Rahmen der EU-Förderpolitik, insbesondere bei der
Förderung im Zusammenhang mit den Strukturfonds generell anteilig Fördermittel zur Verfügung mit definierten Zielstellungen, wie Unterstützung effizienter regionaler Wirtschaftsstrukturen usw. Die förderpolitischen Maßnahmen dienten vor allem der Stützung der konjunkturellen Entwicklung Griechenlands.

Bedingungen der Umsetzung des Griechenlandrettungspakets I

An das Hilfsprogramm in seinen Teilen

1.   Kreditprogramm mit den Komponenten der bilateralen Kredite und des IWF-Kredits,
2.   Förderprogramm im Sinne der Freigabe von Fördermitteln durch die EU sowie
3.   Geldpolitisches Programm zur Förderung von Refinanzierungsgeschäften

wurde als Bedingung der Realisation ein Reformprogramm Griechenlands gebunden. Dieses
Programm stellte das Ergebnis der Verhandlungen zwischen der griechischen Regierung auf
der einen Seite sowie dem IWF, der EU, der EZB auf der anderen Seite dar und war für beide
Seite rechtlich bindend. Es wurde im Mai 2010 durch das griechische Parlament verabschie-
det.

---

[248]   Vgl. Deutsche Bundesbank. Kerngeschäftsfelder, Notenbankfähige Sicherheiten. In:
http://www.bundesbank.de /Navigation/DE/Kerngeschaeftsfelder/geschaeftsfelder.html. Abgerufen am
15.06.2012.

[249]   Der bis 2011–2013 zur Verfügung stehende Betrag von 17,3 Mrd.€ stellt ein BIP Anteil (2011) von 8,04% dar.

[250]   Vgl. Van Rompuy bestellt EU-Sondergipfel ein. Frankfurter Allgemeine Zeitung vom 16.07.2011. In:
http://fazarchiv.faz.net. Abgerufen am 15.06.2012.

Das vereinbarte Programm umfasste ein Einsparvolumen von rund 30 Mrd. € über einen Zeitraum von 2010–2013. Es beinhaltete eine Vielzahl von Einzelmaßnahmen, die sich inhaltlich auf folgende Schwerpunkte konzentrierten:

- Begrenzung der Personalkosten in öffentlichen Verwaltungen,
- aufbaustrukturelle Vereinfachungen in Bereichen öffentlicher Verwaltungen,
- Steuererhöhungen, insbesondere eine Mehrwertsteueranhebung von 21 % auf 23 % (Griechenlandrettungspaket I),[251]
- Erhöhung des Rentenalters – u. a. auf dem Wege der Anhebung des Einzahlungszeitraums auf 40 Jahre als Voraussetzung der Zahlung der vollen Rentenhöhe,
- Flexibilisierung des Arbeitsmarktes und Liberalisierung überregulierter Branchen (Energie, Transport).[252]

Auszahlungsmodalitäten

Die Zahlungskonditionen des wichtigsten Teils des Griechenlandrettungspakets I, des Kreditprogramms, wurden konzeptionell so angelegt, dass sie anhand zweier Kriterien ausgerichtet sind:

- Finanzbedarf Griechenlands, insbesondere aus fälligen Verbindlichkeiten des Landes gegenüber Gläubigern an den Finanzmärkten zur Vermeidung einer Staatsinsolvenz,
- Überwachung der Umsetzung des vereinbarten Sparprogramms durch EU, IWF und EZB.

Auf dieser Grundlage erfolgen die Auszahlungen jeweils über Tranchen in Abhängigkeit vom Finanzbedarf und der Umsetzung der Sparmaßnahmen.

Zielrealisation

Die konzeptionelle Anlage des Griechenlandrettungspakets I inklusive der Bedingungen zu seiner Umsetzung sowie die angesteuerten Zielstellungen erschienen auf den zu diesem Zeitpunkt unterstellten Einschätzungen, u. a. im Hinblick auf die

- strukturellen Defizite der öffentlichen Haushalte,
- potenziell möglichen Konjunkturentwicklungen,
- politische Bereitschaft und Fähigkeiten zur Erarbeitung und Umsetzung umfassender Reformprozesse und
- Durchsetzungsfähigkeit der EU, der EZB und des IWF

gegenüber Griechenland in sich logisch, Erfolg versprechend und realistisch. Vor diesem Hintergrund wurden die Prognosen des griechischen Finanzministeriums zur Entwicklung der Staatsschulden mit einer Absenkung der Staatsverschuldung bereits ab 2014 auf 144,3 % vom BIP und des BIP-Wachstums ab 2012 von 1,1 % bis 2014 auf 2,1 %-Punkte für seriös gehalten.[253]

Zugleich wurde mit der Entscheidung zu Griechenland I die Hoffnung verbunden, die Kausalkette des Übergreifens auf weitere Staaten der Währungsunion unterbrechen zu können.

---

[251] Die Mehrwertsteuer war bereits im März 2010 durch die griechische Regierung um 2 %, von 19 % auf 21 % angehoben worden.

[252] Vgl. Borowski, M.: Rentner und Beamte müssen bluten. FTD vom 03.05.2010, S.12.

[253] Browski, M. Ebenda. S.15.

Sowohl die Prognosen als auch die Hoffnung auf Vermeidung des Übergreifens auf andere Staaten haben sich im weiteren Zeitverlauf als unrealistisch erwiesen.

4.2.2.2   Der Schutzschirm - Europäische Finanzstabilisierungsfazilität[254]

Auslösender Anlass – finanzpolitische Situation

Der befristete Euro-Schutzschirm setzt sich zusammen aus der Europäischen Finanzstabilisierungsfazilität EFSF sowie dem Europäischen Finanzstabilisierungsmechanismus EFSM und wird ergänzt durch die Kreditbeteiligung des Internationalen Währungsfonds.[255]

Die Gründung des befristeten Europäischen Schutzschirms am 07.06.2010 kann als unmittelbare finanzpolitische Reaktion der EU auf die Entwicklung an den Finanzmärkten, insbesondere der Kursbewegungen und die Entwicklung der Renditen von Staatsanleihen europäischen Peripherieländer im 2. Quartal 2010 verstanden werden.[256] An den Finanzmärkten wurden im Verlauf des zweiten Quartals 2010 zunehmend die bis dahin vorgenommenen Risikobewertungen der C-Länder, insbesondere Irlands und Portugals infrage gestellt.

Vor dem Hintergrund der gravierenden strukturellen Probleme der C-Länder und ausgelöst durch den signifikanten Zinsanstieg griechischer Staatsanleihen im Verlauf des zweiten Quartals 2010 wurden an den Finanzmärkten zunehmend Neubewertungen der Staatsanleihen, beginnend mit Irland und Portugal vorgenommen. Die Neubewertung führte aufgrund der höheren Bewertung der Risiken zu Kursverlusten und damit im Gegenzug zu Renditeanstiegen der Staatsanleihen (Dominoeffekt). Die Renditen und die Zinsspreads stiegen stark an.[257] Mit dem Tangieren der 6–7 %-Grenze, die als Schwelle der finanziellen Belastbarkeit zur Vermeidung einer Staatsinsolvenz angesehen wurde, erschien eine finanzpolitische Rettung Portugals und Irlands zwingend notwendig.

Zielstellung

Der Europäische Schutzschirm mit seinen Bestandteilen EFSM und EFSF stellt inhaltlich ein supranationales europäisches Finanzstabilisierungsprogramm dar. Es involviert alle 27 EU-Staaten und wurde mit einem Kreditprogramm des IWF gekoppelt. Der Schutzschirm stellt die unmittelbare Reaktion der beteiligten Europäischen Vertragsparteien auf die Kursbewegungen und Renditeentwicklung der Staatsanleihen der europäischen Peripherie-Staaten, insbesondere von Portugal und Irland dar. Der EFSF und EFSM waren demzufolge und dem fortschreitenden Erkenntnisstand (aus den Erfahrungen mit dem Griechenlandpaket I) folgend als offenes Programm mit der Möglichkeit des Eintretens mehrerer Staaten konzipiert. Das Konzept und die inhaltlichen Komponenten waren, ähnlich denen des Griechenlandrettungspakets I, vor allem darauf angelegt,

---

[254]   Dieser Abschnitt ist inhaltlich und teilweise wörtlich übernommen aus: Schuppan, N.: Globale Rezession. A. a. O., S. 263–267.

[255]   Vgl. Euro Schutzschirm für den EURO. Die Bundesregierung. In: http://www.bundesregierung.de/Content/DE/Artikel/2011/10/2011-10-24-esm-efsm-efsf.html. Abgerufen am 23.07.2012.

[256]   Vgl. Abb. 43 und 45.

[257]   Vgl. Abb. 43 und 45.

- die Staatsinsolvenz akut gefährdeter Staaten, wie zu Beginn Portugal und Irland, abzu-wenden,
- den Verkaufsdruck von Staatsanleihen zu mildern und die Zinskosten für die an den Bondmärkten unter Druck stehenden Staaten dauerhaft zu senken,
- die öffentlichen Finanzen auf ein tragfähiges Niveau zu heben,
- das Wirtschaftswachstum und die Wettbewerbsfähigkeit zu fördern,
- den europäischen und den globalen Bankensektor, insbesondere jene Banken, die Anlei-hen gefährdeter Staaten in ihren Portfolios haben, zu entlasten, sowie
- den Finanzmärkten Entschlossenheit zu signalisieren, die EWU und damit zugleich den Euro zu erhalten.

Die Laufzeiten des EFSF/EFSM waren dem Informationsstand zum Gründungszeitpunkt entsprechend zunächst bis zum Jahre 2013 befristet.

Struktur, Funktionsweise und Volumina

Der gesamte Programm beinhaltet ein Gesamtvolumen von 500 Mrd. € und ist ergänzt durch das IWF-Kreditpaket in Höhe von 250 Mrd. € Das Gesamtprogramm umfasst dementspre-chend drei spezifisch ausgelegte Komponenten:

1.   Europäischen Finanzstabilisierungsmechanismus – EFSM
Der EFSM umfasst ein Volumen von 60 Mrd. €. Die Zahlungsbilanzhilfen stellen Soforthil-fen dar. Sie greifen dann, wenn an den Finanzmärkten die Kurse der Staatsanleihen sinken, die Renditen deutlich ansteigen und sich zeitnah ein Refinanzierungsbedarf eines Staates ergibt. Dadurch soll verhindert werden, dass sich die Refinanzierungskosten aufgrund der gestiegenen Renditen zu stark erhöhen. Die Zahlungshilfen werden durch die EU-Kommission bereitgestellt. Die EU-Kommission refinanziert sich relativ niedrig verzinst am Kapitalmarkt mit einer Rating-Einstufung von „AAA".

Der deutsche Finanzierungsanteil bemisst sich am Anteil des Deutschlands am EU-Haushalt und beträgt mit rd. 20 % und umfasst damit ein absolutes Volumen von etwa 12 Mrd. €.[258]

2.   Europäische Finanzstabilisierungsfazilität – EFSF
Die EFSF stellt inhaltlich ein System von Krediten und Garantien mit einem Ausleihevolu-men von 440 Mrd. € und einem Garantievolumen von 780 Mrd. € dar. Zur praktischen Um-setzung des Systems von Krediten und Garantien wurde durch die EU eine Zweckgesell-schaft – Special Purpose Vehicle (SPV) gegründet. Diese Gesellschaft ist gesellschaftsrecht-lich als GmbH nach Luxemburger Recht aufgestellt.[259]

Die Beteiligung Deutschlands an der EFSF und der Realisation ihrer Aufgaben ist juristisch im Stabilisierungsmechanismusgesetz festgeschrieben.[260] Die grundlegende Funktion der EFSF besteht darin, Kredite an Krisenstaaten der EWU zu vergeben und sich selbst an den Finanzmärkten zu günstigen Konditionen zu refinanzieren. Bei diesen Staaten handelt es sich

---

[258]   Vgl. Europäische Finanzstabilisierungsfazilität (EFSF) Bundesfinanzministerium vom 21.05.2012 In: www.bundesfinanzministerium.de/Web. Abgerufen am 24.06.2012.

[259]   Vgl. Mai, C.; Kuhnlenz, A:, Ehrlich, P.: Wenn ein Pleitestaat die Feuerwehr ruft. FTD vom 11.06.2010. In: www.ftd.de. Abgerufen am 11.06.2010. Vgl. Europäische Finanzstabilisierungsfazilität (EFSF) Bundesfi-nanzministerium. A. a. O.

[260]   Vgl. Gesetz zur Übernahme von Gewährleistungen im Rahmen eines europäischen Stabilisierungsmechanis-mus vom 22.05.2010. In: Bundesgesetzblatt I, S. 1166.

um solche, die auf der einen Seite einen hohen Refinanzierungsbedarf haben und die sich auf der anderen Seite aufgrund unzureichender Bonitätsbewertungen an den Finanzmärkten/ Bondmärkten nur zu unvertretbar hohen Zinsen refinanzieren können. Das Niveau der Refinanzierungskosten steigt in Größenordnungen, die einen geordneten Schuldendienst dieser Staaten nicht mehr zulassen.

Vor diesem Hintergrund greift die EFSF auf Antrag des jeweiligen EWU-Staates ("Schlüpfen unter den Rettungsschirm") etwa dann, wenn das zu zahlende Zinsniveau von neu zu emittierenden Staatsanleihen des Landes 6–7 % dauerhaft zu übersteigen droht. Der Renditespread zu 10-jährigen deutschen Bundesanleihen erreicht bzw. überschreitet dann den Bereich von 5–6 %. Die EFSF beinhaltet ein Ausleihvolumen von 440 Mrd. €. Um dieses Anleihevolumen ganz oder teilweise als Kredite vergeben zu können, nimmt die EFSF auf der Grundlage von Garantien der EU-Mitgliedsländer Kapital am Anleihemarkt auf. Die EFSF refinanziert sich auf diese Weise so wie auch die EU-Kommission über die Finanzmärkte indem entsprechende Anleihen emittiert werde. Es fließt keine Liquidität der EU-Mitgliedsländer. Jedes Land haftet nur für jeweils seinen durch den prozentualen Anteil an der Europäischen Zentralbank bestimmten Prozentsatz. Der Anteil Deutschlands am EFSF beträgt seinem Anteil an der EZB entsprechend 211 Mrd. € an der Garantiesumme.

Die finanzielle Ausstattung des EFSF in einer Höhe von 440 Mrd. € führt zu einem maximalen Garantierahmen von etwa 780 Mrd.[261] Die Differenz zwischen Ausleihvolumen und Garantierahmen der EFSF ergibt sich aus dem Bestreben der EWU-Staaten, der EFSF eine vorteilhafte Refinanzierung an den Finanzmärkten zu ermöglichen.[262]

Diese Differenz wird Überdeckung bzw. Übergarantie genannt. Generell gilt die Tendenz, dass mit steigender durch den Emittenten gegebenen Überdeckung bzw. Übergarantie eine günstigere Einstufung der Anleihen in der Finanzmarktpraxis vorgenommen wird.

Speziell im Hinblick auf das Rating des EFSF mit der Zielstellung der Erreichung einer „AAA" Bewertung ihrer Anleihen wurden von den Ratingagenturen primär die Garantien der zu diesem Zeitpunkt „AAA" gerateten Staaten

- Deutschland   – Frankreich[263]
- Niederlande   – Österreich
- Finnland   und   – Luxemburg

von den Ratingagenturen akzeptiert. Dies stellt den Hauptgrund für die Differenz zwischen Ausleihevolumen und Garantiesumme dar.

Die unmittelbare Bindung des Ratings der aufgeführten Staaten an das Rating der EFSF führt bei Veränderungen des Ratings der Garantiestaaten zwangs-läufig zur Senkung des EFSF-Ratings. In der Folge drohen Veränderungen des Garantierahmens.

Die nachfolgende Abbildung zeigt die EFSF nach Anteilen der EWU-Staaten gemäß ihrer Kapitalanteile an der EZB. Die EZB-Anteile spiegeln maßgeblich die Wirtschaftskraft der jeweiligen Länder wider.

---

[261]   Vgl. Europäische Finanzstabilisierungsfazilität (EFSF) Bundesfinanzministerium. A. a .O.
[262]   Euro-Schutzschirm für den Euro. Die Bundesregierung. In: http://www.bundesregierung.de/Content/DE/Artikel/2011/10/2011-10-24-esm-efsm-efsf.html. Abgerufen am 24.07.2012.
[263]   Im weiteren Zeitverlauf verlor Frankreich seine „AAA"-Bewertung und ist aktuell mit AA+ geratet.

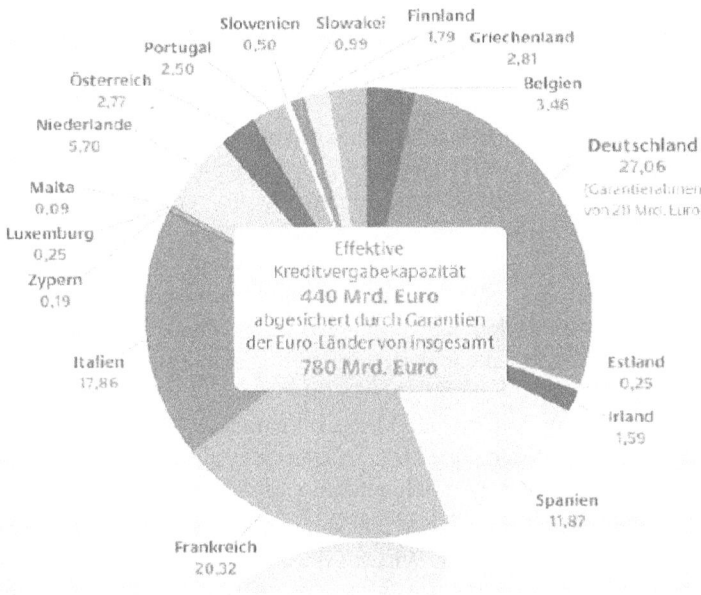

Abb. 47:   Die Europäische Finanzstabilisierungsfazilität – Anteile der Euroländer nach Beitragsschlüssel in Prozent[264]

Im Rahmen der Refinanzierung der EFSF an den Anleihemärkten ist die Bonität der EFSF durch Ratingagenturen mit „AAA" bewertet. Generell stellt sich die Bonitätseinstufung der EFSF durch die Ratingagenturen deutlich höher dar, als die Einstufung der zu kreditierenden EU Krisenstaaten. Auf der Grundlage dieser Differenzen im Rating gestalten sich die Renditen am Anleihemarkt. Sie liegen erfahrungsgemäß leicht über denen deutscher Staatsanleihen und weit unter denen der Krisenstaaten.

Damit ist die Möglichkeit eröffnet, den Krisenländern ein für sie niedriges Zinsniveau zu bieten. So haben die Kreditkonditionen mit Laufzeiten von 3 Jahren, diese Laufzeiten korrelieren mit der ursprünglich vereinbarten Befristung der EFSF bis zum Jahre 2013, eine Verzinsung von 3,5 %-Punkten über dem entsprechenden Swap-Satz haben.[265]

Zum Swap-Satz werden am Geldmarkt feste gegen variable Zinsen getauscht. Für die Kredit aufnehmenden Staaten führt das zu einer Zinsdifferenz zu deutschen Bundesanleihen in Größenordnungen von etwa 3–4,5 %-Punkten. Auf diese Weise wird es den Krisenländern möglich, sich mi wesentlich günstigeren Konditionen zu refinanzieren. Im weiteren Zeitverlauf wurden die Zinskonditionen sukzessive gelockert und erreichten teilweise das Renditeniveau der EFSF-Anleihen.

Neben dem Grundanliegen der ersten Phase der Gründung und Aktivierung der EFSF – der Kreditierung von Krisenstaaten – sind der EFSF in einer zweiten Phase von der Öffentlichkeit weitgehend unbemerkt zusätzliche Finanzierungsaufgaben zugeordnet worden. Die Aufgaben werden durch folgende Instrumente abgedeckt:

---

[264]   Bundesministerium für Finanzen: Europa vom 17.04.2012. In: www.bundesfinanzministerium.de. Abgerufen am 26.07.2012.

[265]   Vgl. Mai, C.; Kuhnlenz, A.; Ehrlich, P.: Wenn ein Pleitestaat die Feuerwehr ruft. FTD vom 11.06.2010, S. 19.

-   Vorsorgliche Finanzhilfen
    im Sinne der Bereitstellung von Kreditlinien für Staaten der EWU, die solide Fundamentaldaten aufweisen und nur in „kurzfristige Finanzierungsschwierigkeiten" geraten sind,
-   Finanzierungshilfen zur Rekapitalisierung von Finanzinstituten
    vor allem als spezielle Darlehen an EWU-Staaten zur Verwendung im Rahmen der Rekapitalisierungen von Finanzinstituten unter Einhaltung des europäischen Beihilferechts. Schuldner bleibt der jeweilige Staat,
-   Primärmarktkäufe
    beziehen sich auf Käufe von Staatsanleihen (Neuemissionen) am Primärmarkt/Emissionsmarkt mit den Zielen, den jeweiligen Staaten bei Turbulenzen am Primärmarkt zu halten oder die Rückkehr an den Primärmarkt zu erleichtern,
-   Sekundärmarktkäufe
    beinhaltet die Möglichkeit von Käufen am Markt befindlicher Staatsanleihen am Sekundärmarkt/Umlaufmarkt in (durch die EZB nachzuweisenden) Ausnahmefällen zur Unterstützung der Funktionen der Anleihemärkte – offensichtlich zur Kurspflege von Staatsanleihen unter Druck stehender Staaten.[266]

Die Instrumente der zweiten Phase im Rahmen des Wirkens der EFSF sind im inhaltlich und zeitlich nachfolgenden ESM analog eingeordnet.

3. IWF-Kreditprogramm

Dieses Programm umfasst ein Volumen von 250 Mrd. €.[267] Es greift generell, wenn Darlehensvergaben sowohl im Rahmen von Zahlungsbilanzhilfen durch den Finanzstabilisierungsmechanismus (EFSM) als auch im Rahmen von Kreditierungen durch die Europäische Finanzstabilisierungsfazilität (EFSF) erfolgen. Damit werden insbesondere drei Zielstellungen verfolgt.

Zum einen werden die europäische Finanzmittel von insgesamt 500 Mrd. € auf 750 Mrd. € quantitativ erweitert und so insgesamt effektiver.

Zum anderen gelingt es auf dem Wege der Kopplung von europäischen Finanzmitteln und IWF-Krediten eine inhaltliche Synchronisierung der Kredit- und Darlehenskonditionen von EU und IWF herbeizuführen. Das bedeutet, dass die Konditionen der EU etwa den üblichen Konditionen des IWF entsprechen. Dies ist für die Autorität und Objektivität der Kreditkonditionen auch aus der Sicht der Öffentlichkeit der zu kreditierenden Staaten von erheblicher Bedeutung.

Schließlich wird mit dem Engagement des IWF drittens das Ziel verfolgt, über den Beitrag zur Stabilisierung der EWU Verwerfungen an den globalen Finanzmärkten zu vermeiden.

Die einzelnen Maßnahmenkomplexe der europäischen Finanzstabilisierungsprogramme greifen ineinander und sind inhaltlich abgestimmt und schließen geldpolitische Aktionen ein.

Die Maßnahmenkomplexe werden in der nachfolgenden Grafik zusammenfassend dargestellt.

---

[266]   Vgl. Bundesministerium für Finanzen: Europa. Europäische Finanzstabilisierungsfazilität (EFSF). In: www.bundesfinanzministerium.de/Web. Abgerufen am 26.07.2012.

[267]   Vgl. hierzu auch: Linden, I.: Teufelskreis der Euro-Rettung. In: FTD vom 11.05.201, S. 3.

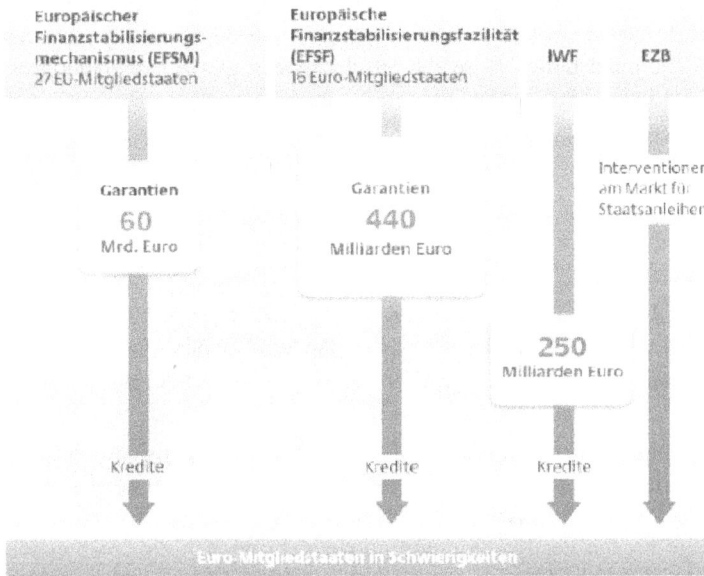

Abb. 48:   Maßnahmen zur Stabilisierung der Euro-Zone – EFSF[268]

Zeitpunkt der Bereitstellung und Verteilungsstruktur der Finanzmittel auf die Krisenstaaten

Im Hinblick auf die Gestaltung der finanziellen Seite der Hilfs- und Anpassungsprogramme für die Krisenstaaten treten naturgemäß folgende Fragen in den Vordergrund

1.   Wann entsteht der Finanzbedarf?
2.   Über welchen Zeitraum existiert der Finanzbedarf?
3.   Unter welche Konditionen wird die Finanzierung gestellt?
4.   In welcher Höhe fällt der Finanzbedarf an?

Zu 1.
Abstrahiert man an dieser Stelle von theoretischen Betrachtungen,[269] bleibt unter praktischen Gesichtspunkten der Bestimmung des Zeitpunkts zur Entscheidung eines Hilfs- und Anpassungsprogramms folgendes festzuhalten:

Die Zeitpunkte zur Entscheidung der einzelnen Programme für die Krisenländer sind letztlich durch die Kursentwicklung der jeweiligen Staatsanleihen und die entsprechend gegenläufige Entwicklung der Renditen bestimmt worden. Tatsächlich wurden die Programme dann beschlossen, wenn die Rendite einen Bereich von etwa 6,5–7,5 % erreichte. Aus rein empirischer Sicht wird dieses Renditeniveau als Grenze dauerhafter Tragfähigkeit des Schuldendienstes angesehen. Je später ein Staat die Entscheidung fällt, sich unter den Rettungsschirm der EFSF zu stellen, desto höher stellt sich tendenziell der Finanzbedarf dar. Deshalb sind die EFSF und die EWU daran interessiert, dann, wenn sich die Renditeentwicklung dem

---

[268]   Bundesministerium für Finanzen: Europa. Maßnahmen zur Stabilisierung der Euro-Zone. A: a. O. In: www.bundesfinanzministerium.de/Web. Abgerufen am 26.07.2012. Die geldpolitischen Maßnahmen, insbesondere die Interventionen der EZB werden im Verlauf des Abschnitts 4.2.3 gesondert behandelt.

[269]   Zum Beispiel zu Primärüberschüssen in Relation zu Schuldenstand und Zinsniveau usw.

kritischen Bereich nähert, frühzeitig ein entsprechendes Hilfs- und Anpassungsprogramm zu entscheiden. Im Umkehrfall hat es tatsächlich Verzögerungen von Seiten des Krisenstaates gegeben, um EFSF und EWU unter Druck zu setzen mit dem Ziel, „günstigere" Konditionen hinsichtlich Finanzierung und Intensität der Reformschritte zu erreichen.

Die hier u. a. deutlich werdenden unterschiedlichen Interessenlagen sind Gegenstand der Betrachtungen im Kapitel 6.

Zu 2.

Der Zeitraum der Finanzierung hängt wesentlich von der jeweiligen Zielstellung des Hilfs- und Anpassungsprogramms ab.

Vor dem Hintergrund der allgemeinen Zielstellungen des Europäischen Schutzschirms mit seinen Bestandteilen EFSM und EFSF liegen den Krisenländern jeweils länderspezifische Zielstellungen mit naturgemäß unterschiedlichen Akzentuierungen zugrunde. In der Tendenz gilt folgendes:

Je größer die strukturelle Probleme der jeweiligen Volkswirtschaft, z. B., hinsichtlich Finanz-stabilität, Finanzsystemstabilität, Wettbewerbsfähigkeit usw. sind, desto längere Kreditlauf-zeiten sind erforderlich. Strukturelle Defizite können nur mittel- und langfristig beseitigt werden. Deshalb sind lange Fristen der Kreditierung notwendig, um sich die entsprechende Zeit zu „erkaufen". So hat sich beispielsweise anhand der erstmaligen Emission von irischen Schuldverschreibungen an den Finanzmärkten im Jahre 2012 gezeigt, dass die notwendigen Kreditlaufzeiten für Irland wesentlich kürzer zu sein brauchen als jene bei Portugal oder gar Griechenland.

Zu 3.

Der Grundgedanke der EFSF besteht darin, denjenigen Staaten, die vor dem Hintergrund hoher Verschuldung/Nettoneuverschuldung unter negativer Bewertung ihrer Bonität, sinken-den Kursen ihrer Staatsanleihen und in der Folge steigenden Anleiherenditen an den Finanz-märkte leiden, Unterstützung zu geben. Das ist nur dann sinnvoll, wenn die Zinskonditionen der Kredite signifikant unter dem Renditeniveau der entsprechenden Staatsanleihen an den Finanzmärkten liegen. Die Zinsen der EFSF-Kredite an die Staaten variieren von Staat zu Staat und innerhalb der verschiedenen Zeiträume. Das absolute Niveau liegt etwa im Bereich von 3,0–5,5 %-Punkten. Mit diesem Niveau werden die Krisenländer im Hinblick auf künfti-ge Zinszahlungen deutlich entlastet und die notwendigerweise zu erreichenden Primärüber-schüsse gesenkt.

Zu 4.

Die Ermittlung der länderspezifischen Finanzbedarfsgrößen ist eines der vielschichtigsten Probleme im Zuge der Konzipierung der Hilfs- und Anpassungsprogramme für die einzelnen Krisenstaaten. Die Bemessung der Finanzierungsvolumina der EFSF muss

- den realen Refinanzierungsbedürfnissen des jeweiligen Staates entsprechen,
- die Ergebnisse der insbesondere finanziellen Reformschritte involvieren,
- Glaubwürdigkeit an den Finanzmärkten induzieren und
- den Garantierahmen der EFSF nicht unnötig aufblähen.

Die Ermittlung des Finanzierungsbedarfs für die einzelnen Staaten basiert allgemein auf der Prognose der Nettoneuverschuldungsvolumina sowie der Fälligkeiten laufender Schuldver-schreibungen über festgelegte Zeithorizonte.

Die Zeithorizonte ergeben sich aus der zunächst vorgesehenen Laufzeit der EFSF bis 2013 und wurden dementsprechend auf 2–3 Jahre angelegt.

Die länderspezifischen Finanzbedarfsgrößen zur Deckung aus der EFSF werden zunächst in der Summe über den Zeithorizont von 2–3 Jahren unter strenger Einbeziehung der antizipierten Ergebnisse der Konsolidierungs- und Reformanstrengungen ermittelt. Auf dieser Grundlage erfolgt die quantitative Bemessung der Hilfspakete pro Krisenland.

Anschließend wird eine Untergliederung in kürzere Zeithorizonte (Quartale/Monate) im Hinblick auf unterjährige Fälligkeiten der Schuldverschreibungen, Defizitentwicklungen und Reformergebnisse vorgenommen. Diese Untergliederung eröffnet die Möglichkeit, die Volumina und die Zeitpunkte der einzelnen Auszahlungstranchen innerhalb des Hilfs- und Anpassungsprogramms zu fixieren.

Mit der dargestellten Herangehensweise der Finanzbedarfsermittlung über den Zeithorizont von 2–3 Jahren und der Untergliederung auf unterjährige Zeiträume ist der quantitative Rahmen von Hilfs- und Anpassungsprogrammen für die Krisenländer inklusive der Terminstellungen zur Auszahlung der Tranchen gesteckt.

Auf der Grundlage der allgemeinen Bestimmung des quantitative Rahmens von Hilfs- und Anpassungsprogrammen für die Krisenländer werden im Folgenden die länderspezifischen Programme insbesondere hinsichtlich ihrer Finanzvolumina, ihrer inhaltlichen Ausrichtung und ihrer Konditionierung in der zeitlichen Reihenfolge der Programmentscheidungen betrachtet.

1. Anpassungs- und Hilfsprogramm Irland

Das Hilfs- und Anpassungsprogramm für Irland wurde durch die Eurogruppe und die EU-Finanzminister in vorheriger Abstimmung mit dem IWF im November 2010 entschieden.

Vor dem Hintergrund einer ausgeprägten Bankenkrise und den daraus folgenden wirtschafts- und finanzpolitischen Problemen wurden insbesondere folgende Zielstellungen des Programms fixiert.

* Stabilisierung des durch die irische Immobilienkrise stark belasteten irischen Bankensystems,
* Erhaltung der Tragfähigkeit öffentlicher Finanzen durch Zeitgewinn zur Rückführung der exorbitant gestiegenen Nettoneuverschuldung in den Folgejahren,
* Sicherung der Wettbewerbsfähigkeit der irischen Wirtschaft und,
* Minderung von Belastung aus den Bau/Immobilien/Bankenbereichen für den Arbeitsmarkt.

Das Finanzvolumen
des gesamten Hilfs- und Anpassungsprogramms beträgt 85,0 Mrd. €, davon

  - 17,7 Mrd. € aus dem EFSF
  - 22,5 Mrd. € aus dem EFSM
  - 4,8 Mrd. € aus bilateralen Krediten von UK, Schweden und Dänemark

- 22,5 Mrd. € Kreditvolumen vom IWF
- 17,5 Mrd. € irischer Beitrag durch Rückgriff aus dem Nationalen Rentenreserve-fonds[270]

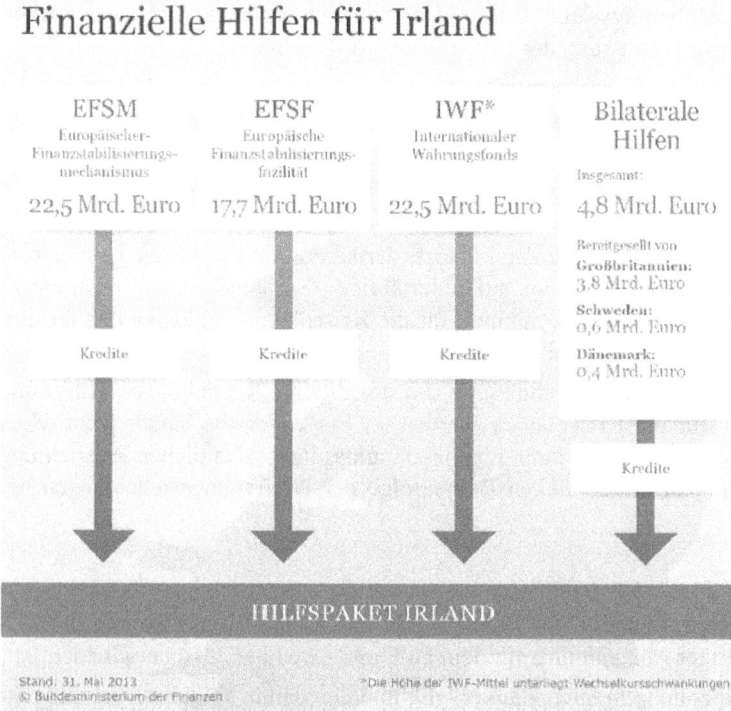

Abb. 49:   Übersicht über die Struktur der Finanzhilfen für Irland[271]

Die Konditionen

zur Gewährung der Finanzmittel unterscheiden sich auch hier nach ihrer Herkunft. Für die IWF-Finanzhilfen gelten die üblichen IWF-Kredit- und Zinskonditionen. Die EU-Finanz-hilfen sind insbesondere bestimmt durch,

- die Laufzeiten der EU-Kredite von 7,5 Jahre zu Beginn mit Erhöhung auf mindestens 15 bis maximal 30 Jahre mit einer tilgungsfreien Zeit von 10 Jahren (ab Juli 2011)
- das Zinsniveau von 5,83 % mit späterer Reduzierung (ab Juli 2011) auf das Niveau „na-he bei, jedoch nicht unter den EFSF-Finanzierungskosten"[272]

---

[270]   Bundesministerium für Finanzen: Europäische Finanzstabilisierungsfazilität (EFSF). A. a. O. In: http://www.bundesfinanzministerium.de/Web/DE/Themen/Europa/Stabilisierung_des_Euroraums/Zahlen_und _Fakten/zahlen_und_fakten.html. Abgerufen am 06.08.2012.

[271]   Bundesministerium für Finanzen: Europäische Finanzhilfen im Überblick. In: Ebenda Abgerufen am 06.08.2012.

[272]   Die Veränderungen der Kreditkonditionen wurden im Juli 2011 im Zusammenhang mit den zweiten Hilfs- und Anpassungsprogramm für Griechenland entschieden. Vgl. Bundesregierung: Euro-Gipfel für Schuldenschnitt und stärkeren Rettungsschirm vom 27.10.2011. In: http://www.bundesregierung.de/Content/DE/Artikel/2011/10/2011-10-26-eu-rat-teil%202.html. Abgerufen am 06.08.2012.

- die Auszahlungen der EU/IWF-Finanzhilfen in Tranchen in Abhängigkeit von der Einhaltung der Verpflichtungen Irlands aus dem Anpassungsprogramm.

Gegenstand der Überprüfung

des wirtschaftlichen Anpassungsprogramms im Sinne einer Kreditüberwachung durch die Troika, bestehend aus Vertretern der EU, der EZB und des IWF, sind naturgemäß die gestellten Ziele des Programms. Die Erfüllung der Zielstellungen wird anhand eines breiten Spektrums gesamtwirtschaftlicher Daten beurteilt. Im Focus steht hier die Implementierung eines komplexen Anpassungsprogramms mit folgenden wirtschafts- und finanzpolitischen Schwerpunkten für die irische Wirtschaft,

- Budgetkonsolidierung zur Eindämmung der Haushaltsdefizite auf den klassische Wegen der Ausgabensenkungen und Einnahmenerhöhungen,
- Stärkung des Wachstumspotenzials, Erhöhung der Wettbewerbsfähigkeit u. a. über die Anpassung Lohnstückkosten sowie fiskalischer Abwertung,
- Erhöhung der Beschäftigung und Abbau der Arbeitslosigkeit durch wirtschaftsstrukturelle Maßnahmen und
- Verkleinerung, Restrukturierung und Sanierung des nationalen Finanz- und Bankensystems – Abbau der „faulen Kredite" in den Bankbilanzen

2. Anpassungs- und Hilfsprogramm Portugal

Das Hilfs- und Anpassungsprogramm für Portugal wurde im Mai 2011 entschieden und aktiviert. Vor dem Hintergrund der wirtschafts- und finanzpolitischen Probleme des Landes wurden vor allem folgende inhaltliche Zielstellungen des Programms fixiert,

- Erhaltung der Tragfähigkeit öffentlicher Finanzen,
- Wiederherstellung der Wettbewerbsfähigkeit der portugiesischen Wirtschaft,
- Stärkung der wirtschaftlichen Wachstumspotenziale und
- Stabilisierung des Arbeitsmarktes und Schaffung von Arbeitsplätzen.

Das Finanzvolumen

des gesamten Hilfs- und Anpassungsprogramm beträgt 79,5 Mrd. €, davon

- 26 Mrd. € aus dem EFSF
- 26 Mrd. € aus dem EFSM
- 27,5 Mrd. € Kreditvolumen vom IWF

Finanzielle Hilfen für Portugal

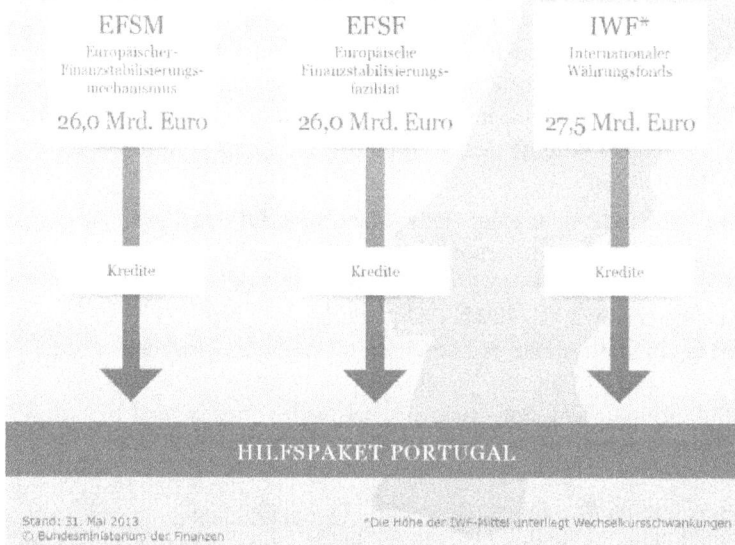

EFSM	EFSF	IWF*
Europäischer- Finanzstabilisierungs- mechanismus	Europäische Finanzstabilisierungs- fazilität	Internationaler Währungsfonds
26,0 Mrd. Euro	26,0 Mrd. Euro	27,5 Mrd. Euro
Kredite	Kredite	Kredite

HILFSPAKET PORTUGAL

Stand: 31. Mai 2013   *Die Höhe der IWF-Mittel unterliegt Wechselkursschwankungen
© Bundesministerium der Finanzen

Abb. 50:   Übersicht über die Struktur der Finanzhilfen für Portugal[273]

Die Konditionen
zur Gewährung der Finanzmittel unterscheiden sich auch hier nach ihrer Herkunft. Für die
IWF-Finanzhilfen gelten die üblichen IWF-Kredit- und Zinskonditionen. Die EU-Finanz-
hilfen sind insbesondere bestimmt durch die

- Laufzeiten der EU-Kredite von 7,5 Jahren zu Beginn mit Erhöhung auf mindestens 15
  bis maximal 30 Jahre mit einer tilgungsfreien Zeit von 10 Jahren (ab Juli 2011)
- das Zinsniveau von 5,5–6,0 % mit späterer Reduzierung (ab Juli 2011) auf das Niveau
  „nahe bei, jedoch nicht unter den EFSF–Finanzierungskosten"[274] und
- Auszahlungen der EU/IWF–Finanzhilfen in Tranchen in Abhängigkeit von der Einhaltung der Verpflichtungen Portugals aus dem Anpassungsprogramm

Gegenstand der Überprüfung
des wirtschaftlichen Anpassungsprogramms erfolgt über eine de facto Kreditüberwachung
durch die Troika mit strengem Bezug auf das Anpassungsprogramm. Die Erfüllung der Pro-
grammzielstellungen wird anhand eines breiten Spektrums gesamtwirtschaftlicher Daten
beurteilt. Im Focus stehen hier vor allem folgende Schwerpunkte wirtschafts- und finanzpolitischer Parameter,

- Finanz/Fiskalpolitik, Haushaltsdefizit ausgedrückt in der Nettoneuverschuldung in Relation zum BIP,

---

[273]   Bundesministerium für Finanzen: Europäische Finanzhilfen im Überblick. In: A. a. O., S. 9.
[274]   Die Veränderungen der Kreditkonditionen wurden im Juli 2011 im Zusammenhang mit den zweiten Hilfs- und
Anpassungsprogramm für Griechenland entschieden. Vgl. Bundesregierung: Euro-Gipfel für Schuldenschnitt
und stärkeren Rettungsschirm vom 27.10.2011 A. a. O.

- Finanzsystempolitik, insbesondere im Hinblick auf die Erfüllung der gestellten Kapital-
anforderungen zur Stärkung der Bilanzen im Bankensystem, die Verbesserung aufsichts-
rechtlicher und regulatorischer Rahmenbedingungen u. ä.,
- Wettbewerbsfähigkeit – Förderung u. a. mit dem Schwerpunkt fiskalischer Abwertung
und Verbesserung der Faktoren des Wirtschaftsstandortes und
- Arbeitsmarktpolitik im Sinne von Arbeitsmarktreformen in Bezug auf Novellierungen
des Arbeitsrechts usw.[275]

3. Hilfs- und Anpassungsprogramm für Griechenland II

Das zweite Hilfs- und Anpassungsprogramm für Griechenland wurde im Juni 2011 entschieden, aktiviert und in der Folgezeit qualitativ, im Hinblick auf die Gestaltung der Konditionen
und quantitativ hinsichtlich der Bemessung der Hilfsvolumina präzisiert. Der letzte Schritt
zur Umsetzung des zweiten Hilfs- und Anpassungsprogramms für Griechenland, der Schuldenerlass bzw. der Schuldenschnitt wurde im März 2012 abgeschlossen.

Dieses Programm wies gegenüber dem ersten Hilfs- und Anpassungsprogramm für Griechenland, dass auf bilateralen Krediten der Euro-Länder basierte, drei wesentliche Unterschiede auf, die sich in folgenden Komponenten widerspiegeln:

1. Das zweite Hilfs- und Anpassungsprogramm ist in den Programmrahmen des inzwischen geschaffenen EFSF eingebunden.
2. Innerhalb des Hilfs- und Anpassungsprogramms waren erstmals ein teilweiser Schuldenerlass und damit eine Beteiligung des Finanzsektors verankert.[276] Dabei handelt es sich
beim Finanzsektor zunächst um den privaten Finanzsektor im Sinne von Banken und
Versicherungen.[277] In der Folge sind allerdings bei einer Reihe europäischer Banken
aufgrund von Verlusten aus dem Schuldenerlass Rekapitalisierungen notwendig geworden.[278] Diese Rekapitalisierungen sind durch die Staatshaushalte der betroffenen EWU-
Länder getragen worden.
3. Neben dem Schuldenerlass des privaten Finanzsektors leisten auch staatliche und institutionelle Gläubiger einen Beitrag zur Reduktion der griechischen Staatsschulden.

Vor dem Hintergrund der Probleme in einer Vielzahl von Politikfeldern und insbesondere im
Hinblick auf die wirtschafts- und finanzpolitischen Probleme des Landes wurde als übergeordnete Zielstellung des Programms eine „umfassende Strategie für Wachstum und Investitionen"[279] gefordert. Auf dem Wege der Gewinnung von Zeit zur Umsetzung der Strategie
verfolgte das Programm im einzelnen Ziele, wie

---

[275] Vgl. Bundesministerium für Finanzen: Wirtschaftliches Anpassungsprogramm für Portugal-Abschlussbericht
der ersten Überprüfung durch EU und IMF. A. a. O. In: http://www.bundesfinanzministerium.de/Content/
DE/Standardartikel/Themen/Europa/2011-08-15-pruefbericht-portugal-troika.html. Abgerufen am 02.08.2012.

[276] Bei einem Schuldenerlass entsprechend Erlassvertrag zwischen Gläubiger und Schuldner erlöschen Schulden
ganz oder teilweise. Im Allgemeinen, auch im Hinblick auf Griechenland, hat sich der Begriff „Schuldenschnitt" durchgesetzt.

[277] Die Einbeziehung alternativer Investmentfonds, wie Hedgefonds u. a. hat wegen der geringeren Volumina nur
eine untergeordnete Bedeutung.

[278] Prominentes Beispiel ist hier vor allem Zypern.

[279] Vgl. Bundesregierung: Euro-Gipfel für Schuldenschnitt und stärkeren Rettungsschirm vom 27.10.2011. In:
www.bundesregierung.de/nn-774/Content.DE/Artikel/2011/-10-26-eu-rat-teil%202.html.
http://www.bundesregierung.de/Content/DE/Artikel/2011/10/2011-10-26-eu-rat-teil%202.html.
Abgerufen am 06.08.2012.

- nachhaltige Wiederherstellung der Tragfähigkeit der öffentlichen Finanzen u. a. durch Beteiligung des privaten Finanzsektors und durch Beiträge staatlicher und institutioneller Gläubiger und Rückführung des Schuldenstandes von über 160 % auf etwa 120 % vom BIP,[280]
- Umsetzung der Planung zur finanziellen Unabhängigkeit von Finanzhilfen bis zum Jahre 2020,
- Verbesserung der völlig unzureichenden Wettbewerbsfähigkeit der griechischen Wirtschaft über alle Branchen zur Rückführung der deutlichen Handelsbilanzdefizite,
- Förderung von Wirtschaftswachstum insbesondere über Zukunftsinvestitionen,
- Abmilderung Entwicklungsunterschiede innerhalb der Regionen des Landes über regionale Struktur- und Investitionspolitik und
- Eindämmung der Staatsschuldenkrise und Vermeidung des Übergreifens Auf weitere EWU-Staaten.

Das Finanzvolumen

Das Finanzvolumen des zweiten Hilfs- und Anpassungsprogramms für Griechenland ergibt sich aus den drei Komponenten des Programms, dem Programmrahmen der EFSF unter Einschluss von Finanzmitteln aus dem Griechenlandpaket I, dem Schuldenerlass durch Beteiligung des privaten Finanzsektors und dem Beitrag staatlicher und institutioneller Gläubiger zur Reduktion der griechischen Staatsschulden.

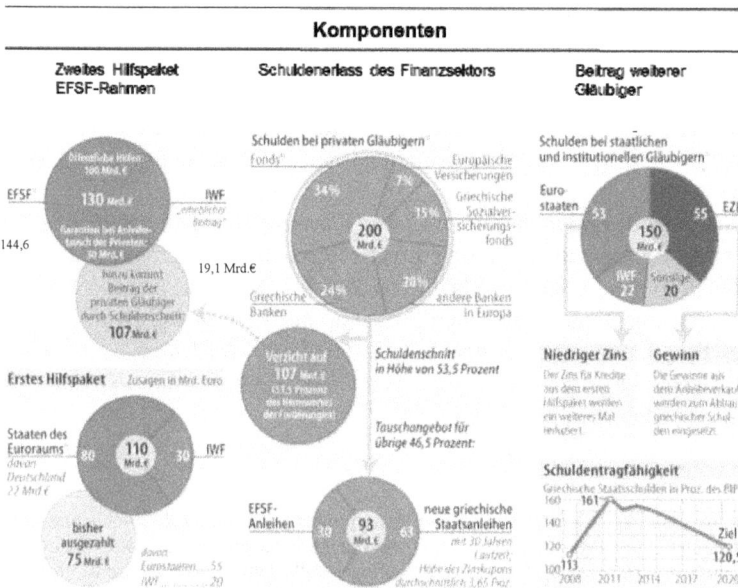

Abb. 51:   Übersicht zu den finanziellen Komponenten des zweiten Hilfs- und Anpassungsprogramm für Griechenland[281]
1 EFSF-Zusagen, 2 Bilaterale Kredite, 3 gerundete/geschätzte Werte, 4 Investment-/Pensions-/Staats-/Hedgefonds, 5 IWF-Prognosen

---

280   Vgl. hierzu auch die zusammenfassende Abb. 51.
281   Vgl. Mussler, W.: Die Griechenland-Hilfe im Überblick. FAZ/Wirtschaft vom 21.02.2012, S. 12.

Die einzelnen Komponenten unterscheiden sich durch inhaltliche Ausrichtung, ihre wirtschaftsrechtliche Einordnung und die involvierten Akteure.

EFSF-Rahmen

Im zweiten Hilfs- und Anpassungsprogramm für Griechenland wurde statt bilateraler Kredite wie im ersten Griechenlandpaket der inzwischen geschaffene EFSF-Rahmen genutzt. Innerhalb dieses Rahmens erfolgten die Zusagen zu EFSF-Krediten für das Land in einem Gesamtvolumen von 130 Mrd. €. Eine Beteiligung des IWF stand von Beginn an unter dem Vorbehalt der Absehbarkeit der Realisation des Anpassungsprogramms durch Griechenland und der entsprechende Nachweis durch Vertreter des IWF der EZB und der EU-Kommission (Troika).

Schuldenerlass des privaten Finanzsektors

Der Schuldenerlass dient dazu, die griechischen Staatsschulden auf ein tragfähiges Niveau der öffentlichen Finanzen zu senken. Die Zielstellung ist die Reduktion der Staatsverschuldung auf 120,5 % vom BIP.

Der Schuldenerlass bzw. der Schuldenschnitt wurde technisch realisiert durch den zwingenden Umtausch von griechischen Staatsanleihen in neubewertete Staatsanleihen. Umtausch und Neubewertung führten zu nominellen Verlusten von zunächst 53,5 % bei den Gläubigern. Darüber hinaus wurden die neubewerteten Anleihen mit geringeren Zinskupons versehen. Die Zinsdifferenzen lassen die Verluste der Gläubiger über die Laufzeiten der Anleihen weiter ansteigen.

Das Gesamtvolumen, auf den sich der Schuldenerlass bezog, betrug etwa 200 Mrd. € mit der in der Abb. 49 dargestellten Struktur der Gläubiger. Vor dem Hintergrund der durch die Gläubiger im Rahmen des Umtauschs akzeptierten Verluste von 53,5 % reduzierten sich die griechischen Staatsschulden in einem Volumen von netto rd. 107 Mrd. € im Zeitraum 2011–2019.[282]

In den Schuldenschnitt des privaten Finanzsektors ist ein Garantie/Entschädigungsrahmen hinsichtlich der umgetauschten Staatsanleihen aus dem EFSF -Anteil in Höhe von 30 Mrd. € eingeordnet. Er dient der Absicherung/Entschädigung der durch die privaten Gläubiger umgetauschten Anleihen. Der Garantierahmen ist neben dem Kreditvolumen von 100 Mrd. € Bestandteil des EFSF-Rahmens von 130 Mrd. €.[283]

Das Euro-System, insbesondere die durch die EZB gehaltenen griechischen Staatsanleihen unterliegen nicht dem Schuldenerlass.

Beitrag weiterer Gläubiger

Die hier angesprochenen Gläubiger sind die Eurostaaten jeweils mit ihren vergebenen Krediten an Griechenland aus dem ersten Griechenlandpaket.

Daneben steht die EZB als Gläubiger. Die Volumina beliefen sich zum Zeitpunkt der Verabschiedung des zweiten Programms auf rd. 55,0 Mrd. € und resultierten aus einem Aufkaufprogramm für griechische Staatsanleihen seit Mai 2010. Der Beitrag von Eurostaaten und

---

[282] Offiziell handelte es sich hier um einen „freiwilligen" Umtausch. Die Freiwilligkeit wurde betont, um den Schuldenerlass nicht als Staatsinsolvenz, u. a. durch die Ratingagenturen, einstufen zu müssen.

[283] Vgl. Bundesregierung: Euro-Gipfel für weitere Griechenland-Hilfe vom 21.07.2011. In: http://www.bundesregierung.de/Content/DE/Artikel/2011/07/2011-07-21-euro-sondergipfel-bruessel.html. Abgerufen am 13.08.2012.

EZB im Rahmen des zweiten Hilfs- und Anpassungsprogramm für Griechenland besteht vor allem in der für Griechenland günstigeren der Kredit- und Anleihekonditionen.

Der offene IWF-Kredit aus dem ersten Griechenlandpaket und die Kredite der übrigen Gläubiger blieben hinsichtlich Volumina und Konditionen weitgehend unberührt.

Das Finanzvolumina und Konditionen
Die Gewährung der Finanzmittel und die Konditionen unterscheiden sich nach ihrer Herkunft. Für die laufenden IWF-Finanzhilfen gelten die üblichen IWF-Kredit- und Zinskonditionen.

Die Realisation der Komponenten des zweiten Hilfs- und Anpassungsprogramm im EFSF-Rahmen für Griechenland schließen folgende Konditionen, die in diesem zeitlichen Zusammenhang mit den Konditionen für Irland und Portugal inhaltlich synchronisiert wurden, ein.

- Laufzeiten der EFSF-Kredite wurde auf mindestens 15 bis maximal 30 Jahre festgelegt mit tilgungsfreier Zeit von 10 Jahren,
- Zinsniveau auf dem Niveau der EFSF-Finanzierungskosten,
- Auszahlungen der EU/IWF-Finanzhilfen in Tranchen in Abhängigkeit von der Einhaltung der Verpflichtungen Griechenlands aus dem Anpassungs- und Reformprogramm,
- Verlängerung der Laufzeiten der Kredite aus dem ersten Griechenlandprogramm,
- Rückwirkende Zinssenkung für die bilateralen Kredite der EWU-Länder aus dem ersten Griechenlandpaket und
- Einrichtung eines Sonderkontos für die im jeweils kommenden Quartal fälligen Zahlungen von Zinsen und Tilgungen durch die griechische Regierung. Damit soll der Vorrang des Schuldendienstes gegenüber anderen Ausgaben des Staates gewährleistet werden. Ziel des Sonderkontos ist es, das Vertrauen von Anlegern und Kreditgebern in die griechischen Wertpapiere und ihre Bedienung zu stärken.[284]

Gegenstand der Überprüfung
im Sinne der Kreditüberwachung, durch Troika, sind die gestellten Ziele des Anpassungs- und Reformprogramms.

Vor dem Hintergrund der extrem schwierigen wirtschafts- und finanzpolitischen Ausgangssituation sowie eines wirtschaftlichen Schrumpfungsprozesses der griechischen Wirtschaft stellt sich das Anpassungs- und Reformprogramm zur Erreichung der Zielstellungen sehr komplex dar.

Dieses zwischen der griechischen Regierung und der EU sowie dem IWF vereinbarte Programm weist im Vergleich zu den entsprechenden Anpassungs- und Reformprogrammen Irlands und Portugals Unterschiede auf.

- Es ist breiter angelegt und umfasst ein weit gefächertes Spektrum von Maßnahmen der Sanierung des Staatshaushaltes auf der Einnahmen- und Ausgabenseite sowie eine Vielzahl von Maßnahmen zur Konsolidierung der Banken sowie zur Entwicklung der Realwirtschaft mit den Schwerpunkten Wachstum und Wettbewerbsfähigkeit,
- Die Maßnahmenkomplexe sind tiefer und detaillierter. Sie reichen von festen Größen zur Verschlankung des völlig überzogenen öffentlichen Sektors in Höhe von 150 Tsd. Stel-

---

[284] Vgl. Mussler, W.: Die Griechenland-Hilfe im Überblick. FAZ/Wirtschaft vom 21.02.2012, S. 12. In: http://www.faz.net/aktuell/wirtschaft/fragen-antworten-die-griechenland-hilfe-im-ueberblick-11657677.html. Abgerufen am 14.08.2012.

len über Vereinbarungen zu Privatisierung konkreter staatlicher Vermögensobjekte, wie Häfen bis hin zu Angeboten zum Aufbau einer effektiven Steuerverwaltung,

- Aufgrund der extremen Defizite in nahezu allen wirtschafts-, finanz- und sozialpolitischen Bereichen ist die Erreichung der Zielstellungen naturgemäß und notwendigerweise anspruchsvoller als die der anderen Programmländer und

- Das griechische Anpassungs- und Reformprogramm ist deutlich überwachungsintensiver. Die Ursachen liegen zum einen in der Breite, Tiefe und dem Anspruchsniveau der Maßnahmenkomplexe. Zum anderen liegen die Ursachen in der unzureichenden Fähigkeit und Bereitschaft der politischen Klasse und der öffentlichen Verwaltung, eingegangene und damit bindende Vereinbarungen mit der EU und dem IWF einzuhalten und tatsächlich umzusetzen.

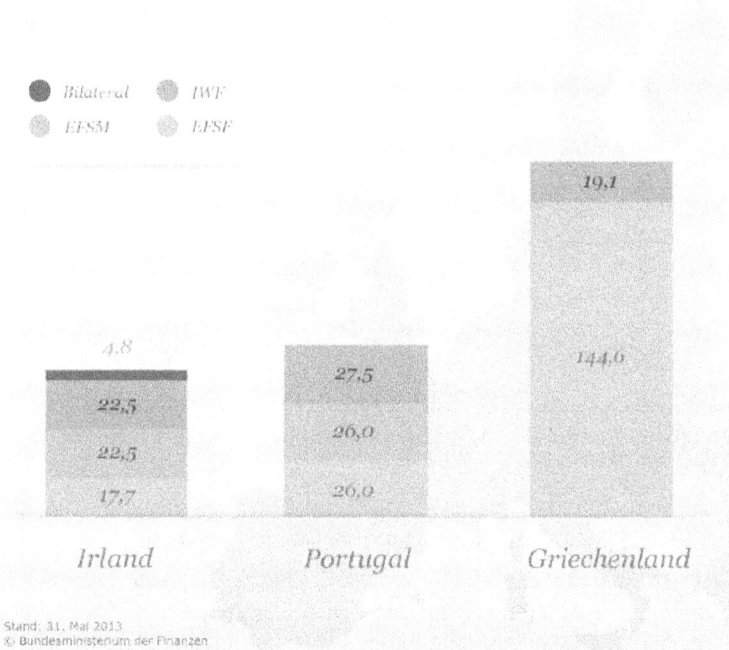

Abb. 52:   Übersicht über die Finanzvolumina der Programmländer (Stand 5/2013)[285]

---

[285]   Bundesministerium für Finanzen: Europäische Finanzhilfen im Überblick. In: A. a. O., S. 4.

Kreditvergabekapazität (440 Mrd. Euro gesamt)

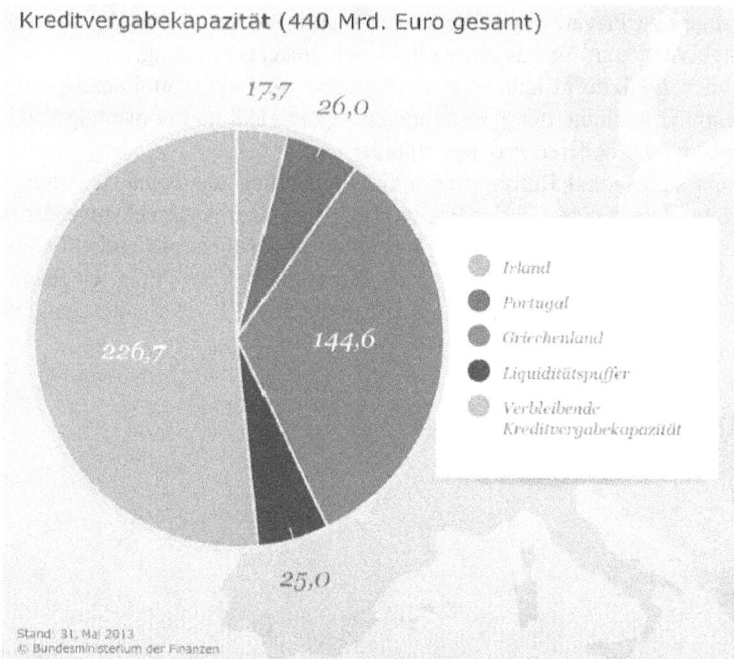

Abb. 53:   Übersicht zur Ausschöpfung der EFSF in Mrd. € (Stand 5/2013)[286]

4.2.2.3   Der Schutzschirm – Europäischer Stabilisierungsmechanismus

Der wirtschafts- und finanzpolitische Hintergrund

Der Europäische Stabilisierungsmechanismus – European Stability Mechanism (ESM) wurde als europäische Finanzinstitution durch einen völkerrechtlichen Vertrag gegründet.[287] Er trat am 27.09. 2012 in Kraft.

Der ESM löst die jeweils temporär konzipierte Europäische Finanzstabilisierungsfazilität (EFSF) sowie den Europäischen Finanzstabilisierungsmechanismus (EFSM) ab.

Die Gründung des ESM folgte insbesondere der Erkenntnis, dass die Befristung des EFSF und des EFSM auf drei Jahre keinesfalls ausreichte, um den C-Ländern, vor allem den von akuten Krisen betroffenen Ländern, die Möglichkeit zu geben, umfassende Reformen zu konzipieren und umzusetzen. Die Beseitigung der makroökonomischen Ungleichgewichte, Disproportionen und Fehlentwicklungen, die sich über langfristige Zeiträume von zehn und mehr Jahren aufgebaut haben, ist in kurz- und mittelfristigen Zeithorizonten nicht möglich.

Dieser Erkenntnis folgend hatten die Finanzmärkte vor dem Hintergrund der Befristung des EFSF und des EFSM die Risikobewertungen im Hinblick auf die Staatsanleihen der Krisenländer aktualisiert. Dementsprechend stiegen die Renditen 10-jähriger Staatsanleihen Irlands auf rd. 8 %, Portugals auf über 15 % und Griechenlands auf exorbitante 35 % zu Beginn des Jahres 2012.

---

[286]   Bundesministerium für Finanzen: Europäische Finanzhilfen im Überblick. In: A. a. O., S. 1.
[287]   Vgl. Ebenda, S. 15.

Die Renditen der entsprechenden Staatsanleihen Spaniens und Italiens zogen parallel eben-falls an.[288]

Aus der Sicht des gegebenen politischen Entscheidungsrahmens, die politische Integration der europäischen Länder u. a. auf dem Wege der Währungsunion nicht zu gefährden, war die Ablösung der befristeten EFSF und EFSM durch ein permanentes Stabilisierungsinstrument zwingend notwendig.

Zielstellung

Der ESM stellt wie seine Vorgänger EFSF und EFSM inhaltlich ein supranationales europäi-sches Finanzstabilisierungsinstrument dar. Das Instrument war ähnlich denen des EFSF und EFSM vor allem darauf angelegt,

- die Staatsinsolvenz akut gefährdeter Staaten abzuwenden,
- die Kursentwicklung der Staatsanleihen zu stabilisieren und die Zinskosten für die an den Bondmärkten unter Druck stehenden Staaten dauerhaft zu senken,
- den Krisenstaaten langfristige Zeiträume zu verschaffen, ihre komplexen wirtschafts- und finanzpolitischen Reformprogramme zu realisieren,
- den europäischen und den globalen Bankensektor, insbesondere jene Banken, die Anlei-hen gefährdeter Staaten in ihren Portfolios haben, zu entlasten, sowie
- den Finanzmärkten Entschlossenheit zu signalisieren, die EWU und damit zugleich den Euro zu erhalten.

Vor allem mit dem Wegfall einer zeitlichen Befristung ist ein wesentlicher Nachteil von EFSF und EFSM beseitigt worden.

Struktur, Funktionsweise und Verteilungsstruktur auf die Krisenstaaten

Der Europäische Schutzschirm beinhaltet ein Gesamtvolumen des Stammkapitals von 700 Mrd. € und teilt sich auf in 620 Mrd. € abrufbares und 80 Mrd. € eingezahltes Kapital.

In der Fixierung der Einzahlungen liegt ein wesentlicher Unterschied zum EFSF. Im Rahmen des EFSF gab es keine Einzahlungen durch die Mitgliedsstaaten. Es handelte sich ausschließ-lich um eine Fremdkapitalaufnahme des EFSF/EFSM an den Finanzmärkten, die letztendlich im Rahmen des Programms an die Krisenländer „durchgereicht" wurden.

Die Mitgliedsstaaten gaben im Hinblick auf die Finanzierungs- und Refinanzierungsgeschäf-te des EFSF/EFSM Garantien. Im ESM ist keine Fixierung eines Haftungsanteils der Mit-gliedsländer an den einzelnen Programmen mehr vorgesehen. Die Haftungsrisiken beziehen sich auf die Volumina der ausgereichten Mittel des ESM und orientieren sich an den Kapital-anteilen an der EZB.

Wie die Haftungsrisiken ergeben sich auch die Finanzierungsanteile der Mitgliedsstaaten generell aus ihren jeweiligen Kapitalanteilen an der EZB.[289]

---

[288] Vgl. Abb. 45.

[289] Mit einem Anteil von rd. 27,1% Kapitalanteil an der EZB ergeben sich die Finanzierungsanteile Deutschlands in Höhe von rd. 22 Mrd. € an eingezahltem und etwa 168 Mrd. € an abrufbarem Kapital. Das maximale Haf-tungsrisiko beläuft sich auf rd. 190 Mrd. €. Vgl. Bundesministerium für Finanzen: Europäische Finanzhilfen im Überblick. In: A. a. O., S. 15.

Dem ESM-Vertrag entsprechend beträgt das eingezahlte Kapital mindestens 15 % vom Volumen der Anleihemissionen. Zum ausgewiesenen Stand per 5/2013 waren 48,6 Mrd. € eingezahlt. Damit ergibt sich eine ESM-Ausleihevolumen von 328,8 Mrd. €.[290]

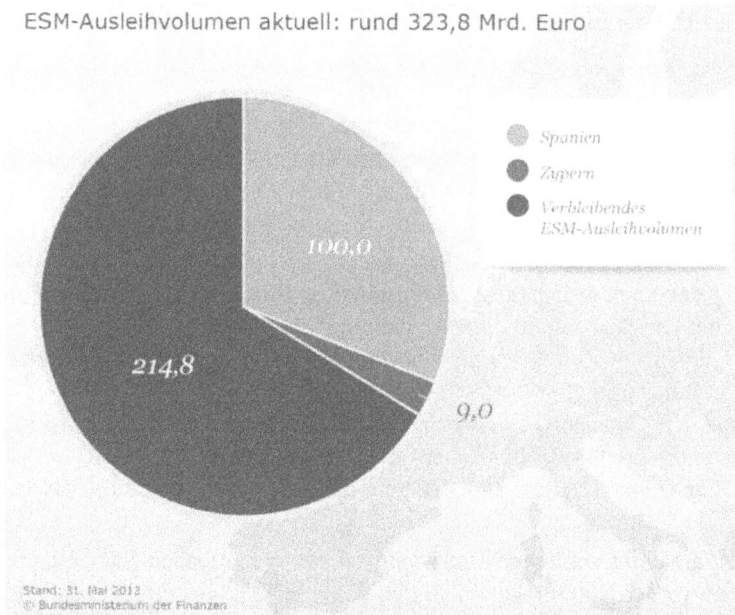

Abb. 54:   Beispiel Belegung des ESM-Ausleihevolumens in Mrd. € (Stand 5/2013)[291]

Tab. 11:   ESM-Ausleihevolumen nach Zusagen und Auszahlungen in Mrd. € (Stand 5/2013)[292]

	Gesamtzusage	Davon ausbezahlt
Aktuelles ESM-Ausleihvolumen	323,8	
Zugesagte Finanzhilfen:		
Spanien	100,00	41,4
Zypern	9,0	2,0
Summe zugesagter Finanzhilfen	109,0	43,4
Verbleibendes ESM-Ausleihvolumen	214,8	

---

[290] Vgl. Bundesministerium. Europäische Finanzhilfen: ESM. In:
http://www.bundesfinanzministerium.de/Content/DE/Standardartikel/Themen/Europa/Stabilisierung_des_Euro
/Zahlen_und_Fakten/europaeische-finanzhilfen-esm.html. Abgerufen am 19.05.2013.
[291] Ebenda.
[292] Ebenda.

Verteilungsstruktur und Zeitpunkt der Bereitstellung der Finanzmittel

Im Hinblick auf die Verteilungsstruktur unterscheiden sich EFSF und ESM in einem wichtigen inhaltlichen Sachverhalt voneinander. Während der EFSF darauf beschränkt ist, die am Bondmarkt aufgenommenen Finanzmittel direkt auf die Krisenländer in Gestalt von Hilfs- und Anpassungsprogrammen umzuverteilen, eröffnet der ESM mit der Secondary Market Support Facility (SMSF) die Möglichkeit, die Kurse und Renditen der Staatsanleihen von Krisenländern zu beeinflussen. Dieses Programm gestattet es im Rahmen des ESM, Staatsanleihen von Krisenländern am Sekundärmarkt zu kaufen. Die grundlegende Bedingung dieses SMSF besteht in der Bindung des jeweiligen Krisenlandes an die spezifischen Bedingungen des ESM.[293]

Die Kopplung von jeweils länderspezifischem Anleihekaufprogramm und Hilfs- und Anpassungsprogramm eröffnet die Möglichkeit, die kurzfristigen Refinanzierungsmöglichkeiten zu verbessern und dem jeweiligen Krisenland parallel dazu die Zeit zur Umsetzung mittel- und langfristig angelegter struktureller Reformen einzuräumen.

Die Gestaltung der Finanzierung der Hilfs- und Anpassungsprogramme für die Krisenstaaten im Hinblick auf die Höhe, den Zeitraum des Finanzbedarfs sowie die Konditionen der Finanzierung wird in ähnlicher Weise wie die Gestaltung der Finanzierung des EFSF vorgenommen.[294]

Anpassungs- und Hilfsprogramm Spanien

Zielstellung

Auf der Grundlage sich negativ entwickelter Zugangsbedingungen Spaniens zu den Finanzmärkten mit einer Renditeentwicklung auf 7–8 % für zehnjährige Anleihen zu Beginn des Jahres 2012 bat das Land um finanzielle Hilfe.

Das Hilfs- und Anpassungsprogramm für Spanien wurde im Juli 2012 entschieden und in der Folgezeit qualitativ und quantitativ präzisiert.

Inhaltlich ist das Programm insbesondere auf zwei Schwerpunkte ausgerichtet:

1. Deckung des zunehmenden Kapitalbedarfs der spanischen Regionen und des Staates.
Dieser Kapitalbedarf resultiert vor allem aus den Einnahmeausfällen (sinkende Steuern) und Ausgabenzuwächsen (aufgrund der hohen Arbeitslosigkeit) der Regionen und des Staates infolge der rezessiven spanischen Wirtschaftsentwicklung.

2. Sicherung des spanischen Bankensektors, u. a. durch Rekapitalisierungen von Banken durch den spanischen Staat.
Die spanische Bankenkrise stellt unter quantitativem Gesichtspunkt den primären Grund für das spanische Anpassungs- und Hilfsprogramm dar. Die Bankenkrise hat ihre Hauptursache in der geplatzten spanischen Immobilienblase.[295]

---

[293] Vgl. European Stability Mechanism. Guideline on the Secondary Support Facility. In: http://www.esm.europa.eu/pdf/ESM%20Guideline%20on%20the%20secondary%20market%20support%20facility.pdf. Abgerufen am 19.08.2013.

[294] Vgl. Punkt 4.2.2.2.

[295] Neben der Immobilienkrise ergeben sich Ausfallrisiken für die Banken aus Anleihen der finanziell angespannten spanischen Regionen. Die Banken halten einen hohen Anteil dieser Regionalanleihen.

Finanzierungsvolumen

Die notwendigen Finanzierungsvolumina sind insbesondere aus den Kapitalbedarfsgrößen zur Rekapitalisierung der spanischen Banken abgeleitet.

Der Rekapitalisierungsbedarf ergab sich aus dem starken Anstieg der nicht mehr voll bedienten Kredite (NPL) von rd. 1 % 2005–2007 auf über 8 % des gesamten Kreditvolumens zu Beginn des Jahres 2012.[296]

Vor dem Hintergrund der zu erwartenden Kreditausfälle schätzt der IWF einen Kapitalbedarf spanischer Banken in Höhe von 37,1 Mrd. € unter der Prämisse des Erreichens einer international geforderten Kernkapitalquote von 7,0 %. Nach IWF-Schätzungen erhöht sich die Kapitalbedarf auf 76 Mrd. € zur Erreichung einer Kernkapitalquote von 10,0 %.[297]

Sowohl auf der Grundlage der Prognosen des Kapitalbedarfs des spanischen Bankensystems als auch auf Basis der Prognose der konjunkturbedingt niedrigen Einnahmen und erhöhten Ausgaben des Staaten und der Regionen wurde ein ESM-Volumen von 100 Mrd. € als Anpassungs- und Hilfsprogramm für Spanien vereinbart.

Konditionen

Das spanische Programm weist gegenüber den Hilfs- und Anpassungsprogrammen Irland, Portugal und Griechenland II wesentliche Unterschiede auf:

- Das spanische Programm ESM wurde in 11/2013 vom EFSF in den ESM überführt.
- Die Laufzeit des Programms beträgt 18 Monate und das Zinsniveau orientiert sich eng an den Kapitalmarktzinsen des ESM.
- Das spanische Hilfs- und Anpassungsprogramm ist vorrangig darauf angelegt, den Bankensektor u. a. über Rekapitalisierungen zu stützen.[298]
- Das Programm basiert auf einem relativ soliden Niveau öffentlicher Finanzen. Die Gesamtverschuldung beträgt im Jahre 2012 rd. 80 % vom BIP.
- Das spanische Programm ist mit 100 Mrd. € in Relation zur spanischen Wirtschaftskraft gemessen am BIP gegenüber den Hilfs- und Anpassungsprogrammen der anderen Reformländer deutlich kleiner.
- Nach der Laufzeit ist eine Überführung des Programms im Rahmen einer zu gründenden Bankenunion absehbar.[299]

Gegenstand der Überprüfung

Die Prüfungen zur Einhaltung der Bedingungen des Reform/Anpassungsprogramms erfolgen durch die EU-Kommission und die EU-Finanzminister. Da der IWF nicht beteiligt ist, entfällt eine Prüfung durch die durch die Troika.

Die Schwerpunkte der Überprüfungen im Rahmen des spanischen Bankensystems konzentrieren sich vor allem auf folgende:

- Auf der Grundlage von Bankenstresstests, wird die Überlebensfähigkeit der Banken bewertet und deren Finanzierungsbedarf ermittelt.
- Banken mit tragfähigen Geschäftsmodellen und Zukunftspotenzial werden Restrukturierungen unterzogen.

---

[296] Beyerle, H.;Ohanian, M.: Die spanische Illusion. Financial Times Deutschland vom 12.06.2012, S. 14.

[297] Lennen, B.; Lebert, R.: Langer Marsch durch die Institutionen. A. a. O., S. 18.

[298] Vgl. Bundesministerium. Europäische Finanzhilfen: ESM. A. a. O.

[299] Die Verhandlungen zur Gründung sowie finanzwirtschaftlichen und juristischen Ausgestaltung laufen in den Jahren 2013/14.

- Jene Banken, denen keine Zukunftschancen eingeräumt werden, müssen geordnet abgewickelt werden.

- Strengere Aufsicht über das gesamte Finanz- und Bankensystem einschließlich strikter Überwachung der Liquidität der Banken und der Kontrolle der ehemaligen Sparkassen (Cajas).

Neben den stringenten Auflagen in Bezug auf das Bankensystem sind Empfehlungen der EU-Kommission im Hinblick auf

- makroökonomische Schwerpunkte, wie Arbeitsmarktreformen und Erhöhung des Rentenalters usw. sowie

- fiskalische Schwerpunkte, wie Einhaltung der Verpflichtungen zum Schuldenabbau, Umsetzung der Reform des Steuersystems usw.[300]

an die spanische Wirtschafts- und Finanzpolitik Gegenstand der regelmäßigen Überprüfungen.

Anpassungs- und Hilfsprogramm Zypern

Zielstellung

Die Zielstellung des Programms ist auf die Beseitigung der Ursachen der Zypernkrise gerichtet. Das Land zeigte mit einer aggregierten Bilanzsumme der Banken von rd. 700 % am BIP eine extreme Überdimensionierung. Das aufgeblähte Bankensystem wurde einerseits durch überhöhte Zinsangebote der Banken des Landes an institutionelle und private Anleger und andererseits durch die Gewährung besonderer Vergünstigungen für ausländische Kunden im Sinne von Steueroasen/Geldwäsche induziert.

Sowohl die Zahlungen überhöhter Zinsen an Bankkunden als auch die weltweite Tendenz zur Begrenzung der Tätigkeiten von Banken im Sinne der Gewährung besonderer Vergünstigungen ausländischer Kunden führten zu einem hohen Kapitalbedarf der größten Banken des Landes. Dieser Kapitalbedarf erhöhte sich zusätzlich durch die Abschreibungen der in den zyprischen Bankbilanzen befindlichen griechischen Staatsanleihen aus dem griechischen Schuldenschnitt vom März 2012. Der gesamte Finanzbedarf Zyperns belief sich so auf rd. 17 Mrd. € und entsprach damit etwa der jährlichen Wirtschaftsleistung des Landes. Die Summe der Einlagen betrug gleichzeitig insgesamt rd. 70 Mrd. €.[301] Die EU-Kommission weist schließlich für Zypern eine Staatsverschuldung von 86,5 % vom BIP für 2012 aus.[302]

Die Zielstellungen des Anpassungs- und Hilfsprogramms Zypern bestehen vor diesem Hintergrund darin, generell in

- der Sicherstellung der Stabilität des Finanzsektors,

- der Haushaltskonsolidierung,

- den Strukturreformen zur Stärkung der Wettbewerbsfähigkeit und des Wachstums[303]

und im einzelnen

---

[300] Vgl. Handelsblatt: Spanien sträubt sich gegen Einmischung in Sparprogramm vom 11.09.2012.
http://www.handelsblatt.com/politik/international/staatshilfen-spanien-straeubt-sich-gegen-einmischung-in-sparprogramm/7117856.html. Abgerufen am 26.06.2013.

[301] Vgl. Afhüppe, S.; Hildebrand, J.; Münchrath, J.: Das Ultimatum. Handelsblatt vom 22.03.2013, S. 1 f.

[302] Zitiert im Handelsblatt. Vgl. Berschens, R.: Die zyprischen Sparer sollen zahlen. Handelsblatt vom 06.03.2013, S. 10.

[303] Bundesministerium für Finanzen: Europäische Finanzhilfen: ESM. In: A. a. O.

- die Überdimensionierung des Bankensystems zu beseitigen und damit zur Verbesserung gesamtwirtschaftlicher Strukturen beizutragen,
- das zyprische Bankensystem, insbesondere die dominierenden Banken zu restrukturieren bzw. abzuwickeln[304] und so die Risiken des Staates aus dem Bankensystem dauerhaft zu reduzieren,
- den zypriotischen Staat nicht den gesamten Finanzbedarf zur Rekapitalisierung tragen zu lassen und so der akuten Gefahr der Staatsinsolvenz auszusetzen und schließlich
- die Schuldentragfähigkeit des zyprischen Staates langfristig mit einem Zeithorizont bis zum Jahre 2020 zu sichern.

Finanzierung – Volumen, Struktur und Konditionen

Zypern erhält aus dem ESM eine Finanzierung in Höhe von 9 Mrd. €. Ein IWF-Kredit in Höhe von 1,0 Mrd. € ergänzt das Programm.

Darüber hinaus werden zur Finanzierung Aktionäre und insbesondere Gläubiger mit Nachrangstatus herangezogen. Daneben werden Einleger bei zyprischen Banken mit Vermögensabgaben auf Einlagenvolumina von über 100 T€ an der Sanierung des Bankensystems in einem geschätzten Volumen von 5,8 Mrd. € beteiligt.[305] Damit sind die Komponenten zur Deckung des gesamten Finanzierungsbedarfs umrissen.

Diese Komponenten haben insofern eine besondere Bedeutung, da sie die Grundlage der so genannten Haftungskaskade, die am 27.06.2013 durch den EU-Finanzministerrat generell für künftige Fälle der Insolvenz europäischer Großbanken beschlossen wurde. darstellt. Danach werden zur Deckung von Verlusten in der Reihenfolge

- Aktionäre
- Gläubiger mit Juniorstatus (Nachrangstatus)
- Gläubiger mit Seniorstatus
- Einleger mit Volumina größer 100 T€

herangezogen.[306]

Im Hinblick auf die Konditionen sind vor allem die Laufzeit und die Verzinsung der ESM-Finanzierung sowie flankierende finanzierungsrelevante Maßnahmen von Bedeutung. Die Laufzeit ist zunächst bis 2020 vorgesehen. Die Zinsen orientieren sich am Kapitalmarktzinsniveau zudem sich der ESM verschuldet. Darüber hinaus wurde Zypern im Hinblick auf die Garantieleistungen für den EFSF entlastet.[307] Dieses so genannte „Stepping Out" führt zwangsläufig zu einer Erhöhung der Haftungsanteile der übrigen Länder, zu einer Zweiteilung von Ländern mit und ohne Haftungsanteil und stellt damit einen Strukturbruch dar.

Gegenstand der Überprüfung

Der Gegenstand der Überprüfung des wirtschaftlichen Anpassungsprogramms ist inhaltlich naturgemäß so angelegt, dass die Zielstellungen und die vereinbarten Konditionen punktge-

---

[304]   Die dominierenden Banken innerhalb des zyprischen Bankensystems sind die zur Abwicklung festgelegten Laiki Bank sowie die zu restrukturierende Bank of Cyprus.

[305]   Vgl. Anger, H.; Riedel, D.: Banksteuer zermürbt Zypern. Handelsblatt vom 18.03.2013, S. 8.

[306]   Vgl. Berschens, R.; Drost, F.: Der Staat darf weiter Banken retten. Handelsblatt vom 28.06.2013, S.30 f.

[307]   Vgl. Handelsblatt: Zyperns Präsident will Rettungspaket nachverhandeln. In: http://www.handelsblatt.com/politik/international/ueberraschender-vorschlag-zyperns-praesident-will-rettungspaket-nachverhandeln/8372716.html. Abgerufen am 28.06.2013.

nau umgesetzt werden. Wichtige inhaltliche Schwerpunkte innerhalb des Bankensektors und der Finanzpolitik sind, die

- Abwicklung einer der beiden zyprischen Großbanken – der Laiki Bank und Restrukturierung der zweiten Großbank, der Bank of Cyprus,
- quantitative Reduzierung des Bankensystems auf ein europäisches Durchschnittsniveau gemessen am BIP im Zeitraum bis 2018,
- strikte Unterbindung von Bankaktivitäten mit besonderen Vergünstigungen für ausländische Anleger vor allem im Hinblick auf die Geldwäsche,
- Privatisierung von staatlichen Großunternehmen, insbesondere in den Sektoren Energieversorgung und Telekommunikation,
- Steuererhöhungen im Hinblick auf Körperschaftssteuer und die Quellensteuer auf Kapitalerträge,
- Goldverkäufe des Staates,
- Strukturelle Reformen im Renten- und Gesundheitssystem u. a. m.

Es wird in der EU davon ausgegangen, dass die Wirtschaftsleistung in 2013 um 8,7 % und in 2014 um 3,9 % zurück geht und ab 2015 wieder anzieht.

Die Staatsverschuldung steigt nach der Prognose von 86,5 % in 2012 auf 126 % in 2015 und geht bis 2020 auf 104 % zurück.[308]

Die Prognosen hinsichtlich Wirtschaftswachstum und Staatsverschuldung für die einzelnen Jahre sind Gegenstand der Überprüfung und damit Nachweis der Wirksamkeit der angesteuerten Einzelmaßnahmen.

4.2.3 Die inaktiven Wirtschafts- und finanzpolitischen Instrumente

Über die dargestellten in Anwendung befindlichen wirtschafts- und finanzpolitischen Instrumente hinaus werden permanent weitere Instrumente zur Stabilisierung der Eurozone diskutiert und mit Blick auf mögliche Anwendungen geprüft. Zu diesen Instrumenten zählen vor allem die von der EU-Kommission favorisierten

- Eurobonds
- Eurobills und
- Schuldentilgungsfonds[309]

Den genannten Instrumenten gemein ist, dass sie, wenn auch in differenzierter Weise, zu einer Vergemeinschaftung der staatlichen Verschuldung der Mitgliedsländer der EWU führen. Vor allem aus diesem Grunde sind sie auch nicht in Anwendung und sollen deshalb hier nur kurz umrissen werden.

Eurobonds

wären vergleichbar mit Staatsanleihen. Sie würden durch die Mitgliedsstaaten der EWU als Gemeinschaftsanleihe an den Anleihemärkten platziert. Damit würden sich die EWU-Mitgliedsstaaten gemeinschaftlich an den Anleihemärkten verschulden. Die aufgenommenen

---

[308] Vgl. Ebenda vom 01.01.2013.

[309] Vgl. EU-Kommission: Expertengruppe zur Prüfung eines Schuldentilgungsfonds und von Eurobonds. In: http://www.ec.europa/commission_2010-2014/president/news/archives/2013/0720130702_3_de.htm. Abgerufen am 16.07.2013.

Schulden würden nach den Kapitalbedarfsgrößen der Mitgliedsstaaten verteilt. Unabhängig von der Verteilung würden alle Mitgliedsstaaten gesamtschuldnerisch in Bezug auf die Anleihen haften. Das Zinsniveau der Eurobonds würde sich an der Bonität der Gesamtheit der Mitgliedsstaaten orientieren. Das zöge die Konsequenz nach sich, dass sich die Krisenstaaten nicht nur wieder an den Anleihemärkten refinanzieren könnten, sondern das Zinsniveau würde gegenüber dem aktuellen Niveau wesentlich sinken. Die Mitgliedsstaaten guter und bester Bonität, insbesondere die „AAA"-Staaten, müssten hingegen erheblich höhere Zinsen in Kauf nehmen. Die Laufzeiten der Eurobonds würden sich im Bereich der üblichen Laufzeiten an den Anleihemärkten von 3–10 Jahren einordnen.

Die konkrete Ausgestaltung der Eurobonds könnte im Hinblick auf die Haftung, die Laufzeiten und den Emittenten variieren.

Eurobills

wären, wie Eurobonds Gemeinschaftsanleihen der Mitgliedsstaaten der EWU. Auch mit Eurobills würden sich die Staaten gemeinschaftlich verschulden. Die Verteilung der Schulden, die Haftung und die Zinsgestaltung würden grundsätzlich denen der Eurobonds gleichen. Der wesentliche Unterschied besteht in den Laufzeiten. Sie würden im Kurzfristbereich liegen und maximal 1–2 Jahre betragen. Damit würden die Emissionen und die Platzierung an den Geldmärkten erfolgen.

Im Hinblick auf die detaillierte Ausgestaltung der Eurobills werden vor allem die kurzen Laufzeiten und die damit verbundene quantitative Beschränkung der Refinanzierungsmöglichkeiten der Krisenländer herausgestellt.[310]

Schuldentilgungsfonds

würde alle Staatsschulden der EWU–Länder jeweils oberhalb der Schuldengrenze von 60 % am BIP aufnehmen. Damit könnte jedes EWU–Land, dass die Schuldengrenze überschreitet, einen bestimmten Betrag in den Schuldentilgungsfonds auslagern. Der Fonds würde zur Refinanzierung Anleihen emittieren. Die Anleihen unterlägen der gemeinschaftlichen Haftung aller Mitgliedsländer. Das Zinsniveau der entsprechenden Anleihen würde sich wie bei Eurobonds an der Gesamtheit der Mitgliedsländer orientieren.

Damit wäre die Konsequenz verbunden, dass Länder mit niedriger Bonität, etwa die Krisenländer, für den ausgelagerten Teil der Staatsschulden niedrigere Zinsen als bisher zu zahlen hätten. Jene Länder mit hoher Bonität hingegen ständen deutlich höheren Zinsen gegenüber. Die Länder, die Schulden in den Fonds eingebracht haben, zahlen für jeweils ihren Teil die Zinsen und würden verpflichtet, innerhalb eines festgelegten Zeitraums, beispielsweise maximal 25 Jahre, die eingebrachten Schulden zu tilgen.[311]

Die in den Grundzügen dargestellten Instrumente, Eurobonds, Eurobills und Schuldentilgungsfonds ziehen eine Reihe von Problemen nach sich. So führen sie, wenn auch in unterschiedlicher Weise, letztendlich zu einer Vergemeinschaftung zumindest eines Teils der staatlichen Verschuldung der Mitgliedsländer der EWU. Darüber hinaus ist die Hilfestellung für

---

[310]   Vgl. Hellwig, C.; Philippon, T.: Eurobills statt Eurobonds. In: http://www.oekonomenstimme.org/artikel/2011/12/eurobills-statt-eurobonds/. Abgerufen am 16.07.2013.

[311]   Vgl. Hefeker, C.: Ein Schuldentilgungsfonds für Europa?. In: http://www.wirtschaftsdienst.eu/archiv/jahr/2012/8/2820/. Abgerufen am 16.07.2013.

die Krisenländer, die mit diesen Instrumenten gegeben wird, generell nicht an die vorherige Umsetzung von Reformkonzepten im Hinblick auf die kurz-, mittel- und langfristigen Wirtschafts-, Finanzpolitik der Staaten zwingend gebunden. Die Gestaltung von geeigneten Durchgriffsmöglichkeiten bei Unterbrechung der Reformprozesse in den einzelnen Staaten durch die Institutionen der EWU erscheint schwierig. Schließlich existieren Risiken der Entstehung von Fehlanreizen sowohl auf der Seite der bonitätsstarken als auch der bonitätsschwachen Länder.

Die dargestellten offenen Probleme sind vor allem die Gründe dafür, dass die Eurobonds, die Eurobills und der Schuldentilgungsfonds bisher als Instrumente der Stabilisierung der Eurozone keine Akzeptanz gefunden haben.

4.2.4   Geld- und finanzsystempolitische Instrumente

4.2.4.1   Geldpolitische Instrumente und finanzsystempolitische Implikationen

Neben den wirtschafts- und finanzpolitischen Instrumenten sind zeitlich parallel differenzierte geld- und finanzsystempolitische Instrumente zur Stabilisierung der Eurozone in Anwendung.

Dabei handelt es sich bei den geldpolitischen Instrumenten zunächst allgemein um die konventionelle Zins- und Geldmengenpolitik sowie um ein breites Spektrum unkonventioneller Instrumente der Geldpolitik der EZB.

Im Mittelpunkt der finanzsystempolitischen Instrumente stehen jene, die sich auf die Stabilität des europäischen Bankensystems als Kern des Finanzsystems konzentrieren.

Ähnlich wie die wirtschafts- und finanzpolitischen Instrumente sind auch die geldpolitischen und finanzsystempolitischen Instrumente darauf ausgerichtet, den Krisenstaaten Zeit zu verschaffen, auf dem Wege tief greifender Reformen ihre strukturellen Ungleichgewichte, Disproportionen und Fehlentwicklungen zu korrigieren.

Die Kopplung von geld- und bankensystempolitischen Instrumenten ist unter zeitlichem Aspekt der Tatsache geschuldet, dass die Eurokrise in den ersten Phasen ab 2010 durch die Staatsschuldenkrise und die Bankenkrise gekennzeichnet war und erst danach in die Phase der realwirtschaftlichen Krise übergegangen ist.

Unter inhaltlichem Aspekt ist die Kopplung von geld- und finanzsystempolitischen Instrumenten zwingend notwendig, weil strenge Interdependenzen zwischen der Wirtschafts- und Finanzstabilität des Staates und der Stabilität des nationalen Bankensystems objektiv existieren. Die wichtigsten Abhängigkeiten werden in der folgenden Grafik deutlich.

Abb. 55:   Aufbau finanzieller Ungleichgewichte-Ansteckungsspirale zwischen Staat und Banken[312]

Die Grafik zeigt, wie sich Instabilitäten des Staates und des nationalen Bankensystems in einer Spiralbewegung gegenseitig beeinflussen.

Mittel- und langfristig kann diese Spiralbewegung durch strukturelle Reformen der Wirtschafts- und Finanzpolitik sowie des Bankensystems umgekehrt werden.

Kurz- und mittelfristig hingegen, in einer Phase der akuten Krise, muss die Spirale durch geld- und bankensystempolitische Instrumente unterbrochen werden.

Geldpolitische Instrumentarien zur Stabilisierung der Währungsunion sind im Rahmen der konventionellen und unkonventionellen Geldpolitik innerhalb differenzierter Programme der EZB seit 2010 in Nutzung. Vor der näheren Betrachtung der spezifischen Programme erscheinen zunächst allgemeine Vorbemerkungen insbesondere zur unkonventionellen Geldpolitik notwendig.

Einordnung, und Wirkungsweise der unkonventionellen Geldpolitik

Die unkonventionelle Geldpolitik stellt die über den Rahmen der tradierten Geldpolitik hinausgehende Anwendung alternativer geldpolitischer Instrumente durch Zentralbanken zur Erreichung ihrer kurz- und mittelfristigen Zielstellungen dar.

Allgemein ist die quantitative Lockerung notwendig, wenn die Zentralbanken über die konventionellen Ziele im Hinblick auf Preisstabilität sowie Wirtschaftswachstum, Beschäftigung, Wechselkurse usw. hinaus weitere spezielle Zielstellungen verfolgen. Solche Zielstellungen ergeben sich aus den Verläufen von Krisen im Bankensystem und an den Finanzmärkten, umfassen das übergeordnete Ziel der Stabilisierung und betreffen etwa Einzelziel-

---

312   Nebgen, U.: 3 Jahre Staatsschuldenkrise – wo stehen wir. Eine Bestandsaufnahme aus Sicht der Finanzstabilität. Deutsche Bundesbank – Eurosystem. 2013, S. 8.

stellungen, wie Entlastungen von Bankbilanzen im Bankensektor, Steuerung des Zinsniveaus von Asset-Klassen, Vermeidung spezieller Kapitalfehlallokationen usw.

Generell kommen alternative geldpolitische Instrumente im Sinne des Quantitative Easing[313] dann zur Anwendung, wenn die Zentralbanken im Zuge einer extrem expansiven Geldpolitik die Instrumente, z. B. Zinspolitik mit Zinssenkungen in den Bereich von 0–1 %, ausgeschöpft haben und ihre Wirkung für unzureichend halten.[314]

Das Spektrum alternativer geldpolitischer Instrumente ist relativ breit und wird durch die Zentralbanken qualitativ und quantitativ unterschiedlich genutzt. Im Folgenden konzentrieren sich die Betrachtungen auf die unkonventionelle Geldpolitik der EZB.

Die Zielstellungen der Europäischen Zentralbank bestehen insbesondere darin, durch

- die Umsetzung von Anleihekaufprogrammen die Refinanzierungskosten der Krisenländer direkt und kurzfristig zu senken,
- über die Kreditierung der Geschäftsbanken in hohen Volumina zu Niedrigzinsen Anreize zum Kauf von Staatsanleihen der Krisenländer zu schaffen und so deren Refinanzierungskosten indirekt zu senken,
- die Refinanzierungskosten der Krisenländer dauerhaft zu begrenzen indem den Märkten permanent niedrige Risiken signalisiert werden,
- den Unternehmen insbesondere der Krisenstaaten mittel- und langfristig solche Kreditbedingungen einzuräumen, welche die Finanzierung von Investitionen befördern.

Zur Umsetzung dieser Zielstellungen und damit als finanzpolitische Reaktion auf die Eurokrise wurden folgende Instrumente der unkonventionellen expansiven Geldpolitik durch die EZB konzipiert und eingeführt:

1. Anleihekaufprogramm „Securities Market Programme" (SMP)
2. Längerfristige Refinanzierungsgeschäfte der EZB (LTRO)
3. Programm möglicher Anleihekäufe „Outright Monetary Transactions" (OTM)

1. Anleihekaufprogramm SMP

Das Programm wurde zunächst als unmittelbare Reaktion auf die drastische Steigerung der Renditen auf griechische Staatsanleihen[315] noch im Mai 2010 gestartet.

Die spezielle Zielstellung des Programms besteht darin, der stark sinkenden Nachfrage, den entsprechend fallenden Kursen und im Gegenzug ansteigenden Renditen von Staatsanleihen der Krisenstaaten entgegen zu wirken.

Das Programm SMP beinhaltet deshalb den Kauf von Staatsanleihen am Sekundärmarkt durch die EZB. Damit tritt die EZB auf der Nachfrageseite am Bondmarkt auf, stabilisiert so die Kurse und trägt zur Begrenzung der Renditen der Staatsanleihen bei.

Die Anleihekäufe der EZB bezogen sich zunächst auf die griechischen Staatsanleihen und wurden im zeitlichen Verlauf auf die Staatsanleihen Irlands und Portugals erweitert. Damit erfolgte das Anleihekaufprogramm zeitlich parallel zum Griechenlandpaket I und zum

---

[313] Mit der Zuordnung des Begriffes zur Beschreibung der Geldpolitik der US-Zentralbank, der BoJ, der BoE u. a. schließt sich der Verfasser der Auslegung des IWF an. Differenziertere Interpretationen über Begriffe, wie Credit easing, Liquidity easing usw. bleiben hier unberücksichtigt.

[314] Vgl. Schuppan, N.: A. a. O., S. 233 f (z. T. wörtliche Übernahmen).

[315] Vgl. Abb. 43.

EFSF.[316] Die Volumina des Programms beliefen sich für die genannten Staaten per Januar 2011 auf rd. 75,9 Mrd. €.

Im weiteren Verlauf wurde das Programm Mitte des Jahres 2011 auf Anleihekäufe spanischer und italienischer Staatsanleihen ausgedehnt.

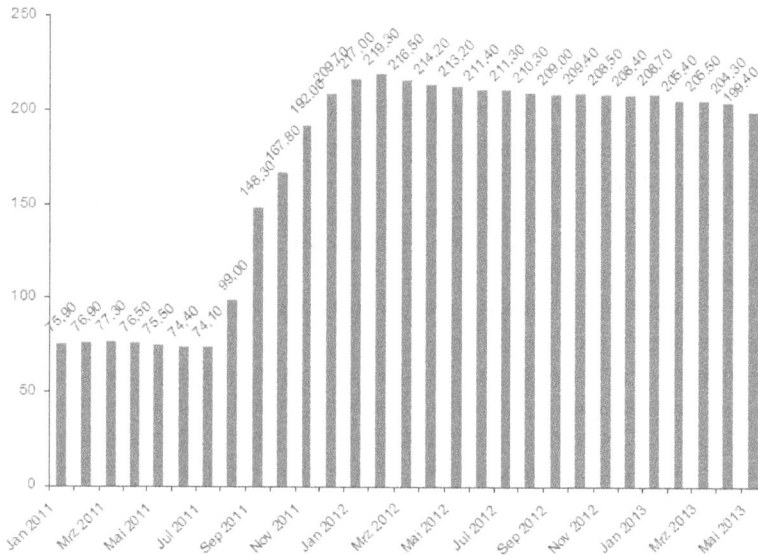

Abb. 56:   Bestand der von der EZB im Rahmen des SMP aufgekauften Staatsanleihen[317]

Die Grafik verdeutlicht anhand der Entwicklung des Bestandes an Staatsanleihen die Einbeziehung Spaniens und Italiens in das Anleiheaufkaufprogramm SMP ab September 2011. Die Konditionen des Programms sind explizit nicht publiziert worden. Es kann allerdings davon ausgegangen werden, dass die Konditionen eng mit denen des zeitlich parallel laufenden EFSF für Griechenland, Portugal und Irland korrelieren und im Hinblick auf Spanien und Italien an EFSF-Konditionen inhaltlich angelehnt sind.

Die Umsetzung des Programms induzierte im Zeitraum vom zweiten Quartal 2010 zum ersten Quartal 2011 für Griechenland, Portugal und Irland eine Stabilisierungsphase der Renditen für die entsprechenden Staatsanleihen an den Finanzmärkten. Ähnliche Wirkungen wurden im Hinblick auf die spanischen und italienischen Staatsanleihen erzielt. Im zweiten und dritten Quartal 2011 kam es zu Stabilisierungstendenzen der Renditeentwicklung spanischer

---

[316]   Vgl. Anleihekaufprogramm: Asmussen verteidigt Draghis Kurs-Konjunktur-Politik – Handelsblatt. In: http://www.handelsblatt.com/politk/konjunktur/geldpolitik/asmussen-verteidigt-draghis-kurs/7106146.html. Abgerufen am 04.07.2013.

[317]   http://de.statista.com/statistik/daten/studie/241285/umfrage/Bestand-der-von-der-EZB--im-Rahmen-des-SMP-aufgekauften-Staatsanleihen/. Abgerufen am 3.4.2013.

und italienischer Anleihen.[318] Das Anleihekaufprogramm SMP ist faktisch zu Beginn des Jahres 2012 ausgelaufen. Die Bestände blieben in etwa konstant.

Für die praktische Einstellung des Programms SMP sind vor allem wirtschafts- und finanz-politische sowie europarechtliche Gründe maßgeblich. Die wirtschafts- und finanzpolitischen Gründe liegen vor allem darin, dass mit laufendem Informations- und Erkenntniszuwachs im Hinblick auf die makroökonomische Entwicklungen der Krisenländer laufend Neubewertun-gen der Risiken von Staatsanleihen der Krisenländer an den Finanzmärkten vorgenommen wurden. So kam es im gesamten Verlauf des Jahres 2011 zu Herabstufungen ausnahmslos aller Krisenländer durch die Ratingagenturen.[319]

Vor diesem Hintergrund wäre zur Stabilisierung der Kurse und Begrenzung der Renditen für Staatsanleihen der Krisenländer eine exorbitante Steigerung der Anleihekäufe durch die EZB notwendig gewesen. Das Programm hätte um ein Vielfaches ausgeweitet werden müssen.

Auch vor dem Hintergrund, dass die EZB im Rahmen des Anleihekaufprogramms SMP ausschließlich am Sekundärmarkt aktiv ist, stellt das Programm aus geld- und finanzpoliti-scher Sicht eine kritische Ausdehnung des Mandats der EZB, das sich bekanntlich auf die Preisstabilität beschränkt, dar. Darüber hinaus rückt das Programm in die Nähe der EU-vertraglich untersagten Staatsfinanzierung.

Eine Erweiterung des Programms hätte sowohl das Problem der kritischen Ausdehnung des Mandats der EZB als auch das europarechtliche Problem wesentlich verschärft.

2.   Längerfristige Refinanzierungsgeschäfte der EZB (LTRO)
Bei den längerfristigen Refinanzierungsgeschäften long-term refinancing operations – LTRO handelt es sich um eine der Formen geldpolitischer Operationen der EZB.[320] Die Besonder-heiten der längerfristigen Refinanzierungsgeschäfte im Verlauf der Eurokrise liegen in ihren Realisierungszeitpunkten und in ihren Volumina.

Zu dem Zeitpunkt, zu dem das Anleihekaufprogramm SMP zurückgefahren wurde, konzi-pierte die EZB das Langfristtenderprogramm (LTRO) mit einem Volumen von insgesamt 1028 Mrd. €.[321] Dieses Programm wurde in zwei Tranchen, am 21.12.2011 mit 489 Mrd. € und am 28.02.2012 mit 530 Mrd. € realisiert.

Mit dem Programm werden vor allem drei mittelfristige Zielstellungen verfolgt:

* Stabilisierung des europäischen Bankensystems
  Die Bereitstellung von Zentralbankgeld löst für den Zeitraum von drei Jahren das Insol-venzproblem einer Reihe von Banken insbesondere der Krisenländer. Die Banken hatten in der Regel ab 2009 einen ansteigenden Abschreibungsbedarf auf faule Kredi-te/Immobilienkredite, Residential Mortgages Backed Securities, Schiffsfonds, Staatsan-leihen u. ä. Gleichzeitig litten die Banken unter Kapitalabflüssen von Anlegern. Die Rückzahlungen von Bankanleihen waren vielfach gefährdet.
* Förderung der realwirtschaftlichen Entwicklung
  Mit dem Langfristtenderprogramm war beabsichtigt, Tendenzen der Bildung von Kre-ditklemmen entgegen zu wirken und die Banken in die Lage zu versetzen, mit Blick auf

---

[318]   Vgl. hierzu Abb. 43.
[319]   Vgl. Abb. 46.
[320]   Vgl. Abschnitt 2.2.1.
[321]   In die Medien ist dieses Programm als „Dicke Berta" eingegangen.

die Förderung der Realwirtschaft vor allem Investitionskredite zu vergeben. Diese Ziel-stellung schien deshalb von besonderer Relevanz, da aufgrund mangelnden Vertrauens am Interbankenmarkt die Kreditvergabe der Banken zu leiden drohte.[322]

- Erhaltung der Refinanzierungsmöglichkeiten der Krisenstaaten an den Bondmärkten
  Vor dem Hintergrund des de facto auslaufenden Anleihekaufprogramms SMP zogen zum Jahresende 2011 die Renditen griechischer, portugiesischer, italienischer und spanischer Staatsanleihen an.[323] Mit der Bereitstellung der Liquidität im Rahmen des extrem volu-minösen Langfristtenderprogramms verband die EZB die Hoffnung, dass die Banken einen Teil der bereitgestellten Liquidität zum Kauf von höher verzinsten Staatsanleihen der Krisenstaaten nutzen würden. So treten die Banken als Käufer am Markt auf, stabili-sieren die Kurse und die Renditen der Staatsanleihen sinken tendenziell. Damit verbes-sern sich in der Folge die Refinanzierungsmöglichkeiten der Krisenstaaten.

Gleichzeitig ergeben sich für die Banken aus der Differenz der Zinsen von Zentralbankgeld und den Renditen der Staatsanleihen der Krisenstaaten praktisch risikolos erhebliche Chan-cen im Hinblick auf die Realisierung von Zinsergebnissen. Damit wird die Rentabilität der Banken gestärkt und zugleich die Bilanzstrukturen der Banken verbessert.

Die Konditionen der LTRO beschränken sich im wesentlichem auf die Laufzeit von maximal drei Jahren sowie eine Verzinsung in Höhe von einem Prozent. Vergabekonditionen an die Banken spielten insofern nur eine untergeordnete Rolle, weil die EZB die Anforderungen an die zu erbringenden Sicherheiten durch die Banken im weiteren zeitlichen Vorfeld der LTRO generell im Rahmen der Refinanzierungsgeschäfte bereits auf ein extrem niedriges Niveau gesenkt hatte.

Neben dem Anleihekaufprogramm SMP haben vor allem die LTRO die Bilanzsumme des Eurosystems beeinflusst. Sie stieg von 2002 Mrd. € im Jahre 2010 auf 2963 Mrd. € im Jahre 2012.

---

[322]   Vgl. hierzu auch Finanznachrichten. EZB: 3 Mrd. € werden getilgt. In:
        http://www.finanznachrichten.de/nachrichten-2013-05/266990741-ezb-3-mrd-euro-werden-getilgt-009.html.
        Abgerufen am 08.07.2013.
[323]   Vgl. Abb. 43.

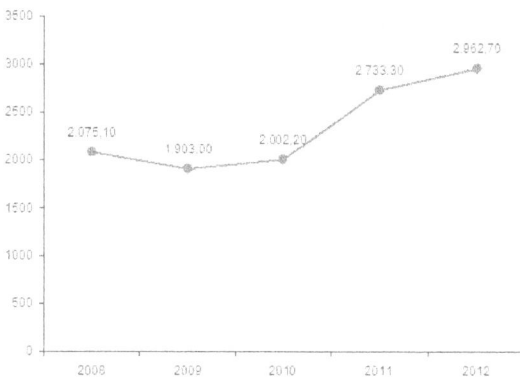

Abb. 57:   Entwicklung der Bilanzsumme des Eurosystems in Mrd. € (in Mrd. €)[324]

Die Zielstellungen der EZB im Zusammenhang mit der LTRO sind teilweise erfüllt.

Die erste Zielstellung,
eine kurz- und mittelfristige Stabilisierung des europäischen Bankensystems im Sinne der
Verringerung einer akuten Insolvenzgefahr vieler Banken ist zunächst eingetreten. Unabhängig davon beinhalten die Bilanzen der europäischen Banken Risikopositionen auf der Aktivseite inklusive der Bad Banks mit hohen Volumina. Dem stehen niedrige Eigenkapitalquoten
(Leverage-Ratio) gegenüber. Damit ist das Problem notwendiger Restrukturierung bzw. Abwicklung von Banken mittel- und langfristig keineswegs gelöst. Mit den LTRO hat die EZB
dem Finanz- und Bankensystem Zeit eingeräumt, die strukturellen Probleme zu lösen. Einer
der Lösungswege besteht unter den Bedingungen einer entsprechenden Wirtschafts- und
Finanzpolitik der EU/EWU in der Herbeiführung einer Bankenunion.

Die zweite Zielstellung,
die Förderung der realwirtschaftlichen Entwicklung durch Bereitstellung von Liquidität zur
Kreditvergabe, konnte zwangsläufig nur bedingt umgesetzt werden. Die sich an die Staats-
schulden- und Bankenkrise anschließende Krise der Realwirtschaft ist aufgrund der hohen
Verschuldung des privaten Sektors und der Staaten vor allem strukturell nachfrageinduziert.

Die dritte Zielstellung
schließlich, die Erhaltung der Refinanzierungsmöglichkeiten der Krisenstaaten an den
Bondmärkten, ist nur in Einschränkungen realisiert worden. Die Einschränkungen betreffen
sowohl die differenzierten Länder als auch die Dauer der Wirkung auf das Renditeniveau der
Staatsanleihen. Die Renditen der Staatsanleihen Spaniens, Italiens und Irlands sanken auf ein
Niveau, das zumindest annähernd in einem vertretbaren Verhältnis zu künftig realistischen
Primärüberschüssen stand. Die Renditen Griechenlands und Portugals hingegen gingen le-
diglich auf 17 % und 9 % zurück und damit auf ein Renditeniveau, dass eine dauerhafte
Refinanzierung ausschließt.

---

[324] http://de.statista.com/statistik/daten/studie/243256/umfrage/Bilanzsumme-des-Eurosystems/. Abgerufen am
02.08.2013.

Zudem zeitigten die LTRO nur eine zeitlich begrenzte Wirkung von Februar bis Mai 2012.[325] Anschließend stiegen die Renditen aller Krisenstaaten weiter an. Mit dieser Entwicklung schienen im zumindest Kurzfristbereich die Möglichkeiten aller bis dato eingeleiteten wirtschafts- und finanzpolitischen sowie geld- und finanzsystempolitischen Instrumente ausgeschöpft zu sein.

Die zumindest an der Gesamtsumme und der Laufzeiten der LTRO-Kredite gemessenen eingeschränkten Möglichkeiten der Umsetzung der Zielstellungen werden in der Inanspruchnahme der bereitgestellten Liquidität reflektiert. So sind per 5.2013 insgesamt bereits 294 Mrd. € der insgesamt 1028 Mrd. € vorfristig durch die Banken getilgt worden.[326]

3.   Programm möglicher Anleihekäufe der EZB (OTM)

Das OTM-Programm „Outright Monetary Transactions" wurde im September 2012 durch den EZB-Rat beschlossen. Es beinhaltet im Kern die Aussagen der EZB im Sinne einer Ankündigung, „alles (zu) tun" um die Existenz der Eurozone zu sichern und unter der Bedingung, dass sich die jeweiligen Länder den Maßstäben des ESM unterwerfen und Reformprogramme vereinbaren, gegebenenfalls „unbegrenzt" Staatsanleihen dieser Länder am Sekundärmarkt zu kaufen. Damit kündigte die EZB an, auf der Nachfrageseite an den Bondmärkten aufzutreten, so die Anleihekurse zu stabilisieren und die Begrenzung der Renditen der Staatsanleihen von Krisenländern zu erzwingen. Für die Marktteilnehmer bedeutet das praktisch den garantierten Ausschluss des Ausfallrisikos und zugleich die Garantie der Werterhaltung der Staatsanleihen von Krisenländern über die Anleihekurse auf einem bestimmten Niveau.

Inhaltlich betrifft dies jene Staatsanleihen, die seit Ausbruch der Eurokrise emittiert wurden, damit also die ein- bis dreijährigen Anleihen Portugals, Irlands, Spaniens und Italiens.[327] Das Gesamtvolumen dieser Staatsanleihen wird mit 524 Mrd. € angegeben.[328]

Der Zeitpunkt der Ankündigung des Anleihekaufprogramms OTM liegt in III/2012 und damit in einer Phase tendenziell sinkender Renditen der Staatsanleihen aller Krisenstaaten.[329] Damit wurde das Programm in einen Trend hinein platziert. An den Finanzmärkten ist die Vorgehensweise, einen bestehenden Trend durch Schaffung von Fakten bewusst zu verstärken, durchaus üblich und in der Regel erfolgreich.

Wichtige Zielstellungen der EZB bestehen im Hinblick auf das Anleihekaufprogramm OTM darin,

- den Bondmärkten zu signalisieren, dass die Ausfallrisiken praktisch ausgeschlossen und Risiken von Kursverlusten und Renditeerhöhungen der Staatsanleihen von Krisenländern begrenzt werden,
- Nachfrage nach Staatsanleihen der Krisenländer vor dem Hintergrund nach wie vor existierender Renditespreads zu den A-Ländern zu induzieren und so die Kurs- und Renditeentwicklung zu stabilisieren,

---

[325]   Vgl. Abb. 43.

[326]   Vgl. http://www.finanzennachrichten.de/nachrichten-2013-05/26990741-ezb-3-mrd-euro-ltro-kre-werden-getilgt-009.htm. Abgerufen am 10.07.2013.

[327]   Griechische Staatsanleihen sind praktisch in dieser Zeit praktisch nicht mehr platziert worden.

[328]   Vgl. Riedel, D.; Inacker, M.: EZB: Wir halten uns ans Mandat. Handelsblatt vom 19.04.2013, S. 8.

[329]   Vgl. Abb. 43.

- die Schwankungsbreite der Anleihekurse und Renditen dauerhaft zu senken und die Bondmärkte zu „beruhigen", und
- den Krisenländern Ländern Zeit einzuräumen, die strukturellen Reformen, die u. a. im Zusammenhang mit den ESM-Vereinbarungen getroffen wurden, umzusetzen u. a. m.

Neben den dargestellten Zielstellungen der EZB impliziert das Anleihekaufprogramm OTM über die EU-Verträge hinaus auch aus geldpolitischer Sicht die „unwiderrufliche" Mitgliedschaft der EWU-Länder und „Unumkehrbarkeit" des Euros.[330]

Das Anleihekaufprogramm OTM wirft sowohl hinsichtlich seiner Instrumentarien und Bedingungen der Umsetzung als auch im Hinblick auf seine Zielstellungen eine Reihe vielschichtiger wirtschaftlicher und rechtlicher Fragen auf.

Im Kern der Betrachtungen stehen u. a. die Fragestellungen:

- Wird die Unabhängigkeit der EZB von der Politik durch Käufe von Staatsanleihen infrage gestellt, indem eine geldpolitische Dominanz induziert wird?
- Inwieweit wird durch Käufe von Staatsanleihen der Druck von den Regierungen der Krisenländer genommen, Reformen zu konzipieren und umzusetzen und getroffene ESM-Vereinbarungen einzuhalten?
- Ist unter den Bedingungen von Staatsanleihekäufen und gegebenenfalls von Ausweitungen der Geldmenge die Realisierung der Hauptaufgabe der EZB, die Sicherung der Preisstabilität, gesichert?
- Wie stellt sich das Verhältnis von Preisstabilität und Finanzstabilität dar – ist hier eine getrennte Aufgabenzuweisung auf EZB und Finanzpolitik möglich und notwendig?
- Ist es der EZB erlaubt, die Mitgliederstruktur der EWU mit geldpolitischen Instrumenten und verbal zu garantieren?
- Ist die EZB berechtigt, Solvenzrisiken von Mitgliedsstaaten der EWU mit den Anleihekäufen zu übernehmen und gegebenenfalls über das Eurosystem auf die Mitgliedsstaaten zu verteilen?[331]

Diese und weitere Fragen sind Gegenstand einer Verfassungsklage einer Gruppe von Klägern unter Einbeziehung der Deutschen Bundesbank beim Bundesverfassungsgericht in Karlsruhe. Ein Urteil wird 2014 erwartet. Das Urteil wird Auswirkungen auf die gesamte Politik zur Stabilisierung der Eurozone haben.

Zu der grundsätzlichen Einordnung des Verfahrens darf an dieser Stelle auf das Kapitel 6 verwiesen werden.

Unabhängig von den europarechtlich relevanten Entscheidungen sind die Zielstellungen der EZB im Hinblick auf das Anleihekaufprogramm OTM im Wesentlichen erfüllt. Die Entwicklung der Staatsanleihen der Krisenländer hat sich insgesamt stabilisiert. Die Renditen sind tendenziell rückläufig.[332] Insofern haben die Krisenländer Zeit gewonnen, die notwendigen Reformprogramme umzusetzen.

---

[330]   Vgl. Riedel, D.; Inacker, M.: A.a.O., S. 8.
[331]   Vgl. Riedel, D.; Inacker, M.: A.a.O., S. 8 sowie Hildebrand, J.; Inacker, M.: Weidmanns Abrechnung. Handelsblatt vom 26. 06.2013, S. 1 ff.
[332]   Vgl. Abb. 43.

Einordnung, Stand und Aussichten der konventionellen Geldpolitik

Die Nutzung der konventionellen geldpolitischen Instrumente ist in den Rahmen der geld-politischen Lockerung inhaltlich eingeordnet. Die Grenzen konventioneller und unkonven-tioneller Geldpolitik sind fließend.

Die Geldpolitik der EZB mit den konventionellen geldpolitischen Instrumentarien ist im Hinblick auf die differenzierten Instrumente vor allem durch einen extrem expansiven Kurs gekennzeichnet.

Im Rahmen der Zinspolitik ist das Niveau der Zinsen seit 2009 zurückgeführt worden. Der Hauptrefinanzierungssatz der EZB sank von 4,25 % in 2008 auf zunächst 1,0 %, während der akuten globalen Finanzkrise und mit Ausbruch der Eurokrise weiter auf 0,5 % in III/2013.[333] Zusätzlich wurde durch die EZB kommuniziert, die Zinsen über einen „ausgedehnten Zeit-raum" nicht zu erhöhen und gegebenenfalls weitere Zinsschritte folgen zu lassen.[334] Ein solches „Zinsversprechen" ist unüblich.

Die Geldmengenpolitik ist zeitlich parallel weiter gelockert worden. Die Geschäftsbanken werden praktisch mit unbegrenzter Liquidität versorgt. Dazu sind die qualitativen Anforde-rungen an die durch die Banken zu hinterlegenden Sicherheiten schrittweise herabgesetzt worden. Die extrem expansive Geldpolitik wird zusätzlich flankiert durch das ELA (Emer-gency Liquidity Assistance). Dieses Programm wird dann aktiviert, wenn Banken dringend Liquidität benötigen, jedoch keine ausreichenden Sicherheiten stellen können. Diese Banken werden über ihre jeweiligen nationalen Notenbanken auf deren Risiko kreditiert. Da die ELA-Kredite die Geldmenge erhöhen, sind diese Kredite an die Zustimmung des EZB-Rates gebunden. Über ELA-Kredite sind beispielsweise de facto illiquide griechische und zypri-sche Banken zeitweise gehalten worden.[335]

Sowohl die Absenkung der qualitativen Anforderungen an die Sicherheiten generell als auch speziell das ELA-Programm sind deshalb problematisch, weil die EZB die nationalen Fi-nanzpolitiken entlastet und so Gefahr läuft, zu politisieren.

Die Zielstellungen des dargestellten Rahmens der Geldpolitik bestehen vor allem darin, der Realwirtschaft über das Bankensystem vorteilhafte Kreditbedingungen zu offerieren und gleichzeitig das Bankensystem zu stabilisieren.

Die Umsetzung beider Zielstellungen stößt an enge Grenzen. Die realwirtschaftliche Krise ist vor allem bedingt durch eine ausgeprägte Nachfrageschwäche. Diese resultiert aus der relativ hohen Verschuldung des privaten Sektors und der Staaten. Die Stabilisierung des Bankensys-tems kann durch die Geldpolitik nur kurzfristig erfolgen. Die strukturellen Probleme, insbe-sondere niedrigen Eigen/Kernkapitalquoten sowie die existierenden hohen potenziellen Ab-schreibungsvolumina werden durch geldpolitische Instrumente ausdrücklich nicht gelöst.

4.2.4.2   Finanzsystempolitische Instrumente – die Bankenunion

Die Aufgabe des Finanzsystems besteht allgemein darin, über das System der Banken und die Finanzmärkte unter Nutzung der finanziellen Infrastruktur Angebot und Nachfrage nach Kapital in Relation zueinander zu bringen. Findet das Kapitalangebot (z. B. Privatanleger)

---

[333]   Vgl. Abb. 23.

[334]   Vgl. Benders, R.; Heß, D.: Draghis nächstes Versprechen. Handelsblatt. Abgerufen am 05.07.2013 S. 24 f.

[335]   Vgl. Afhüppe, S.; Hildebrand, J.; Münchrath, J.: Das Ultimatum. Handelsblatt. Abgerufen am 22.03.2013, S. 6.

vor allem auf dem Weg der Finanzmärkte über Aktien und Anleihen zu Kapitalnachfragern (z. B. Unternehmen) so handelt es sich um ein marktbasiertes Finanzsystem-typisch für die USA und UK. Stellt sich das Kapitalangebot hingegen als Einlagen bei den Banken dar und findet seinen Weg über die Kreditierung zur Kapitalnachfrage, kann von einem bankbasierten Finanzsystem ausgegangen werden. Das europäische Finanzsystem ist stark bankbasiert.[336]

Bankbasierte Finanzsysteme korrelieren besonders eng mit der Realwirtschaft. Im Rahmen der finanzsystempolitischen Instrumente zur Stabilisierung der Eurozone sind deshalb das Bankensystem, die Summe der Geschäftsbanken und die EZB, von besonderer Bedeutung.

Allgemein werden zur Sicherung der Stabilität des Finanzsystems, insbesondere des Bankensystems, zwei Ansätze verfolgt.

- Bankenaufsicht im Sinne einer mikroprudenziellen Aufsicht
  Die Aufsicht bezieht sich auf die einzelnen Kreditinstitute mit den inhaltlichen Schwerpunkten,
  - quantitativer Vorgaben hinsichtlich Eigen-/Kernkapitalvorschriften (Basel III) sowie Liquiditätsvorschriften,
  - quantitativer Vorgaben im Hinblick z. B. auf das Risikomanagement und
  - Verpflichtungen zur Offenlegung hinsichtlich u. a. bedeutender Risikopositionen
- Vorbeugung systemischer Krisen nach dem makroprudenziellen Ansatz
  Diesem Ansatz folgend werden vor allem Risiken aufgenommen und analysiert, die sich aus der makroökonomischen Entwicklung ergeben. Für das Bankensystem ergeben sich derartige Risiken nach den Erfahrungen der letzten Jahre aus
  - Vermögenspreisinflation und Immobilienblasen,
  - überhöhte Verschuldung des privaten Sektors und
  - unvertretbar hohe Staatsverschuldung u. ä.

Den dargestellten mikro- und makroprudenziellen Ansätzen folgend wurden im Jahre 2011 durch die EU ein entsprechendes Europäisches System der Finanzaufsicht ESA geschaffen. Es gliedert sich in folgende Aufsichtsbehörden, European Banking Authority (EBA), European Insurance and Occupational Pensions Authority (EIOPA) und European Securities Markets Authority (ESMA) sowie Europäischen Ausschuss für Systemrisiken ESRB.

---

[336] Vgl. Bundesbank: das Banken- und Finanzsystem. A. a. O., S. 83.

```
┌─────────────────────────────────────────────────────────────────────┐
│                                                                       │
│   Mikroprudenzielle Aufsicht          Makroprudenzielle Aufsicht      │
│                                                                       │
│   ┌─────────────────────────┐      ┌──────────────────────────────┐  │
│   │   Gemeinsamer Ausschuss  │      │                              │  │
│   │        der ESAs          │      │                              │  │
│   └─────────────────────────┘      │                              │  │
│                                     │                              │  │
│   ┌──────┐ ┌──────┐ ┌──────┐  Informations-                        │  │
│   │      │ │      │ │      │      und         │        ESRB        │  │
│   │ EBA  │ │EIOPA │ │ ESMA │  Erkenntnis-                          │  │
│   │      │ │      │ │      │   austausch                           │  │
│   └──────┘ └──────┘ └──────┘                 │                     │  │
│                                     │                              │  │
│   ┌─────────────────────────┐      │                              │  │
│   │ Nationale Aufsichtsbehörden│    └──────────────────────────────┘  │
│   └─────────────────────────┘                                        │
│                                                                       │
└─────────────────────────────────────────────────────────────────────┘
```

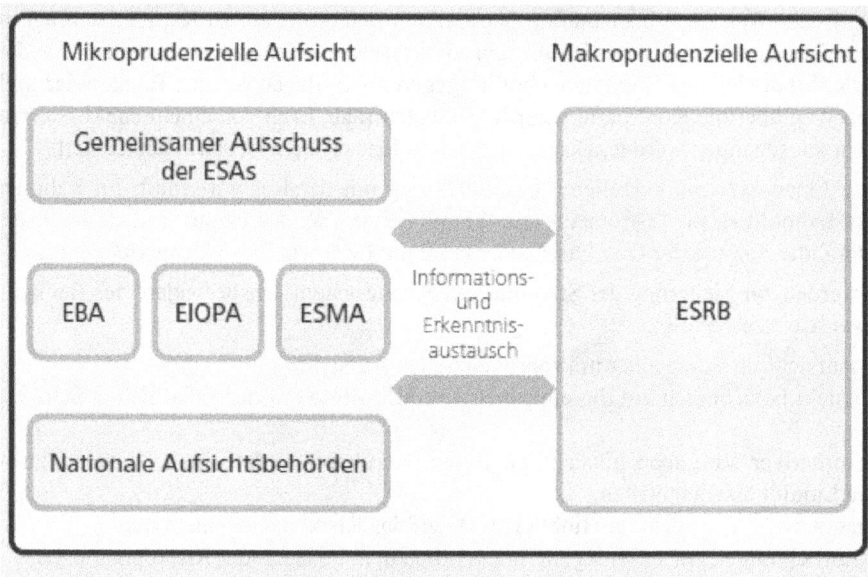

Abb. 58:   Übersicht zur europäischen Aufsichtsstruktur seit 2011[337]

Vor dem Hintergrund der im weiteren Zeitverlauf schärferen Konturierung der offenen Probleme des europäischen Bankensystems und mit dem Ziel, nachhaltige und dauerhafte Problemlösungen zu finden, rückt seit 2012/13 eine Bankenunion mit Bezug auf die Eurozone in den Mittelpunkt konzeptioneller Vorbereitungen. Die Bankenunion soll 2014 in die Realisierung gehen. Im Folgenden werden mit Stand III/2013 die bisherigen Ergebnisse der Vorbereitung und die sich mit hoher Wahrscheinlichkeit abzeichnenden Tendenzen dargestellt.

Die Ausgestaltung der Bankenunion ist innerhalb dreier inhaltlicher Schwerpunkte, die die mikro- und makroprudenziellen Ansätze implizieren, vorgesehen.

1.   Finanzaufsicht
2.   Rekapitalisierung/Bankenabwicklung
3.   Einlagensicherung

Die Finanzaufsicht

ist bislang auf der Ebene der Mitgliedsstaaten als nationale Bankenaufsichten institutionalisiert. Die nationalen Bankenaufsichten nehmen dabei die Aufsicht nach mikro- und makroprudenziellen Ansätzen wahr. Im Rahmen einer europäischen Bankenunion ist vorgesehen, den mikro- und makroprudenziellen Ansätzen folgend die Aufsicht zu teilen. Die bis 2014 institutionell in den einzelnen Staaten angesiedelten nationalen Bankenaufsichten werden hinsichtlich der Wahrnehmung ihrer Aufsichtsfunktion reduziert auf kleine und mittlere Banken der jeweiligen Staaten. Sie setzen vor allem eine mikroprudenzielle geprägte Aufsicht um. Die europäische Aufsicht wird einem sowohl mikroprudenziellen als auch makroprudenziellen Ansatz folgend Aufsichtsfunktionen für die europäischen Großbanken etwa in einer Größenordnung von 130–150 Banken wahrnehmen.

---

[337]   Vgl. Ebenda, S.105 ff.

Die Europäische Aufsicht wird innerhalb der EZB institutionell angesiedelt und durch einen Aufsichtsrat geführt. Der Aufsichtsrat ist für das Management des operativen Geschäfts der europäischen Aufsicht zuständig. Innerhalb des Aufsichtsrates werden Entscheidungsvorschläge erarbeitet, die vor der Umsetzung zwingend durch das Direktorium der EZB zu bestätigen sind.

Der Aufsichtsprozess wird praktisch eröffnet mit einer Bilanzprüfung der festgelegten Großbanken. Ziel der Prüfung ist die Erkennung von Risiken.

Es schließt sich ein Bankenstresstest an. Im Rahmen des Tests werden vor allem Schwachstellen lokalisiert, die unter bestimmten makroökonomischen Bedingungen zu negativen bilanziellen Auswirkungen und Risiken für die jeweilige Bank führen.[338]

Rekapitalisierungen/Bankenabwicklungen

sind unmittelbar an die Finanzaufsicht gebunden. Die europäische Finanzaufsicht geht davon aus, dass die in den Rahmen ihrer Aufsicht gestellten Großbanken ausreichend kapitalisiert sind. Ist das nicht gegeben, ergibt sich zwingend die Notwendigkeit staatlicher Kapitalmaßnahmen im Sinne von Rekapitalisierungen. Der Kapitalbedarf europäischer Banken wird mit Stand drittes Quartal 2013 auf mindestens 350–400 Mrd. € geschätzt.[339]

Vor dem Hintergrund der Kapitalmaßnahmen der EU-Länder von 2008 bis 2011 und den nur schleppenden Abschreibungen und Wertberichtigungen der europäischen Banken seit 2011 erscheint die Schätzung durchaus realistisch.

---

[338] Vgl. Afhüppe,S.; Benders, R.; Heß,D.: Die unmögliche Mission. Bankenaufsicht in Europa: Die sieben ungelösten Fragen. Handelsblatt vom 18.07.2013, S. 6 f.

[339] Die Schätzung stammt von der Privatbank Berenberg. Zitiert in Ebenda, S. 6. Andere Schätzungen setzen die Obergrenze der Kapitalbedarfsgrößen mit bis zu einer Billion € wesentlich höher an.

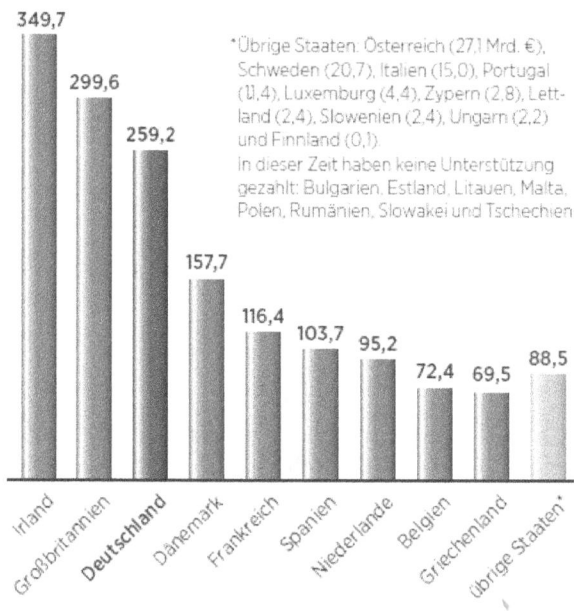

*Übrige Staaten: Österreich (27,1 Mrd. €),
Schweden (20,7), Italien (15,0), Portugal
(11,4), Luxemburg (4,4), Zypern (2,8), Lett-
land (2,4), Slowenien (2,4), Ungarn (2,2)
und Finnland (0,1).
In dieser Zeit haben keine Unterstützung
gezahlt: Bulgarien, Estland, Litauen, Malta,
Polen, Rumänien, Slowakei und Tschechien.

349,7 299,6 259,2 157,7 116,4 103,7 95,2 72,4 69,5 88,5

Irland Großbritannien Deutschland Dänemark Frankreich Spanien Niederlande Belgien Griechenland Übrige Staaten*

Abb. 59:   Kapitalmaßnahmen und Garantien der EU-Länder 2008–2011[340]

Gegebenenfalls notwendige Rekapitalisierungen erfolgen grundsätzlich durch die jeweiligen Staaten, in denen die Banken ihren Sitz haben. Daneben ist den Staaten und den zur Rekapitalisierung anstehenden Banken ab Ende 2014 die Möglichkeiten eingeräumt, Mittel aus dem ESM in einer Höhe von zunächst 60 Mrd. € unter bestimmten Bedingungen jeweils partiell zu nutzen. Die Nutzung führt zu einer Entlastung der jeweiligen Staatshaushalte.

Neben den Rekapitalisierungen werden generell die Möglichkeiten und Verfahrensstufen von Bankenabwicklungen konzeptionell vorbereitet. Vor dem Hintergrund der enormen Volumina der Kapitalmaßnahmen und Garantien der EU-Länder zur Rettung ihrer Banken im Zeitraum 2008–2011 gilt als Prämisse, dass die Staaten in Zukunft nicht mehr zur Rettung von Banken, die als „too big to fail" gelten, einspringen werden. Zur Umsetzung dieser Prämisse ist eine Haftungskaskade fixiert. Danach haften in der Reihenfolge zunächst die Aktionäre, anschließend die Gläubiger ohne Sicherung, diejenigen mit Sicherung und schließlich die großen Sparer mit Einlagen über 100 T€.[341]

Eine Konzeption zur Bankenabwicklung im Rahmen einer künftigen Bankenunion muss generell auf die Lösungen hinsichtlich folgender Probleme gerichtet sein:

• Fixierung einer langfristigen Vorbereitung der Abwicklung von Banken in Form der Konzipierung von nationalen Bankenabwicklungsfonds, Testamenten von Banken u. ä.,

• Bestimmung finanzsystemrelevanter Kriterien, die für eine Bankenabwicklung maßgeblich sind,

• Entwicklung von Optionen zu Abwicklungsverfahren von Banken unter verschiedenen Bedingungen,

---

[340]   Vgl. Ebenda, S. 7.
[341]   Vgl. Berschens, R.; Drost, F.: Der Staat darf weiter Banken retten. Handelsblatt vom 28.06.2013, S. 30 f.

- Sicherung der Stabilität des europäischen Finanz- und Bankensystems und Vermeidung von Dominoeffekten bei der Abwicklung von Großbanken und
- Bestimmung einer Instanz, die im Hinblick auf eine Bankenabwicklung letztendlich entscheidet.

Übergreifend über die genannten Probleme hinaus wird es im Gesamtprozess der Rekapitalisierung und Bankenabwicklung insbesondere um die Behandlung des Kapitalbedarfs der Banken gehen, die ihren Sitz in den hoch verschuldeten EWU-Ländern haben. Es bestehen die Risiken, dass in diesen Ländern die Staatsverschuldung enorm ansteigt und sich die bestehenden Hilfsprogramme als quantitativ unzureichend erweisen. Die Gefahr weiterer Anleihekäufe durch die EZB und damit ihre weiterer Politisierung und einen weiteren Verlust ihrer Unabhängigkeit steigt an.

Einlagensicherung

Die Stabilität des Finanzsystems wird maßgeblich davon bestimmt, ob die Anbieter von Kapital, insbesondere die privaten Anleger, den Finanzmärkten und den Banken über ihre Einlagen kontinuierlich Kapital zur Verfügung stellen. In Bezug auf die Banken sind stabile Einlagen von besonderer Bedeutung. Die Stabilität der Einlagen ist nur dann vorhanden, wenn gewährleistet ist, dass die Einleger auf eine verlässliche Einlagensicherung vertrauen können und es insofern Vertrauen in das Bankensystem existiert. Das ist die Voraussetzung dafür, dass es bei unvorhergesehenen Anlässen nicht etwa zu einem „bank run" kommt.

Im Rahmen einer künftigen Bankenunion wird es dem Stand der Vorbereitung entsprechend zu einer Einlagensicherung für Girokonten, Sparbücher, sowie Termin- und Festgelder in Höhe von 100 T€ kommen. Die Finanzierung der Einlagensicherung erfolgt durch die Banken. Dazu werden die Banken verpflichtet, langfristig Beträge in entsprechende nationale Fonds zur Einlagensicherung einzuzahlen.[342]

Die europäische Bankenunion in den Komponenten Finanzaufsicht, Rekapitalisierung/Bankenabwicklung sowie Einlagensicherung stellt in ihrer inhaltlichen Ausgestaltung eine komplexe Aufgabe dar. Die Ausgestaltung wird deshalb mittelfristige Zeiträume in Anspruch nehmen. Neben den Anforderungen innerhalb der einzelnen Komponenten, beispielsweise Rekapitalisierung/Abwicklung von Banken ohne Inanspruchnahme der Staaten, Ausgestaltung eines vertrauensbildenden Einlagensicherungssystems usw. muss eine Bankenunion in ihrer Komplexität allgemein den Anforderungen genügen, eine Vergemeinschaftung sowohl von Schulden als auch von Risiken auszuschließen, die Unabhängigkeit der EZB nicht zu untergraben und die Politisierung der EZB zu vermeiden sowie die Verantwortung für Fehlentwicklungen der Vergangenheit bei den Mitgliedsländern zu belassen.

Mit der Umsetzung dieser Anforderungen werden die Voraussetzungen geschaffen, um Fehlanreize zu vermeiden.

---

[342]   Vgl. Ebenda, S. 31.

4.3   Effekte der Reformen unter Nutzung der Instrumente zur Stabilisierung der Eurozone

Im bisherigen wurde deutlich, dass die kurzfristigen Zielstellungen der Nutzung der Instrumente zur Stabilisierung der Euro-Zone die

- Vermeidung einer unkontrollierten Staatsinsolvenz eines Mitgliedslandes,
- Unterbinden von Dominoeffekten im Hinblick auf weitere Mitgliedsländer,
- Stabilisierung der Euro-Zone und des globalen Finanzsystems und
- Verschaffen von Zeit zur Konzipierung und Umsetzung von strukturellen Reformprozessen in den Krisenländern

wenn auch länderspezifisch differenziert, insgesamt jedoch erfüllt werden.

Für die mittel- und langfristigen Zeithorizonte und damit für die Stabilität und die Existenzfähigkeit der Europäischen Währungsunion insgesamt ist der Erfolg der strukturellen Reformprozesse innerhalb der Eurozone und insbesondere der Krisenländer entscheidend. Der Einsatz sowohl der wirtschafts- und finanzpolitischen als auch der geld- und finanzsystempolitischen Instrumente ist generell nur durch die Umsetzung nachhaltiger struktureller und erfolgreicher Reformen in den Krisenländern gerechtfertigt. Ohne Reformprozesse besitzen die Instrumente keine Berechtigung. Zugleich ist die Nutzung der Instrumente zeitlich eng zu begrenzen, weil mit wachsenden Nutzungszeiträumen die Risiken von Fehlanreizen und entstehenden makroökonomischen Ungleichgewichten und Disproportionen innerhalb der Euro-Zone zunehmen und damit die Stabilität der Währungsunion gefährden.

Bevor nachfolgend in logischer Fortsetzung der makroökonomischen Analysen im Kapitel 3 anhand der Entwicklung ausgewählter Scoreboard-Kennzahlen Einschätzungen der Effekte des Einsatzes der Instrumente zur Stabilisierung der Euro-Zone und der mit ihnen bislang umgesetzten Reformen vorgenommen werden, erscheint es notwendig, die Betrachtung grundlegender Zusammenhänge voranzustellen.

Die Eurokrise ist, wie in Kapitel 3 dargestellt, wesentlich durch die hohe Verschuldung insbesondere in den Krisenstaaten verursacht worden. Dabei handelt es sich sowohl um eine hohe Staatsverschuldung als auch um eine hohe Verschuldung des privaten Sektors und damit der privaten Haushalte und der nichtfinanziellen Firmen. Mit steigenden Fremdkapitalaufnahmen wurde ein hohes schuldenfinanziertes Wirtschaftswachstum induziert.

Unter diesen Bedingungen gilt generell, dass mit rückläufigem Wachstum der Verschuldung die Steigerungsraten der gesamtwirtschaftlichen Nachfrage abnehmen und die Wachstumstempi der Wirtschaft sinken.

Es gilt weiter: Je schneller die Neuverschuldung über die Summe der Wirtschaftssektoren sinkt desto stärker gehen die Wirtschaftswachstumstempi zurück. Sinkt das Wirtschaftswachstum unter eine bestimmte Wachstumsrate (sie ist von einer Reihe von Faktoren, z.B. von der Produktivitätsentwicklung abhängig) steigt die Arbeitslosigkeit an und die Ausgaben des Staates für Arbeit und Soziales erhöhen sich. Gleichzeitig fallen die Einnahmen des Staates aufgrund fallender Einkommen- und Verbrauchsteuern. Die Staatsverschuldung steigt. Werden weitere Maßnahmen zur Rückführung der Verschuldung, insbesondere der Staatsverschuldung, eingeleitet, so ist eine Abwärtsspirale aktiviert.

Diese Kausalkette hat als Argumentation in der Politik und in den Wirtschaftswissenschaften Bedeutung erlangt. Im Rahmen sowohl der Politik als auch der Wirtschaftswissenschaften, insbesondere der Krisenländer, wird aus der Kausalkette die Forderung nach Verlangsamung der Reformprozesse und mehr Solidarität durch die Währungsunion abgeleitet.[343]

Im Rahmen empirischer wirtschaftswissenschaftlichen Analysen wird vor allem durch US-Ökonomen[344] die wirtschaftswissenschaftliche Frage nach dem Verhältnis von Staatsverschuldung und Wirtschaftswachstum abgeleitet. Im Detail ergeben sich die Fragen nach dem Schwellenwert der Gesamtverschuldung des Staates ab dem ein Wirtschaftswachstum behindert wird sowie die Frage nach der Relation der Nettoneuverschuldung und dem mit ihr zu induzierendem Wachstum im Sinne von Multiplikatoren.[345] Dabei wird verschiedentlich in den USA und in den Krisenländern die keynesianisch geprägte Meinung vertreten, dass der Staat auch auf der Grundlage höherer Verschuldung Nachfrage induzieren muss, um Wachstum zu generieren.

In den USA wird vor dem Hintergrund einer Nettoneuverschuldung des Staates von 8,7 % vom BIP und einem Wachstum des BIP von 2,2 % bei gleichzeitigem Ankauf von Anleihen des Staates und anderer Schuldner in Höhe von 6,5 % vom BIP eine hochproblematische Relation von Wachstum und Staatsverschuldung für das Jahr 2012 ausgewiesen.[346]

Anders als im keynesianisch geprägten Ansatz wird im Rahmen nachfolgender Einschätzungen von Effektes des Einsatzes jener mit den Instrumenten zur Stabilisierung der Euro-Zone gekoppelten und bislang umgesetzten Reformen von folgenden Prämissen ausgegangen.

1. Die Rückführung des Verschuldungsniveaus in den differenzierten Wirtschaftssektoren, insbesondere des Staates, auf jeweils tragfähige Volumina ist zwingend notwendig. Sie muss zeitnah erfolgen, weil mit der Zeitdauer des Wirkens von Stabilisierungsinstrumenten die Risiken von Fehlanreizen sowie die Wahrscheinlichkeit der Entstehung zusätzlicher makroökonomischer Ungleichgewichte zunehmen.

2. Die dargestellte Spiralbewegung aus der Rückführung der Schulden/Staatsschulden mit der Konsequenz realwirtschaftlicher Rückgänge und stark ansteigender Arbeitslosigkeit sowie der Folge tendenziell steigernde Defizite kann und muss durch die Konzipierung und Umsetzung struktureller Reformen durchbrochen werden.

Die dargestellten Prämissen werden in der Interpretation der Effekte der Stabilisierungsinstrumente auf die makroökonomische Entwicklung der Krisenländer und der mit ihnen verbundenen Reformprogramme zugrunde gelegt. Schwerpunkte der Einschätzungen sind Wettbewerbsfähigkeit und externe Ungleichgewichte sowie Finanzstabilität und interne Ungleichgewichte, jeweils ausgedrückt in ausgewählten Scoreboard-Kennzahlen. Der Kennzahlenausweis basiert auf der Analyse der Ländergruppen im Abschnitt 3.1 und wird auf die

---

343   Vgl. Varouufakis, Y.: Europa, hör die Signale. Handelsblatt vom 24.07.2013, S. 48.

344   Vgl. Reinhardt, C.; Rogoff, K.: Growth in a Time of Dept. American Economic Review: Papers & Proceedings, 100(2),573-578. Zitiert u. a. in: Aeppli, R.: Nachbetrachtung zur Reinhardt/Rogoff-Kontroverse – Zum Zusammenhang von Staatsverschuldung und Wirtschaftswachstum. In: http://www.oekonomenstimme.org/artikel/2013/06/nachbetrachtungen-zur-reinhartrogoff-kontroverse/. Abgerufen am 20.08.2013.

345   Vgl. Schuppan, N.: A. a .O., S. 238 ff. Es werden hier Bewertungen der staatlich finanzierten Konjunkturprogramme der USA, Chinas, Japans und Deutschlands von 2009 hinsichtlich ihres Einflusses auf das Wirtschaftswachstum vorgenommen.

346   Daten nach: http://de.statista.com/statistik/daten/studie/165792/umfrage/haushaltssaldo-der-usa-in-relation-zum-bruttoinlandprodukt-bip/. Abgerufen am 20.08.2013
http://de.statista.com/statistik/daten/studie/14418/umfrage/bruttoinlandprodukt-in-den-usa/. Abgerufen am 20.08.2013.

einzelnen Länder bezogen und damit verfeinert. Dabei werden ausgewählte Kennzahlen und Indikatoren einbezogen.

Zur Beurteilung der Wettbewerbsfähigkeit und externer Ungleichgewichte von Ländern wird allgemein die Leistungsbilanz als einer der Indikatoren angesehen. Es wird an dieser Stelle auf die Abbildung 40 verwiesen. Die Entwicklung der Leistungsbilanzen der Krisenländer zeigt deutliche Differenzen zwischen den einzelnen Ländern und eine gemeinsame Tendenz. Die Tendenz besteht in einer durchgängig negativen Entwicklung der Leistungsbilanzen in überwiegend unvertretbar hohen Volumina im Zeitraum von 1997 bis 2009 und einem deutlichen Abbau der Leistungsbilanzdefizite in den Jahren von 2010 bis 2012 mit Ausnahme von Zypern. Der Abbau korreliert mit der tendenziell sinkenden Nachfrage des privaten Sektors und den Begrenzungen seiner Verschuldung. Insofern ist die Leistungsbilanzentwicklung insbesondere durch Rückgänge der Importvolumina bestimmt und spiegelt die Wettbewerbsfähigkeit nur bedingt wider. Auch die Exportentwicklung ist vor dem Hintergrund schwacher Konjunktur in Europa, gedämpfter konjunktureller Entwicklung in den USA sowie fallender Wachstumstempi in China nur bedingt aussagefähig. Deshalb ist es relevant die Entwicklung der preislichen Wettbewerbsfähigkeit betrachten.

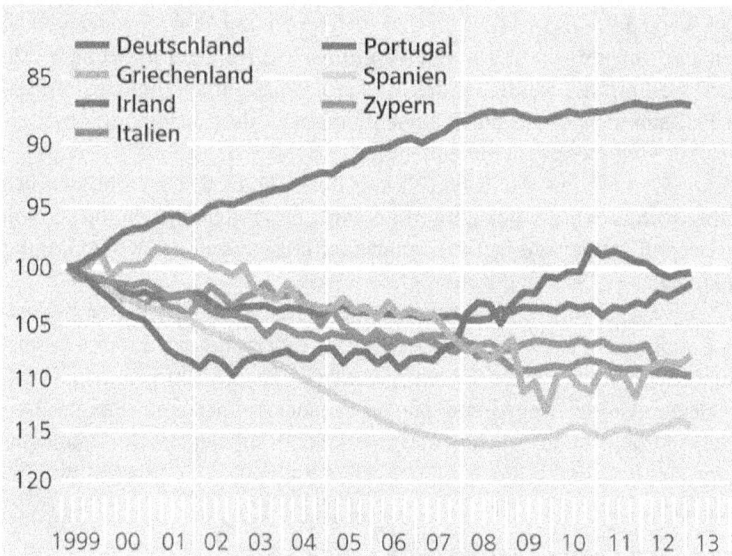

Abb. 60:   Entwicklung der preislichen Wettbewerbsfähigkeit der Krisenländer gegenüber den übrigen Euro-Ländern 1999–2012*[347]

---

[347]   Nebgen, U.: 3 Jahre Schuldenkrise – wo stehen wir. Deutsche Bundesbank Eurosystem. Frankfurt/Main 2013, S. 6.

Die im Rahmen der quantitativen Betrachtung der Wettbewerbsfähigkeit festgestellten Tendenzen bestätigen sich durch die qualitative Analyse über die preisliche Wettbewerbsfähigkeit. Einer rückläufigen Entwicklung bis 2009 steht ab 2010 (mit Ausnahme von Italien und Zypern) tendenziell eine Zunahme der preislichen Wettbewerbsfähigkeit gegenüber. Dieser Zusammenhang korreliert streng mit der Entwicklung der Lohnstückkosten. Ab 2010 sinken die nominalen Lohnstückkosten in den Ländern mit Hilfs- und Reformprogrammen tendenziell (vgl. Abb. 19). Es zeigen sich folgende länderspezifische Entwicklungen. Im Zeitraum 2010–2012 sind die Lohnstückkosten Irlands und Griechenlands um rd. 10 % und Spaniens sowie Portugals um etwa 6 % im Vergleich zu 2009 gesunken.[348]

Es kann im Hinblick auf die Wettbewerbsfähigkeit zusammengefasst werden, dass die im Zeitraum bis 2009 durch die Krisenländer aufgebauten extremen Ungleichgewichte im Außenhandel, ausgedrückt in den Leistungsbilanzen sich seit 2010 zügig reduzieren.

Die Reduktion ist primär der Senkung der Importvolumina geschuldet. Daneben ist sie jedoch auch mit einer tendenziellen Erhöhung der preislichen Wettbewerbsfähigkeit verbunden. Mit Ausnahme Griechenlands, dass 2012 rd. 90 % des Exportvolumens im Vergleich zu 2008 verzeichnet, steigen die Exporte der Krisenländer tendenziell.[349]

Die Differenzen zwischen den Krisenländern sind signifikant. Sie betragen gemessen an den Leistungsbilanzen rd. 10 % in Relation zum BIP. Den Überschüssen von Irland von rd. 2 % stehen griechische Leistungsbilanzdefizite in Höhe von etwa 8 % im Jahre 2012 gegenüber.[350]

Die strukturellen Reformen Griechenlands zur Erhöhung der Wettbewerbsfähigkeit und Reduzierung externer Ungleichgewichte erscheinen quantitativ unzureichend und setzen, dies wird anhand der Lohnstückkostenentwicklung deutlich, zu spät ein.

Zur Beurteilung der Effekte des Einsatzes der Stabilisierungsinstrumente und der parallel laufenden strukturellen Reformen werden im Hinblick auf den makroökonomischen Schwerpunkt Finanzstabilität und interne Ungleichgewichte entsprechend ausgewählte Scoreboard-Kennzahlen zugrunde gelegt (vgl. Abschnitt 2.1).

Die Finanzstabilität wird maßgeblich durch die öffentliche Verschuldung im Sinne der Summe der Bruttogesamtschulden des gesamten Staatssektors sowie der Haushaltsdefizite jeweils bezogen auf das BIP bestimmt. Die Reformprogramme der Krisenländer sind exponiert auf Begrenzung der öffentlichen Verschuldung zugeschnitten.

---

[348] Aktualisierte Lohnstückkosten Zyperns liegen derzeit nicht vor.

[349] Vgl. auch Häring, N.: Verhängnisvoller Aderlass. Handelsblatt vom 01.07.2013, S. 11.

[350] Vgl. Abb. 40.

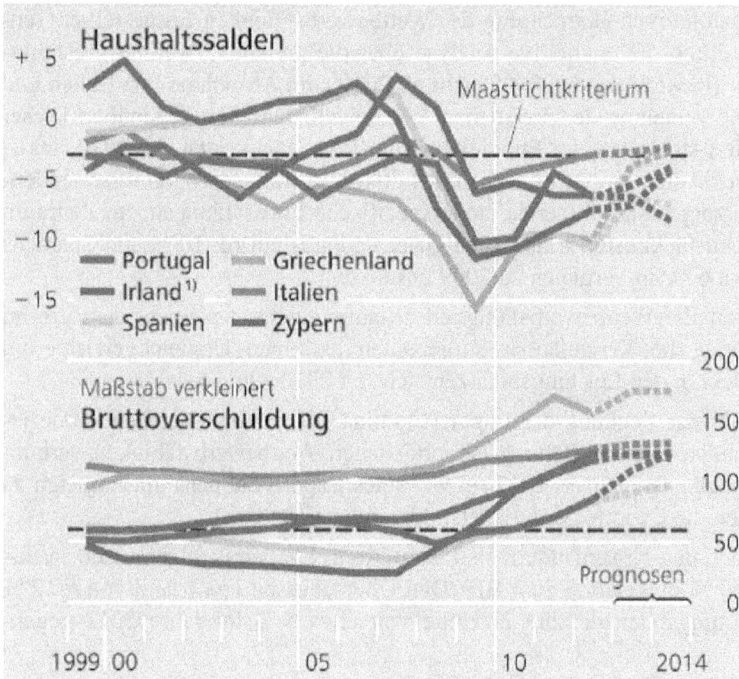

Quellen: Europäische Kommission und IWF. **1** Haushaltssalden ohne Bankenrettungskosten.
Deutsche Bundesbank   18 Jun 2013, 08:31.19, F2PR0083.Chart

Abb. 61:   Entwicklung der Verschuldung und der Defizite in den Krisenländern (in % vom BIP)[351]

Es wird deutlich, dass sich im Zeitraum von 1999–2008 in den Krisenländern die Bruttover-schuldung mit Ausnahme von Griechenland und Italien am Maastricht-Referenzwert von 60 % vom BIP orientiert. Der Durchschnittswert inklusive Italien und Griechenland liegt etwa bei 80 % vom BIP (vgl. Abschnitt 2.1). Die insgesamt moderate Entwicklung der Brut-toverschuldung und der Nettoneuverschuldung sind vor allem auf hohe Wirtschaftswachs-tumstempi zurückzuführen. Das starke Wirtschaftswachstum ist insbesondere durch den Aufbau der Verschuldung des privaten Sektors in allen Krisenländern und zusätzlich des öffentlichen Sektors Griechenlands induziert worden.

---

[351]   Nebgen, U.: A. a. O., S. 4.

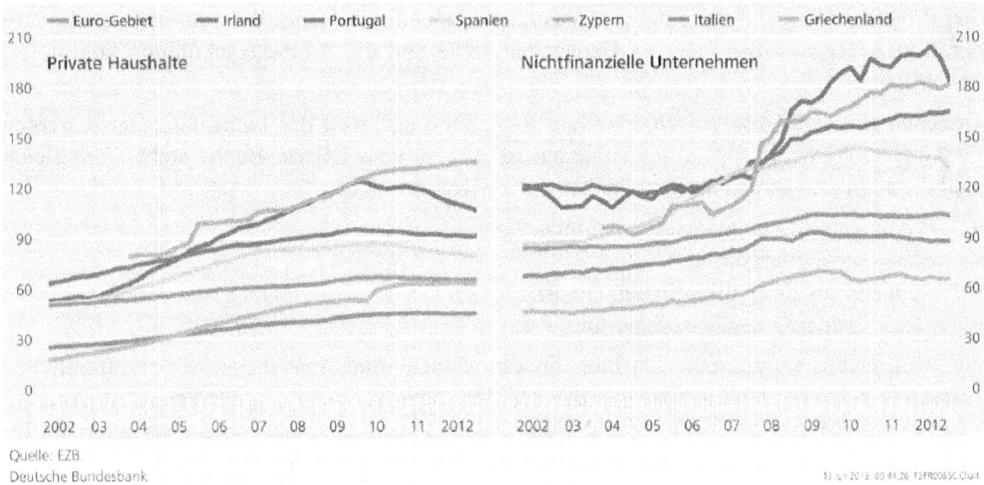

Abb. 62:   Verschuldung des privaten Sektors der Krisenländer (in % vom BIP)

Vor diesem Hintergrund wurden nahezu keine Senkungen der strukturellen, um konjunkturelle Einflüsse bereinigten, Defizite realisiert (vgl. Abschnitt 2.1). Der Abbau der Verschuldung sowohl des privaten als auch des öffentlichen Sektors musste deshalb auch unabhängig von der Finanzkrise zu drastischen Steigerungen der Nettoneuverschuldungen und der Bruttoverschuldung ab 2008 bezogen auf sinkende Bruttoinlandprodukte führen.

Entscheidend ist hier, dass vor dem Hintergrund tendenziell sinkender Verschuldung des privaten Sektors und damit unter Wegfall konjunktureller Wachstumseffekte die Zielstellungen des Fiskalpakts mittelfristig erreicht werden. Die Zielstellungen beinhalten deshalb auch neben der Grenze für das Budgetdefizit von 3 % und der Gesamtverschuldung von 60 % die Grenze von 0,5 % vom BIP als strukturelles konjunkturunabhängiges Defizit. Der Weg zur Zielerreichung sind insbesondere durchgreifende strukturelle Reformen in den einzelnen Ländern.

Die Entwicklung der finanziellen Ungleichgewichte im Zeitraum von 2010 bis 2012 im Ist sowie in der Vorschau bis 2014 zeigt, wie auch bei den Ungleichgewichten im Hinblick auf den Außenhandel deutliche Differenzen zwischen den einzelnen Ländern.

Die allgemeine Tendenz besteht für den Zeitraum von 2010–2014 in einer durchgängigen Verringerung der jährlichen Haushaltsdefizite auf der Grundlage deutlicher Reduzierungen der Staatsausgaben. Damit wurde trotz rezessiver Wirtschaftsentwicklung eine Stabilisierung der Bruttoverschuldung auf hohem Niveau zwischen etwa 95 % und 130 % vom BIP erzwungen. Dabei weisen insbesondere Italien und Portugal eine hohe Staatsverschuldung bei relativ niedrigen Haushaltsdefiziten auf. Irland und Spanien hingegen erwarten noch hohe Haushaltsdefizite unter den Bedingungen relativ niedriger Staatsverschuldungen. Die Ausnahmen im Rahmen der Gesamtentwicklung der Krisenländer stellen Zypern und Griechenland dar. Mit dem Stabilisierungsprogramm und den Reformauflagen 2012 ist der Volkswirtschaft Zyperns zumindest teilweise das stringent auf das Bankensystem zugeschnittene Geschäftsmodel entzogen worden ohne das eine kompensierende Alternative sichtbar ist. Damit wird sich die Wirtschaftsleistung stark rückläufig entwickeln. Die EU erwartet für 2013 einen Rückgang der Wirtschaftsleistung von 8,7 % und 3,9 % für 2014. Damit wäre Zypern den Prognosen folgend das einzige Krisenland mit weiter fallender Wirtschaftsleistung.[352] In der Konsequenz werden sich die Haushaltsdefizite und die Bruttoverschuldung kontinuierlich erhöhen.

Griechenland stellt insofern eine weitere Ausnahme dar, weil das Land mit einer extremen Gesamtverschuldung von prognostizierten rd. 175 % vom BIP zu Buche steht.[353] Zugleich sind die seit drei Jahren anstehenden bekannten Reforminhalte,

- Privatisierung von Staatsunternehmen,
- Effiziente Steuerpolitik,
- Reduzierungen im öffentlichen Dienst,
- Flexibilisierung des Arbeitsmarktes u. a. m.

nur unzureichend umgesetzt. Da hier die Einnahmen- und Ausgabenseite der öffentlichen Haushalte betroffen sind, erscheinen die Zielstellungen zur Senkung der Schuldenquote auf 120 % vom BIP bis 2022 entsprechend den Festlegungen des Stabilisierungsprogramms für Griechenland („Griechenlandrettungspaket") zumindest ohne durchgreifende Beschleunigung der strukturellen Reformen irreal.

Die Effekte der mit den Stabilisierungsinstrumenten verbundenen Reformprogramme der Krisenländer können über die Kopplung der Wettbewerbsfähigkeit und externe Ungleichgewichte sowie Finanzstabilität und interne Ungleichgewichte in den so genannten Zwillingsdefiziten vereinfacht ausgedrückt werden. Sie verbinden Haushaltssaldo und Leistungsbilanzsaldo miteinander. Werden die Zwillingsdefizite für Länder in der Entwicklung über einen Zeitraum fixiert, so drücken sie den Anpassungsfortschritt der jeweiligen Länder pro Zeitraum aus. Insofern ist der Ausweis von Zwillingsdefiziten für die Krisenländer hochgradig aussagefähig.

---

[352]   Vgl. Abb. 64.

[353]   Vgl. Nebgen, U.: A. a. O. Die Prognosen basieren auf denen der EU-Kommission. Es muss hier angemerkt werden, dass alle seit 2010 von der EU erstellten Prognosen im Hinblick auf die Staatsverschuldung Griechenlands ausnahmslos zu positive Daten ausgewiesen haben.

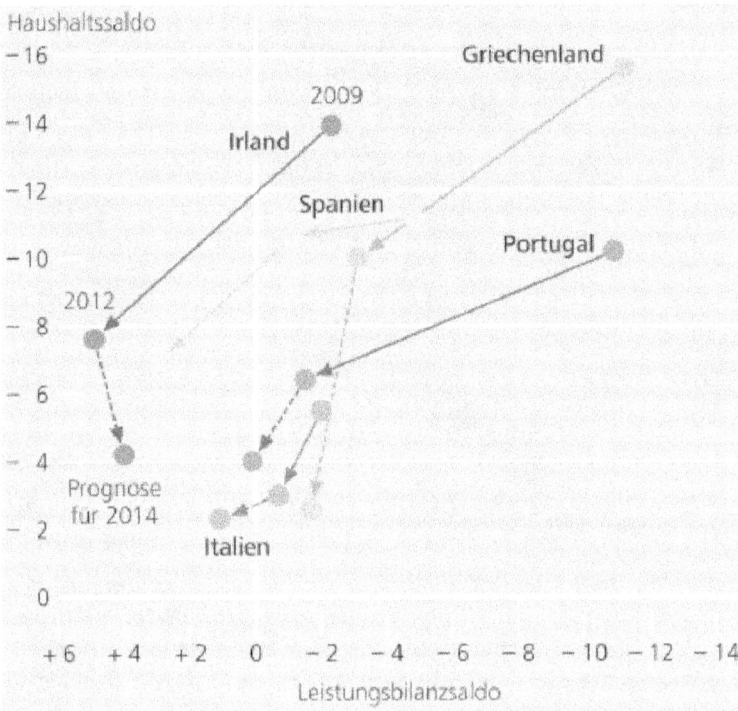

Quellen: Eurostat und Europäische Kommisssion.
Deutsche Bundesbank   14 Jun 2013, 09.28.26, F2PR0063.Chart

Abb. 63:   Entwicklung der Zwillingsdefizite für die Krisenländer im Zeitraum 2009 bis 2012 im Ist sowie 2013
             bis 2014 in der Prognose[354]

Die Entwicklung der Zwillingsdefizite drücken die Anpassungsfortschritte im Hinblick auf
die Wettbewerbsfähigkeit und die Finanzstabilität der Krisenländer in komprimierter Form
aus. In dieser Form sind sie bestimmend für das Anlegervertrauen an den Finanzmärkten und
damit entscheidend dafür, wann die Länder ohne Einfluss aus den Stabilisierungsinstrumenten, insbesondere ohne Stützung durch die Geldpolitik der EZB an die Finanzmärk-
te/Bondmärkte zurückkehren können. Dies ist die Voraussetzung dafür, dass die Finanzmärkte ihrer notwendigen Mess- und Bewertungsfunktion gerecht werden können.

Die Entwicklung der Wettbewerbsfähigkeit und externen Ungleichgewichte sowie Finanzstabilität und internen Ungleichgewichte wird im Prognosezeitraum bis 2014 und darüber
hinaus sowohl von der Umsetzung der strukturellen Reformen als auch von der konjunkturellen Entwicklung abhängen.

Die konjunkturelle Entwicklung wird für die Jahre 2013/14 optimistisch prognostiziert. Diese Prognosen stützen u. a. die Vorschauwerte für die Zwillingsdefizite.

---

[354]   Nebgen, U.: A. a. O., S. 11.

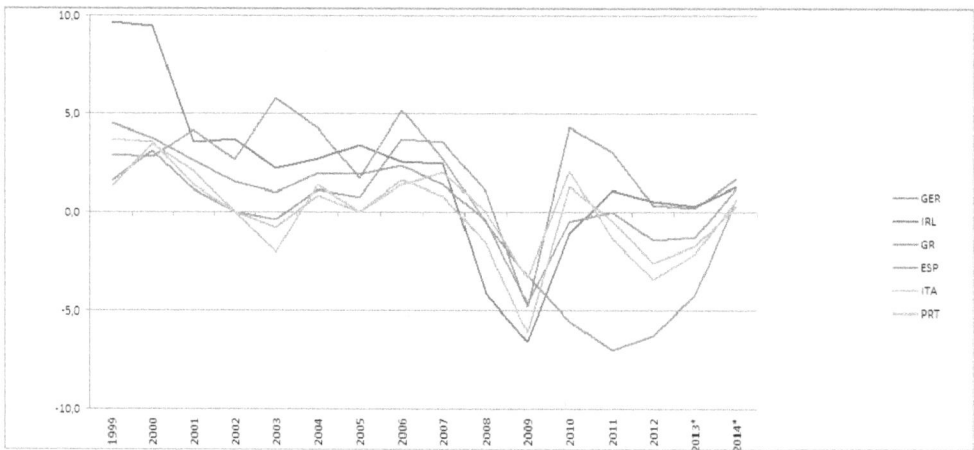

* Prognose

Abb. 64:   Entwicklung der Wachstumstempi der Krisenstaaten und Deutschlands (1999–2014 in % vom BIP)[355]

Die Entwicklung zeigt, dass für die Krisenländer mit Ausnahme Irlands nach dreijährigen Rückgängen der Wirtschaftsleistung im Jahre 2014 erstmalig wieder Zuwächse erwartet werden. Die dargestellten Prognosen erscheinen realistisch. Sie werden durch die Konjunkturdaten aller Krisenländer zum ersten Halbjahr 2013 ausdrücklich gestützt. Mit anziehender Konjunktur nehmen die Ausgaben des Staates tendenziell ab, die Einnahmen steigen an und Staatsverschuldung geht zurück.

Die private Verschuldung der Krisenländer insbesondere der privaten Haushalte im Zeitraum von 2010–2012 sinkt. Gleichzeitig geht die Nettoneuverschuldung tendenziell zurück und die Staatsverschuldung stabilisiert sich – allerdings auf unvertretbar hohem Niveau. Die Konsolidierung der öffentlichen Haushalte wird im Prognosezeitraum 2013/14 durch eine anziehend Konjunktur flankiert und damit positiv beeinflusst.

Die Unterschiede zwischen den Krisenländern sind, wie bei der Entwicklung der Wettbewerbsfähigkeit, enorm hoch. Die Konsolidierung der öffentlichen Haushalte in Zypern ist vor dem Hintergrund stark fallender Wachstumstempi nicht absehbar. Für Griechenland gilt, dass die Reformprogramme sowohl auf der Einnahmenseite als auch auf der Ausgabenseite öffentlicher Haushalte nur unzureichend umgesetzt werden. Zugleich werden u. a. aufgrund der nach wie vor geringen Wettbewerbsfähigkeit zu wenige Wachstumsimpulse induziert.

Neben den realwirtschaftlichen und finanzwirtschaftlichen Entwicklungen, die in den externen und internen Kennzahlen widerspiegeln, ist vor allem die Stabilität des Finanz- und Bankensystems für die künftige Entwicklung von Bedeutung. Die Stabilität des Bankensystems wird von der Entwicklung der Non performing Loans (NPL) bestimmt.

---

[355]   Darstellung anhand Eurostat:
        http://epp.eurostat.ec.europa.eu/tgm/table.do?tab=table&plugin=0&language=de&pcode =tsdec100. Abgerufen am 13.07.2013.

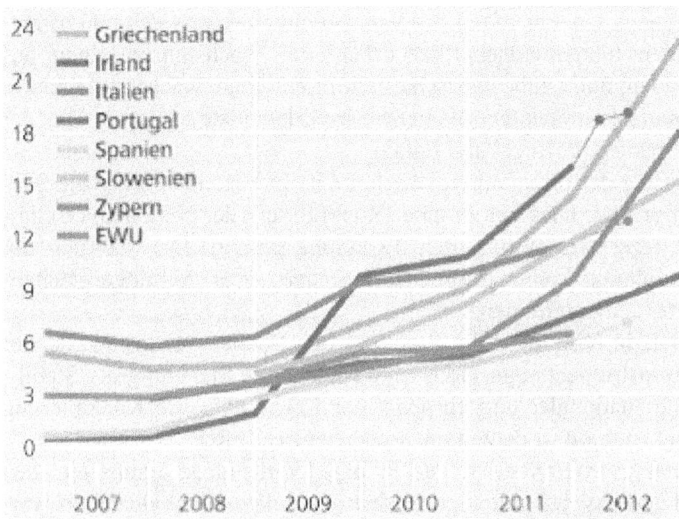

Quellen: IWF, EZB und eigene Berechnungen. * Umfang notleidender Kredite vor Abzug bereits getroffener Kreditvorsorge. Eingeschränkte Vergleichbarkeit der Angaben infolge unterschiedlicher nationaler Abgrenzungen und Regelungen sowie aufgrund statistischer Brüche innerhalb der Länderzeitreihen.

Deutsche Bundesbank   3. Jun 2013, 10.19.33, FZPR0080.Chart

Abb. 65:   Anteile der NPL an der Gesamtsumme vergebener Kredite in den Krisenländer und der EWU (2007–2012 in %)[356]

Die Entwicklung der NPL Ratio zeigt eine durchgängige Steigerung über alle Krisenstaaten im gesamten Betrachtungszeitraum. Es spiegeln sich hier sowohl strukturelle als auch konjunkturelle Defizite in den Bankbilanzen wider. Die aus der Entwicklung der NPL Ratio resultierenden Unsicherheiten im Hinblick auf die Volumina des Rekapitalisierungsbedarf der Banken stellen ein wichtiges Investitionshemmnis dar und begrenzen die Konjunkturentwicklung der Krisenstaaten.[357]

Die wirtschafts- und finanzpolitischen sowie die geld- und finanzsystempolitischen Instrumente zur Stabilisierung der Eurozone haben in ihrer Kopplung mit den Anpassungs- und Reformprogrammen zu folgenden Ergebnissen geführt:

1.   Die Zielstellung, unkontrollierte Staatsinsolvenzen von Mitgliedsländern zu verhindern, die Währungsunion kurzfristig zu stabilisieren und damit zur Erhaltung der Stabilität des globalen Finanzsystems beizutragen, wurde erreicht.

2.   Den Krisenländern wurde Zeit verschafft, die notwendigen strukturellen Reformprozesse in Kooperation mit der EU und dem IWF zu konzipieren und umzusetzen.

3.   Die vollständige Umsetzung aller struktureller Reformkonzepte, die notwendig sind, um Ungleichgewichte, Disproportionen, und Fehlentwicklungen der vorangegangenen zehn Jahre zu korrigieren bedarf mittel- und langfristiger Zeiträume.

---

[356]   Nebgen, U.: A. a. O., S. 15.
[357]   Vgl. Ebenda.

4. Auf dem Wege des Übergangs von einem auf der Verschuldung des privaten und öffentlichen Sektors aufbauenden, binnenwirtschaftlich orientierten Wachstum zu einem auf Gleichgewichten beruhenden, auch außenwirtschaftlich orientierten Wachstum sind die Krisenländer deutlich vorangekommen. Die Wettbewerbsfähigkeit ist gestiegen. Das gilt insbesondere für Irland, Spanien, Portugal und Italien.

5. Die bisherige Konsolidierung der öffentlichen Haushalte ist insbesondere über die Senkung der Staatsausgaben erfolgt. Dies hat zu einer Rückführung der Nettoneuverschuldungen trotz ausgeprägt rezessiver Wirtschaftsentwicklung geführt. Die Stärkung der Einnahmenseite durch Erhöhung konjunkturneutraler Steuern, z. B. Vermögenssteuern mit hohen Schwellenwerten, ist unterdimensioniert.

6. Die Finanzsystemstabilität, insbesondere die Stabilität des Bankensystems wurde vor allem mit geldpolitischen Instrumenten gestärkt. Eine nachhaltige Sicherung der Stabilität des Bankensystems auf nationaler und europäischer Ebene über die Konzipierung und Umsetzung einer Bankenunion ist derzeit unzureichend bzw. offen.

7. Die Reform- und Anpassungsprogramme zeigen Erfolge. Vorhandene Tendenzen, den Reformdruck zu mildern und das Reformtempo zu drosseln sollten nicht akzeptiert werden. Reform- und Anpassungsprozesse der EWU-Länder außerhalb des Kreises der Krisenländer sind unterentwickelt und bedürfen der Intensivierung. Das betrifft wegen seiner objektiv vorhandener Defizite und seines Gewichts in der EWU vor allem Frankreich.

8. Die makroökonomischen Ausgangssituationen, die Verläufe und die Ergebnisse der Reform- und Anpassungsprozesse Griechenlands und Zyperns sind, wenn auch differenziert, sowohl im Hinblick auf die Wettbewerbsfähigkeit als auch hinsichtlich der Finanzstabilität der öffentlichen Haushalte insgesamt unzureichend. Das Erreichen der Zielstellungen der Hilfsprogramme ist unter den gegebenen Bedingungen nicht möglich. Ein weiterer Schuldenschnitt für diese Länder ist wegen geringer Erfolgswahrscheinlichkeit und des Risikos der Auslösung von Fehlanreizen aus wirtschaftswissenschaftlicher Sicht inakzeptabel. Eine Prüfung auf Ausschluss auf der Grundlage makroökonomischer Analysen und der Erfahrungen sollte zur Entscheidung gestellt werden. Die sollte spätestens im Zuge der institutionellen und rechtlichen Neuordnung der EWU geschehen (Vgl. Kap. 5).

Essentials und Interdependenzen

• Vor dem Hintergrund, dass die Institutionen der EU und damit die Entscheidungsträger die makroökonomischen Ungleichgewichte, innerhalb der EWU ignoriert und hinsichtlich ihrer wirtschafts- und finanzpolitischen Konsequenzen nicht erkannt hatten, waren die EU-Institutionen inhaltlich in keiner Weise auf den Ausbruch einer Staatschuldenkrise und in der Folge Eurokrise vorbereitet. Zudem standen alle Entscheidungsfindungen unter enorm hohem und permanentem Zeitdruck. Es entstand ein breites Spektrum heterogener Instrumente zur Stabilisierung der Währungsunion. Die Konzipierung und der Einsatz der Instrumente folgten dabei jeweils dem Erkenntnisfortschritt.

• Dem uneingeschränktem Primat der Politik folgend wurden den Entscheidungen zur Stabilisierung der Eurozone, einer zutiefst wirtschaftlich geprägten Union, nicht wirtschaftliche sondern politische Entscheidungskriterien im Sinne der Vertiefung der Integration als Weg des friedlichen Zusammenwirkens der europäischen Völker zugrunde gelegt. Damit schieden ökonomische Entscheidungskriterien zur Bestimmung von Zielen und der Wirkungsweisen der Instrumente zur Stabilisierung der Eurozone aus.

- Es wurde der politisch determinierten Alternative Geltung verschafft. Diese besteht in der uneingeschränkten wirtschafts- und finanzpolitischen Hilfestellung mit dem Ziel, die EWU hinsichtlich ihrer Mitgliederstruktur unter allen Bedingungen zu erhalten mit der Konsequenz unabsehbarer finanzieller Belastungen der EWU-Länder insgesamt und erheblicher sozialer Spannungen in den Programmländern.

- Struktur und Wirkungsmechanismen der Instrumente zur Stabilisierung der Währungsunion sind so konzipiert, dass vor dem Hintergrund der Entwicklungen an den Finanzmärkten eine Stabilisierung der Eurozone über folgende Wege erzwingen:
  Unterbrechung der Abwärtsspirale aus Höherbewertung von Ausfallrisiken der Staatsanleihen mit anschließender Kurssenkung und Renditeanstieg mit der Option der Staatsinsolvenz, Vermeidung von Dominoeffekten, d.h. der Gefahr des Übergreifens von einem oder mehreren krisengefährdeten Staat auf weitere Staaten, Gewinnung von Zeit für die Konzipierung und Umsetzung von wirtschafts- und finanzpolitische Reformprogrammen zur Erhöhung der Wettbewerbsfähigkeit und der Finanzstabilität der jeweiligen Länder.

- Nach der inhaltlichen Struktur gliedern sich die praktisch genutzten Instrumente zur Stabilisierung der Währungsunion in wirtschafts- und finanzpolitische, geldpolitische und finanzsystempolitische Instrumente.

- Die unterschiedlichen wirtschafts- und finanzpolitischen Instrumente beinhalten allgemein eine Kreditierung der durch das hohe Renditeniveau an den Bondmärkten insolvenzbedrohten Krisen/Reformländer durch die Staatengemeinschaft. Damit werden die Krisen/Reformländer der Notwendigkeit enthoben, sich an den Bondmärkte zu refinanzieren. Im Rahmen des Griechenlandpakets I erfolgte die Kreditierung über bilaterale Kreditverträge der einzelnen Länder mit Krisenland Griechenland. Den nachfolgenden Instrumenten des zeitlich befristeten EFSF und des dauerhaft konzipierten ESM liegt das Prinzip zugrunde, dass sich die Staatengemeinschaft an den Bondmärkten über die Emission von Anleihen verschuldet und die Finanzmittel an die Krisen/Reformländer als Kredite weiterreicht. Die Auszahlungen erfolgen in Tranchen und sind von der Erfüllung der Reformprogramme zu jeweiligen Zeitpunkt abhängig. Zu den Krisen/Reformländern gehören neben Griechenland, Irland, Portugal, Spanien und Zypern.

- Neben den wirtschafts- und finanzpolitischen Instrumenten sind zeitlich parallel differenzierte geld- und finanzsystempolitische Instrumente zur Stabilisierung der Eurozone in Anwendung. Dabei handelt es sich bei den geldpolitischen Instrumenten zunächst allgemein um die konventionelle Zins- und Geldmengenpolitik sowie um ein breites Spektrum unkonventioneller Instrumente der Geldpolitik der EZB mit den geldpolitischen Instrumenten, Anleihekaufprogramm „Securities Market Programme" (SMP), Längerfristige Refinanzierungsgeschäfte der EZB (LTRO) sowie Programm möglicher Anleihekäufe „Outright Monetary Transactions" (OMT). Während das LTRO-Programm vor allem auf die Sicherstellung der Liquidität der Geschäftsbanken angelegt ist, wird mit den SMP- und OMT-Programmen das Renditeniveau der Staatsanleihen von Krisen/Reformländern begrenzt.

- Im Mittelpunkt der finanzsystempolitischen Instrumente stehen naturgemäß jene, die sich auf die Stabilität des europäischen Bankensystems als Kern des Finanzsystems konzentrieren. Gegenstand ist die Ausgestaltung dreier inhaltlicher Schwerpunkte, die mikro- und makroprudenzielle Ansätze implizieren, die Finanzaufsicht, die Rekapitalisierung/Bankenabwicklung und die Einlagensicherung. Dies sind zugleich Schwerpunkte der Ausgestaltung einer künftigen Bankenunion.

- Die Instrumente zur Stabilisierung der Währungsunion, die wirtschafts- und finanzpolitische, geldpolitische und finanzsystempolitische Instrumente kommen der nach der No-Bailout-Klausel untersagten Staatsfinanzierung nahe und waren/sind Gegenstand juristischer Prüfungen.

- Die wirtschafts- und finanzpolitischen sowie die geld- und finanzsystempolitischen Instrumente zur Stabilisierung der Eurozone haben in ihrer Kopplung mit den Anpassungs- und Reformprogrammen kurzfristig dazu geführt, unkontrollierte Staatsinsolvenzen von Mitgliedsländern zu verhindern, die Währungsunion zu stabilisieren und den Krisenländern Zeit zu verschaffen, die notwendigen strukturellen Reformprozesse in Kooperation mit der EU und dem IWF zu konzipieren und umzusetzen.

- Auf dem Wege des Übergangs von einem auf der Verschuldung des privaten und öffentlichen Sektors aufbauenden binnenwirtschaftlich orientiertem Wachstum zu einem auf Gleichgewichten beruhenden auch außenwirtschaftlich orientierten Wachstum sind die Krisenländer deutlich vorangekommen. Die Wettbewerbsfähigkeit ist gestiegen und wird sukzessive zu Wachstumseffekten führen. Das gilt insbesondere für Irland, Spanien, Portugal und Italien.

  Die bisherige Konsolidierung der öffentlichen Haushalte ist insbesondere über die Senkung der Staatsausgaben erfolgt. Dies hat zu einer Rückführung der Nettoneuverschuldungen trotz ausgeprägt rezessiver Wirtschaftsentwicklung geführt.

- Die Stabilität des Bankensystems wurde vor allem mit geldpolitischen Instrumenten gestärkt. Eine nachhaltige Sicherung der Stabilität des Bankensystems auf nationaler und europäischer Ebene über die Konzipierung und Umsetzung einer Bankenunion ist derzeit unzureichend bzw. offen.

5 Wirtschafts-, finanz- und rechtspolitische Konsequenzen für das politische System der EU

5.1 Zur Notwendigkeit einer institutionalisierten EWU

Die mit dem Vertrag über die Europäische Union vom 7. Februar 1992 (Maastrichtvertrag)[358] inhaltlich und institutionell konzipierte sowie rechtlich festgeschriebene Europäische Union vereinigte die

- Gemeinsame Außen- und Sicherheitspolitik,
- Zusammenarbeit in der Justiz- und Innenpolitik sowie
- Europäische Gemeinschaften

unter einem Dach im Rahmen des so genannten Drei-Säulen-Modells. Neben der allgemeinen Bedeutung des Vertrages als Schritt zur weiteren europäischen Integration stellte der Vertrag die unmittelbare Grundlage für die EWU dar. Sie wurde als Europäische Wirtschafts- und Währungsunion in die Säule „Europäische Gemeinschaften" als eine unter 16 Gemeinschaften inhaltlich, rechtlich und institutionell ein- bzw. untergeordnet.[359]

Die weitere Entwicklung der EU-Verträge (Verträge von Amsterdam/Nizza)[360] änderten an der inhaltlichen, rechtlichen und institutionellen Einordnung der EWU in die EU bis zum Lissaboner Vertrag[361] im Jahre 2009 und damit zugleich über den nahezu gesamten Zeitraum des Vorfeldes der Eurokrise nichts. Der Vertrag von Lissabon beinhaltet vor allem die Schaffung eines einheitlichen Rechtsrahmens der EU. In diesem Zuge wurden die Zuständigkeiten der „Europäische Gemeinschaften" rechtlich neu gefasst und der EU zugeordnet. Die innere Struktur und das Management der EWU in seiner Einordnung in die EU sind innerhalb des vielfach für reformunfähig gehaltenen Vertrages von Lissabon nicht geändert. Vom EU-Vertrag bis zum AEU-Vertrag und damit über den gesamten primärrechtlichen Rahmen des

---

[358] Vgl. Europäische Union: Vertrag über die Europäische Union. Amtsblatt der Europäischen Union. Amtsblatt Nr. C 191 vom 29. Juli 1992. In: http://eur-lex.europa.eu/JOIndex.do?ihmlang=de. Abgerufen am 15.03.2013.

[359] Vgl. Europa – Zusammenfassungen der EU-Gesetzgebung. Vertrag von Maastricht über die Europäische Union. In: http://europa.eu/legislation_summaries/institutional_affairs/treaties/treaties_maastricht_de.htm.

[360] Vgl. Vertrag von Amsterdam zur Änderung des Vertrags über die Europäische Union, der Verträge zur Gründung der Europäischen Gemeinschaften sowie einiger damit zusammenhängender Rechtsakte. Amtsblatt der EU Nr. C 340 vom 10. November 1997. In: http://eur-lex.europa.eu/JOIndex.do?ihmlang=de. Abgerufen am 15.03.2013. Vgl. Vertrag von Nizza zur Änderung des Vertrags über die Europäische Union, der Verträge zur Gründung der Europäischen Gemeinschaften sowie einiger damit zusammenhängender Rechtsakte. Amtsblatt der EU Nr. C 80 vom 10. März 2001. In: http:// http://eur-lex.europa.eu/JOIndex.do?ihmlang=de. Abgerufen am 15.03.2013.

[361] Vgl. Vertrag von Lissabon zur Änderung des Vertrags über die Europäische Union, der Verträge zur Gründung der Europäischen Gemeinschaften, Amtsblatt der EU Nr. C 306 vom 17. Dezember 2007. In: http://eur-lex.europa.eu/JOIndex.do?ihmlang=de. Abgerufen am 15.03.2013.

politischen Systems der EU ist die EWU gemessen an ihrer Bedeutung völlig inadäquat eingeordnet. Diese inadäquate Einordnung der EWU in die EU führte im Rahmen des Gesamtprozesses von der Vorbereitung und Gründung der EWU über ihre Entwicklung bis zum Ausbruch der Eurokrise und dem Einsatz der Instrumente zur Stabilisierung der Eurozone zu schwerwiegenden Konsequenzen. Deshalb ist es notwendig, die Einordnung der EWU in die EU unter diesem Gesichtspunkt näher zu betrachten.

Eines der Kernprobleme besteht in der unzureichenden institutionellen Einordnung der EWU in die EU. Während des gesamten Zeitraums der Existenz der EWU bis mindestens 2014 ist der Währungsunion keine Institutionalisierung zugebilligt worden. Sie besaß zu keinem Zeitpunkt eine eigene handlungs- und rechtsfähige Institution. So kommt denn auch P. Praet, Chefvolkswirt der EZB, zu dem Schluss:

> „Die Eurozone wurde mit zu wenig handlungsfähigen Institutionen gegründet – dafür bezahlen wir jetzt den Preis. Wir (die EZB) bekommen immer mehr Aufgaben aufge-bürdet."[362]

Die fehlende Institutionalisierung der EWU in der Entwicklung des politischen Systems der EU induzierte ein mangelndes Verständnis der EWU als Wirtschaftseinheit. Daraus resultierte die fehlende Einsicht, dass die EWU als Wirtschaftseinheit grundlegenden Elementen des strategischen Managements folgen muss.[363]

Dies führte in der Konsequenz dazu, dass die in der Währungsunion verbundenen Länder ihre objektiv vorhandenen gemeinschaftlichen Interessen eben nicht im Rahmen einer übergeordneten streng auf die Währungsunion als Wirtschaftseinheit. bezogenen

- Philosophie,
- Politik und
- Zielstellung

definiert haben.

Unter EWU-Philosophie sollte ein übergeordnetes Führungskonzept der Währungsunion verstanden werden, dass seinen Bezug sowohl intern im Hinblick auf die Mitgliedsländer als auch extern im Hinblick auf die EU einerseits und die Weltwirtschaft andererseits besitzt. Inhaltlich sollte eine EWU-Philosophie mit externem Bezug vor allem das Selbstverständnis und die grundlegende Aufgabe der Währungsunion zum Gegenstand haben. Intern sollte eine Philosophie der Währungsunion u. a. die Kultur der Zusammenarbeit und des Umgangs der Mitglieder miteinander zum Inhalt haben. Hier eingeschlossen ist die Akzeptanz der Mitgliedsländer, alles zu unterlassen, was zu Lasten anderer Mitgliedsländer geht und die Stabilität der Währungsunion gefährdet.

Eine EWU-Politik sollte auf der Philosophie der Währungsunion aufbauen und die langfristigen Grundsätze der Entwicklung der Währungsunion festschreiben. Sie muss die generellen Wege und Entwicklungsrichtungen zur strategischen Umsetzung (währungs-)unionsphilo-sophischer Inhalte in langfristige Zielstellungen der EWU aufzeigen. Schwerpunkte bilden die Gestaltung des Verhältnisses der Interessen der Währungsunion und der Mitgliedsländer sowie grundlegende Modalitäten der Erhaltung der Stabilität der Währungsunion. In der Konsequenz schließt das Sanktions- und Durchgriffsmöglichkeiten ein. Unverzichtbarer

---

[362] Praet, P.: Es gibt Grenzen der Geldpolitik. In: Handelsblatt, abgerufen am 12.07.2013, S.12 f.
[363] Es werden hier allgemeine Grundelemente aus der Managementtheorie relevant. Vgl. hierzu auch Straub, T.: Einführung in die allgemeine Betriebswirtschaftslehre. Pearson. München 2012, S. 52 ff.

Gegenstand einer EWU-Politik sind allgemein Regularien zu originären Führungsentscheidungen der EWU. Das betrifft auf der einen Seite den Eintritt in die EWU inklusive klarer an den Kriterien optimaler Währungsräume orientierter und durch entsprechende Scoreboard-Kennzahlen quantifizierter Eintrittsbarrieren. Auf der andren Seite betrifft es den Austritt von Teilnehmern der Union auf der Grundlage klar definierter Kriterien und Regularien. Eine Staatsinsolvenz ist hier als Spezialfall eines Austritts eingeordnet.

Notwendige Zielstellungen einer Währungsunion konzentrieren sich der ökonomischen Logik entsprechend auf langfristige wirtschafts- und finanzpolitische Zielstellungen mit den Schwerpunkten Finanzstabilität und Wettbewerbsfähigkeit der EWU. Diese Zielstellungen sind hinsichtlich ihrer inhaltlichen Ausrichtungen über differenzierte makroökonomische Kennzahlen, ihrer Stringenz über das Setzen von Schwellenwerten und im Hinblick auf die angesteuerten Zeithorizonte sowohl in Bezug auf die EWU als Ganzes als auch auf die Mitgliedsländer variierbar.

Das Fehlen einer hinreichend institutionalisierten EWU mit definierter Philosophie, Politik und quantifizierten Zielstellungen stellt eine der Ursachen für die gravierenden Fehlentwicklungen der EU und der EWU dar.

Die EWU wurde bislang grundsätzlich über die Philosophie, die Politik und die Zielstellungen der

- der Europäischen Union

und

- der Mitgliedsstaaten der EU

definiert. Dabei kommt der Konstellation der Zielstellungen eine besondere Bedeutung zu. Sowohl die EU als auch die Mitgliedsstaaten folgen jeweils ihren eigenen Zielstellungen, die sich in Zielhierarchien mit über- und untergeordneten Zielen darstellen.

Die EU definiert ihr Zielsystem mit folgendem übergeordneten Ziel, dass durch besondere Ziele ergänzt wird:

„Grundlegendes Ziel der Union ist es künftig, den Frieden, ihre Werte und das Wohlergehen ihrer Völker zu fördern. „[364]

Diese allgemeinen Ziele werden flankiert durch eine Reihe untergeordneter Ziele, wie beispielsweise:

„… die Förderung des wirtschaftlichen, sozialen, und territorialen Zusammenhalts und die Solidarität zwischen den Mitgliedsstaaten."[365]

usw.

Zielstellungen der EU auf einer derart hohen Abstraktionsstufe korrelieren nur indirekt mit den objektiv vorhandenen Zielstellungen der EWU z. B. im Hinblick auf die Erhöhung der Finanzstabilität und auf die Steigerung der Wettbewerbsfähigkeit der EWU-Länder. Daneben existiert das Streben der EU, die politische Macht auf ihrer Ebene weitgehend zu konzentrieren. Das trifft in besonderem Maße für EU-Kommission in den Wahlperioden von 2004–2014 zu.

---

[364] Europa. Eine Verfassung für Europa. Gründungsprinzipien der Union. Artikel 1–3. In: http://europa.eu/scadplus/constitution/objectives_de.htm. Abgerufen am 26.07.2013.
[365] Ebenda.

Die einzelnen europäischen Staaten verfolgen mit ihrem Eintritt in die Währungsunion die Zielstellung, die Vorteile eines Währungsraums zu nutzen und ihre Nachteile zu minimieren. So sollen beispielsweise die Vorteile einer stabilen Währung realisiert die Abgabe von Souveränitätsrechten jedoch vermieden werden.[366] Die nationalen Interessen werden durch die nationale Politik der Mitgliedsländer wahrgenommen. Für die Politiker als Träger der nationalen Politik existieren entsprechende Machtinteressen. Ihr primäres Machtinteresse besteht in der Machterhaltung über den Gewinn der jeweils nächsten Wahl. Im Rahmen der Wahrnehmung dieser Machtinteressen ist es u. a. charakteristisch, die Verantwortung für wirtschafts- und finanzpolitischen Fehlentwicklungen der Vergangenheit nicht zu übernehmen und objektiv vorhandenen Reformdruck nicht als Konsequenz vorangegangener Fehlentwicklungen sondern als externen Druck, z. B. der Troika, bewusst fehl zu interpretieren. Daneben haben sich im Interesse der Machterhaltung der nationalen Politik permanent Mechanismen und Tendenzen herausgebildet, sich dem Reformdruck zu entziehen. Diesen Tendenzen folgen sowohl die Reformländer als auch jene Länder, die (noch) nicht die Instrumente der Stabilisierung der Eurozone in Anspruch nehmen.

Basierend auf der Analyse der Phasen der Gründung, Entwicklung und Krise der EWU kann resümiert werden, dass die fehlende Institutionalisierung eine der Hauptkonstruktionsfehler der Währungsunion darstellt. Damit wurde allgemein darauf verzichtet eine notwendige Philosophie, Politik und insbesondere objektiv vorhandene Zielstellungen/Interessen der EWU zu definieren und einer durchsetzungs- und rechtsfähigen Struktur zuzuordnen. Stattdessen wurde die EWU über die Zielstellungen der EU und der Staaten definiert.

In der Gründungsphase

führte das dazu, dass der Zielstellung der EU einer vertieften europäischen Integration sowie den nationalen Zielstellungen der Realisation der Vorteile einer Währungsunion folgend Länder aufgenommen wurden, die makroökonomisch für die EWU nicht reif waren. Unter der Voraussetzung einer institutionellen EWU wäre eine auf den optimalen Währungsraum abzielende Auswahl geeigneter Länder als eine objektive Zielstellung der Gemeinschaft relevant gewesen.

In der Entwicklungsphase der EWU bis zum Jahre 2010 entsprachen die

- Konzipierung eines stringenten Überwachungsinstrumentariums wesentlicher makroökonomischer Kennzahlen in Bezug auf die Mitgliedsländer,
- Fixierung eines real greifenden Sanktionsmechanismus sowie
- Festschreibung eines Austrittsmechanismus für den Fall, dass ein Mitgliedsland seine nationalen Interessen gegen die der EWU stellt und damit zugleich die Stabilität der Währungsunion gefährdet,

nicht den primären Zielstellungen weder der EU noch der Mitgliedsländer.

Aus diesem Grund wurden die aufgeführten Mechanismen nicht eingeführt. Die Einführung und Umsetzung der Mechanismen wäre jedoch eine der objektiv notwendigen Zielstellungen einer institutionalisierten EWU gewesen. Sie hätten die Ignoranz gegenüber den makroökonomischen Fehlentwicklungen, die sich in den ersten fünf Jahren der EWU bereits klar abzeichneten, verhindert. Zugleich wäre die Entwicklung latenter Risiken des europäischen Finanzsystems in den Mittelpunkt der Betrachtung gerückt.

---

[366]   Vgl. Hierzu auch Abschnitt 2.1.

In der Phase der Krise

schließlich entspricht es den Zielstellungen sowohl der EU, unter anderem im Sinne der Förderung des Zusammenhalts und der Solidarität zwischen den Mitgliedsländern usw. als auch der von der Krise betroffenen Länder und einer Reihe weiterer Mitgliedsländer, sich dem Reformdruck zu entziehen und dabei grundsätzlich drei Wege zu präferieren:

1. Umwandlung der EWU in eine Transferunion, in der Automatismen zum Ausgleich makroökonomischer Entwicklungen über Transferzahlungen installiert werden. Das schließt die endgültige und permanente Aufhebung des No-Bailout-Prinzips ein.

Über die bereits in Anwendung befindlichen Instrumente hinaus wird permanent der Druck aufrechterhalten, gemeinschaftlich garantierte Eurobonds und Eurobills in jeweils unterschiedlichen Varianten zu emittieren sowie Schuldentilgungsfonds innerhalb differenzierter Auslegungen und Varianten zu installieren.

2. Die Aufhebung der Unabhängigkeit der EZB, die Erweiterung ihres bisherigen Mandats der Sicherung der Preisstabilität und die Übernahme der Staatsfinanzierung durch die Notenbank, zumindest über die dauerhafte Senkung der Refinanzierungskosten reformbedürftiger Länder.

Die Forderungen von Erweiterungen der ohnehin über das Mandat der EZB hinausgehenden unkonventionellen Geldpolitik werden wiederkehrend erhoben. Generell wird gefordert, die Refinanzierungskosten der Krisenländer niedrig zu halten und damit die Mess- und Disziplinierungsfunktion der Märkte dauerhaft auszuschalten. Die Forderungen konzentrieren sich vor allem auf die Reaktivierung des SMP und die Umsetzung der Ankündigung zum Kauf von Staatsanleihen im Rahmen des OTM sowie den Anleihekauf von Staatsanleihen durch die nationalen Zentralbanken und damit die Übernahme der Staatsanleihen in das Eurosystem. Daneben werden weitere Forderungen, z. B. die Verringerungen der Anforderungen an die Qualität der im Rahmen von Offenmarktgeschäften zu hinterlegenden Sicherheiten in Form von Staatsanleihen erhoben.

3. Installation einer Transfer-, Haftungs- und Risikounion im Rahmen des europäischen Finanzsystems über die angesteuerte Bankenunion.

Im Rahmen der Bankenunion werden vor allem die Zentralisierung von Abwicklungsfonds für Banken unter der Verantwortung der EU-Kommission sowie die auf die EWU bezogene Vergemeinschaftung eines Einlagensicherungsfonds gefordert. Daneben wird ein ständiger Druck aufrechterhalten, die im Rahmen des ESM für die Rekapitalisierung von Banken vorzuhaltenden Kapitalanteile zu erhöhen. Damit würden die Staatshaushalte der entsprechenden Länder entlastet.

Die aufgeführten Beispiele innerhalb der drei aufgeführten Wege, sich dem Reformdruck zu entziehen, ließen sich im Hinblick sowohl aus der Sicht der reformbedürftigen Länder als auch aus der Sicht der EU nahezu beliebig fortsetzen.

Dabei induziert jedes Zugeständnis innerhalb der drei Wege, die Umsetzung notwendiger Reformen zu vermeiden oder zeitlich zu verzögern und damit den Reformdruck zu verringern.

Vor dem Hintergrund der unzureichenden Intensität der Reformprozesse in der EWU, insbesondere der großen Volkswirtschaften Frankreichs und Italiens sowie weiterhin Griechenlands und anderer, werden die Forderungen nach einer permanenten Vertiefung einer Transfer-, Haftungs- und Risikounion sowie einer weiteren Unterordnung der EZB und der Geldpolitik unter eine nur bedingt reformfähige bzw. reformwillige Wirtschafts- und Finanzpolitik der Länder und der EU in der Zukunft weiter zunehmen.[367] Das führt zu unauflöslichen Widersprüchen und einer weiteren Vertiefung der Polarisierung zwischen den Ländern, von denen Transferleistungen und die Übernahme von Haftungen und Risiken erwartet werden und sowohl jenen Ländern als auch der EU, die genau diese Leistungen und Übernahmen fordern.

Vor diesem Hintergrund sind grundlegende politische Reformen und Entscheidungen zu inhaltlichen Konzepten und Strukturen der Beziehungen der Europäischen Währungsunion, ihrer Mitgliedsstaaten und der Europäischen Union zwingend notwendig.

Das bedeutet, dass es einen grundlegenden dualen Reformprozess geben muss. Der duale Reformprozess bezieht zum einen sich auf die Ebene der Mitgliedsländer mit den Schwerpunkten wirtschafts-, finanz- und finanzsystempolitischer Reformen. Der duale Reformprozess bezieht sich zum anderen auf die Ebene der Europäischen Union und umfasst politische, organisationsstrukturelle und europarechtliche Reformen.

5.2 Grundaufbau, Einordnung und Befugnisse der EWU als Institution in der Zukunft

Im Verlauf der vorangegangenen Kapitel zur

- Gründung der EWU und den festgestellten Defiziten,
- Entwicklung der EWU und den ausgebliebenen Korrekturen der Divergenzen,
- akuten Eurokrise hinsichtlich ihres Ausbruchs sowie der Reaktion mit der Konzipierung und Nutzung der Stabilisierungsinstrumente bis hin
- zur Ableitung des Erfordernisses einer Institutionalisierung der EWU

ist die Notwendigkeit grundlegender Reformen des politischen Systems der EU deutlich geworden.

Im Ergebnis der Reformen des politischen Systems der Europäischen Union muss es im Rahmen eines kurz- und mittelfristig laufenden Prozesses zwingend zu einer wirtschafts-, finanz- und rechtspolitischen Verselbständigung der Europäischen Währungsunion kommen. Die Verselbständigung der EWU sollte die Abfassung EWU-philosophischer und -politischer Grundsätze und die Definition von Zielstellungen, die primär an der Finanzstabilität und der Wettbewerbsfähigkeit der Mitgliedsländer und der Eurozone sowie an der Stabilität des Finanz- und Bankensystems der Eurozone orientiert sind, beinhalten.

Die Ableitung der Notwendigkeit grundlegender Reformen des politischen Systems der EU mit dem Kern der Verselbständigung der Europäischen Währungsunion ist wirtschaftswissenschaftlich logisch und mittlerweile politisch gewollt.

Im Ergebnis deutsch-französischer Vereinbarungen vom Mai 2013 in Paris zeichnen sich bei der Konzipierung der Reformen im Hinblick auf das politische System der EU mit dem Kern der EWU folgende Tendenzen und Entwicklungsrichtungen innerhalb eines laufenden politischen Willensbildungsprozesses ab.[368, 369]

---

[367] Zu diesem Schluss kommt auch Jürgen Stark. Vgl. Stark, J.: Es gibt keine rote Linie mehr. In: Handelsblatt vom 26.07.2013, S. 24 f.

[368] Es berichten hier jeweils in Leitartikeln T. Hanke, Handelsblatt-Korrespondent in Paris sowie R. Berschens, Leiterin des Brüsseler Handelsblatt-Büros.

1. Die europäische Währungsunion wird institutionell und rechtlich verselbständigt und künftig durch einen Präsidenten geführt. Die EWU-Präsidentschaft wird permanent besetzt. Der Verantwortungsbereich des EWU-Präsidenten konzentriert sich auf die Währungsunion. Dem Präsidenten der EWU werden „umfassende Ressourcen" dauerhaft zur Seite gestellt. Daneben werden ihm Möglichkeiten eingeräumt, auf Kapazitäten der Fachministerien der jeweiligen Mitgliedsstaaten zurückgreifen zu können.[370]
Die Euro-Gruppe als Struktur der EU mit informellem Charakter ohne Entscheidungsbefugnisse unter Führung eines nebenamtlichen Vorsitzenden der Eurogruppe, der zugleich Finanzminister eines Euro-Landes ist, wird in dieser Form nicht aufrechterhalten. Gleiches trifft für die Rhythmen monatlicher Treffen der Finanzminister der Euro- Gruppe zu.

2. Die primären Zielstellungen der im Rahmen der Währungsunion gesteuerten Wirtschafts-, Finanz- und Finanzsystempolitik stellt die Stabilität und die Wettbewerbsfähigkeit der Währungsunion und seiner Mitgliedsstaaten dar. Zur Realisierung der Zielstellungen werden Systeme der makroökonomischen Überwachung der Volkswirtschaften der Mitgliedsländer installiert. Bei festgestelltem Reformbedarf von Mitgliedsländern werden Reformverträge zwischen der Währungsunion und dem jeweiligen Land geschlossen.

3. Entwicklung der konstitutiven und institutionellen Rahmenbedingungen der EWU. Die Rahmenbedingungen beinhalten generell die Definition des „Außenverhältnisses" der EWU mit Blick auf die europäische und globale Ebene sowie des „Innenverhältnisses" der Mitgliedsstaaten untereinander und zur Währungsunion. Das schließt die Konditionierung des Eintritts in die Euro- Zone, die Fixierung von Regularien und internen Institutionen zur Gestaltung der Beziehungen der Mitgliedsländer untereinander sowie die Konditionierung des Austritts eines Mitgliedslandes ein.

4. Die Währungsunion wird mit einem eigenen Euro-Zonen-Fonds im Sinne eines Budgets ausgestattet. Der Fonds unterstützt die vor allem strukturellen Reformen jener Mitgliedsländer, die mit der EWU Reformverträge geschlossen haben. Die mit den Reformverträgen verbundene temporäre und partielle Abgabe nationaler Souveränität wird gekoppelt an Zahlungen aus einem Euro-Zonen-Fonds.[371]

5. Schaffung eines Euro- Zonen- Parlaments als Teil des EU-Parlaments. Mit der Installation eines Parlaments der Währungsunion gewinnt die EWU demokratische Legitimation und regeneriert die im Zuge der Stabilisierung der Eurozone vermisste parlamentarische Kontrolle. Zugleich wird die Zusammenarbeit in der Euro-Zone neben der Regierungsebene auf ein zweites Standbein gestellt. Damit wird europarechtlich der Weg zu Mehrheitsentscheidungen in der Währungsunion eröffnet bzw. erleichtert.[372]

Die dargestellten Entwicklungsrichtungen werden im zeitlichen Verlauf inhaltlich auszugestalten, im Rahmen eines komplexen Verhandlungsprozesses zu modifizieren und europarechtlich zu fixieren sein.

---

[369] Vgl. Hanke. T.: Baguette mit deutscher Butter. Handelsblatt vom 03.06.2013, S. 14 f.
[370] Vgl. Berschens, R.: Die schleichende Entmachtung. In Handelsblatt vom 16.07.2013, S. 12.
[371] Vgl. Hanke, T.: A. a. O., S.14 f.
[372] Vgl. Ebenda.

Es kann davon ausgegangen werden, dass sich der Gesamtprozess zur Umsetzung der Entwicklungsrichtungen und Tendenzen ab der neuen Legislaturperiode im Jahre 2014 beschleunigen wird.

Mit den dargestellten Tendenzen vollzieht die Währungsunion sukzessive den zwingend notwendigen Übergang zu einer realen wirtschafts-, finanz- und finanzsystempolitischen Union und nähert sich damit zugleich asymptotisch einer politischen Union an.

Damit erhält die europäische Geldpolitik zugleich ihre europäische wirtschafts- und finanzpolitische Entsprechung. Der permanente Widerspruch von europäischer Geldpolitik und nationaler Wirtschafts- und Finanzpolitik wird aufgehoben.[373]

Es werden so die Möglichkeiten eröffnet, die Relationen von Geldpolitik und Wirtschafts- und Finanzpolitik auf ebenenkongruente Grundlagen zu stellen.

Die Entwicklung einer wirtschafts-, finanz- und finanzsystempolitischen Union wird der politischen Logik folgend unionsspezifische Zielstellungen, Interessen und Wege der Umsetzung auf weiteren Politikfeldern, wie Justiz- und Innenpolitik, Außen- und Sicherheitspolitik usw. generieren. Daraus folgt langfristig ein signifikanter Bedeutungsverlust der Europäischen Union in der bisherigen Form und ihren Strukturen, insbesondere der im letzten Jahrzehnt nur bedingt reformfähigen EU-Kommission.

Die dargestellten Entwicklungstendenzen der EWU und die daraus resultierenden Konsequenzen führen mittel- und langfristig zur Notwendigkeit einer sukzessiven Abgabe nationaler Souveränität der Mitgliedsländer. Der politischen Willensbildung in diese Richtung könnten u. a. förderlich sein, die

- inhaltliche Anbindung der Ziel- und Aufgabenstellungen der EWU an den Fiskalpakt, der seinerseits nicht Bestandteil des EU Rechts ist,
- demokratischen Einbindung eines Euro-Zonen-Parlaments in den Prozess der demokratischen politischen Willensbildung,
- finanzwirtschaftlich geprägten Interdependenzen zwischen den Krisenländern mit ihrem Refinanzierungsbedarf, den EWU-Ländern mit ihren Finanzierungsmöglichkeiten im Rahmen der Anpassungs- und Hilfsprogramme sowie der EZB mit ihren geldpolitischen Instrumenten zur Flankierung der Reformprozesse.

Innerhalb des mittel- und langfristigen Prozesses der Entwicklung einer wirtschafts-, finanz- und finanzsystempolitischen Union in dem und solange die Abgabe nationaler Souveränität auf den Feldern der Wirtschafts-, Finanz- und Finanzsystempolitik noch nicht erfolgt ist, muss zwingend das No-Bailout-Prinzip gelten.

---

[373] Letztendlich stellt dieser Widerspruch den Hintergrund dar für die Prüfung der europäischen Geldpolitik im Hinblick auf das OTM-Programm durch ein nationales Verfassungsgericht (das deutsche Verfassungsgericht Karlsruhe im Zeitraum 2013/14).

„Zu einer Währungsunion, in der die Länder zwar ihre Geldpolitik auf eine supranationale Institution übertragen und ihre Kompetenz auf diesem Gebiet aufgegeben haben, aber im Übrigen darauf bestehen, souverän Staaten zu sein, passt nur das No-
Bail-out-Prinzip."[374]

In wirtschaftslogischer Konsequenz dessen muss in der EWU generell klar sein, dass die
wirtschafts-, finanz-, geld- und finanzsystempolitischen Instrumente zur Stabilisierung der
Eurozone im zeitlichen Vorfeld einer wirtschafts-, finanz- und finanzsystempolitischen
Union ausschließlich die Funktion haben, den Krisenländern die notwendige Zeit zur Konzipierung und Umsetzung der strukturellen Reformen einzuräumen und diese Reformprozesse
finanziell zu unterstützen.

Essentials und Interdependenzen

- Eines der Kernprobleme der Europäischen Währungsunion besteht in der unzureichenden institutionellen Einordnung der EWU in die EU. Die fehlende Institutionalisierung
  der EWU musste zwangsläufig dazu führen, dass die in der Währungsunion verbundenen Länder ihre objektiv vorhandenen gemeinschaftlichen Interessen eben nicht im
  Rahmen einer übergeordneten streng auf die Währungsunion bezogenen Philosophie,
  Politik und Zielstellungen definieren konnten.
- Die EWU wurde grundsätzlich über die Philosophie, die Politik und die Zielstellungen
  einerseits der Europäischen Union und andererseits der europäischen Staaten definiert.
- Der Verzicht auf die Fixierung einer Philosophie, Politik und insbesondere der objektiv
  vorhandene Zielstellungen/Interessen der EWU und ihrer Zuordnung zu einer durchset-
  zungs- und rechtsfähigen Struktur führte in der Gründungsphase dazu, dass der Zielstellung der EU, einer vertieften europäischen Integration sowie den nationalen Zielstellungen der Realisation der Vorteile einer Währungsunion folgend, Länder aufgenommen
  wurden, die makroökonomisch für die EWU nicht geeignet waren.
- In der Entwicklungsphase der EWU entsprachen die Konzipierung eines stringenten
  Überwachungsinstrumentariums makroökonomischer Kennzahlen der Mitgliedsländer,
  die Fixierung eines real greifenden Sanktionsmechanismus sowie die Festschreibung
  eines Austrittsmechanismus für den Fall, dass ein Mitgliedsland seine nationalen Interessen gegen die der EWU stellt und damit zugleich die Stabilität der Währungsunion gefährdet nicht den primären Zielstellungen weder der Union noch der Mitgliedsländer.
  Aus diesem Grund wurden die Mechanismen nicht eingeführt. Ihre Einführung wäre jedoch im objektiven Interesse einer institutionalisierten EWU gewesen.
- In der Phase der Krise schließlich ist es mit den Zielstellungen sowohl der EU, unter
  anderem im Sinne der Förderung des Zusammenhalts und der Solidarität zwischen den
  Mitgliedsländern usw. als auch der von der Krise betroffenen und einer Reihe weiterer
  Mitgliedsländer vereinbar, sich dem Reformdruck zu entziehen und dabei grundsätzlich
  die Wege in eine Transfer-, Haftungs- und Risikounion zu bevorzugen.
- Das führt zu einem breiten Spektrum makroökonomischer Fehlanreize, unauflöslicher
  Widersprüche und einer weiteren Vertiefung der Polarisierung zwischen den Ländern,
  von denen Transferleistungen und die Übernahme von Haftungen und Risiken erwartet

---

[374] Issing, O.: Wir brauchen die Kontrolle durch die Märkte. Handelsblatt vom 22.07.2013, S. 29.

werden und sowohl jenen Ländern als auch der EU, die genau diese Leistungen und Übernahmen fordern. Vor diesem Hintergrund sind grundlegende politische Reformen der EWU mit der Zielrichtung der Entwicklung zu einer Wirtschafts-, Finanz- und Finanzsystemunion im Rahmen folgender Schritte logisch und im derzeitigen politischen Willensbildungsprozess.

- Die europäische Währungsunion wird künftig durch einen Präsidenten geführt. Die EWU-Präsidentschaft vertritt auf der Grundlage einer durch die Mitgliedsländer zu konzipierenden grundlegenden EWU-Politik die Währungsunion nach außen und nach innen. Das Innenverhältnis wird vor allem durch die Ziele der EWU bestimmt. Die primären Ziele der im Rahmen der Währungsunion gesteuerten Wirtschafts-, Finanz- und Finanzsystempolitik stellen die Stabilität und die Wettbewerbsfähigkeit der Währungsunion und seiner Mitgliedsstaaten dar. Zur Realisierung der Zielstellungen werden Systeme der makroökonomischen Überwachung installiert. Reformen von Mitgliedsländern werden im Rahmen der EWU in Reformverträgen fixiert und umgesetzt. Die Währungsunion wird mit einem eigenen Euro-Zonen-Fonds im Sinne eines Budgets ausgestattet.
- Mit der Schaffung eines Euro-Zonen-Parlaments als Teil des EU-Parlaments gewinnt die EWU eine zutiefst demokratische Legitimation.
  Sie regeneriert die im Zuge der Stabilisierung der Eurozone vermisste parlamentarische Kontrolle. Zugleich wird die Zusammenarbeit in der Euro-Zone neben der auf Regierungsebene auf ein parlamentarisches Standbein gestellt.
- Die Umsetzung der Entwicklungstendenzen der EWU führt sukzessive zum Übergang in eine wirtschafts-, finanz- und finanzsystempolitische Union, die sich asymptotisch einer politischen Union annähert. Damit erhält die europäische Geldpolitik zugleich ihre europäische wirtschafts- und finanzpolitische Entsprechung. Der permanente Widerspruch von europäischer Geldpolitik und nationaler Wirtschafts- und Finanzpolitik wird aufgehoben. Es wird die Möglichkeit eröffnet, die Geldpolitik und die Wirtschafts- und Finanzpolitik auf ebenenkongruente Grundlagen zu stellen.
- Vor Abgabe nationaler Souveränität im Rahmen einer wirtschafts-, finanz- und finanzsystempolitischen Union muss das No-Bailout-Prinzip erhalten bleiben. Zugleich muss klar definiert sein, dass die wirtschafts-, finanz-, geld- und finanzsystempolitischen Instrumente zur Stabilisierung der Eurozone ausschließlich die Funktion haben, den Krisenländern die notwendige Zeit zur Konzipierung und Umsetzung der strukturellen Reformen einzuräumen und diese Reformprozesse finanziell zu unterstützen.

Epilog

Die Eurokrise, wie wir sie derzeit erleben, ist die schwerste europäische Wirtschafts- und Finanzkrise seit Mitte des 20. Jahrhunderts. Diese Krise ist nicht nur für Fachleute interessant. Wegen ihrer sozialen Auswirkungen gibt es allgemein ein großes Interesse, die Ursachen und Vorgänge im Verlauf der Krise und die den Krisenfolgen zugrunde liegenden Zusammenhänge zu verstehen.

Für die wirtschaftswissenschaftliche Lehre und Forschung stellt die Eurokrise nicht nur eine Reihe von Beispielen zur Erhöhung der Praxisnähe in der Lehre oder eine Quelle der Ableitung von Graduierungsarbeiten dar. Sie ist ein faszinierendes komplexes wirtschaftswissenschaftliches Fallbeispiel – eine einmalige Herausforderung für Lehre und Forschung.

In meiner Lehrtätigkeit in verschiedenen wirtschaftswissenschaftlichen und technischen Studiengängen und im Rahmen meiner Vortragstätigkeit vor akademischen Auditorien und vor Unternehmern konnte ich immer ein enormes Interesse über das gesamte inhaltliche Spektrum der Eurokrise feststellen.

Vor allem die Studenten der wirtschafts- und rechtswissenschaftlichen Studiengänge empfinden die inhaltlichen Betrachtungen zur Eurokrise schon deshalb als besonders lehrreich, weil sie ständig Zusammenhänge zwischen den Inhalten der aus ihrer Sicht vielen Lehrgebiete/Module anhand realer Entwicklungen erkennen. Schon daraus resultierte stets viel Motivation in den entsprechenden Lehrveranstaltungen.

Der erfreulichen Wissbegierde meiner Studenten habe ich versucht, durch ständig wachsende Präsentationsunterlagen, Lehrmaterialien und die Einordnung von Veröffentlichungen zu den jeweils aktuellen Teilgebieten gerecht zu werden. Das ständige Erweitern der Lehrunterlagen hatte an einem bestimmten Punkt seine Grenze erreicht – der Wissensdurst meiner Studenten aber nicht.

Hier liegt der Grund für die Entscheidung, meine bereits vorhandenen Ausarbeitungen und Lehrmaterialien zusammenzufassen und den Verlauf der Eurokrise im Rahmen eines laufenden Arbeitsprozess wissenschaftlich zu begleiten. So entstand das vorliegende Buch.

Es ist aus der Historie seiner Entstehung und meiner Motivation heraus insbesondere als Lehrbuch konzipiert. Dem ist der Stil, z. B. der Einschluss von Essentials und Interdependenzen pro Kapitel, die Unterlegung mit einer Vielzahl von Grafiken usw. geschuldet.

Ich hoffe und denke, dass dieses Lehrbuch vor allem deshalb weil, es den Gesamtprozess der Eurokrise von den Ursachen im Rahmen der Gründung und Entwicklung, die Herausbildung der Eurokrise bis hin zur Umsetzung der Instrumente der Eurozonenstabilisierung, inhaltlich erläutert, hinsichtlich der Zusammenhänge erklärt und Schlussfolgerungen ableitet, auf ein breites Interesse von Lehrenden und Studierenden in den Bereichen der Wirtschafts-, Rechts- und Politikwissenschaften sowie von Entscheidungsträgern in Politik und Wirtschaft trifft.

Mein Dank gilt vor allem meinem Fachkollegen Michael Schleicher, der mir in vielen Sach-
fragen und bei der Lösung schwieriger Probleme als Diskussionspartner zur Verfügung stand
und mir mit seinen Anmerkungen eine große Hilfe war.

Danken möchte ich auch meinen Studenten, insbesondere den Herren Ron Braune und Mat-
thias Bockwoldt sowie meiner Assistentin Nancy Jürß für ihre Aufbereitungen der Daten und
Zahlenmaterialien.

Besonderer Dank gebührt den Mitarbeitern des Oldenbourg Wissenschaftsverlags für ihr
großes Engagement bei allen Fragen zu Layout und Lektorat.

Herzlich danken möchte ich insbesondere meiner Frau Rita für die vielen wertvollen Anre-
gungen und vor allem für ihr bewundernswertes Verständnis.

Wismar, November 2013   Norbert Schuppan

Literatur

Aeppli, R., Nachbetrachtung zur Reinhart/Rogoff-Kontroverse, in:
http://www.oekonomenstimme.org/artikel/2013/06/nachbetrachtungen-zur-reinhartrogoff-kontroverse,
Abgerufen am 29.08.2013

Bamberg, G., Coenenberg, A., Betriebswirtschaftliche Entscheidungslehre, 14. Auflage, Verlag Vahlen, München 2008

Bencek, D., Klodt, H., Das IfW-Schuldenbarometer, ifw Institut für Weltwirtschaft Kiel, in:
http://www.ifw-kiel.de/wirtschaftspolitik/politikberatung/ifw-schuldenbarometer/das-ifw-
schuldenbarometer/, Abgerufen am 20.06.2013

Blanchard, O., Illing, G., Makroökonomie, Pearson Studium, München 2004

Bofinger, P.: Grundzüge der Volkswirtschaftslehre. Pearson Studium, München 2007

Bundesministerium für Finanzen: Europa vom 17.04.2012, in: www.bundesfinanzministerium.de,
Abgerufen am 26.07.2012

Bundesministerium für Finanzen: Europa. Europäische Finanzstabilisierungsfazilität (EFSF), in:
www.bundesfinanzministerium.de/, Abgerufen am 26.07.2012

Bundesministerium für Finanzen, Europäische Finanzhilfen: ESM, in:
http://www.bundesfinanzministerium.de/Content/DE/Standardartikel/Themen/Europa/Stabilisierung_
des_Euro/Zahlen_und_Fakten/europaeische-finanzhilfen-esm.html, Abgerufen am 19.05.2013

Bundesministerium für Finanzen: Europa. Maßnahmen zur Stabilisierung der Euro-Zone, in:
www.bundesfinanzministerium.de, Abgerufen am 26.07.2012

Bundesministerium für Finanzen: Europäische Finanzhilfen im Überblick, in:
http://www.bundesfinanzministerium.de/Web/DE/Themen/Europa/Stabilisierung_des_Euroraums/
Zahlen_und_Fakten/zahlen_und_fakten.html, Abgerufen am 06.08.2012

Bundesministerium für Finanzen: Europäische Finanzstabilisierungsfazilität (EFSF), in:
http://www.bundesfinanzministerium.de/Web/DE/Themen/Europa/Stabilisierung_des_Euroraums/
Zahlen_und_Fakten/zahlen_und_fakten.html, Abgerufen am 06.08.2012

Bundesministerium für Finanzen, Währungsunion – Finanzstabilitätsgesetz, WFStG, Langtitel: Gesetz
zur Übernahme von Gewährleistungen zum Erhalt der für die Finanzstabilität in der Währungsunion
erforderlichen Zahlungsfähigkeit der Hellenische Republik. Teil B vom 07.05.2010., in:
http://www.bundesfinanzministerium.de/Content/DE/Standardartikel/ Themen/Europa/
Euro_auf_einen_Blick/2010-05-06-griechenland-finanzstabilitaet.html, Abgerufen am 22.07.2012

Bundesministerium für Finanzen: Wirtschaftliches Anpassungsprogramm für Portugal-
Abschlussbericht der ersten Überprüfung durch EU und IMF, in:
http://www.bundesfinanzministerium.de/Content/ DE/Standardartikel/Themen/Europa/2011-08-15-
pruefbericht-portugal-troika.html, Abgerufen am 02.08.2012

Bundesregierung: Euro-Gipfel für Schuldenschnitt und stärkeren Rettungsschirm vom 27.10.2011, in:
www.bundesregierung.de/nn-774/Content.DE/Artikel/2011/-10-26-eu-rat-teil%202.html.
http://www.bundesregierung.de/Content/DE/Artikel/2011/10/2011-10-26-eu-rat-teil%202.html,
Abgerufen am 06.08.2012

Bundesregierung: Euro-Gipfel für weitere Griechenland-Hilfe vom 21.07.2011, in:
http://www.bundesregierung.de/Content/DE/Artikel/2011/07/2011-07-21-euro-sondergipfel-
bruessel.html., Abgerufen am 13.08.2012

Bundesregierung: Euro Schutzschirm für den EURO, in:
http://www.bundesregierung.de/Content/DE/Artikel/2011/10/2011-10-24-esm-efsm-efsf.html,
Abgerufen am 23.07.2012

crp-infotec.de, in: http://www.crp-infotec.de/02euro/finanzen/grafs/eu15_eurokonvergenz.gif,
Abgerufen am 15.03.2013

Destatis Statistisches Bundesamt, Harmonisierter Verbraucherpreisindex (HVPI), in:
https://www.destatis.de/DE/Meta/AbisZ/HVPI.html, Abgerufen am 25.03.2013

Deutsche Bank Research, Makroökonomische Koordinierung, 12.11.2011

Deutsche Bundesbank, in
http://www.bundesbank.de/Navigation/DE/Service/Glossar/Functions/glossar.html, Abgerufen am
18.04.2013

Deutsche Bundesbank, Finanzstabilitätsbericht 2011. S. 22, in: www.bundesbank.de/RedaktionDE,
Abgerufen am 31.07.2012

Deutsche Bundesbank, Kerngeschäftsfelder, Notenbankfähige Sicherheiten, in:
http://www.bundesbank.de /Navigation/DE/Kerngeschaeftsfelder/geschaeftsfelder.html,
Abgerufen am 15.06.2012

Dhamapala, D., Hines, J., Which Countries Become Tax Havens?, in :
http://papers.ssrn.com/sol3/papers.cfm?abstract_id=952721, Abgerufen am 20.04.2013

Dieckenheuer, G., Internationale Wirtschaftsbeziehungen, 5. vollständig überarbeitete Auflage,
Oldenbourg Verlag, München 2001

Die Gründungsprinzipien der Union, in: http://europa.eu/scadplus/constitution/objectives_de.htm,
Abgerufen am 21.06.2013

EU-Kommission, Expertengruppe zur Prüfung eines Schuldentilgungsfonds und von Eurobonds, in:
http://www.ec.europa/commission_2010-2014/president/news/archives/2013/0720130702_3_de.htm,
Abgerufen am 16.07.2013

EU-Kommission, Grünbuch Schattenbankenwesen, Brüssel, den 19.03.2012, S. 3 ff., in:
http://ec.europa.eu/internal_market/bank/docs/shadow/green-paper_de.pdf, Abgerufen am 18.04.2013

EU-Kommission, Warnmechanismusbericht – Bericht gemäß Artikel 3 und 4 über die Vermeidung und
Korrektur makroökonomischer Ungleichgewichte, Brüssel, 14.02.2012

EU-Kommission, Who is who – Kommission Barroso – Europäische Kommission, in:
http://ec.europa.eu/commission_2010-2014/members/index_de.htm, Abgerufen am 28.08.2013

Europa: Eine Verfassung für Europa. Gründungsprinzipien der Union, Artikel 1–3, in:
http://europa.eu/scadplus/constitution/objectives_de.htm, Abgerufen am 26.07.2013

Europa: EU-„Six-Pack" zur wirtschaftspolitischen Steuerung tritt in Kraft, in:
http://europa.eu/rapid/press-release_MEMO-11-898_de.htm, Abgerufen am 26.04.2013

Europa – Zusammenfassungen der EU-Gesetzgebung, Vertrag von Maastricht über die Europäische
Union, in:
http://europa.eu/legislation_summaries/institutional_affairs/treaties/treaties_maastricht_de.htm,
Abgerufen am 20.05.2013

Europäische Union, Bericht der Kommission – Warnmechanismus-Bericht, Brüssel 14.02.2012

Europäische Union, EG-Vertrag vom 02.10.1997, in: http://dejure.org/gesetze/EG, Abgerufen am 29.08.2013

Europäische Union, EU im Überblick, in: http://europa.eu/index_de.htm, Abgerufen am 24.05.2012

Europäische Union, Vertrag über die Europäische Union, Amtsblatt der Europäischen Union, in: http://http://eur-lex.europa.eu/JOIndex.do?ihmlang=de. Abgerufen am 14.03.2013

Europäische Zentralbank, Durchführung der Geldpolitik im Euro-Währungsgebiet, November 2008, S. 17 ff., in: www.ecb.int, Abgerufen am 10.05.2010

Europäische Zentralbank – Eurosystem, Die Wirtschafts- und Währungsunion, in: http://www.ecb.europa.eu/ecb/history/emu/html/index.de.html, Abgerufen am 11.3. 2013

Europäische Zentralbank – Eurosystem, Konvergenzkriterien, in: http://www.ecb.europa.eu/ecb/orga/escb/html/convergence-criteria.de.html, Abgerufen am 12.03.2013

European Stability Mechanism, Guideline on the Secondary Support Facility, in: http://www.esm.europa.eu/pdf/ESM%20Guideline%20on%20the%20secondary%20market%20support%20facility.pdf, Abgerufen am 19.08.2013

Gesetz zur Übernahme von Gewährleistungen im Rahmen eines europäischen Stabilisierungs-mechanismus vom 22.05.2010, in: Bundesgesetzblatt I, S. 1166

Hefeker, C., Ein Schuldentilgungsfonds für Europa?, in: http://www.wirtschaftsdienst.eu/archiv/jahr/2012/8/2820/, Abgerufen am 16.07.2013

Heinemann, F., Die Theorie der optimalen Währungsräume und die politische Reformfähigkeit – ein vernachlässigtes Kriterium, Zentrum für Europäische Wirtschaftsforschung, Mannheim, 1998, S. 2., in: ftp://ftp.zew.de/pub/zew-docs/dp/dp0298.pdf, Abgerufen am 01.02. 2013

Heinen, N., Makroökonomische Koordinierung, DB Research, 13.01.2011

Hellwig, C., Philippon, T., Eurobills statt Eurobonds, in: http://www.oekonomenstimme.org/artikel/2011/12/eurobills-statt-eurobonds/, Abgerufen am 16.07.2013

Jahrmann, F., Finanzierung, 6. Auflage, Verlag NWB Herne, 2009

Känel, S., Kostenrechnung und Controlling, Verlag NWB Herne, 2008

Kaserer, C., Reformbedarf und Reformoptionen im Finanzdienstleistungssektor – Lehren aus der Finanzkrise, Die Stimme der Wirtschaft vbw, S. 50 f., in: http://www.ifm.wi.tum.de/files/publications/Gtachten_Lehren20aus%20der%20Finanzmarktkrise_Langfassung.pdf, Abgerufen am 24.04 2013

Kenen, P., The Theory of Optimum Currency Areas: An Eclectic View, in: Robert Mundell and Alexander Swoboda, *Monetary Problems of the International Economy*, Chicago: University of Chicago Press (1969), S. 41-60

Klump, R.: Wirtschaftspolitik Instrumente, Ziel und Institutionen. Pearson Studium. München 2006,

Konrad, I., Zur Integration ausgewählter mittel- und osteuropäischer Länder in die währungspolitische Ordnung Europas, Peter Lang Verlag, Frankfurt a. M. 2002

Krugman, R., Obstfeld, M., Internationale Wirtschaft – Theorie und Politik der Außenwirtschaft, Pearson Studium, München 2009

McKinnen, R., Optimal Currency Areas, in: American Economic Review, 53 (1963), S. 717 ff.

Mongelli, F., "New" view on the optimum currency area theory: what is EMU telling us, in: ECB Working Paper Series, www.ecb.int

Mundell, R., A Theory of Optimum Currency Areas, in: The American Economics Review, Vol. 51, Nr.4 (1961), S. 657–665

Nebgen, U., 3 Jahre Schuldenkrise – wo stehen wir, Deutsche Bundesbank Eurosystem. Frankfurt/Main 2013, in:
,http://www.bundesbank.de/Redaktion/DE/Downloads/Bundesbank/Geldmuseum/museumsabende _2013_02_20_praesentation.pdf?__blob=publicationFile, Abgerufen am 16.08.2013

Peters, H., Theorie optimaler Währungsräume vor dem Hintergrund der EU-Erweiterung, Westfälische Universität Münster, Institut für Ökonomische Bildung, Diskussionspapier, Nr. 4/06, S 3 f., in: http://hdl.handle.net/10419/25564, Abgerufen am 15.02.2013

Postbank Research, September 2009, S. 3, in: www.postbank.de, Abgerufen am 10.01.2010

Reinhardt, C., Rogoff, K., Growth in a Time of Dept, American Economic Review: Papers & Proceedings, 100(2), 573-578, in: http://www.oekonomenstimme.org/artikel/2013/06/nachbetrachtungen-zur-reinhartrogoff-kontroverse/, Abgerufen am 20.08.2013

Rohe, K., Politik – Begriffe und Wirklichkeiten, Kohlhammer Verlag, Stuttgart 1994

Rose, A., Engel, C., Currency Unions and International Integration, Journal of Money, Credit and Banking, 34. Jahrgang, 2002, S. 804 ff., in: http://www.ssc.wisc.edu/~cengel/PublishedPapers/ Rose-Engel.pdf, Abgerufen am 30.04.2012

Sarrazin, T., Deutsche Bundesbank: Aspekte der Geld- und Finanzpolitik in Zeiten der Wirtschaftskrise. Mai 2009, S. 11. in: www.fh-schmalkalden.de, Abgerufen am 10.06.2010

Schuppan, N., Globale Rezession – Ursachen Zusammenhänge Folgen, Callidus Verlag, Wismar 2011

Straub, T., Einführung in die allgemeine Betriebswirtschaftslehre, Pearson, München 2012

Vertrag über die Arbeitsweise der Europäischen Union (AEU-Vertrag), Artikel 126, 140 inkl. der entsprechenden Protokolle, in: http://dejure.org/gesetzeAEUV/126 oder 146, Abgerufen am 06.06.2013

Vertrag von Amsterdam zur Änderung des Vertrags über die Europäische Union, der Verträge zur Gründung der Europäischen Gemeinschaften sowie einiger damit zusammenhängender Rechtsakte, Amtsblatt der EUNr. C 340 vom 10. November 1997, in: http://eur-lex.europa.eu/JOIndex.do?ihmlang=de, Abgerufen am 15.03.2013

Vertrag von Lissabon zur Änderung des Vertrags über die Europäische Union, der Verträge zur Gründung der Europäischen Gemeinschaften, Amtsblatt der EU Nr. C 306 vom 17. Dezember 2007, in: http://eur-lex.europa.eu/JOIndex.do?ihmlang=de, Abgerufen am 15.03.2013

Vertrag von Nizza zur Änderung des Vertrags über die Europäische Union, der Verträge zur Gründung der Europäischen Gemeinschaften sowie einiger damit zusammenhängender Rechtsakte, Amtsblatt der EU Nr. C 80 vom 10. März 2001, in: http:// http://eur-lex.europa.eu/JOIndex.do?ihmlang=de, Abgerufen am 15.03.2013

Wöhe, G., Döring, U., Einführung in die Allgemeine Betriebswirtschaftslehre, 24. Auflage, Vahlen Verlag, München 2010

Zantow, R., Finanzierung Grundlagen des modernen Finanzmanagements, Pearson Studium, München 2004

Sachverzeichnis

A

Abwärtsspirale ....101, 104, 121 ff.
Abschreibungsverluste ....24, 70, 72, 83 ff.
Anpassungsprogramm........................... 143 ff.
Ansatz
- mikroprudenziell 174
- makroprudenziell............................173 f.
Arbeitslosenquote ....40, 50 ff.
Arbeitsmobilität 7
Asset Backed Security (ABS) ... 83 f., 102, 116
Assekuranzbereich.................................... 74
Auszahlungsmodalitäten 137

B

Bankenunion .... 172 ff.
Basel I .... 69 ff., 86, 114
Basel III 173
Bilanzsumme ....13, 70 f., 88 ff., 156, 168
Binnenmarkt...................... 17 f., 23, 27, 128
Bond.. 113, 117
Bonitätsbewertung 118, 136, 140

C

Collateralized Dept Obligation (CDO). 83 f., 96
Credit default swaps (CDS) ....117 f.

D

Defizit
- öffentliches..21
- quoten.. 105 ff.
Deutsch-Französische Vereinbarung.......... 196
Devisenmarktinterventionen 55
Divergenzen
- makroökonomisch .... 35 ff.
Diversifikationsgrad.......................................8

E

ECU ....17 f.
Eigenkapitalquoten 71, 82, 90, 169
Einlagensicherung....................................... 177
Emergency Liquidity Assistance (ELA) 172
EU-Kommission .... 18, 21 f., 26, 42,
    139 f.,193 ff.
Euro
- bills... 162
- bonds ....161 f.
- gruppe.................... 27, 89, 145, 197

Europäischer Finanzstabilitätsmechanismus
    (EFSM)... 139
Europäische Finanzstabilisierungsfazilität
    (EFSF)................................... 138 ff., 154 ff.
Europäische Rat 18, 125
Europäischer Stabilitätsmechanismus
    (ESM) .... 154 ff.
Europäischen Währungsunion (EWU)...... 1ff.,
    13ff.
- institutionalisierte .... 191ff.
Europäische Zentralbank (EZB)....... 19, 21 ff.,
    54 ff., 67 ff., 89, 124, 163 ff., 192 ff.
European Interbank Offered Rate
    (EURIBOR)....................................134 f.
Exporte......................3 f., 43, 102 f., 111, 181
Exportmarktanteile........................... 39, 43 ff.

F

Federal Reserve System (Fed) 54, 83 f.,100
Feinsteuerung..56 f.
Financial Stability Board (FSB).............. 71 ff.
Finanz
- aufsicht.. 174
- marktstabilisierung .... 96 ff.
- politik 12, 95
- systementwicklung .... 95 ff.
- systempolitik ....149, 197 ff.
- systemstabilität...............................12 f.
- transfer 9
Fiskalpakt.. 183,198
Foreign Account Tax Compliance Act
    (FACTA) 78
Fristentransformation 73

G

Garantie
- übernahme...96
Geld
- politik .... 2 ff., 54 ff., 98 ff.
- marktfonds..73 f.
- menge...55
- umlaufgeschwindigkeit 55, 59
Griechenlandrettungspaket I .... 132 ff.
Griechenlandrettungspaket II............. 149 ff.

H

Haftungs
- kaskade 160, 176
- risiken 155
- und Risikounion.............................. 195 f.
Harmonisierter Verbraucherpreisindex
(HVPI) .... 21, 54, 63 ff.
Hauptrefinanzierungsgeschäfte................ 56 f.
Haushaltsdefizit.........19, 24, 28 ff., 66, 181 ff.
Hedgefonds.. 73 f.
Hypothekenkredite .... 69, 83 f.

I

Immobilien
- blase....................................47, 49, 69
- kreditrisiken....................................82, 97
- preise.................................... 39, 48 f.
Inflationsrate................................11, 21, 54
Integration
- europäische .... 17 f., 191
Interbankenhandel .... 13, 71, 86, 98 f.
Investmentfonds .... 73 f.
Irland .... 145f.
Italien..112
IWF-Kreditprogramm................................142

J

Juniorstatus...160

K

Kapitalmobilität...9 f.
Kernkapitalquote .... 71 f.
Konjunktur
- programm.. 101 f.
- zyklen 11
Konstruktionsfehler....................................27
Konvergenzkriterien....................28 ff.
Kreditstrom
- des privaten Sektors........................ 39 f.

L

Längerfristige Refinanzierungsgeschäfte.. 56 f.
Lehman-Insolvenz................................71, 86
Leistungsbilanz...38
Leverage-Ratio 169
Lissabonner Vertrag 191
Long-term refinancing operations
(LTRO) .... 167 ff.
Löhne.. 7 ff.
Lohnstückkosten
- nominale 39, 42

M

Maastricht
- kriterien..26, 106
- inhalte 20, 24
- vertrag.. 19
Mehrheit
- qualifizierte.. 31
Mindestreserveregelungen 55
Moral Hazard.. 70
Mortgage Backed Security (MBS) .... 83 f.

N

Nettoauslandsvermögen............................. 39
Niederlande 41, 48, 97, 140
No-Bailout-Klausel (Nichtbeistands-
klausel).. 22
Non-Performing Loans (NPL). 81 f., 92, 186 f.
Notenbankfähigkeit 136

O

Offenheitsgrad 8
Offenmarktgeschäfte 56 f.
Offshore.. 75
Operationen
- strukturelle 56 f.
Outright Monetary Transactions
(OTM).. 170 f.
Overcollateralization 84

P

Portugal .... 147 f.
Preisniveauentwicklung....................54, 63 ff.
Preisstabilität .... 11 f., 21, 54
Primärüberschuss............................ 29
Private Equity Fonds .... 73 f.

R

Rating.............................. 116, 118, 139 f.
Ratingeinstufung.............................. 41
Realwirtschaft.................................... 100 ff.
Referenzwerte............................21 f., 29 ff.
Rekapitalisierung 13, 88, 90, 96, 112, 130,
175
Rendite
- Risiko-Relationen 69
- spread.......................86, 118, 140, 170
Risiko
- abwälzung................................117
- kompensation................................117
- minderung................................117
- streuung 117

S

Sanktionen 31
Sanktionsmechanismus 194
Schattenbankensystem .... 72ff.
Schocks
   - angebotsseitig 7
   - asymmetrische 6
   - nachfrageseitig 7
   - permanente 6
   - symmetrische 6
   - temporäre 6
Schulden
   - erlass des privaten Sektors 151
   - erlass .... 149 f.
   - tilgungsfonds 162
Schutzschirm .... 138ff., 154ff.
Scoreboard-Kennzahlensystem .... 35f.
Securities Market Programme (SMP) ...... 165f.
Sixpack 45
Spanien .... 157f.
Special Purpose Vehicle (SPV) 73, 139
Staatsschuldenkrise .... 104 ff.
Staatsverschuldung .... 104 ff.
Stabilitätskriterien 26, 106
Stabilitäts- und Wachstumspakt .... 22 f., 31
Steuerhinterziehung .... 75 ff.
Steueroasen 75
Subprimekrise 92

T

Theorie optimaler Währungsräume .... 4 ff.
too big to fail 70, 96, 176
Tranche .... 137, 145 ff., 152, 167, 189
Transaktionskosten 2, 17
Troika .... 147 ff., 158, 194

U

Ungleichgewichte
   - makroökonomisch 45, 53, 103 ff.,123,
     154, 178 f.
US-Immobilienkreditrisiken 82

V

Vergemeinschaftung staatlicher Schulden 130,
   161 f., 177
Verschuldung
   - öffentliche 40
   - private 40
Versicherungsunternehmen 73

W

Wachstums- und Beschäftigungsziele 2, 54
Währungsräume
   - Nachteile .... 1 ff.
   - Vorteile .... 1 ff.
Wechselkurs
   - realer effektiver .... 37, 39, 42 ff.
   - system .... 3 f.
Wirtschafts- und Finanzkrise
   - globale .... 95 ff.

Z

Zentralbanken 54
Zielsetzung
- politische .... 14 f.
Zins
- sätze .... 22, 55 f.
- spread 122, 138
- und Geldmengensteuerung .. 2, 54, 56, 58, 130
Zweckgesellschaften .... 73 f.
Zwillingsdefizit .... 184 f.
Zypern .... 159 f.

www.ingramcontent.com/pod-product-compliance
Lightning Source LLC
Chambersburg PA
CBHW080553270326
41929CB00019B/3291